KB177014

물류·생산 ERP 정보관리사

박홍석·박창목 지음

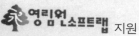 영림원 IN소프트랩 지원

Global Integrator
Ksystem-G&I

하나래
아카데미

ERP 정보관리사
물류·생산

지은이 | 박홍석·박창목
펴낸이 | 한기철

2011년 1월 10일 1판 1쇄 박음
2011년 1월 20일 1판 1쇄 펴냄

펴낸곳 | 한나래출판사
등록 | 1991. 2. 25 제22-80호
주소 | 서울시 서대문구 냉천동 182 냉천빌딩 4층
전화 | 02-738-5637 · 팩스 | 02-363-5637 · e-mail | hannarae91@naver.com
www.hannarae.net

ⓒ 2011 박홍석·박창목
published by Hannarae Publishing Co.
Printed in Seoul

ISBN 978-89-5566-112-5 93320

ERP 시스템은 이제 어느 기업에서나 없어서는 안 될 기본적인 업무 도구가 되었습니다. 이러한 시점에서 영림원소프트랩의 K.System과 같은 국산 일류 ERP 솔루션이 있다는 것은 매우 자랑스러운 일입니다. 지난 15년간 K.System은 국내에서 탄탄한 ERP 솔루션으로 자리매김하였습니다.

본 실무 교재는 일반 기업 사용자뿐만 아니라 ERP를 공부하는 학생들에게 이러한 우수한 솔루션인 K.System ERP를 쉽게 배울 수 있는 기회를 제공하고자 집필하였습니다.

영림원소프트랩의 ERP가 국내 기업 사용자로부터 호평을 받는 이유는 다음과 같습니다.

- 글로벌 표준의 최신 기술을 적용한 SOA(Service Oriented Architecture) 기반입니다.
- 외산 ERP에서는 다루지 못하는 국내 기업의 특수한 환경을 해결합니다.
- 타사의 ERP에 비해 추가 개발 및 유지 보수가 빠르고 경제적입니다.
- IFRS(국제회계기준), 전자세금계산서, FBS(금융자동화시스템) 등이 지원됩니다.

이러한 특징을 가지고 있는 K.System ERP를 배운다는 것은 경영을 배우는 일반인 혹은 학생들에게 실무 지식을 쌓을 수 있는 좋은 기회가 될 것입니다.

본 교재는 ERP 실무 업무를 이해하고, K.System ERP 시스템을 익히는 데 중점을 둔 책입니다. 따라서 ERP와 관련된 경영지식과 K.System ERP의 기능적인 내용을 자세히 설명하고 있습니다. 또한 한국생산성본부에서 주관하는 ERP 정보관리사 실무 시험에 대비할 수 있도록 심층적인 기출문제 분석을 담고 있어 수험서로서도 활용할 수 있습니다.

그동안 학교에서 ERP 실습 및 자격증 특강을 할 수 있도록 아낌없는 지원을 해주시고, 본 교재를 위해 많은 자료를 제공해주신 영림원소프트랩의 관계자분들에게 깊은 감사를 드립니다. 끝으로 ERP를 공부하는 많은 사람들에게 본 교재가 좋은 길잡이가 되길 하나님께 기도합니다.

2011년 1월
박홍석 · 박창목

차례 Contents

1부 ERP와 K.System 개요

1장 ERP 개요 ································· 15

1.1 ERP의 기본개념 ································· 16
1.2 ERP의 출현배경 및 발전상황 ································· 17
    1.2.1 출현배경 17
    1.2.2 발전상황 18
1.3 ERP에서의 통합이란? ································· 21
1.4 ERP의 기능적/기술적 특징 ································· 24
    1.4.1 기능적 특징 24
    1.4.2 기술적 특징(기술환경) 28
1.5 ERP의 일반적 기능 소개 및 특징 ································· 31
    1.5.1 인사/급여/근태 32
    1.5.2 구매관리 33
    1.5.3 자재관리 34
    1.5.4 생산관리 35
    1.5.5 재무/회계관리 35
    1.5.6 영업관리 36
1.6 생산·판매와 관련된 ERP의 주요 업무절차 및 개념 ············ 40
    1.6.1 판매계획과 생산계획의 관계 40
    1.6.2 생산계획과 관련된 일반적인 절차 41

2장 K.System을 통한 ERP 시스템 이해 ·········· 43

2.1 K.System ERP 소개 ································· 44
2.2 K.System ERP 구성 ································· 48
    2.2.1 마스터 및 운영관리 48
    2.2.2 인사관리 49
    2.2.3 회계관리 51
    2.2.4 물류관리 52
    2.2.5 생산관리 54

2.3 자료통합 측면에서 ERP 시스템 이해 ·················· 55

2.4 자원통합 측면에서 ERP 시스템 이해 ·················· 57

2.5 정보시스템통합 측면에서 ERP 시스템 이해 ·················· 60

3장 K.System 소프트웨어 기초 ························· 63

3.1 K.System ERP 소프트웨어 환경 ·················· 64

3.2 K.System ERP 화면 사용방법 ·················· 65
      3.2.1 업무화면의 기본구성 및 기능 65
      3.2.2 인사정보 입력 폼 기능 69
      3.2.3 스프레드시트(Spread Sheet) 형태의 입력 폼 기능 70
      3.2.4 코드도움 기능 72

2부   물류편

4장 K.System ERP 물류업무 개요 ·················· 79

4.1 영업/수출모듈 ·················· 81
      4.1.1 영업관리 개요 81
      4.1.2 구성 82
      4.1.3 업무흐름 83
      4.1.4 기능 정리 84

4.2 구매/수입모듈 ·················· 86
      4.2.1 구매관리 개요 86
      4.2.2 K.System 모듈 구성 88
      4.2.3 업무흐름 88
      4.2.4 기능 정리 90

4.3 자재관리모듈 ·················· 91
      4.3.1 자재관리 개요 91
      4.3.2 구성 92

4.3.3 업무흐름 92

4.3.4 기능 정리 93

5장 K.System 영업관리 ························· 95

5.1 영업관리 개요 ··· 96

5.2 영업 기본정보 ··· 96

5.2.1 소분류등록(영업/수출관리) 97

5.2.2 운영환경관리(영업수출물류)-초기 설정 100

5.2.3 운영환경관리(영업/수출)-진행 설정 102

5.2.4 업무월마감 설정 106

5.2.5 품목단가등록 106

5.2.6 거래처별 할인단가 등록 108

5.2.7 유통별 할인단가 등록 110

5.2.8 수량범주별 할인율 등록 111

5.2.9 거래처 단가할인율 등록 112

5.2.10 품목단가 적용순서 정리 113

5.2.11 거래처등록 114

5.2.12 거래처별 담당자 등록 116

5.2.13 거래처 변경내역 수정 117

5.2.14 품목등록 118

5.2.15 그룹품목등록 125

5.2.16 표준원가등록 126

5.2.17 업체품목코드 129

5.3 영업관리 메뉴 설명 ·· 130

5.3.1 영업활동 관련 메뉴 130

5.3.2 영업관리 관련 메뉴 131

5.4 영업활동 실습 ·· 132

5.4.1 시나리오 1(매출프로세스) 134

5.4.2 시나리오 2(선수금처리 프로세스) 148

5.4.3 시나리오 3(어음회계처리 프로세스) 155

5.4.4 시나리오 4(그룹품목에 대한 매출프로세스) 162

5.5 기출문제 분석 ·· 166

6장 K.System 구매관리 ············· 223

6.1 구매관리 개요 ······················· 224

6.2 구매 기본정보 ······················· 225
6.2.1 운영환경관리(구매수입자재)–초기 225
6.2.2 운영환경관리(구매수입자재)–진행 228
6.2.3 구매그룹등록 229
6.2.4 거래처별 무검사품 등록 230
6.2.5 품목별 과입하 조건 231
6.2.6 품목별 구매정보 232
6.2.7 구매단가 적용순서 정리 234

6.3 구매관리 메뉴 설명 ················· 235
6.3.1 구매계획관리 메뉴 설명 235
6.3.2 입고관리 관련 메뉴 설명 236

6.4 구매활동 실습 ······················· 237
6.4.1 시나리오 1: 구매프로세스 239
6.4.2 구매업무 에러 처리방법 251

6.5 기출문제 분석 ······················· 254

7장 K.System 무역관리 ············· 283

7.1 무역관리 개요 ······················· 284

7.2 수출관리 개요 ······················· 285

7.3 수출관리 메뉴 설명 ················· 287

7.4 수출활동 실습 ······················· 288
7.4.1 수출프로세스 업무 개요 288
7.4.2 프로세스 따라하기 289

7.5 수입관리 개요 ······················· 300

7.6 수입관리 기본설정 ················· 302
7.6.1 소분류등록(구매/수입관리) 302

7.7 수입관리 메뉴 설명 ················· 305

7.8 수입활동 실습 ······· 308
  7.8.1 수입프로세스 업무 개요 308
  7.8.2 프로세스 따라하기 309

7.9 기출문제 분석 ······· 324

8장 K.System 자재관리(물류) ······· 351

8.1 자재관리 개요 ······· 352

8.2 자재관리 기본설정 ······· 352
  8.2.1 소분류등록(물류관리) 352
  8.2.2 물류센터등록 355
  8.2.3 창고별 담당자등록 356
  8.2.4 운영환경관리(물류)–진행 356

8.3 기타입출고 업무 설명 ······· 358
  8.3.1 프로세스 흐름도 358
  8.3.2 기타입출고 메뉴 설명 359

8.4 이동/적송 설명 ······· 360
  8.4.1 프로세스 흐름도 360
  8.4.2 이동/적송 메뉴 설명 361

8.5 기출문제 분석 ······· 362

3부 생산편

9장 K.System ERP 생산업무 개요 ······· 379

9.1 개요 ······· 380
  9.1.1 자재소요량계획(MRP) 381
  9.1.2 공정별 생산계획 생성 385
  9.1.3 생산관리를 위한 중요 기준정보 387

9.2 생산 관련 업무흐름 ·· 391

    9.2.1 생산 관련 기본정보 등록 393

    9.2.2 생산의뢰를 통한 생산계획 등록 394

    9.2.3 생산계획 확정을 통한 자재불출 및 작업계획 등록 395

    9.2.4 작업계획 확정을 통한 작업지시 등록 396

    9.2.5 작업지시 및 작업일보 397

9.3 생산 관련 K.System ERP 구성 ·· 398

    9.3.1 생산계획 398

    9.3.2 부하분석 399

    9.3.3 실적관리 399

    9.3.4 외주관리 400

    9.3.5 품질관리 400

    9.3.6 원가관리 401

9.4 생산 관련 업무 종합실습 ·· 402

    9.4.1 생산모듈 기준정보 등록하기 403

    9.4.2 WorkCenter 등록 407

    9.4.3 BOM등록 407

    9.4.4 제품별 공정등록 409

    9.4.5 생산계획가입력 409

    9.4.6 자재소요계획 410

    9.4.7 자재출고 410

    9.4.8 생산실적 410

    9.4.9 외주 411

    9.4.10 QC 412

10장 K.System 생산관리 ································· 413

10.1 생산관리 개요 ··· 414

10.2 생산 기본정보 ··· 416

    10.2.1 운영환경관리(생산원가)–초기 416

    10.2.2 운영환경관리(생산원가)–진행 419

    10.2.3 소분류등록(생산원가관리) 422

    10.2.4 품목등록 425

    10.2.5 자재등록 427

10.2.6 설비등록 430

10.2.7 WorkCenter 등록 432

10.2.8 BOM등록 433

10.2.9 제품별 공정등록 437

10.2.10 생산달력 440

10.3 생산관리 메뉴 설명 ································· 441

10.3.1 기준생산 관련 메뉴 441

10.3.2 자재소요계획 메뉴 442

10.3.3 자재관리 메뉴 443

10.3.4 생산실적 메뉴 444

10.3.5 QC 메뉴 445

10.4 생산관리활동 실습 ································· 446

10.4.1 생산의뢰입력 446

10.4.2 생산계획가입력 448

10.4.3 생산계획조회 450

10.4.4 자재소요 451

10.4.5 작업계획조정입력 455

10.4.6 WC별 작업계획조회 457

10.4.7 생산부문출고요청 459

10.4.8 자재출고처리 461

10.4.9 생산작업실적입력 464

10.4.10 공정검사불량현황 469

10.4.11 최종검사의뢰현황 472

10.4.12 최종검사입력 473

10.4.13 생산입고입력/제조지시서 완료 475

10.5 기출문제 분석 ································· 477

11장 K.System 외주관리 ························· 565

11.1 외주관리 개요 ································· 566

11.2 외주관리 메뉴 설명 ································· 567

11.3 외주관리 실습 ································· 569

11.3.1 외주계약등록 569

11.3.2 생산계획가입력 572

11.3.3 생산계획조회 575

11.3.4 외주계약현황 576

11.3.5 외주발주입력 578

11.3.6 외주자재불출요청현황 581

11.3.7 자재출고처리 582

11.3.8 외주추가자재불출요청 584

11.3.9 외주납품 586

11.3.10 외주검사대기현황 589

11.3.11 외주반품 592

11.3.12 외주납품/반품현황 594

11.4 기출문제 분석 ·· 597

12장 K.System 자재관리(생산) ····················· 627

12.1 자재관리 개요 ··· 628

12.2 자재관리 메뉴 설명 ·· 629

12.2.1 이동/적송 관련 메뉴 629

12.2.2 기타입출고 관련 메뉴 630

12.3 자재관리 실습 ·· 631

12.3.1 자재적송요청 631

12.3.2 자재적송요청현황 632

12.3.3 자재적송등록 634

12.3.4 자재적송현황 635

12.3.5 자재이동 638

12.3.6 자재기타출고요청 639

12.3.7 자재기타출고요청현황 640

12.3.8 자재기타출고처리 642

12.3.9 자재기타입고처리 643

12.4 기출문제 분석 ·· 645

찾아보기 665

ERP 정보관리사

Enterprise Resource Planning

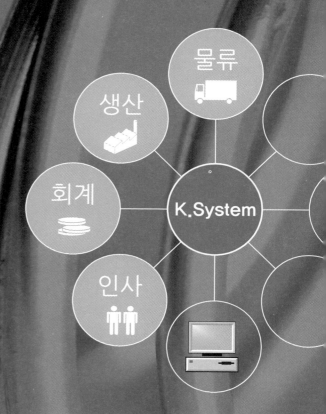

1부

ERP와
K.System 개요

물류/생산

1장 ERP 개요

1.1 ERP의 기본개념
1.2 ERP의 출현배경 및 발전상황
1.3 ERP에서의 통합이란?
1.4 ERP의 기능적/기술적 특징
1.5 ERP의 일반적 기능 소개 및 특징
1.6 생산·판매와 관련된 ERP의 주요 업무절차 및 개념

영림원소프트랩 K.System

ERP정보관리사

ERP(Enterprise Resource Planning : 전사적 자원관리)란 기업이 소유하고 있는 자원에 대한 정보, 즉 생산, 영업, 자재/구매, 인사, 회계, 프로젝트 관리 등 기업의 전반적인 업무프로세스 관련 정보를 체계적으로 D/B화하여 관리하는 것이다. 기업의 모든 부처 또는 관련 업무(승인된 경우)를 공유하는 기관과 정보를 서로 공유하고 이를 통해 신속한 의사결정 및 업무수행이 가능하도록 도와주는 통합정보시스템이다.

복잡하고 다양한 기업경영환경하에서 기업이 보유한 또는 외부로부터 파생된 정보를 얼마나 효율적으로 활용하느냐는 경영에서 중요한 요소 중 하나이다. 기업들은 정보의 활용도를 높이기 위하여 다양한 정보시스템을 구축하여 적용하고 있다. 경영정보시스템(MIS)이나 비즈니스 프로세스 리엔지니어링(BPR), 공급망관리시스템(SCM) 등과 함께 ERP는 전 부문의 경영자원을 하나의 체계로 통합 구축함으로써 경영의 효율을 극대화하고자 하는 데 그 목적이 있다.

그 중에서도 ERP는 기업활동을 위해 사용되는 기업 내의 모든 인적, 물적 자원을 효율적으로 통합·관리하여 궁극적으로 기업의 경쟁력을 강화시켜주는 역할을 하게 되는 통합정보시스템이라고 할 수 있다. 기존 정보시스템은 경영지원을 위한 해당 분야의 업무를 독립적으로 운영·처리하므로 의사결정이 종합적이지 못하거나 상호협력 결여로 인하여 정보의 오남용, 업무의 중복, 인적·물적 낭비를 초래하였다. 이러한 문제점을 해결하기 위해서는 어느 한 부서에서 데이터를 입력하면 회사의 전 부서가 동시에 정보를 활용할 수 있게 가공·처리하여 의사결정이나 업무를 지원해야 한다.

해외 주요 기관의 정의를 살펴보면 다음과 같다.

- 기업 내의 업무 기능들이 조화롭게 제대로 발휘될 수 있도록 지원하는 애플리케이션들의 집합으로 차세대의 업무시스템이다. _ 가트너 그룹

- ERP 시스템이란 최신의 정보기술을 활용해 수주에서 출하에 이르는 일련의 공급사슬과 관리회계, 재무회계, 인사관리를 포함한 기업의 기간업무를 지원하는 통합정보시스템이다. _ 마쓰바야시(일본비즈니스 크리에이트 도키 ERP 연구소 부소장)

- ERP란 제조업을 비롯한 공급사슬상에 있는 기업의 모든 경영자원을 효율적으로 계획하고 관리하는 매니지먼트 시스템이다. _ 큐엠 컨설팅 마쓰하라의 정의

요약 ERP(Enterprise Resource Planning) 정의

- ERP는 경영효율의 극대화를 위해 기업 내 모든 경영자원, 즉 사람, 설비, 자재, 정보, 시간, 서비스 등의 활용을 최적화하는 계획과 관리를 위한 경영 개념이다.
- 최신 기술로 지역적·물리적으로 떨어져 있는 조직체 간의 업무 기능과 한계를 넘어 기능을 통합적으로 관리할 수 있도록 지원하는 종합적 자원관리시스템이다.

1.2 ERP의 출현배경 및 발전상황

1.2.1 출현배경

ERP가 기업으로부터 주목을 받는 배경은 다양한 경영상황과 정보기술의 발달에 기인한다. 다양한 소비시장의 욕구는 기업경영시스템의 변화를 불러일으켰으며, 이러한 환경변화에 대응할 수 있는 정보기술의 발달은 이를 적절히 뒷받침하여 지속적으로 발전하였다.

기업환경 변화와 정보기술시스템 발전 개요

기업경영환경의 변화	정보기술 발달의 변화
기업의 세계화·국제화	GUI, 개방형 시스템
정보의 다량화·분산화	클라이언트-서버 시스템
제품 사이클 단축과 수익률 감소	관계형 DB와 객체지향기법
기업경영 효율화와 리엔지니어링	워크플로
비즈니스 변화 속도와 변화에 대한 적응력	EDI
외부 경쟁자의 강력한 도전	Web 기술
시스템 업무 통합과 보다 나은 고객지원 체계	Data Warehouse

ERP라는 용어의 등장배경은 우선 미국의 'ERP 벤더'라고 불리는 소프트웨어 개발회사가 자사의 소프트웨어 제품에 붙인 명칭이었다. 그 후 미국의 시장조사기관, 컨설턴트회사 등에서 ERP 패키지라고 칭하면서 점차 대중화되기 시작했다. MIS나 SIS와는 달리 개념이 아닌 상용 소프트웨어로서 ERP 보급이 확산됨에 따라 ERP라는 용어가 일반화되고 확산되어 현재에 이르고 있다.

또한 1991년 ERP(Enterprise Resource Planning : 전사적 자원관리) 개념을 최초로 제창한 미국의 시장조사기관이자, 컨설턴트회사인 '가트너 그룹(Gartner Group)'은 기존의 생산자원계획 MRPⅡ(Manufacturing Resource Planning Ⅱ) 시스템을 능가하는, 정보기술 면에서 우수한 차세대 생산관리 시스템을 통틀어 ERP라는 용어를 사용했다. 결국 ERP라는 용어는 전사적 자원관리라는 개념보다는 이를 수행하는 통합정보시스템을 가리키는 것으로 일반화되었다.

ERP는 초기에 제조 및 생산 차원에서 업무프로세스를 효율적으로 관리하기 위한 시스템인 MRP에서 발전한 것으로 볼 수 있다. ERP라는 개념은 다른 경영 및 정보기술(IT) 환경의 변화에 따라 자연스럽게 생긴 것이다. ERP는 제조업체의 핵심인 생산부문의 효율적인 관리를 위한 시스템인 MRP(Material Requirement Planning : 자재소요량계획)에서 비롯된다. 1970년도에 등장한 MRP는 기업의 가장 고민거리 중에 하나인 재고를 줄일 목적으로 만든 단순한 자재수급관리를 위한 시스템이었다. 1980년에 이르러 소품종 대량생산의 제조환경이 다품종 소량생산의 형태로 전이되기 시작하자 기존 MRP의 문제점을 개선시키면서 생산과 재고통제, 재무관리 등 중요 기능을 포함시킨 MRPⅡ(Manufacturing Resource Planning)가 탄생되게 되었다. 그 후 컴퓨터 기술의 발달로 기업은 영업, 생산, 물류, 정보, 설비를 총망라한 제조시스템(CIM-Computer Integrated Manufacturing)을 구축할 수 있게 되었다. 그러나 업무와 복잡한 시장의 요구에 좀 더 빨리 적극적인 대응을 필요로 하면서, 기업의 경쟁력 강화라는 과제를 남겼다. 이러한 기업환경의 변화는 기업이 보유한 자원의 효율적인 관리가 절실해졌고, 기업은 내·외부의 자원과 기능에 대한 종합적인 관리를 할 수 있는 시스템(ERP)을 필요로 하게 되었다. 이러한 발전의 단계를 거쳐 ERP라는 용어가 일반화되고 확산되어 현재에 이르고 있다. 결국 1990년대에 이르러 MRPⅡ에서 확장된 개념의 ERP 시스템은 생산뿐만 아니라 인사, 회계, 영업, 경영자정보 등 경영 관점에서 기업 전반에 대한 자원의 효율적인 관리가 주목적이었다. 1990년대 들어 글로벌 경쟁체제로 들어서면서 급변하는 경영환경과 특히 컴퓨팅 파워가 막강해지고(H/W 비용의 급락, 첨단 IT 출현), 시장구조가 생산자 중심에서 소비자 중심으로 전환되어 가고 있는 가운데 기업체들은 살아남기 위해서 IT 자원을 활용한 첨단의 경영기법을 도입해야 하는 상황에 처하게 되었고 자연스럽게 ERP 시스템이 주목을 받게 되었다.

1.2.2 발전상황

1) MRP(1970년대) : 자재수급관리 + 재고의 최소화 + 생산관리

1960년대 초에 등장한 MRP는 기업의 가장 고민거리 중에 하나인 재고를 줄일 목적으로 만든 단순한 자재수급관리를 위한 시스템이었다. MRP는 원자재/반조립품/완제품 등에 대한 자재명세서(BOM : Bill of Materials), 공정관리도(Routing Sheet), 주생산계획서(MPS : Master Production Schedule), 재고기록(Inventory Record) 등의 기본정보를 필요로 한다. 이러한 기본정보를 근거로, 어떤 원-부자재나 가공품, 반제품이 언제, 어느 곳에서 몇 개나 필요한지 예측하고, 모든 제조활동과 관리활동이 MRP 계획에 근거하여 움직이도록 계획하고 실행하도록 하는 생산관리기법이다. 즉, 주생산계획(Master Production Schedule)과 자재명세서, 재고기록 등 3가지를 기반으로 구체적인 제조일정과 자재 생산, 조달 계획을 생성하는 기법이다. 제품의 자재소요량을 합리적으로 관리하기 위한 자재 및 구매 관리 중심의 시스템이라 할 수 있다.

2) MRP Ⅱ(1980년대) : MRP + 재무/생산계획 + 원가관리

1980년에 이르러 소품종 대량생산의 제조환경이 다품종 소량생산의 형태로 전이되기 시작하면서, 고객지향의 업무체계가 각광받기 시작하였다. 그 결과 수주관리, 판매관리 등의 기능이 보다 중요하게 되었고 재무관리의 중요성이 대두되기 시작하였다. 그리고 컴퓨터 기술의 발달로 데이터베이스나 통신 네트워크가 중요한 기술로 등장하였다. 이와 같이 주변 여건이 변하면서 MRP는 큰 변화를 맞게 되었다. 기존 MRP의 문제점을 개선시키면서 재무관리 등 중요 기능을 새로이 포함시킨 시스템으로 확장되게 된 것이다. 즉, 생산현장의 실제데이터와 제조자원의 용량제한을 고려하고, 자동화된 공정데이터의 수집, 수주관리, 재무관리, 판매주문관리 등의 기능이 추가되어 실현 가능한 생산계획을 제시하면서 제조활동을 더 안정된 분위기에서 가장 효율적으로 관리할 수 있는 MRP Ⅱ(Manufacturing Resource Planning)가 탄생되게 되었다. MRP Ⅱ 는 '제조자원계획'이라고도 불리는데, 스케줄링 알고리즘과 시뮬레이션 등 생산활동을 분석하는 도구가 추가되면서 더욱 지능적인 생산관리도구로 발전하게 된 것이다.

MRP Ⅱ(Manufacturing Resource Planning Ⅱ : 생산자원계획)는 생산계획의 주변 업무를 다루는 방향, 즉 생산능력계획과 기준생산계획의 피드백, 조달예산계획, 설비구입계획, 재고예산계획, 제조재무계획, 판매계획과의 연동 등을 구현한 시스템으로 현재에 이르기까지 많은 기업에서 이용하고 있다.

3) ERP(1990년대) : MRP Ⅱ + 경영지원 기능

ERP는 MRP Ⅱ 시스템에 더하여 기업활동 전반의 모든 업무와 관련된 경영자원으로 대상을 확대함으로써 붙여진 이름으로, 기업의 통합정보시스템 구축을 위해 첨단의 IT를 기반으로 하여 선진 비즈니스 프로세스가 구현된 패키지 소프트웨어이다.

4) XRP(2000년대 : SCM, CRM)

XRP(extended Enterprise Resource Planning)은 ERP를 기반으로 하여 SCM(Supply Chain Management), CRM(Customer Relation Management) 등과 연계시켜 기업의 효과성을 추구하고 전략적 의사결정 지원이 가능한 시스템이라 할 수 있다. 향후 비즈니스 환경에 따라 기업의 형태가 바뀌게 될 것이며 이에 따라 기업활동의 지원 시스템인 ERP도 당연히 변화하게 될 것이다.

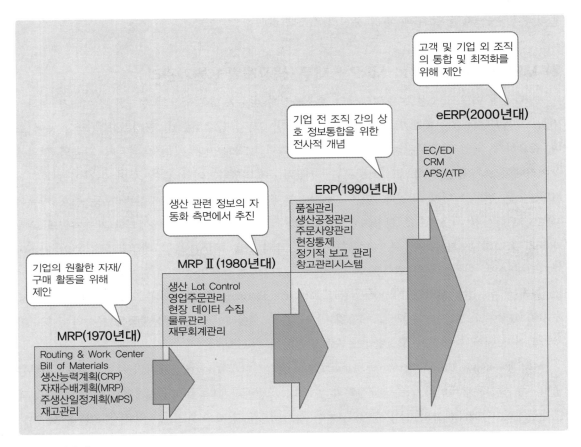

[ERP 발전과정]

기업을 경영하기 위해서는 여러 가지 자원이 필요하다. 기업은 정보, 자금, 자재, 인력, 조직, 기술, 관계 등 기업경영활동에 필요한 여러 자원들을 이용하여 경영지원, 인력관리, 기술개발, 기업경영 목적에 필요한 자원의 획득 활동 등을 한다. 주요 활동으로는 구매-물류, 생산, 출하-물류, 마케팅-판매, 서비스 등이 있다. 이러한 자원들을 활용하여 기업은 다양한 시장 전략을 수립하여 기업이 추구하고자 하는 목적을 달성한다.

🏛 요약 ERP의 발전

• ERP의 발전 : MRP → MRPⅡ → ERP → eERP(extended ERP)

1.3 ERP에서의 통합이란?

ERP란 Enterprise Resource Planning(전사적 자원관리)을 지칭하는 말로, 일반적인 기업업무인 자재계획, 생산능력계획, 재무, 회계, 인사, 판매 및 구매 업무 등을 통합하여 계획 및 관리하는 것을 말한다. 여기서 통합이란 기업자료의 통합을 의미하는 기준정보 관점과 기업자원의 통합이라는 기업업무 관점, 그리고 정보시스템통합이라는 소프트웨어 관점을 가지고 있다.

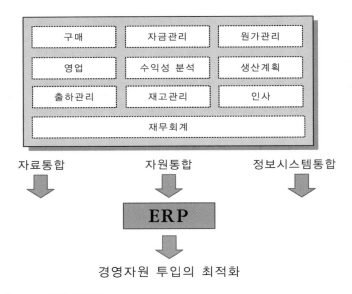

[ERP를 통한 통합화]

첫 번째, 기업자료의 통합이란 기존 각 업무에 사용되었던 자료들이 하나의 데이터베이스에 합쳐지는 것을 말한다. 예를 들면 영업부서에서 판매업무에 사용하던 제품정보와 생산부서에서 생산 목적으로 사용하던 제품정보를 하나의 품목코드로 통일하고, 이 품목코드를 중심으로 필요한 단가정보 혹은 생산정보 등을 사용하는 것을 말한다. 또한 영업부서에서 받은 수주데이터가 바로 생산의뢰데이터로 연결되는 것도 자료의 통합 측면에서 설명될 수 있다. 이러한 자료의 통합은 아래와 같은 장점을 제공한다.

자료통합의 장점

- 표준화를 통한 품질 안정, 정보 공유화
- 작업 표준의 정확도 상승 유도
- 자료의 중복 및 모순 배제
- 원활한 부서 간 의사소통 지원
- 정확한 자료에 의한 생산관리의 효율화

두 번째로 기업자원의 통합이란 기업의 운영 요소인 인력, 자금, 설비, 자재, 기술과 관련된 모든 활동을 회계시스템에 통합하여 분석함으로써 기업활동을 위한 경영자원 투입의 최적화를 도모함을 말한다. 이렇게 함으로써 기업의 손익활동을 투명하게 제공하고, 기업의 제반상태를 관리할 수 있도록 하는 것이다. 즉, 쉽게 말하면 기업운영요소와 활동을 정보로 통합하고, 돈으로 환산하여 관리하는 것을 말한다. 이러한 자원의 통합은 아래와 같은 장점을 기업 사용자들에게 제공한다.

자원통합의 장점

- 영업에서 자재, 생산, 원가, 회계에 이르는 업무흐름의 일관화로 업무 효율화 증대
- 일관된 경영분석 정보를 제공하여 계획생산체제 구축을 가능하게 함.
- 부서, 제품, 거래처 등의 분야별 손익정보를 제공하여 기업 조직화에 기여
- 생산실적 정보를 제공하여 기업업무 통제를 용이하게 함.
- 객관적인 업적평가 정보 제공으로 부서 및 사원에 대한 동기 부여

세 번째로 정보시스템통합이란 각 부서에서 사용되었던 업무정보시스템을 ERP 소프트웨어 하나로 통일하는 것을 말한다. 그러므로 잘 만들어진 소프트웨어는 ERP 성공요인 중 가중 중요한 것이라고 말할 수 있다. 잘 만들어진 ERP 소프트웨어는 다음 3가지 주요 특성이 만족되어야 한다.

- 표준화된 비즈니스 프로세스 모델(Business Process Model)을 적용해야 한다.
- 변화에 적응적이고 유연성 있도록 조합 가능한 패키지(Package) 형태를 가지고 있어야 한다.
- 기업 사용자에게 편리한 GUI(Graphical User Interface)를 제공해야 한다.

정보시스템통합의 장점

- 시스템 내의 단위업무를 통합하여 신속한 업무처리 및 중복업무 배제
- 원활한 의사소통
- 부분 최적에서 전체 최적화 실현
- 고객지향적 업무처리
- 환경 변화에 신속 대응

🏛 요약   ERP 통합의 핵심

- 데이터의 통합 : 여러 부서의 공통 자료를 하나의 데이터베이스에 정리하자.
- 기업자원의 통합관리 : 기업 전체에 퍼져있는 자원(현금, 설비, 인력, 재료, 재품 등등) 상황을 한 눈에 볼 수 있도록 관리하자.
- 하나의 정보시스템으로 통합 : 하나의 컴퓨터 소프트웨어를 여러 부서에서 같이 사용하자.

1.4   ERP의 기능적/기술적 특징

1.4.1   기능적 특징

① 통합업무시스템이다

ERP 시스템의 가장 큰 특징 중의 하나는 영업, 생산, 구매, 재고, 회계, 인사 등 회사 내의 모든 단위업무가 통합되어 상호 긴밀한 관계를 가지면서 실시간(Real Time)으로 처리된다는 것이다.

ERP의 업무프로세스는 원장형 통합 데이터베이스라고 하는 중앙의 데이터베이스를 중간 매개로 기업활동 전반에 걸쳐 통합되어 있다. 기존의 정보시스템은 각 부서 간의 데이터베이스를 독립적으로 유지하도록 되어 있어 자료의 중복이 심각한 문제로 대두되었다. 그러나 ERP 시스템은 각 부서에서 발생하는 각종 정보를 하나의 데이터베이스를 통하여 저장 및 유지, 관리하도록 하고 있으므로 하나의 정보는 한번만 입력되고, 입력된 정보는 가공되지 않고, 어느 업무에서도 참조할 수 있도록 데이터베이스에 보관된다. 또한 시스템 개방을 통하여 각 부서 및 공급자들에게 자료의 접근이 가능하도록 하여 일원화된 정보의 공유를 통하여 원활한 의사소통 및 업무처리가 가능하게 한다.

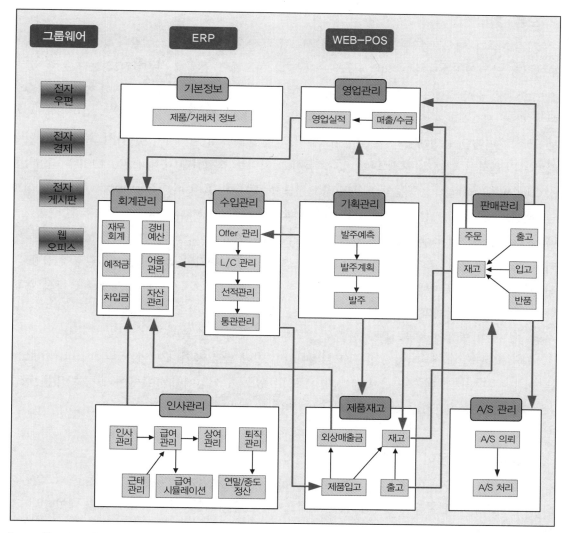

[ERP 기능 체계도]

이러한 업무통합을 통하여 기존 MIS에서의 부분 최적에서 전체 최적화가 실현되게 되었고, Task 중심적인 업무처리방식이 고객지향적인 관점에서 프로세스 중심적으로 전환되어진다. 모든 시스템이 통합되어 있기 때문에 어떠한 정보라도 두 번, 세 번 중복적으로 처리할 필요 없이 거의 한 번의 입력으로 처리가 끝나게 되는 One Fact One Place가 가능하게 된다. 예를 들면 고객의 주문을 받은 상품의 상품코드와 개수의 입력은 한 번만 하고 정보는 확인과 승인을 받은 시점에서 관련된 모든 부문이 참조할 수 있도록 한다. 또, 업무를 실시간에 통합적으로 처리할 수 있게 됨에 따라 영업, 설계, 생산, 관리가 거의 동시에 이루어지는 이른바 동시공학(Concurrent Engineering)도 가능하게 된다.

② 오픈, 멀티벤더

　기존 MIS가 폐쇄적인 구조로 설계되어 시스템의 확장 및 다른 시스템과의 연계가 제대로 이루어지지 않은 반면, 대다수 ERP 시스템은 특정의 하드웨어 업체에 의존하지 않는다. ERP 패키지는 어떠한 운영체제나 어떠한 데이터베이스에서도 잘 운영되게 설계되어 있어 시스템의 확장이나 다른 시스템과의 인터페이스가 쉽게 되어 있다. ERP 시스템은 기본적으로 개방적인 시스템 구조로 어떠한 운영체제·데이터베이스에서도 잘 돌아가게 설계되어 있어 시스템의 확장이나 다른 시스템과의 연계가 쉽게 되어 있다. 특히 데이터를 정밀하게 분석해주는 데이터 웨어하우징(Data warehousing), 경영분석 도구인 중역정보시스템(EIS : Executive Information System), 설계와 생산을 동시에 가능케 해주는 PDM(Product Document Management), 광속거래라 불리는 CALS(Commerce At Light Speed), 전자상거래인 EC(Electrinics Commerce)와 같은 응용·전문 영역의 패키지와 쉽게 조화를 이룰 수 있어, 고도화되고 복잡해지며 급변하는 경영환경에 응용 및 전문 영역에도 적극 대응할 수 있게 된다. 특정 하드웨어 및 소프트웨어 업체에 의존하지 않고, 다양한 하드웨어 업체의 컴퓨터와 소프트웨어를 조합하여 정보시스템을 쉽게 확장할 수 있어 복수의 하드웨어 업체의 컴퓨터를 조합해서 멀티벤더를 구성할 수 있다.

　또한 최근 들어 전문적인 응용 소프트웨어의 도입이 날로 증가하고 있는 추세에 ERP 시스템은 이들 응용 소프트웨어와 쉽게 조화를 이룰 수 있으며, 기업에서 기존에 사용하고 있는 정보시스템을 그대로 사용할 수도 있어 ERP 구현 비용을 절감할 수 있다.

③ 그룹웨어와 연동이 가능하다

　그룹웨어는 다수의 사람이 서로 협력하고, 공동 작업을 지원하기 위한 소프트웨어이다. 일반적으로 전자결재시스템이라고 불리고 있는 그룹웨어들은 전자메일, 전자게시판, 공용 데이터베이스 등을 기본으로 하면서 전자결재 기능을 통해 워크플로(Work flow : 작업의 흐름을 관리하는 기능)의 자동화를 실현시켜 주고 있다. 이러한 그룹웨어 기능과 영업·생산·구매·자재·회계 등 기간업무 시스템과의 연동은 필수적이라고 할 수 있다. ERP 시스템의 경우 패키지 자체 내에서 이러한 그룹웨어 기능을 내장하고 있으나 자체 내에서 그룹웨어 시스템이 없는 경우에도 외부(Third party) 그룹웨어 시스템과의 연계(Interface)를 통해 그룹웨어 기능을 제공하고 있다.

④ 시스템의 설치와 실행의 신속성

　ERP 시스템이 기존 시스템에 비해 빠른 시간 내에 구현이 가능해지고 유지보수의 부담이 크게 줄게 된 것이 파라미터 지정이라는 기능이 있기 때문이다. ERP 시스템은 패키지 개발 시 해당 업무프로세스와 관련하여 설정할 수 있는 대부분의 거래유형을 포함하고 있으므로, 이러한 프로그램들을 이용할 경우에는 시스템의 구축 및 설치 기간이 과거와 비교해 볼 때 훨씬 단축된다. 그러므로 업종별, 기업 규모별로 천차만별인 세계 도처의 기업에 적용이 가능한 것이다. 시스템을 통한 업무수행 중인 조직의 업무가 변화되더라도 새로운 시스템을 개설할 필요 없이 기본적으로 파라미터 변경을 통해 대응이 가능하다. 이렇게 필요한 기능을 전부 내장하고 있는 ERP 패키지를 파라미터 지정을 이용하여 해당 기업에 맞도록 시스템을 최적화시켜주는 작업(커스터마이징)은 ERP 컨설턴트의 몫이라 할 수 있다.

⑤ 최신의 정보기술을 채용한 기업정보시스템

ERP 시스템은 최신의 정보기술을 이용하여 시스템을 구현한다. 최근의 ERP 시스템에서는 Web 기술, EDI, Data Warehousing, GUI 등의 정보기술이 적용되고 있으며 시스템 구조 측면에서도 C/S 구조를 가지고 있어 ERP 구현으로 최신 정보기술을 구현할 수 있다. 따라서 새롭게 개발된 ERP 시스템에 기존의 업무처리 내용들을 맞추어서 변경해 놓으면 추후에 ERP 시스템이 업그레이드되는 경우에도 기존의 정보를 최신 신규 시스템에서 그대로 이용할 수 있는 가능성이 높다.

⑥ BPR(Business Process Reengineering : 업무 재설계) 기능 수행

ERP 시스템에 담겨 있는 'Best Practice'를 이용해 업무 재설계(BPR)를 이루는 것이다. 여기서 Best Practice는 세계에서 우수 기업이 채용하고 있는 비즈니스 프로세스에서 체계화시킨 프로세스이고 세계에서 통용되는 글로벌한 비즈니스 프로세스의 표준이다. ERP 구현 초기엔 ERP에 대한 인식 및 신뢰가 부족하여 BPR과 ERP를 따로 투자하는 경우가 많았지만 1990년대 초반 이후 ERP 시스템에 대한 검증 및 신뢰가 쌓이면서 별도의 BPR을 수행하지 않고 자사에 맞는 ERP 패키지를 선택하여 구현함으로써 BPR을 수행할 수 있다.

⑦ 다중언어, 다중통화 지원 가능성

현재 ERP 패키지들은 각국의 언어 및 통화체제를 지원하고 각 나라의 법률과 대표적인 상거래 습관, 생산방식이 먼저 시스템에 입력되어 있어서 사용자는 이 가운데서 선택하여 사용할 수 있다. 예를 들면 ERP의 대표적인 SAP R/3 시스템에서는 20개국 이상의 구현 실적을 갖고 있다. 따라서 지원도 아래와 같이 국제적으로 이루어지고 있다.

- 다언어에 대한 대응 : 응용 소프트웨어에 로그인할 때 이용자의 상용 언어를 지정하면 다음 화면부터 안내, 도움말 등이 지정한 언어로 표시된다.
- 현지의 세제, 법적인 보고서에 대한 대응 : 현지 국가의 상법이나 세법에 따라 지정된 상각계

산이나 평가법을 사용하여 법제도에 대응한 보고서 내지 재무제표 작성이 가능하다.

- 다양한 통화에 대한 대응: 외화로 입력할 때는 환율계산의 지정에 따라 현지 통화로 환산하여 기록된다.
- 연결회계에 대한 대응: 국제회계기준(IAS)에 대응되는 계정과목의 변환, 외화환산, 연결회사 간 채권, 채무의 상쇄 또는 소거 등을 통하여 연결재무제표를 작성할 수 있다.
- 연결관리회계에 대한 대응: 부문회사에 대한 부문별 손익계산서뿐만 아니라 그룹회사 전체의 부문별 손익계산서를 작성할 수 있다.

1.4.2 기술적 특징(기술환경)

① 사용자 인터페이스(GUI : Graphical User Interface)

기업시스템을 보다 발전시키고 사용에 따른 효과를 높이기 위해서는 실제 업무를 처리하는 실무자 외에도 기업의 관리자나 경영자들이 시스템에 대한 관심을 가지고 직접 사용하면서 개선 지침을 부여하는 것이 필요하다. 그러나 지금까지 기업정보시스템의 주요 문제는 문자를 중심으로 한 시스템 구성과 영어를 위주로 한 전산용어가 사용되었기 때문에 사용자가 쉽게 접근할 수 없었다는 것이다. 이러한 상황에서 그래픽 사용자 인터페이스(GUI, Graphic User Interface) 기술의 등장은 관리자나 경영자 외에도 기업 내의 모든 사용자가 쉽게 정보시스템에 접근하는 계기를 마련해 주었다. 시스템 사용이 익숙하지 않은 경우에도 윈도우 사용자라면 별도의 교육 없이도 빠른 시간 안에 활용이 가능하다.

② 4세대 언어(4GL : 4Generation), CASE(Computer Aided Software Engineering) Tool

갈수록 고도화되어 가고 있는 산업용 소프트웨어를 개발하는 데 있어 기존의 프로그램 개발방식으로 한계에 부딪치게 되면서 4세대 언어(4GL)라고 불리는 프로그램 언어들이 등장하게 되었다. 대표적인 4세대언어는 Visual Basic, C++, Power builder, Delphi, Java 등이 있다. 이와 아울러 고기능성 산업용 소프트웨어를 개발하기 위한 별도의 방법론으로 등장한 것이 CASE(Computer Aided Software Engineering) Tool이라는 것인데, 이는 소프트웨어를 만드는 소프트웨어라고 할 수 있다. ERP 시스템은 소프트웨어 개발 측면에서뿐만이 아니라 유지·보수의 측면에서 유연성 있게 활용할 수 있는 이러한 4GL이나 CASE Tool을 기본으로 채택하고 있다.

③ 클라이언트 서버(Client/Server Environment) 시스템

업무가 복잡해지고 빨라지는 등 경영환경의 급변으로 새로운 시스템이 요구되는 상황에서 과

거 중앙집중식 환경하에서는 일반직원들이 사용하고 있는 터미널은 중앙의 주전산기로부터 얻어온 정보를 뿌려주는 단순한 단말기 역할만해서 더미(Dummy)라고 불려졌다. 그러나 분산처리구조라고 불리는 클라이언트 서버 시스템이 도입되고, 지금 일반직원들이 사용하는 클라이언트 PC는 기능이 강력해지면서 더 이상 Dummy가 아닌 똑똑한(Intelligent) 시스템으로 바뀌게 되었다. 또한 이러한 Client에게 새로운 역할을 주고, Server는 과거 중앙집중식 방식과 같이 모든 것을 가질 필요가 없어지면서 부하가 크게 줄어들게 되어 자원을 효율적으로 운영하고 관리할 수 있도록 해주었다. ERP 시스템 역시 웬만한 일은 대부분 Client 수준에서 처리를 하게 되는 C/S에 기반을 둔 대표적인 분산처리 형태에서 등장한 패키지라고 할 수 있다. 지금 거의 모든 ERP 패키지가 C/S구조를 채택하고 있다.

④ 전자문서교환(EDI : Electronic Data Interchange)

오늘날은 거의 모든 사람이 인터넷을 자유롭게 활용할 수 있는 시대이며, 인터넷은 판매 및 구매를 비롯한 기업의 업무에 큰 영향을 미치고 있다. 인터넷을 이용한 데이터의 전송 및 교환 그리고 공유는 기업의 생존을 위한 선택이 아닌 필수라고 할 수 있다. 기업 간 또는 관공서와의 업무처리 시 단순 데이터만으로는 내용의 전달이 불충분한 경우가 종종 발생하게 된다. 즉, 데이터를 표현하는 구조화된 표준양식(Structured Standard Format)과 데이터의 교환이 필요한 것이다. 전자문서교환(EDI)은 사람의 간섭이나 데이터의 재입력 없이 데이터가 수신자의 컴퓨터에 자동으로 입력되어 처리되는 것을 목적으로 하고 있으며, ERP 시스템이 지향하는 기업 간의 정보 교환의 첨병 역할을 수행한다.

⑤ 의사결정지원(What-If Simulation)

매일 매일의 의사결정뿐만 아니라 전략적 의사결정은 최종적으로 사람에 의해 이루어지고 있다. 많은 정보를 관리하고 있는 ERP를 이용하여 이러한 의사결정에 많은 도움을 얻을 수 있다. 기업에서 행하려고 하는 의사결정의 결과를 원하는 형태로 미리 얻어 볼 수 있는 기능을 통하여 기업의 생산성 증대 및 이윤 극대화가 가능할 것이다.

⑥ 관계형 데이터베이스(RDBMS)

거의 모든 ERP 시스템은 원장형 데이터베이스 구조를 채택하고 있다. 기존의 파일시스템 구조로는 데이터의 독립성, 종속성이 문제가 있기 때문에 ERP와 같은 고기능성 산업용 소프트웨어에는 상용 RDBMS를 채택해야만 한다. 현재 ERP 시스템에서 돌아가고 있는 데이터베이스는 Oracle, Informix, Sybase, SQL 등인데 데이터베이스의 채택은 주로 운영환경(OS)과 하드웨어(H/W) 등 전체의 플랫폼에 의해 결정되고 있다. ERP의 업무프로세스는 원장형 통합 데이터베이스라고 하는 중앙의 데이터베이스를 중간 매개로 기업활동 전반에 걸쳐 통합되어 있다. 원장형 통합 데이터베이스는 하나의 정보는 한 번만 입력하고, 입력된 정보는 가공하지 않은 데이터로 어느 업무에서도 참조할 수 있도록 데이터베이스에 보관된다. 기존의 시스템에서는 각각의 시스템에 구축되어 있는 데이터의 연동이 효율적으로 이루어지지 않아 경영자가 필요로 하는 분석정보를 얻기 위해 해당 데이터를 재입력하는 방법으로 EIS가 이루어져 급변하는 경영환경에 능동적인 대처가 불가능하였으나, ERP에서는 DB를 통합적으로 관리하는 통합원장형 데이터베이스 구조를 채택하고 있어, 데이터를 가져와 손쉽게 경영자가 필요로 하는 분석정보를 생산해냄으로써 정보를 활용할 수 있다.

⑦ 객체지향기술(OOT : Object Oriented Technology)

ERP 패키지 내의 각 모듈(프로세스)은 제각각 독립된 개체(Object)로서의 역할을 하게 된다. ERP 시스템은 이렇게 수많은 모듈들의 집합체이다. 각 모듈들과의 인터페이스를 통해 전체적으로 시스템의 효율성을 향상시킨다. 시스템이 업그레이드되거나 기능이 추가 또는 삭제되는 경우에 객체지향적으로 설계된 ERP 시스템은 전체를 건드릴 필요 없이 해당 모듈에 대한 교체만으로 시스템의 변경이 가능하다. 마치 레고블록처럼 영업, 생산, 구매, 자재, 재고, 회계, 인사 등 각 모듈들을 서로 짜 맞추는 식으로 전체를 최적화시켜 나가면 되고, ERP 시스템이 구축된 이후에도 언제나 단위모듈의 변경이 가능하다. 즉, 객체지향기술은 소프트웨어의 재사용성을 충분히 보장해주는 기반기술이라고 할 수 있다.

⑧ 데이터 웨어하우스(Data warehouse)

정보화시대에 접어들면서 기업의 데이터는 기하급수적으로 늘어나고 있는 실정이다. 그러나 데이터가 기업의 가치 있는 정보로 활용되기 위해서는 각 기능에서 수집하고 보유한 원데이터(Raw Data)에 대해 여러 각도에서 분류하고 결합하는 분석과정을 거쳐야만 한다. 데이터 웨어하우스 개념은 기업의 각 기능이나 부문에서 가지고 있는 데이터를 사용자의 요구와 필요에 부합되도록 정보를 효율적으로 가공하여 테이블이나 각종 그래픽으로 분석하는 기술로 ERP 시스템에 적용되게 하였다.

⑨ 웹(Web) 기술

서로 연결되어 있는 네트워크들의 집합체로서 정보고속도로를 형성하고 있는 인터넷은 빠르고 편리하고 쉬운 정보교환을 위해 웹(Web)을 탄생시켰다. 누구라도 웹에 액세스(Access)하여 세계의 정보를 자신의 책상이나 안방에서 쉽게 이용할 수 있는 기회를 가지게 된 것이다. 이러한 웹 기술은 기업 외부근무나 출장이 잦은 사람도 쉽게 자기 기업의 정보 시스템에 접근하여 회사 업무를 처리할 수 있도록 해주고, 웹이 가능한 ERP(Wed-enabled ERP) 시스템을 탄생시켰다.

🏛 **요약**   ERP 기능 및 기술 핵심

- 기업 업무를 하나의 시스템에 통합하였다.
- 하드웨어 및 데이터베이스에 독립적이다.
- 그룹웨어와 연동하여 전자 업무를 가능하게 한다.
- 시스템 설치 및 실행이 빠르다.
- 최신 정보기술을 사용한다.
- BPR 기능을 통하여 기업 업무 쇄신이 가능하다.
- 다중언어, 다중통화를 지원한다.
- 편리한 사용자 인터페이스를 가지고 있다.
- 유지보수 측면에서 최신 컴퓨터 언어를 사용할 수 있다.
- 클라이언트/서버 형태로 되어 있어 분산처리가 가능하다.
- 인터넷을 이용한 각종 문서 및 데이터의 전송 및 교환이 가능하다.
- 최고 경영층의 의사결정에 도움을 주는 각종 지표를 제공한다.
- 관계형 데이터베이스 구조를 기본으로 하고 있다.
- 객체지향기술을 이용하여 구현되었다.
- 수많은 데이터를 사용자 용도에 맞게 제공하는 데이터 웨어하우스 기능을 포함하고 있다. 쉽게 ERP 시스템에 접근할 수 있는 웹 기반 시스템이다.

1.5   ERP의 일반적 기능 소개 및 특징

ERP는 생산 및 생산관리 업무는 물론 설계, 재무, 회계, 영업, 인사 등의 순수관리부문과 경영지원 기능을 포함하고 있다. 더욱이 ERP는 이들 모든 업무에 덧붙여 고객, 회사 또는 하청회사 등 상, 하위 공급체계(Supply Chain)에 대한 최적의 의사결정을 내려 주는 통합된 정보시스템을 목표로 한다. 따라서 ERP가 각 기업환경에 맞는 모듈로써 완벽하게 구축된다면 자재발주, 최적의 생산 스케줄에 의한 최저원가의 생산이 가능해지며, 재고의 최소화는 물론 모든 자금의 흐름을 실시간으로 파악할 수 있다. 따라서 경영진의 의사결정 시간을 단축시킬 수 있다.

이와 같이 ERP 시스템을 도입하게 되면 기업 내의 영업, 생산, 구매, 자재, 회계 등 모든 조직과 업무(비즈니스 프로세스)가 IT로 통합되어 실시간으로 모든 정보를 통합 처리할 수 있게 된다. 기존의 경영정보시스템이 각 단위업무별로 개발되어 업무가 수행되다 보니 단위업무별로는 최적화가 됐는지 몰라도 전체적인 최적화를 구현시키지는 못했다. 이에 반해 ERP 시스템은 첨단의 IT기술을 활용하여 회사 내 전체 업무를 마치 하나의 업무처럼 통합시킬 뿐만 아니라 실시간으로 모든 업무를 거의 동시에 처리할 수 있도록 설계되어 있다.

ERP 패키지마다 지원되는 기능은 구매자의 요구에 따라 크게 달라 질 수 있다. 그러므로 도입을 원하는 기업은 자사의 여건 및 비전을 기준으로 패키지의 기능을 분석하고 도입하는 것이 중요하다. 제아무리 패키지가 좋은 기능을 가지고 있다 하더라도 현실적으로 해당 기업이 소화해 낼 수 없다면 아무 필요가 없는 것이다. 무턱대고 고기능성만 강조할 것이 아니라는 얘기다. 그렇다고 현재의 기업 여건만을 기준으로 고성능화된 패키지의 기능 및 프로세스를 무시한다면 ERP 도입의 취지와 거리가 멀다 할 수 있다.

이에 따라 현재 상황과 미래 비전 및 경영전략 달성 등을 토대로 적정선을 찾아야 한다. 또 각 패키지의 기능을 분석할 때 자료상에 드러난 기능만을 보고 평가할 것이 아니라 실제 시스템상에서 그 기능이 제대로 구현되는지 면밀히 살펴보아야 할 것이다.

결과적으로 ERP 패키지는 기능이 복잡하고 많은 것이 좋은 것이라고 무조건 선택할 것이 아니라 자사의 환경 및 경영전략, 비전에 맞는 적합한 패키지의 모듈을 선정하는 것이 바람직하다.

ERP 시스템은 공급사와 사용하는 기업의 환경에 따라 기능적, 기술적인 차이점을 조금씩 가지고 있다. 하지만 ERP 시스템의 근본적인 개념과 주 기능은 기업자원의 효율적인 배분관리라는 틀 안에서 여러 산업과 기업에서 사용되고 있다.

1.5.1 인사/급여/근태

1) 기존 문제점

인사마스터 자료에 의한 시스템화된 업무가 아닌 인사관리 카드에 의한 수작업으로는 서류관리가 불편하고 적절한 기간의 데이터 추출이 어려웠다. 또한 인사마스터의 자료에 따른 근태, 급여, 승진, 승급 관리가 되지 못함으로 매월 급여 반영 시 착오가 발생할 수 있으며, 발생된 데이터의 보관이 많음으로 업무처리에 불필요한 시간의 증가를 가져오고, 국민연금, 의료보험, 고용보험 등의 단순 업무에 치중하는 시간이 많이 발생하게 되었다. 또한 연말정산, 퇴직급여에 따른 각종 신고서 작성 시 이중의 업무를 요하는 등 비효율적인 측면을 많이 가지고 있었다.

2) ERP 시스템에서의 개선사항

- **인사관리업무** : 인사마스터의 자료입력으로 국민연금/의료보험/고용보험의 처리가 일괄적으로 가능하고, 임직원 각각의 이력사항을 기록함으로써 경영진에게 언제나 업데이트된 자료를 제공할 수 있다. 즉, 개인이력카드/재직증명서/경력증명서/의료보험신고서/국민연금신고서/승진, 승급 대상자 명단/보험관리/기숙사관리/학력별, 연령별, 성별, 부서별, 근속연별과 관련된 각종 리포트들을 산출할 수 있다.

- **근태관리업무** : 인사마스터의 부서, 직급, 호봉, 사번 등의 자료를 바탕으로 근태업무가 처리된다. 물론 사업장이 한 곳 이상일 경우에는 전용선을 통하여 본사의 담당자가 편리하게 처리할 수 있다. 즉 개인별, 부서별, 직급별 근태현황, 일일근태현황, 연간근태현황, 당일근태현황(지각, 조퇴, 외출) 등을 관리할 수 있다.

- **급여관리업무** : 인사마스터 및 근태마스터 자료와 급여마스터의 자료에 의한 급여처리가 이루어진다. 급여대장, 급여봉투, 부서별, 개인별, 직접/간접별 각종 리포트가 조회되며 연말정산, 퇴직금산출, 퇴직금충당금 처리 등 급여에 관련된 일련의 모든 사항들의 처리가 가능하다.

1.5.2 구매관리

1) 기존 문제점

업무의 특성상 생산관리 및 영업관리와 긴밀한 관계를 가지고 데이터의 공유가 이루어져야 하나, 시스템이 구축되지 못한 실정에서는 이러한 관계를 유지하기가 힘든 것이 사실이다. 또한 기업에서는 어떠한 제품의 생산계획이 작성되면, 담당자와 담당부서에서의 회의를 통해 구매발주가 생성되고 자재를 구매하게 된다. 또한 구매발주 계획시점에서의 창고의 재고파악이 문제가 되는데, 정확한 재고의 파악에 의한 구매발주가 생성되지 못한다. 따라서 정확한 필요분(실소요분)을 구매해야 함에도 불구하고 그러한 업무실행이 정확한 의사소통의 어려움으로 인해 많은 시간비용을 필요로 하는 것이다. 또한 생산관리 측면에서도 필요한 원자재가 어느 시점에 발주가 생성되어서, 입고가 될지를 파악한다는 것은 구두사항으로 파악될 수밖에 없는 것이 현실이었다.

2) ERP 시스템에서의 개선사항

ERP 시스템에서 구매관리가 잘 이루어지기 위해서는 우선되어야 하는 작업이 있다. 첫째로는 부품구성표(BOM)의 정확한 구성이다. 소요량과 불량률, 생산율 등이 정확하여야 한다는 것이다. 둘째로는 부품구성표의 코드가 획일적으로 구성되어야 한다. 시스템의 구축을 위해서는 무엇보다 우선되어야 하는 것이 코드체계의 확립이다. 사실 생산관리, 영업관리, 자재관리 모듈이 정상적으로 관리되지 못한다면 구매관리는 무용지물이 되고 만다. 일단 모든 사항들이 필요를 충족시켜준다면, 처리 흐름은 다음과 같이 이루어진다. 즉 영업관리에서의 수주와 생산관리의 예측생산 및 오더생산에 의거하여 생산계획 리스트(LOT 분할)가 생산되고, 현 생산라인에서 생산하고 있는 제품에 소요되는 원자재에 대한 계산이 이루어지며, 현 창고의 재고를 MRP(자재소요량산출)에 의거하여 순수 자재구매 리스트와 구매 스케줄이 생성되게 된다. 그에 따른 구매발주서의 관리가 이루어지며 각종 해당 리포트를 생성시킬 수 있다. 리포트 예는 구매처현황, 구매단가현황, 발주서(업체별, 일자별, 물품별)현황, 독촉할 구매발주 현황, 지연된 구매발주 현황, 세금계산서 접수현황, 월별 자재별 발주현황, 구매처별 발주현황, 발주 대비 입고현황 등이 있다.

1.5.3 자재관리

1) 기존 문제점

제조업체의 원활한 운영을 위한 자재 수급과 단순한 입/출고만이 아니라 여러 가지 재고관리 기법을 활용하여 영업, 구매, 생산관리에 직접적인 영향을 미치는 재고의 정확성을 향상시켜야 하나, 시스템이 구축되지 못한 상황에서는 작업장 및 외주공정상의 공정재고를 파악하기 어렵고, 창고의 상황 데이터가 공정에 직접적으로 공유되지 못하는 문제점이 있었다. 이러한 결과로 창고 자재의 원활한 공급과 요청이 어려운 상황이었다. 또한 자재의 원활한 공급이 이루어지지 못함으로 그에 따른 각종 전표(자재청구서)의 관리에 어려움이 나타나게 되었다.

2) ERP 시스템에서의 개선사항

제조업에서의 자재 관련 사항의 중요성은 무엇보다도 적시, 적소의 자재공급과 재고기법을 통한 재고금액의 최소화에 있다. ERP 시스템에서도 재고 관련 사항 중에서 가장 중요시 되어야 할 것은 현재고 파악의 정확성이다. ERP 시스템에서의 재고는 공정상의 재고와 외주의 무상사급 자재, 유상사급 자재를 파악하고, 현장관리모듈과 연동하여 재고의 반출을 돕는다. 재고관리에서 발생할 수 있는 리포트들은 저장소별 입출고현황, 자재별 입출고현황, 기간별 입출고현황, 재고비용현황, 악성재고현황, 안전재고 미보유 현황, 재고기법에 의한 재고금액 파악 등이 있다.

1.5.4 생산관리

1) 기존 문제점

과거 일반 기업에서의 생산관리는 전체적인 운영체계가 미흡하고, 기준정보의 부족 및 부정확으로 인하여 개인에 의한 관리 형태를 취하고 있다. 즉, 생산을 관리하는 팀장의 경험으로 생산계획을 작성하고, 효율성 없는 작업장 운영으로 생산성을 저하시키고 있었다.

또한 영업관리 및 자재, 구매 관리와의 밀접한 관계가 형성되어 있어야 하나, 네트워크 구축에 있어 다른 부서와의 상호연관성의 부정확성으로 인해 일반적으로 미흡한 관계를 유지하고 있었다 할 수 있다. 또한 생산실적의 효율적인 관리를 통하여 인원의 통제를 강화시켜야 하나, 관리를 위한 관리가 될 수 있음으로 인해 잘 이루어지고 있지 못한 것이 그동안의 현실이었다. 따라서 정확한 일일생산능력과 영업의 수주보다는 예측생산계획에 의한 생산으로 장기재고를 생산하는 오류를 범할 수 있다는 큰 문제점이 있었다.

2) ERP 시스템에서의 개선사항

ERP 시스템에서의 생산관리는 아래와 같은 순차적이고 밀접한 관계를 통해 진행됨으로써 자원최적화 및 적기생산에 공헌하고 있다.

영업에서의 수주→ 물품마스터(일일생산능력, 안전재고, 생산예약현황)→ 작업장관리(작업장의 흐름, 기계설비의 배치, 작업자 배치 등)→ 생산관리(수주생산, 예측생산)→ 일일생산계획 예측(Lot분할)→ 작업장별 부하량 산출→ 작업계획 조정→ 생산계획 확정→ 작업지시서 발행→ 자재청구서 발행→ 작업진행 관리(생산실적 및 불량현황 등)→ 생산실적 관리

이상이 ERP 시스템에서 생산관리의 대략적인 흐름이다. 보통 외주작업장 관리는 구매관리에서 많이 하고 있으나, 생산관리에서 외주작업장 관리를 하는 회사들도 많은 것으로 알고 있다.

1.5.5 재무/회계관리

1) 기존 문제점

일반적인 제조업에서는 자금관리 및 회계처리를 함에 있어 어음관리, 예금관리, 은행관리, 거래처별 원장관리, 회계처리, 결산 등 많은 업무를 보조장부와 수작업으로 진행하고 있어 이러한 업무를 획일적으로 처리하기가 어렵고, 또한 어음관리에서는 작은 실수 하나가 기업의 생존을

위협하는 경우까지 발생한다. 또한 경영진에게 신속하게 제출해야 할 각종 경영정보에 대한 자료를 신속하게 제출하기가 어렵고, 관리해야 할 각종 대장들의 관리와 활용에 많은 시간과 노력이 필요하다.

2) ERP 시스템에서의 개선사항

각 팀 또는 해당 부서(총무, 구매, 영업, 생산, 개발 등등)에서 발생하는 각종 전표들을 ERP 시스템에서 발생시키고, 그에 따라 경리/회계에서는 검증 후 승인을 함으로써, 업체별 각종 대장, 은행관리, 어음관리 등이 이루어지게 된다. 물론 은행관리와 어음관리에서는 사전 등록이 필요하다. 이렇게 승인된 전표에 대하여 월결산이 가능하며, 그에 따른 손익계산서, 대차대조표, 잔액시산표, 월분계장, 각종 명세서(현금, 유가증권, 매출채권, 미수수익, 장기성 예금명세서 기타 등등)의 출력이 가능해진다.

1.5.6 영업관리

1) 기존 문제점

기존의 영업관리는 수주내역을 유선 또는 무선으로 받아서 현재고를 파악하여, 부족한 부분이 있으면 생산과 구매 관련 부서에 통보하는 형식이었다. 그리고 구매업체에서 매출업체에 대한 관리는 일반대장으로 수기 관리하고 있었으며, 매출계획 대비 실적 또는 매출계획 대비 생산실적의 산출 시 지속적인 문서 작업이나 수기 작업으로 지속적인 관리가 이루어져야 했다. 또한 수주사항의 변경 시 즉각적인 관계부서와의 연결이 이루어지지 않아, 생산 또는 구매부서와의 의사소통에 문제를 일으키고 있었다.

2) ERP 시스템에서의 개선사항

영업관리 업체에 대한 마스터(Master) 등록, 업체별 단가등록을 통해서 영업, 구매, 생산이 통일된 데이터를 이용하여 협업을 가능하게 한다. 또한 영업의 수주등록이 바로 생산관리에 연계되어 자동통보가 이루어짐으로써 출하에 관련된 사항(출하지시서 작성 등), 반품관리, 수금관리(세금계산서 발행 등), 영업에 관련된 각종 분석자료(월별, 연별, 업체별, 품목별 매출현황), 판매추이 등이 ERP 시스템에서 통합 운영된다.

요약　ERP 기능 요약

- ERP는 기업의 영업관리, 구매관리, 자재관리, 무역관리, 재무관리, 경영지원 업무 기능을 모두 포함하고 있다.
- 영업관리는 제품의 수주 및 납품에 관한 통합관리 기능을 제공한다.
- 구매관리는 부품구성표(BOM)를 이용하여 정확한 자재에 대한 수급계획과 입고관리를 제공한다.
- 자재관리는 재고파악에 대한 정확성을 제공하는 자재의 입/출고 기능을 제공한다.
- 무역관리에서는 자재의 수입 및 제품의 수출에 관련된 업무를 통합하여 제공하다.
- 생산관리에서는 BOM 관리, 생산계획 생성, 자재소요계획 등의 기능을 제공한다.
- 재무관리에서는 자금관리 및 회계처리에 대한 통합적인 환경을 제공한다.
- 경영지원 업무에서는 인사/급여/근태에 대한 관리 기능을 제공한다.

■ 회사 개요

F사는 각종 내연기관(승·상용차, 농기계 등)의 주요 부품을 제작 생산하고 있는 중견기업이다. 50여 년이 흐른 현 시점까지 꾸준한 기술 및 소재개발 등으로 자체 기술을 향상시켜 자동차용 부품생산에 앞장 선 전문기업이다.

■ 전산화 과정 및 ERP 도입배경

F사는 1980년대 말 IBM AS/400 Main System을 도입하고 1년 4개월에 걸쳐 자재, 생산, 영업관리, 인사/급여, 회계관리 시스템을 공동 개발 구축하였으며, 두 차례에 걸친 업그레이드로 ERP 도입 전까지 운영해왔다. 하지만 매출이 늘어감에 따라서 기존 전산시스템의 구조적 한계가 많이 발생하였고, 현업담당자들에게 전산마인드를 제고하여 업무처리 및 관리상에 불합리, 불필요 요인을 제거하거나 개선하기 위해서는 전산시스템의 교체가 불가피했으며 나아가 향후 e−Business에 대한 준비 차원에서 ERP 도입의 필요성이 대두되었다.

F사의 대표이사는 이른바 신 경제에서도 살아남기 위해서는 "기업의 모든 부분, 즉 문화, 인력, 조직, 비즈니스 프로세스, IT의 전반적인 변화가 필요했다"고 말했다. 이러한 맥락에서 모든 비즈니스 프로세스를 재설계하고 통합된 IT 인프라를 갖춘 ERP 구축을 검토하게 되었다.

ERP 패키지를 선정함에 있어서 F사는 향후 e−Business를 위한 확장성과 안정성 관점에서 운영상의 유연성, 제품기능성, 기술기반, 총소요비용 등 다양한 요인을 객관적으로 비교 분석하였다. 아울러 자사의 비즈니스 특성(특히 조립, 가공라인)을 가장 잘 수용할 수 있는지 등등을 고민하였다.

ERP 구축 프로젝트를 위해 관리부장을 추진위원장으로 하고, 전산실장을 부위원장, 현업 부서별 팀장과 업무별 각 1명으로 총 25명의 전담팀을 구성하였고, 컨설턴트 2명이 투입되어 진행되었다.

F산의 ERP 시스템 구축과정의 가장 큰 특징은 전혀 커스터마이징(customizing)이 없었다는 점이다. 이는 ERP 패키지에 대한 신뢰와 더불어 BPR없이 곧바로 구축과정에 들어가기 때문에 커스터마이징을 하면 할수록 프로세스 개선효과가 줄어든다는 이유 때문이었다.

ERP 도입 이후 얻은 가장 큰 성과로 인터넷 기반의 업무환경 구현과 경영투명성 확보 등을 꼽고 있다. 아울러 현업담당자의 전산마인드를 제고하여 기존의 업무관행을 탈피할 수 있었다는 점이다. 기존 시스템은 데이터 분석·가공 시 현업담당자가 직접 취급하기 어려워 전산담당자가 처리해주는 경우가 많았고, 이에 업무진행 대기시간이 발생하고 전산담당자는 본연의 업무를 진행하는 데 많은 애로가 있었는데 이러한 점이 해결됐다는 점이다.

ERP 구축으로 인한 정성적 효과는 표준/실제원가 관리기반 구축, 관리회계 정착으로 이익기반 마련, 관리생산성향상, 자산유실감소, 수주/출하까지의 프로세스 리드타임(Lead time) 감소, 정확한 생산계획 및 투입관리가 가능해졌다.

정량적인 효과는 관리생산성 15% 이상 향상, 재고회전율 4.5회전 이상 향상, 자산유실 3%이하, 수주/출하까지의 프로세스 리드타임 5일 이상 감소, 정보의 신뢰성 99% 이상 향상을 목표로 하였다. 나아가 이러한 정량적인 효과를 바탕으로 연 10억 원 이상의 비용절감이 가능했다. 이는 일반적인 투자활동에서 얻어지는 ROI(투자수익율) 대비 대단한 효과라고 볼 수 있겠다.

기업에 있어서 ERP 구축 시에 요구되는 사항은 다른 무엇보다 '변화'이다. 변화를 어떻게 잘 이끌어내고 조직 구성원들이 받아들이게 하느냐가 ERP 구축 및 성공을 위한 핵심요인이다.

1.6.1 판매계획과 생산계획의 관계

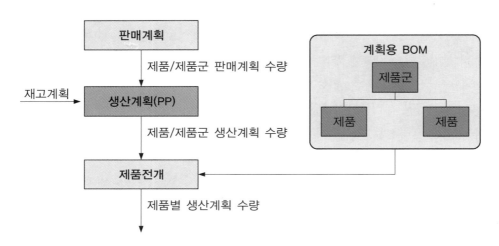

[생산계획과 판매계획의 관계]

■ 판매계획(Sales Planning)

사업계획, 영업실적, 수요예측자료를 기준으로 하여 제품 혹은 제품군별 판매계획 수량을 결정하는 업무를 말한다.

■ 생산계획(Production Planning)

판매계획, 사업계획, 자원소요계획을 기준으로 제품군별 생산수량을 결정하는 업무를 말함. 생산계획의 입력자료는 생산능력, 재고, 예측자료, 사업계획이며, 출력자료는 제품군별 수주잔고 계획, 제품군별 재고계획, 제품군별 생산계획이다.

1.6.2 생산계획과 관련된 일반적인 절차

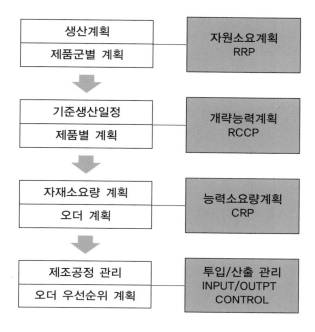

■ **기준생산계획(Master Production Planning)**

생산계획을 바탕으로 제품별 생산량을 결정하는 것을 말한다.

■ **개략능력계획(Rough Capacity Requirement Planning)**

외주를 포함한 자원의 소요량 산출 및 조정, 주요 작업장 부하 측면에서 검토한다.

■ **자재소요계획(Material Requirements Planning)**

기준생산계획을 기준으로 생산에 필요한 자재의 발주품목, 발주수량, 발주시기 등을 계획하는 것이다.

■ **능력소요량계획(Capacity Requirement Planning)**

자재소요계획에 의하여 생성된 작업장 단위의 계획을 종합하여 얼마만큼의 제조자원(작업장, 설비, 인력 등등)을 요구하는지 계산하는 모듈로서 부하를 산정하고 능력을 측정하고 조정하는 업무를 수행한다.

■ 제조공정관리(Shop Floor Control)

생산활동관리(Production Activity Control)라고도 하며 생산현장 및 공정의 효율증진을 위한 계획, 통제 및 평가를 하는 처리절차, 방법, 기술, 정책을 의미한다.

■ 구매관리

생산을 위한 자재를 구매하기 위하여, 재고데이터, 자재소요량계획, 회계시스템 정보를 모두 활용하여 구매발주를 보내고, 자재에 대한 매입처리, 공급업체에 대한 성과평가를 수행하는 업무를 말한다.

■ 유통수급계획(Distribution Resource Planning)

다단계 유통(판매) 네트워크를 가지고 있는 기업에서 유통단계별로 제품의 소요량과 소요시기를 계산하여 궁극적으로 공장의 기준생산계획에 연계하여 적시에 각 유통단계에 제품을 공급할 수 있도록 하는 것이다.

■ APS(Advanced Planning & Scheduling)

제조시스템 및 공급체인관리(Supply Chain Management)의 영역에서 발생되는 Planning, Scheduling, Forecasting, Distribution 등을 대상으로 최적의 솔루션을 제공하는 방법이다. 기존의 ERP에서 구체적으로 제공하지 못하는 최적화 계획을 보조적으로 제공하는 모듈이다. 많은 상업용 패키지가 있으며 기존의 ERP 벤더(Vendor)에서도 많은 연구가 진행되고 있다. ERP를 기본 인프라로 사용하면서 Third Party Solution으로 ERP 안에 컴포넌트(Component)로 장착하여 운영되기도 한다.

물류/생산

Enterprise Resource Planning

2장 K.System을 통한 ERP 시스템 이해

2.1 K.System ERP 소개
2.2 K.System ERP 구성
2.3 자료통합 측면에서 ERP 시스템 이해
2.4 자원통합 측면에서 ERP 시스템 이해
2.5 정보시스템통합 측면에서 ERP 시스템 이해

영림원소프트랩 K.System

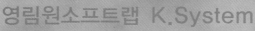

ERP정보관리사

영림원 K.System은 국내에서 개발된 닷넷 기반의 통합개념 ERP로서 체계적인 프로세스를 통해 기업경영 전반의 활동과 데이터를 실시간 제공하여 투명하고 합리적인 경영이 이루어지도록 지원해주는 소프트웨어이다. ERP는 기업활동 전반의 모든 업무를 경영자원으로서 활용하고자 하는 기업의 필수적이고 기본적인 정보시스템이 되었다. 기업의 모든 업무, 즉 영업활동, 생산활동, 지원활동, 연구활동, 재무활동 등이 유기적으로 통합 관리되어야 하고, 이를 위해 첨단의 IT를 기반으로 하여 선진 비즈니스 프로세스(Best Practice)가 구현된 ERP 패키지 소프트웨어는 반드시 필요한 솔루션이다.

일반적으로 기업의 주요 업무는 구매, 생산, 판매, 회계 부서 간의 업무가 순환되는 형태를 이루고 있는데, 이러한 업무를 계획하고, 실행하고, 평가하는 기능을 ERP 시스템이 제공하며, 특히 주요 관리 대상은 자금, 인력, 물자이다. 이러한 관리 관점에서 K.System은 그림과 같이 개념적으로 5개 모듈(운영관리, 인사관리, 회계관리, 생산관리, 물류관리[1]), 세부기능별로는 7개 모듈(운영관리, 인사/급여관리, 자재/물류관리, 영업/수출관리, 구매/수입관리, 생산관리, 회계관리)로 나누어져 있다.

[K.System 모듈의 구성]

---

1) 여기서 물류관리란 자재입출고관리뿐만 아니라 영업, 수출, 구매, 수입을 모두 포함하고 있다.

K.System ERP는 일반관리모듈인 인사(급여 포함), 회계(세무 포함), 물류(영업/구매/자재/수입/수출 포함), 생산(원가 포함) 기능이 서로 유기적으로 연계되어 있다. 각각의 업무 기능들은 아래 그림처럼 전체 프로세스의 흐름도와 같이 연결되어 있다.

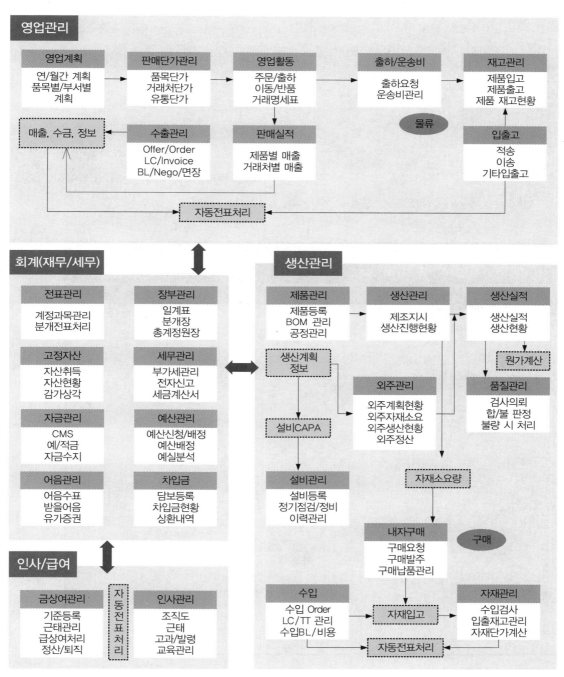

[K.System 전체 업무흐름]

[메인메뉴 구성]

K.System의 화면상의 메인모듈에서 왼쪽 그림과 같은 메뉴구성을 볼 수 있으며 각 모듈을 클릭하면 아래쪽에 세부메뉴를 볼 수가 있다.

이러한 시스템을 사용하기 위해서는 전체 업무에서 공통으로 사용되는 기준정보가 필요하다. 기준정보는 일반적으로 쉽게 변경되지 않는 데이터를 말하며 품목코드, 자재명세서 BOM(Bill Of Material), 설비정보 등등을 포함하고 있다. 이러한 정보는 K.System에서 [마스터 및 운영관리] 혹은 각 모듈의 [기본정보] 메뉴에서 등록이 가능하다. 예를 들면 아래 그림과 같이 ERP 전체 모듈에서 공통으로 사용되는 제품의 품목코드를 등록할 수 있다.

[품목코드 등록화면]

업무를 실제 진행하기 위한 견적서, 오더 및 실적 등등은 각 서브메뉴를 클릭하면 나타나는 폼(입력화면) 혹은 시트에 입력하면 된다.

예를 들면 품목등록을 하고자 하면 [마스터 및 운영관리] 메뉴에서 [마스터등록] → [품목] → [품목등록]이라는 서브메뉴를 클릭하면 위와 같은 품목코드 등록화면이 나타난다. 관련 시트에 해당 정보를 입력하고 저장하여, 필요한 정보로 활용한다.

아래 화면은 영업업무의 최초 작업인 견적서 작성을 위한 입력화면을 나타낸다.

[영업모듈의 견적서 작성 화면]

 주의! | 시트에 정보등록 시 붉은 글씨의 항목은 필수항목이므로 반드시 입력해야 한다.

🏛 요약

ERP 기능 요약

• K.System ERP는 기준정보를 바탕으로 물류, 생산, 재무, 인사 업무를 위한 각 소프트웨어 모듈들이 모여 있는 통합시스템이다.

K.System ERP를 개념적으로 5개의 관리모듈로 구성되어 있다.

2.2.1   마스터 및 운영관리

운영관리는 4개의 각 주요 모듈의 공통정보로 활용되는 운영환경관리와 기업 내의 기본관리 사항, ERP 사용 시 관리자가 통제할 수 있는 부분을 묶어놓은 모듈이다.

사용자관리	사용자의 ID/PW 관리그룹별 사용자관리
Code Help 관리	코드도움(Code Help) 항목/조건 관리
메뉴관리	모듈별/그룹별 메뉴 추가 삭제 관리
다중언어관리	시스템 지원 언어 관리
Jump 항목 관리	점프(Jump) 항목의 추가/삭제 속성 관리
화면정보관리	화면 제어(control) 속성 관리
권한관리	사용자별/부서별/그룹별/화면별/레벨(Level)별 권한관리

[운영관리 구성]

- 권한관리 : K.System을 사용하는 자의 권한을 설정하는 기능으로 사용자그룹별, 부서별, 사용자별, 화면별로 등록/수정/삭제/조회/인쇄에 대한 각각의 권한을 설정하여 담당자들로 하여금 자료에 대한 책임과 권한을 정확하게 부여하고 관리할 수 있도록 구성되어 있

다. 이러한 기능으로 허가받지 않은 데이터 조작 및 보안을 유지할 수 있다.

- **사용자별 메뉴그룹/메뉴 관리**: 사용자 편의성을 최대한으로 고려한 화면 구성을 위하여 사용자별, 그룹별 메뉴화면 작성 시 메뉴의 추가/삭제를 자유롭게 함으로써 작업의 편리성과 일관성을 유지토록 한다.

- **워크플로(Work Flow) 기능**: 패키지에서 제공되는 메뉴 타이틀을 사용자의 업무 용어로 수정이 가능하며, 화면 상단에 점프 버튼(Jump Button, 다음 업무 화면으로 직접 이동 기능을 말함)을 추가하여 도입사만의 정형화된 프로세스로 업무수행이 가능하도록 워크플로 제작 기능을 제공한다.

- **다중 언어/사전 기능**: 향후 해외법인에 적용 시 시스템 업그레이드나 시스템 별도의 추가 없이 현지의 언어와 사전을 사용할 수 있는 기능을 제공하여 클라이언트별로 다른 언어로 서버 접근과 데이터 조작이 가능하도록 하는 기능을 나타낸다.

2.2.2 인사관리

인사관리는 부서 및 조직 변경에 따른 조직도 이력관리와 사원의 인사발령이 연계되어 시점별 인력현황 파악이 가능하며, 간편한 조작으로 인사의 각종 현황을 파악함으로써 담당자의 업무효율성이 증대되며, 다양한 통계 검색화면으로 인사이동 및 발령, 각종 증명서 출력 등 경영자들이 회사 인력현황을 한눈에 알아볼 수 있다. 인사관리에 포함된 급여모듈은 급여지급방식을 월급제, 시급제, 연봉제 등으로 동시에 운영 가능하며, 지급항목, 공제항목 및 지급기준 변경 시 또는 급여 형태가 다름에 따라서 급여처리시점이나 기준이 틀려지는 경우에도 차수관리로 유연하게 대처할 수 있다. 인사고과 시 고과항목 및 단계별 고과자 등록, 고과결과 조회 등 인사고과 관련한 업무를 지원한다.

- 인사정보 및 이력관리
- 인사급여관리 및 근태관리
- 급여정산처리 및 퇴직처리

인사관리	인사정보 및 이력 관리
조직도관리	조직 및 조직이력 관리
교육관리	사원별 교육관리 및 교육현황 보고
발령일괄처리	인사발령 시 해당 조건으로 일괄처리
고과관리	고과 입력 및 결과 조회
통계/검색	각종 문서 및 통계자료 정보
개인기술관리	사원별 기술보유현황 관리
인사급여정보	인사용 급여데이터
각종 지급항목 및 공제항목 등록	급여 직업군에 맞는 항목 등록
근태입력	생산직 근태 및 연월차 처리
급상여처리	급상여 및 특별상여 처리
정산처리	세무신고양식 지원
퇴직처리	근로기준법에 의한 퇴직추계액 및 퇴직금 계산서
회계정보의 ERP 연계	데이터 이중 입력 방지

[운영관리 구성]

2.2.3 회계관리

회계관리는 계정별/부서별 예산통제 및 계획/실적을 분석할 수 있는 가장 기본적인 자료를 제공한다. 즉 회계모듈에서는 타 모듈과의 크로스체크(Cross Check) 및 시스템에 의한 전표승인이 가능하며, 정확한 미수/미불관리, 부서별/제품별 손익, 세무관리 자료, 재무제표 분석을 통한 추이 파악 등 다양한 경영실적 자료를 제공한다.

전표관리	전표처리 및 타 시스템 회계환경 설정
장부관리	각종 장부 및 현황
결산관리	각종 재무제표 출력
세무관리	세금계산서 및 부가세 신고
자금관리	조건별 자금현황 확인
어음관리	어음 및 유가증권 관리
예산관리	예산신청 및 예실 대비 현황 파악

[회계모듈 구성]

- 계정별/부서별 예산통제 및 계획/실적 분석
- 타 시스템과의 크로스체크 및 시스템에 의한 전표승인
- 다양한 경영실적자료 제공
- 각종 세무자료 제공

2.2.4 물류관리

물류관리는 크게 영업, 구매, 수입, 수출, 자재관리 모듈로 구분되어진다. 영업모듈에는 거래처별 채권/여신/ 회전일/가격정책/재고정보 등 다양한 요소를 기준으로 주문통제가 가능하고, 매출 대상 품목의 기준단가에 대한 체계적 관리(정책가/계약단가/판매기준가/최저판매가)와 거래처별, 품목별, 유통구조별 할인단가가 적용된다. 구매는 실시간으로 구매상태(요청 → 품의 → 발주 → 납품 → 입고 → 정산)를 확인할 수 있도록 지원하고 있으며, 각 단계별 상세정보를 한눈으로 확인할 수 있다. 수입모듈은 수입관리의 업무를 보다 쉽게 처리할 수 있도록 시스템에서 업무 정립에 도움을 주며 LC비용과 통관비를 배부한 원가를 계산할 수 있다. 수출은 Offer 등록부터 Order, LC, BL, 면장까지의 프로세스로 진행되며 수출실적명세서를 세무신고 시에 출력물로 제공한다. 자재관리에서는 현재고는 물론 가용재고 또한 주문미납, 생산 중, 안전재고, 불량재고 등 모든 Factor를 고려한 가용재고를 항상 확인할 수 있다. 따라서 계산된 가용재고는 주문, 출하지시, 거래명세서 등의 시점에서 업무진행을 통제하는 데 활용할 수 있다.

■ 영업/수출모듈

- 영업/수출모듈은 고객에게 견적서를 제공하는 Pre-Sale부터 최종적으로 고객으로부터 대금을 받는 단계까지의 주문/출하 업무에 관련된 기능을 제공한다.
- 수출업무는 수출업자가 수입업자에게 Offer를 주는 것을 시작으로 입금에 대한 NEGO 처리까지의 수출 업무에 관련된 기능을 제공한다.
- 가용재고 확인 기능, 거래처관리 및 수출을 위한 L/C(Letter Of Credit : 신용장) 관리 기능 등을 포함한다.

■ 구매/수입모듈

- 주로 구매진행관리 업무를 지원하며 실시간으로 구매진행상태(요청 → 품의 → 발주 → 납품 → 입고 → 정산)를 확인할 수 있도록 한다.
- 다양한 단가관리 및 다양한 품목특성관리 기능을 제공한다.
- 모든 입고처리에서 사용자 편리를 도모하는 분할입고를 지원하며 회계처리 시 자동전표 발행 기능을 제공하고 있다.
- 수입에 관련된 L/C 관리 및 B/L(Bill Of Lading : 선하증권) 관리 기능을 제공한다.

■ 자재관리모듈

- 실시간 가용재고 확인, 적송 및 이동 처리 등의 기능을 제공한다.
- 입출고관리 기능을 지원한다.
- 여러 옵션에 따른 가용재고 체크 기능을 지원한다.

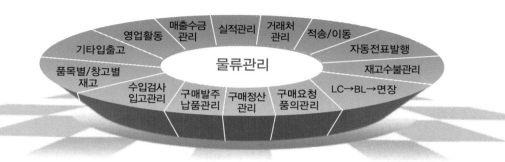

적송/이동	사업장 간의 적송, 창고 간의 이동처리
기타입고	정상적인 입출고가 아닌 기타입출고관리
품목별/창고별 재고	품목별/창고별 재고관리
재고수불관리	현재고 수량과 그에 대한 금액 및 현재고수량 계산
거래처관리	기본정보관리, 고객정보관리
영업활동	주문/출하관리/거래명세서/세금계산서/매출/미수관리
구매요청 품의관리	요청관리/품의관리 전자결재 연동
구매발주 납품관리	발주서 e-mail 전송, 납품 반품 관리
수입검사 입고관리	품목별 검사/입고관리
구매정산관리	구매정산처리 및 미지급금 회계 자동처리
수입관리	Order → LC → BL → 입고 → 미착대체
수출관리	Offer → Order → LC → BL → 면장 → Nego → 수출실적
실적관리	각종 현황 및 계획 대비 실적관리
자동전표발행	데이터 이중 입력 방지

[자재관리 구성]

2.2.5 생산관리

생산관리모듈에서는 BOM 데이터 및 제품별 공정정보를 관리하고, MRP에 의한 자재 발주량 산정 기능을 제공하며 구매요청/품의/발주와 연동하여 업무를 처리할 수 있다. 또한 투입공수, 투입재료비, 노무비, 인원수 등의 기준으로 제조원가를 배분할 수 있으며 유연한 값을 지원하도록 퍼센트 또는 일정한 값의 적용을 선택할 수 있는 시스템을 지원한다.

기준정보관리	생산달력/단위/창고/품목등록
BOM/공정관리	품목별 BOM/공정관리
생산계획	생산계획
Capa/부하분석	전체/공정별 Capa 분석
생산실적관리	생산실적/생산입고 관리
외주관리	외주발주/납품/정산 관리
작업지시	작업계획/WC별 작업계획
자재관리	데이터 이중 입력 방지
품질관리	공정검사, 외주검사, 최종검사, 품목별 유형별 불량현황

[생산관리 구성]

- 생산에 필요한 기준정보관리(BOM 관리, 제품별 공정 등록)와 계획수립에 필요한 자재소요계획, 생산부하분석 그리고 생산실행에 필요한 워크센터(Work Center)별 작업계획지시서 작성, 생산실적관리 등의 기능이 있다.
- 외주업무 및 품질관리업무 기능도 제공한다.

자료통합 측면에서 ERP 시스템 이해

기업은 다양한 업무를 여러 부서에서 수행하는 바, 과거에는 각 부서에서 사용되는 고유한 체계와 소프트웨어가 존재했다. 그 중 가장 기본이 되는 기준정보를 ERP에서는 하나의 데이터 베이스에서 관리한다. 예를 들면 품목 마스터데이터에는 설계정보, 생산 및 구매 관련 정보, 재무적인 정보를 모두 포함하고 있다. 이 마스터데이터를 여러 부서가 공통으로 사용하게 되는 것이다.

예를 들면 아래 그림은 K.System에서 '컴퓨터(종합)'이라는 제품이 등록되어 있는 모습을 볼 수 있으며 여러 탭에 세부정보가 등록되어 있다.

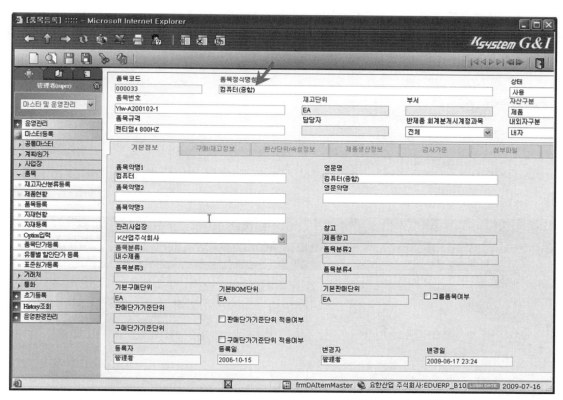

[품목등록 예]

품목정보의 왼쪽 상단에 품목코드(000033)를 볼 수 있는데, 이는 컴퓨터가 부여한 고유한 코드이며 사용자가 변경할 수 없다. 이러한 '컴퓨터(종합)'이라는 품목에 대해서 아래 그림과 같이 영업부서에서 수주를 받으면 동일한 품목코드를 이용하여 수주데이터를 입력하게 된다.

[영업수주 입력 예]

위 영업수주가 확정되면 아래 그림과 같이 동일한 품목코드를 이용하여 생산모듈의 생산의뢰
품목현황에 자동 연결됨으로써 자료의 통합이 이루어지는 것을 볼 수 있다.

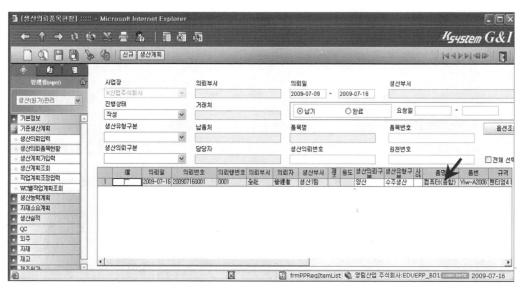

[생산의뢰품목현황 화면 예]

2.4 자원통합 측면에서 ERP 시스템 이해

기업은 회사의 자원상태를 정확히 확인하고 업무활동에 적절이 투입하여 이윤을 최대화하는 것이 목적이다. 그러기 위해서는 회사의 모든 주요 업무를 기록하고 회사상태에 반영해야 한다. ERP 시스템은 이러한 회사의 모든 활동을 회계시스템과 연결시켜 기록하게 한다. 이것이 전표입력이며, 이러한 방식으로 기업 내의 모든 자원을 회계시스템에 통합하는 것이 ERP 시스템의 특징이다.

예를 들면 구매부서에 자재를 입고하는 경우 2가지 자원의 변화가 생긴다. 즉, 원재료라는 자원이 들어왔고, 또한 자재에 대한 지불을 하지 않았기 때문에 외상매입금이라는 부채가 발생된다. 이러한 자재 납품은 K.System에서는 아래와 같은 화면을 통해 하게 되고 이어서 바로 입고정산처리를 하게 된다.

[구매납품 화면 예]

정산처리를 하기 위해서 아래 그림과 같은 화면에서 구매입고정산처리에 관련된 설정값을 입력하고, <회계처리> 버튼을 누르면 최종전표가 만들어진다.

[구매입고정산 설정화면]

　　회계전표는 아래 그림과 같이 만들어진다. 이때 원재료와 부가세대급금이라는 자산항목이 차변에 생성되며, 외상매입금이라는 부채가 대변에 생성된다. 외상매입금은 실제 원재료 값과 부가세를 포함하고 있고, 여기서 부가세는 나중에 현금으로 돌려받을 수 있으므로 영업상 자산으로 간주하여 부가세대급금이라는 계정으로 처리된다.

[구매입고정산처리 전표]

또 다른 예를 들면, 회사의 활동 중 설비를 구매하는 경우 자산등록이라는 고정자산모듈에서 처리를 하게 된다. 아래 그림은 조립설비를 등록하는 화면이다. 이와 같은 자산을 등록 후 오른쪽 위 전표처리 화면을 통해서 회계시스템에 통합되게 한다.

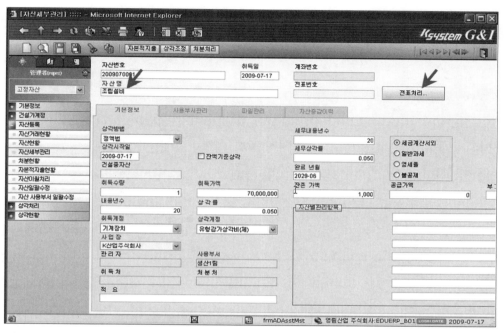

[자산등록 예(조립설비)]

조립설비 구매에 대한 전표처리를 한 전표 화면은 아래 그림과 같다. 자산을 취득하게 되면 기계장치라는 자산계정이 증가하여 차변계정에 기록되고, 설비구입액에 해당 하는 자산(보통예금)이 감소하므로 대변계정에 기록되어 표시되는 것을 볼 수 있다.

[조립설비 취득전표]

2.5 정보시스템통합 측면에서 ERP 시스템 이해

각 부서별로 단독 시스템을 사용하였던 기존 시스템들은 아래와 같은 단점이 있었다.

- 각 부서 간의 데이터 이동을 위한 인터페이스 기능이 필요했고, 또한 인터페이스하는 데 시간의 지연이 발생하였다.
- 각 시스템이 별개로 작동하므로 협업하는 데 한계가 많았다.
- 유지보수 하는 데 많은 시간과 비용을 필요로 한다.

그러나 ERP는 기존 부서별로 개별 사용하던 시스템을 하나의 소프트웨어 프레임으로 통일하였기 때문에 부서, 지역, 컴퓨터 시스템, 언어적인 차이를 극복할 수 있는 통합솔루션을 제공한다. 앞에서 설명한 바와 같이 K.System은 동일한 메인메뉴를 통해서 각 모듈에 접근할 수 있으며 동일한 소프트웨어 체계, 동일한 사용자 인터페이스를 제공하므로 쉽게 업무의 통합이 가능하고 필요한 정보를 쉽고 빠르게 공유할 수 있다. 실제 K.System은 마이크로소프트 윈도우즈 환경에서 구동되는 ActiveX 기술을 사용하여 웹상에서 구동되며, 마이크로소프트 SQL 서버를 데이터베이스 관리 시스템으로 사용하고 있다.

물류/생산

3장 K.System 소프트웨어 기초

3.1 K.System ERP 소프트웨어 환경

3.2 K.System 화면 사용방법

영림원소프트랩 K.System

ERP정보관리사

3.1　K.System ERP 소프트웨어 환경

　　K.System ERP는, OS는 Microsoft Windows Server 2003을, DBMS는 Microsoft SQL Server 2005를 사용하였고, C#을 기반으로 개발되었다. K.System ERP는 Client/Server 형식의 web 솔루션이다. ERP를 통해 제조원가를 배분할 수 있으며, 운영환경관리를 통해 각 기업에 맞는 시스템 환경설정이 가능한 통합경영정보 솔루션이다.

SERVER	OS	Microsoft Windows Server 2003, Standard Edition		
	DBMS	Microsoft SQL Server 2005		
	WEB Server / AP Server	Microsoft Windows Server 2003, Standard Edition		
	H/W사양 (권장사양)	구분	DB Server	WEB(AP) Server × 2EA	OLAP Server
		CPU	Intel Xeon 2.8GHz × 4EA	Intel Xeon 2.5GHz × 2EA	Intel Xeon 2.5GHz × 2EA
		Memory	16GB	4GB	4GB
		HDD	36GB × 4EA	36GB × 2EA	36GB × 3EA
		RAID지원	지원	옵션	옵션

[서버 시스템 구성요소]

CLIENT	OS	Microsoft Windows 98 이상(Microsoft Windows XP 권장)
	H/W사양 (권장사양)	CPU	Pentium-III 450Mhz 이상
		Memory	128 Mbyte 이상
		HDD	20GB 이상

[클라이언트 시스템 구성요소]

| 통신 프로토콜 | TCP/IP |
| 권장 네트워크 사용 | 100MB ethernet Lan Card, 10/100MB ethernet Switch |

[네트워크 환경]

3.2.1 업무화면의 기본구성 및 기능

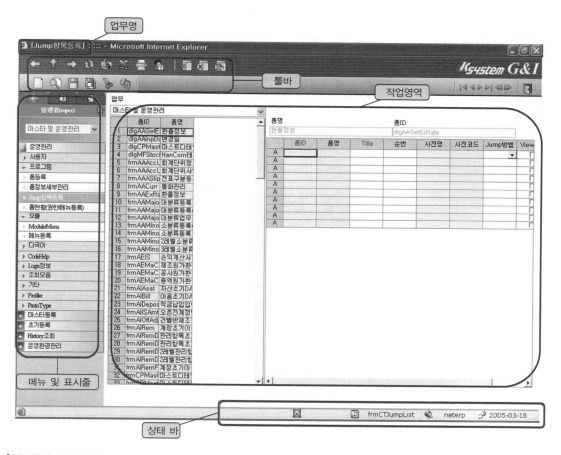

[업무화면 기본구성]

- 업무명: 현재 실행 중인 업무와 Login 사원의 이름과 현재 활성화된 프로그램명을 보여 준다.
- 툴바(Tool Bar): 메뉴의 선택 없이 작업을 할 수 있도록 작업의 종류를 그림으로 시각 화한 것으로 해당 그림을 선택하면 메뉴를 선택한 것과 동일한 작업을 할 수 있다. 툴바 는 아래 설명과 같이 상단 메뉴와 하단 메뉴로 나누어진다.

아이콘	단축키	기능	설명
←	Ctrl + ←	Back	이전 화면으로 돌아간다.
↑	Ctrl + ↑	History	예전 작업한 내용을 다시 설명한다(풀다운 메뉴).
→	Ctrl + →	Next	다음 화면으로 넘어간다.
		Redraw	서버로부터 자료를 불러 새로고침한다.
		Chart	시트의 자료를 Chart로 작성한다.
		Excel	시트의 자료를 Excel 파일로 저장한다.
	Ctrl + P	Print	시트의 자료를 출력한다.
		Help	On Line 도움말을 활성화시킨다.
		Menu On/Off	K.System 메뉴를 On/Off한다.
		All Close	모든 화면을 닫는다.
		Login	다른 ID로 로그인한다.

[툴바 상단 메뉴 설명]

아이콘	단축키	기능	설명
	Ctrl + N	신규	새로운 내용을 입력하고자 할 때 사용하며, 시트처럼 여러 건의 자료를 입력 시에는 사용하지 않는다.
	Ctrl + Q	조회	조건에 맞는 자료를 조회한다. 각 프로그램마다 조회조건 입력 후 조건에 맞는 자료를 보고자 할 때 사용한다.
	Ctrl + S	저장	자료를 신규 입력 또는 자료 수정 후 보관한다. 신규로 자료를 입력하거나 기존의 자료를 수정 후 내용을 보관하고자 할 때 사용한다.
	Ctrl + A	다른 코드로 저장	기존의 자료로 새로운 자료를 생성한다.
	Ctrl + X	잘라내기	시트의 행을 삭제하거나 Cell 또는 각 컨트롤의 값을 잘라낸다. 조회 후 해당 내역을 삭제하고자 할 때 사용하며, 시트처럼 여러 건의 자료를 삭제하고자 할 때는 사용할 수 없다.
	Ctrl + D	삭제	자료의 내역을 삭제한다. 기존에 있던 자료로 새로운 자료를 생성하고자 할 때 사용. 비슷한 내역의 자료를 입력할 때 기존의 자료 조회 후 특정 내용을 수정하고 저장할 때 사용할 수 있다.

[툴바 하단 메뉴 설명]

아이콘	단축키	기능	설명
		처음으로	현 화면에서 KEY 값을 기준으로 제일 처음 자료로 이동한다.
		이전으로	현 화면에서 KEY 값을 기준으로 이전 자료로 이동한다.
		다음으로	현 화면에서 KEY 값을 기준으로 다음 자료로 이동한다.
		마지막으로	현 화면에서 KEY 값을 기준으로 제일 마지막 자료로 이동한다.
		이전 페이지로	현 화면에서 PAGE 단위로 이전 자료로 이동한다.
		다음 페이지로	현 화면에서 PAGE 단위로 다음 자료로 이동한다.
	Ctrl + Z	삭제	프로그램을 종료한다. 모든 작업을 종료할 때 사용한다.

[툴바 하단 메뉴 설명]

- **작업영역** : 작업영역은 해당 작업의 성격에 따라서 다양한 입력형태가 가능하다. 일반적으로 개별적인 항목구성방식과 시트형태의 항목구성방식 2가지로 나누어진다. 각 항목은 흰색 바탕에 검은색 글씨가 초기값이며, 코드도움항목 경우는 하늘색 바탕에 검은색 글씨로 되어 있다. 특히 필수입력항목인 경우는 항목 이름이 빨간색으로 표현된다. 이러한 글꼴 및 배경색은 K.System 환경에서 바꿀 수 있다.

 알아두세요   코드도움이란?

- 미리 등록된 항목을 리스트에서 선택하여 입력할 수 있는 기능을 말한다.

- **메뉴 및 표시줄** : 많이 사용되어지는 화면을 등록하여 등록된 버튼만 누르면 화면이 뜰 수 있도록 한다. 또 K.System과 상관이 없더라도 실행파일 등을 연결시켜 바로 실행시킬 수 있다.

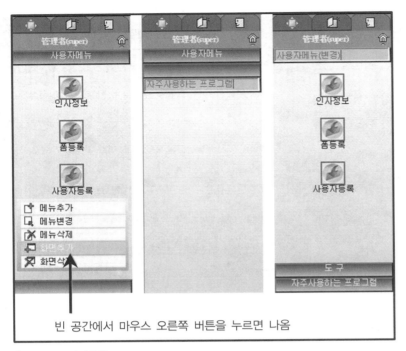

빈 공간에서 마우스 오른쪽 버튼을 누르면 나옴

[K.System 표시줄]

- **상태 바(Status Bar)** : 아래쪽 상태 바는 업무처리 후 작업이 잘 끝났는지에 대한 간단한 메시지를 보여주고 또한 현재 활성화된 프로그램의 폼 이름 및 현재 날짜를 보여준다.

3.2.2 인사정보 입력 폼 기능

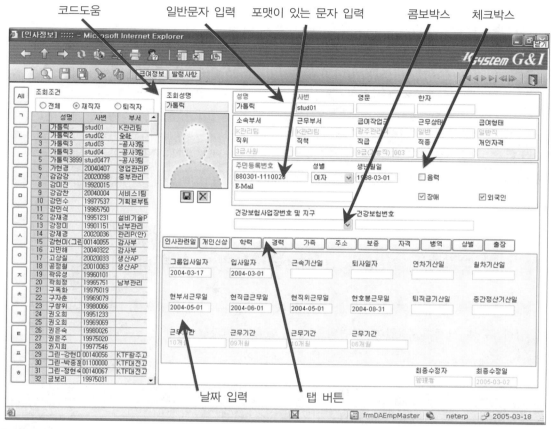

[인사정보 입력 폼]

개별입력방식의 항목별 기능은 아래와 같다.

입력방식	기능
코드도움	코드도움 화면을 띄워서 명칭과 코드를 선택해서 입력할 수 있다. 아래의 코드도움 참조.
일반문자 입력	가장 많이 사용하는 입력형태로 text를 입력한다.
Format이 있는 문자 입력	포맷에 맞게 밑줄이 그어져 있는 곳에 text를 입력한다.
숫자 입력	1. 소수점 포함 자료는 소수점(.)을 반드시 입력한다. 2. 금액의 콤마(,)는 입력하지 않아도 자동 표시된다. 3. 음수는 부호(−)를 수치 좌측에 반드시 입력한다.

[입력방식 정리]

입력방식	기능
날짜 입력	1. 현재 일자가 2005년 03월 1일이라고 한다면 – 입력 연월이 현재 연월과 같으면 일자만 입력해도 된다. 예) 1→ 2005-03-01이 된다. – 입력 연도가 현재 연도와 같으면 월일만 입력해도 된다. 예) 3/1, 3-1, 0301 → 2005-03-01이 된다. 2. 오른쪽 끝의 (+)를 마우스로 클릭하면 달력이 표시되고, 원하는 일자를 선택해서 입력할 수 있다.
콤보박스	맨 우측에 ▼가 표시되어 있는 것으로, 그 부분을 마우스로 클릭하면 입력할 자료가 표시되어 있고 선택만 하면 된다.
체크박스	체크박스는 특정 상태의 선택 여부를 나타낸다. 체크박스를 사용하여 TRUE/FALSE 또는 YES/NO 옵션을 제공한다. 서로 독립적으로 작동하기 때문에 한번에 여러 개의 체크박스를 설정할 수 있다.
탭 버튼	2개 이상의 선택요소 중에서 오직 한 가지만 선택할 수 있다.

[입력방식 정리]

3.2.3 스프레드시트(Spread Sheet) 형태의 입력 폼 기능

스프레드시트 형태의 폼은 테이블 형태의 행과 열로 구성되어 있으며, 여러 건의 자료를 조회, 입력, 수정, 삭제할 수 있다. 화면의 구성은 아래 그림과 같다.

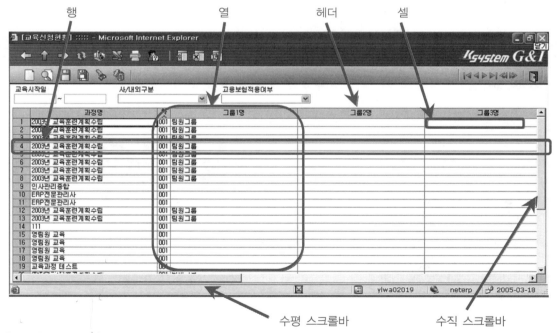

[스프레드시트형 폼]

행 헤드의 경우 자료가 조회된 결과를 보여 줄 때는 숫자가 나타나지만 새로운 행이 입력되는 경우 '>' 표시가 되며, 수정될 경우는 '>>', 삭제될 경우는 '×'가 표시된다. 스프레드시트 형태의 폼은 아래 설명과 같은 다양한 기능들을 사용할 수 있다.

관련 항목	기능
시트 열 이동 및 너비 변경	**1. 열 이동** 시트에서 사용자가 원하는 순서대로 시트의 내용을 재배치하고자 할 때는 열 헤드를 마우스로 누르고 원하는 열의 위치에 놓으면 된다. 그러면 다음부터는 그 순서대로 자료가 보이게 된다. **2. 열 너비 변경** 시트에서 사용자가 원하는 열의 너비를 변경하고자 할 때는 열 헤드와 열 헤드 사이의 경계선을 마우스로 누른 상태로 움직이면서 열의 너비를 변경할 수 있다. 시트의 순서를 프로그램 처음 시작 당시의 순서대로 하고 싶으면 Header에서 마우스 오른쪽 버튼을 눌렀을 때 나오는 메뉴 중 Sheet초기화를 선택하고 그 화면을 다시 띄우면 된다.
계산기	계산을 하고자 하는 셀(Cell)의 범위를 마우스로 드래그하여 선택한 후 마우스의 오른쪽 버튼을 누르면 합계/평균구하기 메뉴가 나온다. 그 메뉴를 선택하면 합계가 보여지고, 오른쪽에 있는 화살표를 누르면 평균, 최대값, 최소값, 건수에 대한 내역을 볼 수 있다.
헤드 (Header)	헤드에 마우스 포인터를 위치해 놓고 마우스의 오른쪽 버튼을 눌러보면 다음 8가지의 기능이 있다. **1. 데이터 정렬** – 데이터 정렬의 기준이 되는 열을 선택하고, 오름차순인지 내림차순인지를 설정하고 확인을 누르면 된다. 데이터 정렬의 기준은 최대 3개까지 제공한다. – 해당 열의 제목 칸(Header)을 오른쪽 마우스로 누르면 그 열을 기준으로 오름차순으로 정렬하며, 한 번 더 오른쪽 마우스로 누르면 내림차순으로 정렬한다. **2. Sheet 설정** 시트의 열 헤드의 내역들이 보여지고, 해당 열을 숨길지에 대한 여부를 체크할 수 있다. 열 헤드와 셀(Cell) 폰트의 글꼴/글꼴스타일/크기를 바꾸어줄 수 있다. **3. 열 고정** 수평 스크롤바를 움직이더라도 열 고정되어 있는 열까지 항상 보여지게 된다. **4. 행 고정** 수직 스크롤바를 움직이더라도 행 고정되어 있는 행까지 항상 보여지게 된다. **5. Sheet 초기화** 편집하여 사용자가 설정했던 시트의 열 크기로 복귀시킨다. **6. Sheet 추가** 자료 입력 시 더 이상 입력할 행이 없을 때 Sheet 추가를 선택한다. 초기 시트(Default sheet) 추가 개수는 20개이다. **7. 행간 색 보이기** 바탕색이 흰색인 셀(Cell)의 바탕색을 한 행씩 띄엄띄엄 노란색으로 표시한다. **8. 행간 색 보이기 취소** 위의 행간 색 보이기를 취소한다.

[스프레드시트 편집 기능]

3.2.4 코드도움 기능

기존의 코드성 자료를 입력할 때 정확한 명칭과 코드를 가져올 수 있도록 코드도움 화면을
사용한다. 자주 이용하는 자료는 개인 PC의 로컬 데이터베이스에 개인코드로 등록해서 사용하면
편리하다. 코드도움 창의 화면 구성은 아래 그림과 같다.

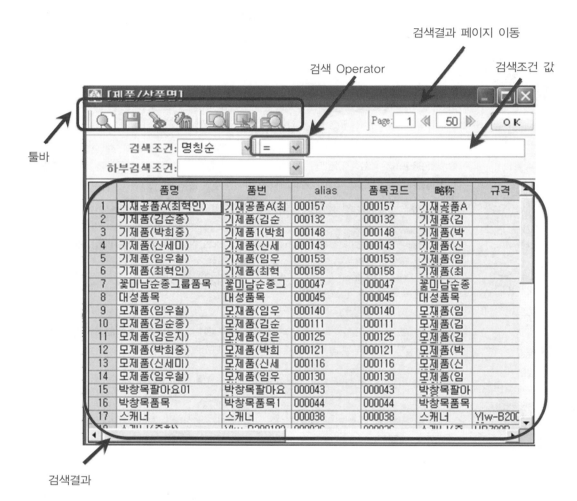

[코드도움 창 구성]

코드도움 화면의 툴바는 아래와 같은 기능을 제공한다.

구분	아이콘	기능	설명
툴바 (ToolBar)		자료조회	LOCAL 또는 SERVER에서 검색조건에 맞는 자료를 조회한다. LOCAL 또는 SERVER는 아래의 LOCAL 자료조회와 SERVER 자료조회 중 선택된 곳에서 자료를 조회한다.
		저장	LOCAL 자료조회로 조회 한 경우 검색내역 중 Alias를 수정할 때 사용한다. SERVER 자료조회로 조회한 경우는 Disable 되어서 사용한다.
		삭제	LOCAL 자료조회로 조회한 경우 LOCAL DB에서 자료를 삭제할 때 사용한다. SERVER 자료조회로 조회한 경우는 Disable 되어서 사용할 수 없다.
		개인코드	LOCAL 데이터베이스에서 검색조건에 맞는 자료를 조회한다.
		이동	서버코드 자료조회 후 조회한 경우 검색내역 자료 중 개인코드로 사용하고 싶은 자료를 내려받는다.
		SERVER 자료조회	SERVER에서 검색조건에 맞는 자료를 조회한다.
		첫 행의 값 이전 자료 조회	검색조건에 맞는 자료를 조회 개수만큼 보여줄 때 조회 개수만큼 이전 자료를 보여준다.
		마지막 행의 값 이후 자료 조회	검색조건에 맞는 자료를 조회 개수만큼 보여줄 때 조회 개수만큼 다음 자료를 보여준다.
	O K	선택	검색내역 중 원하는 자료를 선택한다.

[코드도움 창 툴바 기능]

코드 검색과 관련한 화면 항목들은 아래와 같은 기능을 제공한다.

검색	검색조건	검색조건에는 명칭순과 코드순이 있으며 명칭 또는 코드로 검색할지 선택한다.
	검색 오퍼레이터	검색 오퍼레이터에는 =와 〉=가 있으며 검색조건이 명칭순이면 =는 검색조건 값으로 시작하는 자료를 검색하고, 〉=는 검색조건 값을 아스키코드 값으로 비교를 했을 때 크기가 같은 자료를 검색한다.
	검색조건 값	검색하고자 하는 자료의 일부 또는 전체 문자열을 입력한다.
	하부검색조건	K시스템 G&I 운영의 메뉴 중 코드도움(CodeHelp)의 서브메뉴 코드도움 Minor 등록에서 입력한 해당 대분류의 Sub 분류명이 하부검색조건 콤보박스 리스트에 나타난다. 하부검색조건을 선택하면 Sub 분류 SQL에서 정의한 조건이 자료조회 시 검색조건으로 사용된다.
	조회개수	조건에 맞는 자료를 검색할 때 보여지는 자료의 개수를 제한한다. DP를 들어 조건에 맞는 자료의 건수가 100건이라 하고 보여지는 자료의 개수를 10건이라 했다면 처음에 조회를 할 때 보여지는 자료는 10건만 보여진다. 자료를 보고자 한다면 첫 행의 값 이전자료 조회 또는 마지막 행의 값 이후 자료 조회 버튼을 눌러 계속해서 검색할 수 있다.
	정렬조건	칼럼별로 조회된 내용을 내림차순으로 정렬한다.

[코드 검색 기능]

실제 K.System 코드도움 기능을 사용하는 절차 및 방법은 아래와 같다.

기능	설명
개인대체코드의 등록	코드도움을 통해 입력 가능한 항목란에서 F9를 누르거나 마우스로 더블클릭을 한다. 서버 자료조회로 조회한다. 필요한 자료를 선택하고 DOWN LOAD 버튼을 눌러서 서버의 자료를 LOCAL DB로 내려받는다. 필요한 자료를 선택할 때는 검색내역에서 시트의 행 헤더를 마우스로 클릭하면 해당 행이 검은색으로 반전되면서 선택된다. 필요한 자료를 LOCAL DB로 내려 받았으면 LOCAL 자료조회로 조회한다. 검색내역의 Alias 부분을 개인의 취향에 따라 코드로 바꾸고 저장한다.
개인대체코드의 사용	코드도움을 통해 입력 가능한 항목란에서 개인대체 코드등록에서 등록한 Alias를 입력한다. 별도의 코드도움이 활성화되지 않고 명칭과 코드를 가져온다. 자주 사용하는 자료는 LOCAL DB로 다운로드받아서 개인 취향에 맞게 Alias를 사용하면 유용하게 코드성 자료를 입력할 수 있다.
자료의 선택	검색내역에서 시트의 행 헤더를 마우스로 클릭하면 해당 행이 검은색으로 반전된다. 그 상태에서 툴바의 선택 버튼을 눌러서 코드성 자료를 입력할 수 있다. 검색내역에서 입력하고자 하는 시트의 행을 마우스로 더블클릭하면 코드성 자료를 입력할 수 있다.
자료의 조회	코드도움을 통해 입력 가능한 항목란에서 기입한 내용이 있으면 그 값으로 시작하는 자료가 조회된다. 공란인 경우는 등록되어 있는 모든 내역이 보여진다. 공란인 경우 검색자료가 많은 경우 느려질 수 있으므로 가까운 범위의 값을 입력하고 검색하는 것이 빠르고 편리하다. 조회조건이 명칭순이면서 조회 OPERATROR가=이면 조회조건 값으로 시작하는 모든 자료를 검색해준다. 예를 들어 부서조회에서 조회조건 값을 '영'이라고 한다면 '영'으로 시작하는 모든 자료를 검색한다. 조회조건이 >=는 조회조건 값을 아스키코드 값으로 비교해서 크기가 같은 값을 갖는 모든 자료를 검색한다.
코드도움 취소	코드도움 화면에서 툴바의 종료 버튼을 누르면 자료의 선택 없이 코드도움 화면이 종료된다.

[코드도움 사용방법]

ERP 정보관리사

Enterprise Resource Planning

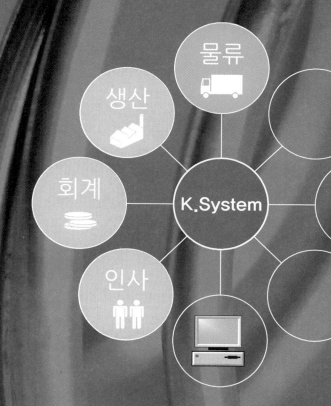

2부 물류편

물류/생산

Enterprise Resource Planning

4장 K.System ERP
물류업무 개요

4.1 영업/수출모듈
4.2 구매/수입모듈
4.3 자재관리모듈

영림원소프트랩 K.System

ERP정보관리사

물류관리영역의 ERP는 아래 그림과 같이 제품판매 업무를 위한 영업/수출모듈, 필요한 자재 및 상품을 들여오기 위한 구매/수입모듈, 자재 혹은 제품을 저장 및 관리하기 위한 자재관리모듈을 포함하고 있다.

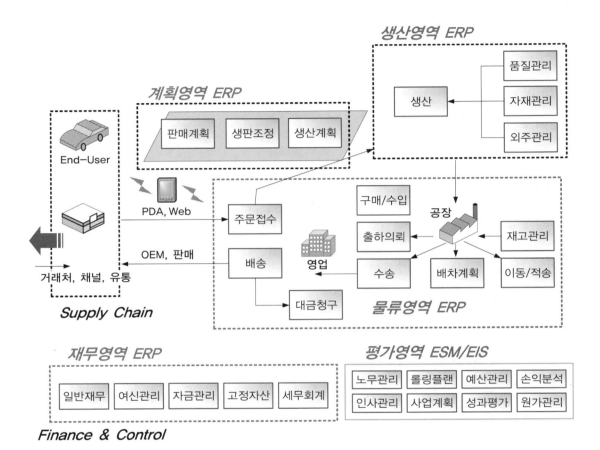

[전체 ERP 영역에서 물류관리영역 정의]

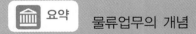 요약 물류업무의 개념

- 물류업무란 물리적인 개체의 흐름을 관리하는 것으로 정의할 수 있다. 이러한 개체의 흐름을 기업에서 살펴보면 다음 3가지 예에 해당한다.

  - 자재를 외부로부터 구매(수입)하는 업무
  - 제품을 외부로 판매하는 영업(수출)업무
  - 자재 혹은 제품을 저장 및 관리하는 업무

4.1.1 영업관리 개요

ERP에서 영업관리는 주로 판매관리를 말하며, 아래 그림처럼 고객으로부터 영업주문(Sales order)을 받아 제품을 출하하기까지의 과정을 관리하는 것이다. 그 중 판매계획, 고객관리(거래처 관리), 주문/출하관리, 매출수금관리 등이 주된 요소라고 볼 수 있다.

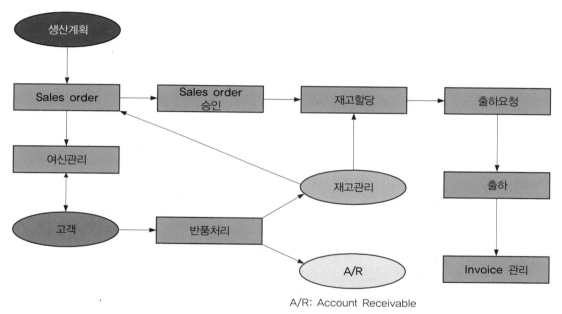

A/R: Account Receivable

[영업관리 흐름]

■ 판매계획

판매계획(Sales plan)은 이전 판매계획의 수행도, 영업실적, 수요예측, 사업계획 자료를 통합하여 제품/제품군의 판매계획수량, 제품별 생산비율, 판매금액 등을 결정하는 것이다. 판매계획은 영업과 생산에 적합한 수준인지 검토되어야 하며, 결과적으로 기준생산계획의 근거 자료가 된다.

■ 거래처관리

거래처관리에서는 고객에 대한 신용관리와 고객별 단가, 거래처별 수주관리 등의 업무가 존재한다. 신용관리는 거래처별로 신용한도를 관리하여 수주·출하 시 담보 대비 여신한도를 체크함으로써 부실 거래처에 대한 사전관리가 가능하다. 또한 거래처별로 제품단가 변동이력, 할인정책에 따른 거래처별, 품목별 할인율을 적용기간별로 관리할 수 있다. 수주관리에서는 고객의 주문내역을 수주정보로 등록하고 고객별 수주진행상황을 관리한다.

■ 주문·출하관리

주문내역을 수주 정보를 등록하고 제품별/납기별 수주진행사항을 관리한다. 또한 출고 요청된 품목에 대한 출고정보등록, 거래명세서 발행 및 거래처별·품목별 출고현황을 관리할 수 있다.

■ 매출수금관리

회계와 연계하여 매출 및 수금 사항을 자동기표 처리하여 효율적인 관리를 가능하게 하며, 출고된 자료를 근거로 거래처별/세금계산서별로 매출내역, 부가세액 및 잔액이월 등을 관리할 수 있다.

4.1.2 구성

인센티브, 영업정책	각종 영업정책관리 및 판촉 인센티브관리
거래처관리	기본정보관리, 고객정보관리
실적관리	각종 현황 및 계획 대비 실적 관리
기본정보관리	품목/거래처/단가 등
매출수금관리	매출/수금관리
영업활동	주문/출하관리
자동전표발행	데이터 이중 입력 방지

[영업/수출모듈 구성]

4.1.3 업무흐름

영업수출모듈을 크게 보면 아래 그림과 같이 **주문 → 매출 → 수금**으로 연결되는 3가지 주요 업무흐름을 가지고 있다. 주문관리모듈에서 최초 주문이 발생되면 매출관리모듈에서 거래명세서 및 세금계산서를 발급하고 매출에 대한 회계처리를 하게 된다. 또한 차후 수금이 발생하면 마찬가지로 회계처리를 하게 되고 수금관리모듈에서 관리하게 된다. 이러한 모든 업무들은 실적관리에서 집계될 수 있고, 필요 시 리포트로 작성되어 사용된다. 특히 영업/수출모듈에서는 고객사에 대한 여신정보, 채권정보 및 제품수불에 대한 정보가 별도로 관리된다.

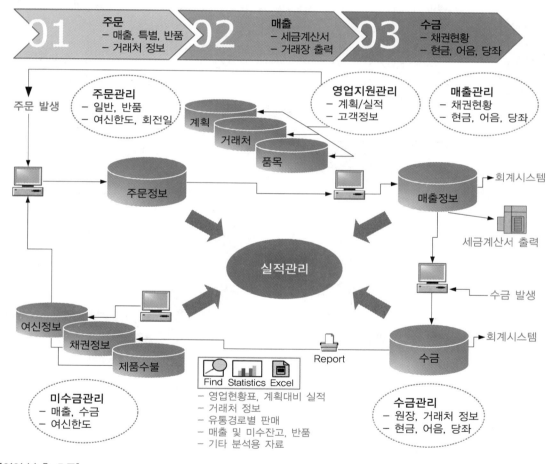

[영업/수출 흐름]

실제 영업/수출모듈은 아래 그림과 같은 주요 프로세스를 가지고 있다. 먼저 내수 영업일 경우는 최초 견적서 작성 혹은 주문입력으로 시작하여 마지막에는 입금이라는 업무로 마무리된다고 볼 수 있으며, 수출일 경우는 최초 Offer 입력으로 시작하여 마지막에는 NEGO라는 일종의 자금입금 단계로 종료된다.

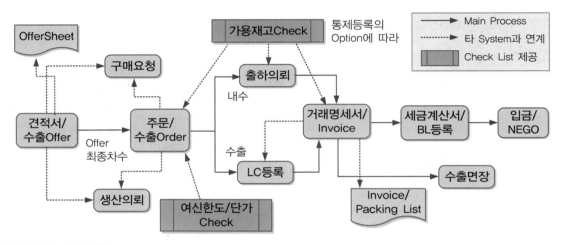

[영업/수출 상세흐름]

상세흐름에서 보는 바와 같이 3가지 종류의 업무흐름이 발생한다. 첫째는 본 프로세스(Main Process)에 해당하는 것으로 이전 업무가 발생되어야 실행되는 다음 업무 관계를 나타내는 것이다. 예를 들면 주문입력이 발생되고 난 후 출하의뢰가 작성되는 업무 관계와 같은 것이다. 두 번째는 타 시스템과 연계되는 업무흐름이 존재한다. 영업/수출모듈에서는 주로 자재구매요청을 위한 구매/수입부서와의 연결, 혹은 제품생산을 의뢰하기 위한 생산부서와의 연결 등이 있을 수 있다. 세 번째로 그림에서 Check list 제공이라고 하는 부분은 물류모듈로부터 재고에 대한 상황을 파악하는 부분과 거래처 및 단가정보로부터 필요한 정보를 공급받는 부분을 나타낸다.

4.1.4 기능 정리

• 주문상 거래처와 실 거래처 실적집계 병행관리 : 거래처에 대한 주문 및 수금 실적 집계 가능.

• 거래처 마스터의 가변적인 구조에 대응 가능 : 주문 거래처와 대금 결제처가 다른 경우에 세

금계산서를 세금계산서 거래처로 발행 혹은 주문 거래처 및 별도의 제3의 거래처로 실적집계가 필요한 경우 집계 거래처로 발행 가능.

- **배송 거래처에 의한 물류관리** : 거래처, 제품, 규격, 수량, 출하 확정량, 주문완료일자, 배송요청일(주문 시 요청일 고정), 배송일자, 배송담당자(주문 시 담당자 명시), 출하창고, 입고창고(이송 시 창고 명시), 출발일시, 도착일시, 차량톤수, 배송담당자 관리.

- **신제품 개발 일정 관리** : 시장동향보고, 시장조사, 마케팅플랜, 시제품생산 등 개발단계별 일정관리.

- **거래처의 여신관리/매출경고 제어 기능** : 거래처별 채권/여신/회전일/가격정책/재고정보 등 다양한 Factor를 기준으로 주문통제 및 Early-Warning(조기 경보) 기능을 제공하여 영업사원의 편의성 향상과 정확한 업무처리에 초점을 맞추었다. 또한 거래처별 총 한도 및 사업부별 한도 병행관리, 제품별 주문한도, 반송과다처, 부실거래처, 주의거래처(수금 부동, 회전기일 과다), 불량거래처를 관리한다. 영업모듈에서는 미수금액/최저가 미만/여신에 따라 출고제한 기능이 있어 담당자의 업무과실을 초기에 방지하여 부실채권 발생 최소화를 유도한다.

- **통합주문관리** : 주문등록/승인/매출확정/출하 등 주문발생에서 출하까지 진행단계별 주문관리 기능을 제공하며, 주문진행정보를 타 ERP 모듈과 공유하여 신속한 업무처리 및 의사결정을 유도하며, 주문생산방식 이용 시에는 자동생산의뢰로 연결가능하다.

- **다양한 제품군(분류)별 관리** : 실적관리용 등 담당자와 관리자가 분석하기 원하는 품목군을 정의하여 그 분류별로 현황과 집계처리, 분석을 용이하게 처리한다.

- **다양한 단가의 적용** : 사전/사후 에누리, 할증, 계약관리 및 매출 대상 품목의 기준단가에 대한 체계적 관리(정책가/계약단가/판매기준가/최저판매가)와 영업담당자들을 위한 표준원가에 의한 이익률 확인의 기능을 제공한다. 또한 거래처별, 품목별, 유통구조별 할인단가를 적용하여 이익을 위한 단가 체계의 관리와 영업적 마케팅을 위한 단가 적용 관리가 손쉽게 가능해진다.

- **다양한 수출 형태 처리 기능** : 수금등록 시 현금, 어음, 신협 어음, 카드, 구매카드 등 다양한 형태의 수금처리가 가능하며 수금집계표(입금표)의 시스템 출력 및 자금 시스템과의 연계를 통한 채권관리(어음, 카드결제 관리).

- **담당자의 가용재고 확인 기능** : 제품별/창고별로 '도입사'에 적합한 가용재고 기준(주문미납수량/생산 중 수량/안전재고 수량/각종 미출고수량 등 9가지 기준)을 선택하여 출고 가능한 재

고를 파악하여 고객의 주문에 영업담당자가 탄력적으로 대응할 수 있는 시스템을 제공한다. 가용재고의 확인 기능을 주문/출하의뢰/명세서 등 각 프로세스별로 적용할 수 있다.

- Order 및 Order 차수관리 : 각종 출력 기준별 리포팅 기능. Order 변경에 대한 프로세스 관리와 책임을 관리하기 위하며 Offer와 Order에 대한 차수를 지원한다.

- 외환은행 고시 환율 자동 적용 : 시스템에서 자동적으로 현재 '도입사'가 거래하는 외환은행의 화폐별, 일자별 환율을 자동적으로 다운로드받아 사용할 수 있다.

- LC(Letter of Credit) 및 LC 차수관리 : LC의 관리는 물론 LC에 대한 차수의 관리 또한 시스템의 기본 기능으로 지원하고 있다. Local 수출을 지원한다.

4.2　구매/수입모듈

4.2.1　구매관리 개요

구매업무의 개념은 향후 생산에 필요한 자재소요량을 파악하여 필요한 적정량의 자재를 적기에 적정 가격으로 구매하는 업무라고 볼 수 있다. 그러므로 아래 그림과 같이 생산관리모듈의 자재소요량계획, 재고관리, 회계관리모듈과 밀접한 관련을 가지고 있다.

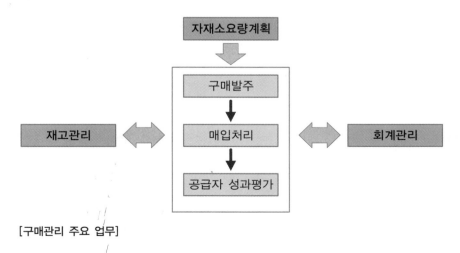

[구매관리 주요 업무]

구매업무는 크게 보면 아래와 같이 나열할 수 있다.

- 구매 대상 아이템의 시장조사
- 입고납기 관리
- 자재창고의 적정재고관리
- 구매거래선 선정 및 외주업체관리
- 구매단가 결정 및 예산관리
- 구매기획 및 조직관리

절차는 거의 대부분 **구매요청**→ **검토**→ **구매품의**→ **결정**→ **발주**→ **납기관리** 등의 순서로 이루어진다. 구매관리업무 중 제일 중요한 것은 발주수량 결정, 구매 리드타임(L/T) 단축, 단가절감과 외주업체 관리이다.

■ 발주수량 결정

구매업무 중 발주량 결정은 최초 자재소요량계획에 의해 순 소요량을 결정하고, 순 소요량에 발주방침을 적용하여 발주수량을 결정한다. 또한 공급업체별 중단기 발주계획을 수립하여야 한다.

■ 구매 리드타임(L/T) 단축

실제 구매요청 이후 입고되기 위한 시간은 아래와 같이 행정 L/T, 공급업체 L/T, 검사 L/T가 포함된 시간이다. 그러므로 사전 계획된 MRP 계획오더를 발주시점이 아닌 내부행정 처리시간만큼 앞당겨 검토하고 처리하여, 재고가 적기에 입고되도록 하는 것이 필요하다.

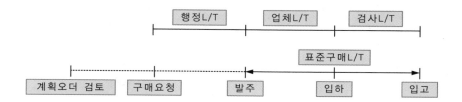

■ 단가절감과 외주업체 관리

공급업체는 품질, 납기, 비용의 3가지 핵심요소에 의해 평가된다.

- **품질분석**: 납품건수, 납품수량, 불합격건수, 불합격수량, 불량건수비율, 불량률
- **납기분석**: 발주수량, 납품건수, 납품수량, 납기지연건수, 납기지연율, 납기지연일수비율, 납품수량률, 결품률

- 가격분석 : 표준단가, 최저단가, 업체평균단가, 업체최저단가, 표준가격비율, 최저가격비율
- 공급업체 평가 : 품질, 납기, 가격, 기타 요소별 평점에 의해 공급업체별 순위 평가

4.2.2 K.System 모듈 구성

구매기본정보관리	구매원천/결재조건 등의 기본정보관리
구매그룹관리	구매그룹/품목지정
구매요청품의관리	요청관리/품의관리 전자결재 연동
구매발주납품관리	발주서 e-mail/fax 전송
수입검사입고관리	품목별 검사/입고관리
구매반품관리	구매된 품목 반품처리관리
구매정산관리	구매정산처리 및 미지급금회계 자동처리
구매견적관리	견적발주/품목별현황

[구매/수입모듈 구성]

4.2.3 업무흐름

구매/수입모듈을 크게 보면 아래 그림과 같이 **구매요청** → **발주** → **입고**라는 3가지 업무흐름으로 볼 수 있다. 외부에서 자재 및 상품을 구매하는 업무는 현재 재고현황과 생산계획 및 정책등과 밀접한 관련을 가지고 있기 때문에 품의 과정에서 안전재고, 재공, 소요계획서 정보를 이용하여 구매에 대한 최종 의사결정을 하게 된다. 구매/수입모듈에서 중요한 자원의 변화는 자재의 입고이므로 이에 대한 회계처리가 이루어지는 것이 특징이다.

수입프로세스는 내수구매프로세스와 비슷하지만 지불방법이 L/C를 사용하고, 납품이 B/L을 거쳐 진행된다는 것이 구매와 다른 점이라고 할 수 있다. 수입에 관련된 주요한 회계처리는 수입비용처리(물품대 포함)와 마지막 입고 시에 수입비용을 상품계정으로 전환하는 미착대체가 있다. 미착대체란 수입물품을 인수하기 전, 비용으로써 가계정인 미착품으로 처리한 후 나중에 상품이 입고되면 미착품을 상품계정으로 대체(전환)하는 것을 말한다.

용어사전

L/C(Letter Of Credit : 신용장) : 은행이 수입상 의뢰에 응하여 금액·기간 등 일정 조건에 따라 신용을 보증하기 위하여 발행하는 보증서.

B/L(Bill of Lading : 선하증권) : 해상운송에서 선적한 화물을 대표하는 유가증권.

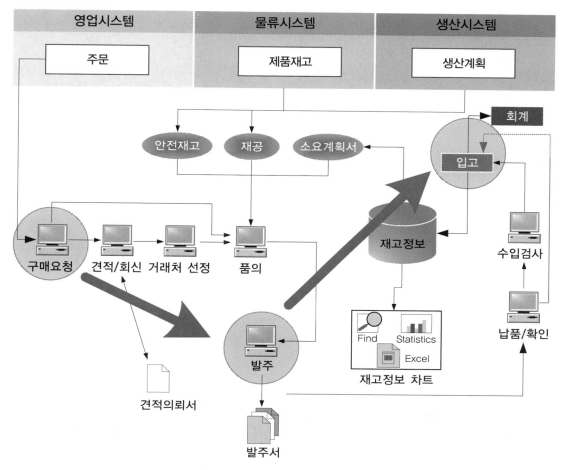

[구매/수입모듈 흐름]

4.2.4 기능 정리

- **다양한 단가관리**: 거래처별/구매단위별/Maker별/화폐/유효기간별 단가를 선택할 수 있으므로 단가관리를 Case By Case로 설정해놓고 활용할 수 있다.

- **MRP에 의한 발주량 산정**: 구매발주 시 구매원천에 따라 구매요청 및 구매품의 단계에서 산정된 구매량을 기준으로 발주를 하거나 MRP에 의한 정확한 발주량을 산정하도록 프로세스를 정립하는 데 도움을 준다.

- **발주서 FAX/E-mail 연동**: 시스템에서 결재 완료된 발주서의 내용을 화면에서 바로 Fax 또는 e-Mail로 발송하는 기능이 첨부되어 사용자의 업무를 보다 효율적으로 이끌어준다.

- **유연한 입고 및 정산 관리**: 모든 입고처리에서 사용자가 편리를 도모하는 분할입고를 지원하며 회계처리 시 자동전표발행 기능을 제공하고 있다.

- **구매진행관리**: 실시간으로 구매상태(요청 → 품의 → 발주 → 납품 → 입고 → 정산)를 확인할 수 있도록 지원하고 있으며 각 단계별 상세정보를 한눈으로 확인할 수 있도록 제공하고 있다.

- **다양한 품목특성관리**: 재품/원자재, 검사/미검사, 관리 단위 등 품목의 여러 가지 특성을 일목요연하게 관리할 수 있는 기능을 제공한다.

- **수입관리 및 수입원가 계산**: 수입처리 시 발생되는 업무를 순차적으로 처리할 수 있도록 프로세스가 정립되어 수입관리의 업무를 보다 쉽게 처리하는 데 도움을 주며, LC비용과 통관비를 배부한 원가를 계산할 수 있다.

- **유연한 창고관리**: 자재, 제품, 불량 창고 등 각각의 고유한 성격을 갖는 창고를 분리하여 관리할 수 있으며, 사용자의 편리에 따라 시스템상의 창고를 만들거나 없애며 관리할 수 있는 기능을 제공한다.

- **품목별 Location, Lot, Serial Number 관리**: 품목별 품목번호 이하 Serial Number, Lot, Location 관리를 지원하여 보다 체계적인 제품관리를 할 수 있는 정보를 제공한다.

- **다양한 자재출고형태 지원**: Push, BackFlush, Pack, Manual의 모든 자재출고형태를 지원하여 사용자가 원하는 방식을 선택할 수 있도록 지원한다.

- 다양한 단가계산 : '도입사'의 실정에 맞는 단가계산방법(선입선출법, 총평균법, 이동평균법)을 사용할 수 있도록 시스템이 지원한다.

4.3 자재관리모듈

4.3.1 자재관리 개요

자재관리란 발생지에서 소비지까지의 물자의 흐름을 계획, 실행, 통제할 목적으로 행하는 제반 관리 및 경영활동을 말한다. ERP에서의 자재관리란 아래 그림과 같이 주로 기업의 구매/제조/판매와 관련된 물리적인 흐름과 정보의 흐름을 다루고 있다.

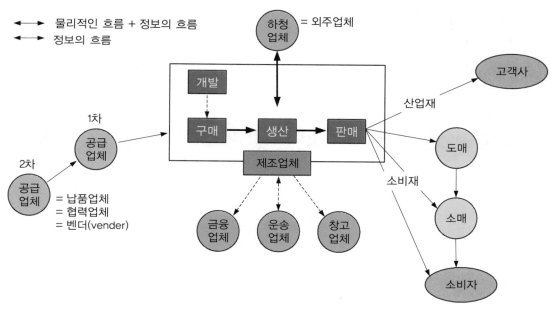

[물리적인 흐름과 정보의 흐름]

기업에서의 협의의 물류관리는 일종의 자재관리라고 할 수 있으며, 자재의 입고, 제품의 출고, 정확한 재고상태의 제공 등의 주요 기능을 가지고 있다. 이때 재고상태 정확성은 입출고 정확성, 재고실사 정확성에 따라 평가될 수 있다. 또한 관리 대상은 발주품, 원재료, 재공품, 완제품, 출하품 등이다.

4.3.2 구성

적송	적송 등록/현황/요청 등
기타입고	정상적인 입고가 아닌 입고관리
기타출고	정상적인 출고가 아닌 출고관리
재고상세현황	가용재고, 불량재고, 안전재고 등의 다양한 재고관리
출고의뢰현황	담당자가 아닌 다른 담당자가 출고처리를 하고자 하는 경우
품목별/창고별 재고	품목별/창고별 재고관리
재고수불관리	현재고 수량과 그에 대한 금액 및 현재고 수량 계산

[자재관리모듈 구성]

4.3.3 업무흐름

자재관리모듈의 업무는 아래 그림과 같이 **입출고**, **적송/이송**, **대체처리**가 주요 업무이다. 입고는 구매를 통한 상품 및 자재의 입고, 생산 및 외주를 통한 재공품입고 등을 말하며, 출고는 외주 및 생산을 위한 자재출고, 영업을 통한 제품출고 등이 있다. 또한 적송이라 함은 위탁 판매 등을 위하여 사업장 간의 재고를 이동하는 것을 말하며, 단순이동은 사업장 내에서 창고를 바꾸는 업무 등을 말한다. 자재관리모듈은 제품 흐름 전반에 걸친 재고파악을 가능하게 하여 적정재고유지, 구매 및 영업활동을 지원한다.

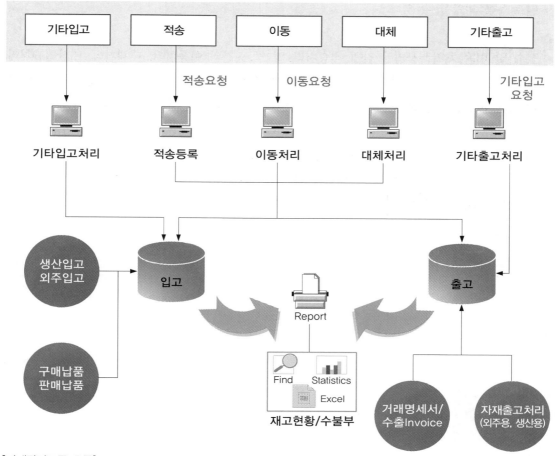

[자재관리모듈 흐름]

4.3.4 기능 정리

- 실시간 가용재고 확인: 현재고는 물론 가용재고 또한 주문미납, 생산 중, 안전재고, 불량재고 등 모든 Factor를 고려한 가용재고를 언제나 확인할 수 있는 정보를 제공한다.

- 여러 옵션에 따른 가용재고 체크: 10가지가 넘는 요소를 수식을 선택하여 다양한 방식으로 가용재고를 계산하여 실시간 가용재고를 확인해 볼 수 있으며, 계산된 가용재고로 주문, 출하지시, 거래명세서 등의 시점에서 업무진행을 통제할 수 있다.

- PL법(제조물책임법)에 대한 정책: 이미 판매 유통된 제품에 대해 제조상의 결함이 발생하였을 경우 제품에 부여된 고유번호 및 LotNo로 물류의 흐름을 파악하여 결함제품의 부품 및

원료 등을 파악할 수 있다.

- **적송 및 이동 처리**: 사업장 간의 적송처리 및 창고 간의 이동처리, 대체처리, 기타입출처리, 불량처리 등이 자유로우며 실사재고를 쉽게 반영하여, 이중 입력 없이 차액을 기타입출고처리 하여 자동분개전표처리를 할 수 있다. 이 모든 경우를 수용한 단가계산이 가능하다.

- **출고보류**: 거래처의 미수금액, 여신 및 품목의 최저판매가 미만일 경우 출고를 보류시킬 수 있다. 출고 시 재고를 계산하여 출고통제가 가능한데 재고 계산하는 방법을 출고 건의 개별 품목으로 혹은 전체 품목으로 선택하여 판단할 수 있다.

물류/생산

Enterprise Resource Planning

5장 K.System 영업관리

5.1 영업관리 개요
5.2 영업 기본정보
5.3 영업관리 메뉴 설명
5.4 영업활동 실습
5.5 기출문제 분석

영림원소프트랩 K.System

ERP정보관리사

5.1 영업관리 개요

기업의 영업관리라 함은 일반적으로 수요예측, 판매예측, 수주관리, 대금회수업무 및 사후 고객분석업무 등을 말한다. 수요예측은 시장조사나 각종 지표를 종합해서 특정 제품에 대한 장래 수요를 예측하는 것을 말하며, 판매예측은 수요예측 자료를 근거로 회사의 제품 혹은 서비스에 대한 매출액을 예측하는 것을 말한다. 수주관리 및 대금회수업무는 ERP 시스템에서 구체적으로 구현되어 있는 업무프로세스이며, 수주관리는 영업계약, 영업수주 입력, 납기약속(ATP) 제공 등의 기능을 가지고 있다. 대금회수업무는 고객의 신용도(Credit : 보통 여신이라고 함)를 관리하여 외상매출에 대한 상한선을 둔다거나 각종 위험관리를 수행하거나 선수금처리 및 어음회계처리 등을 포함한다.

실제적으로 ERP 시스템에서의 내수영업프로세스는 고객에게 견적서를 제공하는 Pre-Sale로부터 최종적으로 고객으로부터 대금을 받는 최종단계로 이루어져 있다. 이러한 각 단계에서 필연적으로 제품의 가용상태를 체크하기 위해 자재관리모듈과 연계되며, 또한 제품을 준비하기 위한 생산관리모듈, 그리고 매출 및 고객의 입금을 회계처리 하기 위한 재무회계모듈과 연결되게 된다. K.System 영업모듈의 구성은 크게 품목 및 품목단가를 관리하는 기본정보와 영업프로세스를 관리하는 영업관리로 구성되어 있으며, 또한 등록된 업무데이터를 확인할 수 있는 현황 화면, 실적 및 미수를 관리할 수 있는 현황 화면들로 구성되어 있다.

5.2 영업 기본정보

영업관리시스템을 사용하기 위해 사전에 등록되어야 할 기본자료이다. 여기에 등록된 자료는 영업관리프로세스에서 사용된다. 시스템을 사용하기 전 기본자료는 미리 등록하고, 사용 중에 발생할 때마다 추가가 가능하다. 등록해야 할 화면 리스트는 다음과 같다.

구분	등록화면
기본정보	소분류등록(영업/수출관리)
	운영환경관리(영업/수출)−진행
	월별재집계처리
	업무월마감
판매단가	품목단가등록
	거래처별 할인단가 등록
	유통별 할인단가 등록
	수량범주별 할인율등록
	거래처 단가할인율
채권관리	거래처별 여신한도 등록
	특별여신관리
거래처	거래처등록
	거래처별 납품처 등록
	거래처별 담당자 등록
	거래처 변경내역
품목	품목등록
	그룹품목등록
	업체품목코드

> **알아두세요** 　납기약속(ATP)
>
> - 납기약속(Available To Promise)은 고객으로부터 수주가 들어왔을 때 현재 물류상황과 생산계획을 이용하여 정확한 제품공급 시기를 알려주는 것을 말한다.

5.2.1 소분류등록(영업/수출관리)

화면 위치　영업/수출관리 ▶ 기본정보 ▶ [소분류등록(영업수출관리)]

　품목분류나 거래처분류 등과 같이 업체별로 공통적으로 사용하지만, 나누는 분류나 명칭을 달리하여 관리하고자 할 경우 사용할 수 있다.

　설정된 소분류 값들은 프로세스에 영향을 미칠 수 있으므로 업체 내에서 관리하고자 하는 기준을 정리하여 등록해야 한다. 아래 그림은 품목에 대한 소분류로서 내수제품, 내수상품, 반제품을 등록한 예이다.

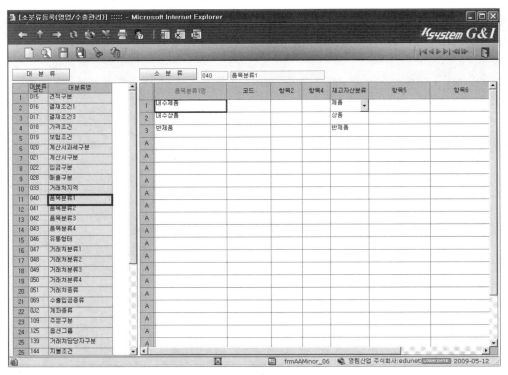

[품목분류의 소분류등록 예]

소분류등록에 대한 주요 항목은 다음과 같다.

■ 거래처종류

[거래처등록] 창에서 '거래처분류' 항목으로 사용된다. 아래 그림처럼 거래처 종류명을 입력하고 사업자번호중복체크, 사업자번호필수, 주민번호필수, 주민번호중복체크 옵션을 설정한다. 이 설정에 따라 거래처등록 시 사업자번호를 중복으로 등록하도록 할지, 필수 체크를 할지에 대한 기준이 된다.

		소분류	051	거래처종류			
		거래처종류명	사업자번호중복 체크	사업자번호 필수	주민번호 필수	주민번호중복 체크
1	국내매출거래처	☑	☑	☐	☐
2	수출매출거래처(외국기업)	☐	☐	☐	☐
3	국내매입거래처	☐	☐	☐	☑
4	수입거래처(외국기업)	☐	☐	☐	☐
5	임가공	☐	☐	☐	☑
6	직수출 거래처	☐	☐	☐	☐
7	개인 거래처	☐	☐	☑	☑

[거래처종류 등록 예]

■ 입금구분

[입금처리] 창에서 '입금구분' 항목으로 사용된다. 계정코드는 입금구분명에 해당하는 회계계정과목을 등록하는 것이고, 차대구분은 차변계정인지 대변계정인지 설정하는 부분이다. 이렇게 설정해 놓으면 업무 중 입금에 대한 회계처리를 할 때 전표에 계정코드와 차대구분이 자동으로 설정된다.

	대분류코드	대분류명			입금구분코드	입금구분명	계정코드	차대구분
1	015	견적구분		1	02200001	현금	현금	차변
2	016	결재조건1		2	02200002	보통예금	보통예금	차변
3	017	결재조건3		3	02200003	받을어음	받을어음	차변
4	018	가격조건		4	02200004	미수금	미수금	차변
5	019	보험조건		5	02200005	가수금	가수금	차변
6	020	계산서과세구분		A				
7	021	계산서구분						
8	022	입금구분						

대 분 류   소 분 류 [022] [입금구분]

[입금구분 등록 예]

■ 계산서과세구분

[세금계산서발행] 창에서 '계산서 종류'로 사용되며, 계산서 구분별로 증빙을 설정하도록 한다.

- 영세율 여부: 체크 시 [세금계산서]에서 부가세금액이 '0'이 된다.
- 면세 여부: 체크 시 [세금계산서]에서 부가세 칼럼이 보이지 않는다.
- 인쇄양식: 세금계산서 출력 시 연결되는 인쇄양식의 명칭이다.
- 증빙: 계산서과세 구분명별로 전표에서 등록하는 증빙을 달리 관리할 수 있다.

대 분 류   소 분 류 [020] [계산서과세구분]

	대분류코드	대분류명		계산서과세구분코드	계산서과세구분명	내수기본	수출기본	영세율여부	면세여부	인쇄양식	증빙
1	015	견적구분	1	02000001	일반계산서	☑	☐	☐	☐	sabillLine.mrd	세금계산서(일반과세)
2	016	결재조건1	2	02000002	계산서(영세)	☐	☐	☑	☐	SABillZero.mrd	세금계산서(영세율)
3	017	결재조건3	3	02000003	계산서(면세)	☐	☑	☐	☑	SABillLine_noVat.mrd	계산서(면세)
4	018	가격조건	A			☐	☐	☐	☐		
5	019	보험조건	A			☐	☐	☐	☐		
6	020	계산서과세구분									

[계산서과세구분명 등록 예]

5.2.2 운영환경관리(영업수출물류)-초기 설정

화면 위치 마스터 및 운영관리 ▶ 운영환경관리 ▶ 공통 ▶ [운영환경관리(영업수출물류)-초기]

영업프로그램 관리자가 영업/수출모듈 사용에 따른 전반적인 사항들을 직접 업무에 맞게 설정하기 위하여 설정 또는 변경하는 화면이다. 반드시 운영환경관리가 선행된 후 프로그램 사용을 해야 한다. 프로그램 사용 중에 설정 내용이 변경된다면 데이터상의 문제가 있을 수 있으므로 변경 가능한지 확인 후 변경하는 것이 좋다. [운영환경관리(영업수출물류)-초기]는 한번 설정하면 보통 변경하지 않는다.

[운영환경관리(영업수출물류)-초기 설정화면]

■ 견적/주문번호 구성

견적서나 주문서 등록 시 견적번호 혹은 주문번호가 자동생성 될 때 사용되는 형식을 선택한다. 다음 2가지 형식을 사용한다.

- 연도＋월 일련번호 : 저장되는 시점의 연월(6자리) ＋ 일련번호(6자리)로 구성됨.
- 연도＋월＋일 일련번호 : 저장되는 시점의 연월일(8자리) ＋ 일련번호(4자리)로 구성됨.

■ 담당자별 실적 집계방법

주문서, 거래명세서, 세금계산서, 입금 시에 실적을 집계하는데, 다음 설정에 따라 개인별 실적을 집계한다.

- 등록담당자별 실적 : 관련 화면에서 부서명과 담당자를 임의로 등록할 수 있고, '담당자'에 표시된 사원의 실적으로 집계한다.
- 영업담당자별 실적 : 관련 화면에서 부서명과 담당자를 '거래처별 담당자 등록'에 등록된 사원과 그 사원의 부서로만 등록할 수 있어서, '거래처별 담당자 등록'에 등록된 담당자로 영업 또는 수금 실적이 집계된다.

■ 연간영업목표 집계방법

집계방법 체크에 따라 '연간영업목표계획'의 시트 칼럼 내용이 설정된다. 따라서 연간영업목표계획 작성 시 다음의 설정에 따라 집계가 이루어지고 실적 화면에서 확인할 수 있다.

- 담당자 : [연간영업목표계획]의 시트에 '담당자' 칼럼이 나타나고, 영업목표집계 시 담당자별로 실적을 집계한다.
- 거래처(유통별/개별) : [연간영업목표계획]의 시트에 유통별이면 '유통구조' 칼럼이, 개별이면 '거래처' 칼럼이 나타나고, 영업목표집계 시 거래처별로 실적을 집계하는데 유통별인 경우 해당 유통별로, 개별인 경우에는 각각의 거래처별로 실적을 집계한다.
- 품목분류(그룹별/개별) : [연간영업목표계획]의 시트에 그룹별이면 '품목구분' 칼럼이, 개별이면 '품목', '품번', '규격' 칼럼이 나타나고, 영업목표집계 시 품목별로 집계를 하는데 그룹별인 경우에는 품목분류별로, 개별인 경우에는 각 품목별로 실적을 집계한다.

■ 월별영업계획 집계방법

집계방법 체크에 따라 [월영업목표계획]의 시트의 칼럼 내용이 설정된다. 따라서 월영업목표계획 작성 시 다음의 설정에 따라 집계가 이루어지고, 실적 화면에서 확인할 수 있다.

- 담당자별 : [월영업목표계획]의 시트에 '담당자' 칼럼이 나타나고, 영업목표 집계 시 담당자별로 실적을 집계한다.
- 거래처별(유통별/개별) : [월영업목표계획]의 시트에 유통별이면 '유통구조' 칼럼이, 개별

이면 '거래처' 칼럼이 나타나고, 영업목표 집계 시 거래처별로 실적을 집계하는데, 유통별인 경우에 해당 유통별로, 개별인 경우에는 각각의 거래처별로 실적을 집계한다.

- **품목분류별(그룹별/개별)** : [월영업목표계획]의 시트에 그룹별이면, '품목구분' 칼럼이, 개별이면 '품목', '품번', '규격' 칼럼이 나타나고, 영업목표 집계 시 품목별로 집계를 하는데, 그룹별인 경우에는 품목분류별로, 개별인 경우에는 각 품목별로 실적을 집계한다.

■ **선수금/외화선수금 계정**

선수금입금 시 처리하는 계정이다. 선수금처리 전에 반드시 설정되어 있어야 [선수금현황]에서 조회된다.

■ **세금계산서 거래처로 계산서 발행**

거래처별 회수조건에 등록된 청구처로 계산서가 발행된다.

■ **세금계산서 잔량 금액으로 관리**

세금계산서를 금액으로 잔량 관리할 때 체크한다.

■ **매출전표 거래명세서 기준으로 관리**

거래명세서 기준으로 매출전표를 관리할 때 체크한다.

■ **세금계산서 거래처로 미수관리**

[거래처별회수조건]에 등록된 청구처로 계산서 미수관리를 한다.

5.2.3 운영환경관리(영업/수출)-진행 설정

화면 위치	영업/수출관리 ▶ 기본정보 ▶ [운영환경관리(영업/수출)-진행]

영업프로그램 관리자가 영업/수출모듈 사용에 따른 전반적인 사항들을 직접 업무에 맞게 설정하기 위하여 설정 또는 변경하는 화면이다. 반드시 운영환경관리가 선행된 후 프로그램 사용을 해야 한다. 프로그램 사용 중에 설정 내용이 변경된다면 데이터상의 문제가 있을 수 있으므로 변경 가능한지 확인 후 변경하는 것이 좋다.

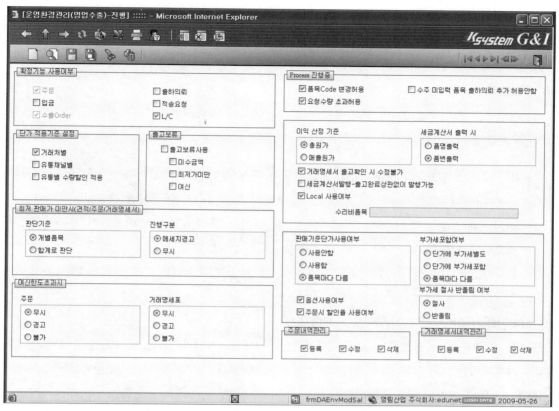

[운영환경관리(영업/수출)-진행 설정화면]

■ 확정기능 사용 여부

확정이란 다음 단계의 진행 시에 반드시 선행되어야 하는 확인 혹은 승인 작업으로 확정되지 않은 자료는 다음 프로세스로 진행할 수 없다. 확정 기능을 사용할 수 있는 화면은 주문, 출하의뢰, 입금, 적송요청, 수출order, LC가 있다.

■ 단가 적용기준 설정

회사별로 판매단가의 기준을 설정할 수 있다. 거래처별, 유통채널별, 유통별 수량할인 적용이 있으며, 회사에서 사용하는 기준을 체크하여 사용하면 된다. 판매단가에 대한 설명은 기본정보의 판매단가 부분을 확인하면 된다. 거래처, 유통, 수량할인 모두 사용할 경우 적용 시 우선순서를 나열하면 아래와 같다.

- 거래처 단가 먼저 적용
- 없으면 유통단가 적용

- 없으면 품목단가 적용
- 최종수량할인 적용

■ 출고보류

거래명세표나 다중출고처리 화면에서 저장 시 출고가 보류되는 기능을 사용할 수 있다. 각 옵션을 체크했을 경우의 효과는 아래와 같다.

- 미수금액 : 체크했을 경우 해당 거래명세서 등록일자로부터 보류 확인 기준일만큼 이전 일에 대하여 해당 거래처의 계산서 미발행액이 기준미수금 이상이면 출고보류가 된다.
- 여신 : 체크했을 경우 해당 거래처에 대해 여신이 초과되었는지 비교하여 초과되었으면 출고보류가 된다.
- 최저가미만 : 체크했을 경우 최저판매가 미만으로 작성되었다면 출고보류가 된다.

■ 최저판매가 미만 시(견적/주문/거래명세서)

견적서, 주문서, 거래명세표 등록 시 [품목단가등록]의 최저판매가를 체크해서 품목별 판매단가가 최저판매가보다 작을 경우 판단기준에 따라 메시지를 보여주거나 최저판매가를 무시하고 진행할 수 있다. 2가지 옵션은 아래와 같다.

- 판단기준 : '개별품목'으로 판단했을 경우 한 품목이라도 최저판매가보다 작은 품목이 발생되면 적용되고, '합계로 판단'할 경우 모든 품목의 합계를 구해서 판단한다.
- 경고 : 경고 메시지를 나타내서 진행 여부를 선택하게 할 것인지, 판매가를 무시하고 진행할 것인지 결정한다.

■ 여신한도초과 시

[주문등록] 시 거래처에 대한 여신 잔액을 체크하여 주문금액이 여신 잔액을 초과하는 경우 어떻게 할 것인가를 설정할 수 있다.

- 무시 : 주문에 대하여 거래처의 여신 잔액에 관련 없이 프로세스를 진행한다.
- 주문 시 경고 : 여신 잔액 부족 시 주문서가 저장될 때 경고 메시지를 보여준다.
- 주문불가 : 여신 잔액을 초과한 거래처에 대해서는 주문서가 저장되지 않는다.

■ Process 진행 중

프로세스의 진행 중에 품목이나 수량의 변경이 허용될 수 있는지의 여부를 선택할 수 있다.

이전 프로세스에서 다음 프로세스로 진행할 때 품목이나 수량의 변경이 허용되지 않도록 선택되어 있다면 품목이나 수량을 변경할 경우는 "품목이 전 Process의 품목과 다릅니다" 혹은 "품목의 수량이 전 Process의 수량보다 많습니다"라는 메시지가 에러내역에 나오면서 저장이 되지 않는다.

■ 이익 산정 기준

견적서, 주문서 등록 시 해당 건에 대하여 원가 대비 판매가에 대한 예상이익을 산출할 때 원가의 산정기준을 총원가로 할 건지 매출원가(표준원가)로 할 건지를 설정한다. 원가는 [표준원가 등록] 화면에서 등록한다.

■ 세금계산서 출력 시

세금계산서 출력 시에 품목명을 인쇄할지, 품번을 인쇄할지를 선택할 수 있다.

- 품명출력 : 세금계산서 출력 시 품명을 인쇄한다.
- 품번출력 : 세금계산서 출력 시 품번을 인쇄한다.

■ 주문 시 할인율 사용 여부

체크 시 [주문등록]에서 할인율을 입력할 수 있다.

■ 세금계산서발행-출고완료 상관없이 발행가능

거래명세서에서 세금계산서로 진행 시 출고하지 않아도 세금계산서로 진행할 수 있도록 하는 설정이다.

■ 주문내역관리

주문등록의 등록/수정/삭제에 대한 이력을 관리할 수 있다.

■ 거래명세서내역관리

거래명세서의 등록/수정/삭제에 대한 이력을 관리할 수 있다.

5.2.4 업무월마감 설정

화면 위치   영업/수출관리 ▶ 기본정보 ▶ [업무월마감]

　　영업의 주요 프로세스(주문, 출하의뢰, 거래명세서, 세금계산서, 입금)에 대한 월마감을 하는
화면이다. 월을 기준으로 마감을 할 수 있으며 마감 체크한 월에는 등록/수정/삭제가 되지 않는
다. 마감된 월에 등록/수정/삭제를 하게 되면 "해당 월이 마감되었습니다"라는 메시지를 보여준
다. 영업프로세스뿐만 아니라 구매모듈의 구매요청, 발주, 납품에 대해서도 월마감처리를 할 수
있다.

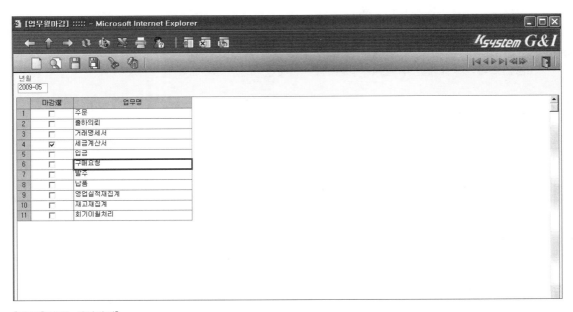

[업무월마감 설정화면]

5.2.5 품목단가등록

화면 위치   영업/수출관리 ▶ 기본정보 ▶ 판매단가 ▶ [품목단가등록]

　　영업 및 수출에서 사용할 품목들의 기본적인 판매단가를 등록하는 것으로, 프로세스 내에서
단가를 자동으로 가지고 오도록 하기 위한 가장 기본이 되는 화면이다.

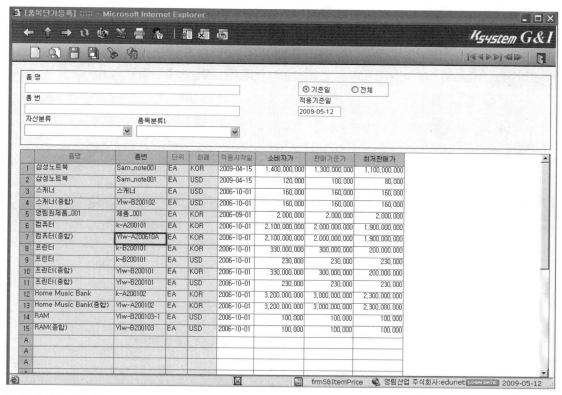

[품목단가등록 화면]

■ **품명 / 품번**

단가를 설정한 품목을 선택한다.

■ **단위**

품목에 대한 단가를 등록할 단위로, 같은 품목이라도 다른 단가를 등록할 수 있다.

■ **화폐**

판매하는 화폐별로 단가를 등록한다.

■ **적용시작일**

적용기간에 해당하는 단가가 적용된다.

■ **판매기준가**

품목별 실제 판매단가를 등록한다. 이 단가가 프로세스에서 사용하는 단가이다.

5.2.6 거래처별 할인단가 등록

화면 위치 | 영업/수출관리 ▶ 기본정보 ▶ 판매단가 ▶ [거래처별 할인단가 등록]

판매단가를 거래처별로 관리할 경우에 사용하며, 거래처별로 품목의 판매단가를 입력한다. 거래처에 따라 가격구분을 다르게 설정하여 관리할 수 있다.

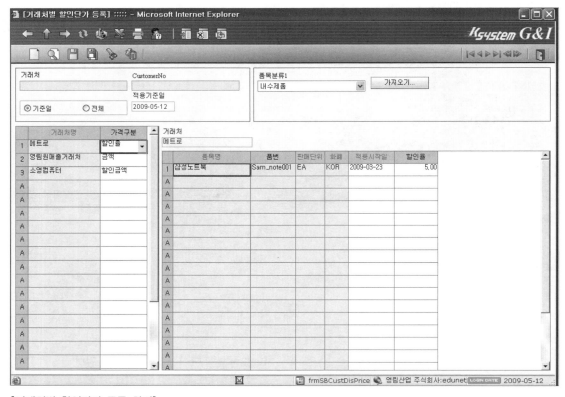

[거래처별 할인단가 등록 화면]

■ **거래처**

단가를 설정한 거래처를 등록한다.

■ **가격구분**

구분에는 금액, 할인율, 할인금액의 3가지 종류가 있다.

- 금액: 오른쪽 시트 '판매가' 칼럼에 판매단가를 입력한다.
- 할인율: 오른쪽 시트 '할인율' 칼럼에 품목별 할인율을 입력한다.
- 할인금액: 오른쪽 시트 '할인금액' 칼럼에 할인금액을 입력한다.

기본판매단가에서 할인금액만큼 차감하여 단가가 진행된다. 참고로 단가구분이 할인율이나 할인금액일 경우에는 [품목단가등록]에서 품목에 대한 판매기준가가 등록이 되어 있어야 한다. 이 판매기준가를 기준으로 할인율 및 할인금액을 적용하여 프로세스에서 판매단가가 적용된다.

■ 품목명/품번
거래처별로 판매하는 품목을 등록한다.

■ 판매단위
품목에 대한 단가를 등록할 단위이다.

■ 화폐
판매하는 화폐별로 단가를 등록한다.

■ 적용시작일
적용기간에 해당하는 단가가 적용된다.

■ 판매가/할인율/할인금액
가격구분에 따라 입력한다.

5.2.7 유통별 할인단가 등록

화면 위치 영업/수출관리 ▶ 기본정보 ▶ 판매단가 ▶ [유통별 할인단가 등록]

판매단가를 유통구조별로 관리할 경우 사용하며, 유통채널별로 관련 품목들에 대한 할인이나 판매단가를 등록한다. 유통채널별 할인단가를 적용하기 위해서는 [거래처등록]에서 거래처등록 시 유통구조를 반드시 선택해야 한다.

[유통별 할인단가 등록 화면]

■ 유통채널

단가를 설정할 대리점, 도매점 등의 유통채널을 등록한다.

■ 그 외 항목들

[거래처별 할인단가 등록]의 주요 항목 설명을 참고한다.

5.2.8 수량범주별 할인율 등록

화면 위치 영업/수출관리 ▶ 기본정보 ▶ 판매단가 ▶ [수량범주별 할인율 등록]

[품목별 판매단가], [거래처별 할인단가], [유통구조별 할인단가]에 의해 산정된 단가에 추가적으로 판매수량의 범위에 따라 할인율을 적용할 때 사용한다. 또한 유통구조별로 할인율을 다르게 설정할 수 있고, 유통구조를 입력하지 않으면 모든 유통구조에 대해 적용된다.

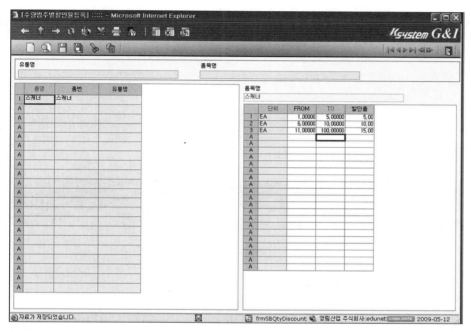

[수량범주별 할인율 등록 화면]

■ 품명

판매수량에 따른 추가할인율을 적용하고자 할 품목을 등록한다.

■ 유통명

유통구조별로 수량범주를 다르게 할 경우 등록한다. 등록하지 않을 경우 모든 유통구조에 대해 동일하게 적용된다.

■ 단위

판매할 품목의 판매단위를 등록한다.

■ FROM

동일 할인율을 적용할 최소 수량을 입력한다.

■ TO

동일 할인율을 적용할 최대 수량을 입력한다.

■ 할인율

From~To의 판매수량에 적용할 할인율을 입력한다.

5.2.9 거래처 단가할인율 등록

화면 위치　영업/수출관리 ▶ 기본정보 ▶ 판매단가 ▶ [거래처 단가할인율]

특정 거래처에 판매하는 모든 품목에 대해 동일한 할인율을 적용할 경우, 거래처별로 할인율을 등록하여 사용한다.

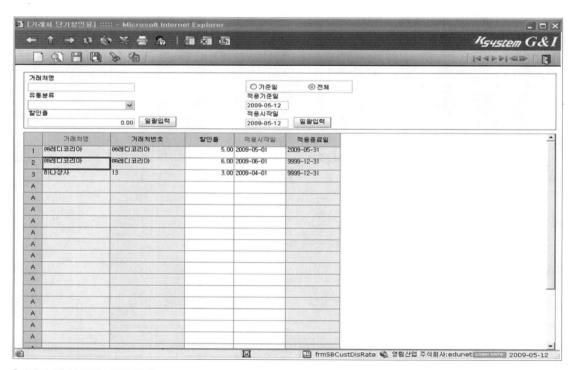

[거래처 단가할인율 설정화면]

■ **거래처명**

할인율을 적용할 거래처를 등록한다.

■ **할인율**

거래처에 적용할 할인율을 등록한다.

■ **적용시작일**

할인율이 적용되는 시작일을 등록한다.

5.2.10 품목단가 적용순서 정리

앞에서 설정된 품목단가에 대한 설정들이 복합적으로 적용될 경우, 그 순서는 먼저 [품목단 가등록]의 품목단가가 기본이고, 거래처별 혹은 유통별로 단가를 관리하기 위해서는 [거래처별 할인단가 등록], [거래처 단가할인율], [유통별 할인단가 등록]을 사용한다. 그 외 같은 품목이라 도 수량에 따라 단가가 달라지는 경우는 [수량범주별 할인율 등록]에 등록하여 사용한다. 단가적 용순서는 아래 그림과 같다.

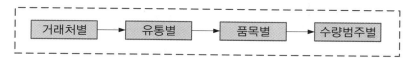

[품목단가 적용순서]

유통별 할인단가를 등록할 경우 유통형태는 [소분류등록]에서 등록된 것을 사용하며, 거래처 가 어떤 유통형태에 속하는지는 [거래처정보]에서 유통구조를 선택해서 결정되어 있어야 한다. 특히 거래처별, 유통별 모두 선택된 경우에는 먼저 거래처별 단가를 확인해서 있으면 적용하고, 없는 경우엔 유통별 단가를 적용하게 된다. 또한 수량범주별 할인율은 거래처별, 유통별, 품목별 단가를 적용한 값에 추가로 수량별 할인율을 적용할 때 선택하여 사용하게 된다. 또한 아래 사 항들을 주의해야 한다.

- [거래처별 할인단가 등록]과 [유통별 할인단가 등록]의 경우, 가격기준이 할인율이라면 할 인 대상 단가가 필요하기 때문에 반드시 품목별 기본단가가 미리 등록되어 있어야 한다.

- [수량범주별 할인율 등록]의 경우 수량에 따라 할인율이 달라지므로 견적서, 주문서에서 품목을 선택하고 수량을 입력 후 반드시 <단가적용> 버튼을 눌러야 한다.

5.2.11   거래처등록

화면 위치   영업/수출관리 ▶ 기본정보 ▶ 거래처 ▶ [거래처등록]

거래처에 관한 정보를 등록, 관리하는 화면으로 거래처 기본정보, 수금정보, 주소/담당자 정보 및 변경내역을 관리할 수 있다. 시스템에서 사용하는 모든 거래처는 여기서 등록한다.

[거래처등록 화면]

■ 상호

거래처 상호를 등록한다.

■ CustomerNo

회사 내에서 거래처별로 관리하는 번호가 있을 경우 text 형태로 관리할 수 있다. 운영환경관리의 설정에 따라 필수로 관리할 수 있다.

■ 사업자번호

거래처의 사업자번호를 등록한다. 거래처분류에 따라서 필수 여부를 관리할 수 있다. [소분류등록]의 설명을 참고하기 바란다.

■ 유통구조

유통구조를 등록한다. 유통별 단가를 사용할 경우 여기서 설정한 유통구조가 적용이 된다.

■ 거래처분류

[소분류등록]의 대분류코드(051) '거래처종류'에서 설정한 거래처 종류명이 조회된다. 거래처별로 알맞은 분류를 선택하며 중복 체크가 가능하다.

■ 〈이력저장〉

거래처의 상호, 사업자번호, 주민등록번호, 대표자성명, 계산서주소, 업태, 종목이 변경되는 경우 그 거래처에 대한 이력사항을 계속 보관하고자 할 때 사용한다. 거래처정보를 수정한 후 툴바의 저장 버튼 대신 〈이력저장〉 버튼을 눌러 저장하면 거래처의 변경내역 탭에서 그 이력을 확인할 수 있다. 변경된 내역 순서대로 이력일자를 등록한다. '변경내역'에서 조회된 내역은 '변경일' 전의 자료이며, 최종데이터는 [거래처정보]의 자료이다. 변경내역에서 관리하는 항목들은 세금계산서 출력이나 부가세신고 시 이용되는 항목이다. 일자에 맞게 세금계산서를 출력한다거나 부가세신고에서 이력이 제대로 반영되기 위해서는 반드시 〈이력저장〉으로 이력관리를 해야 한다.

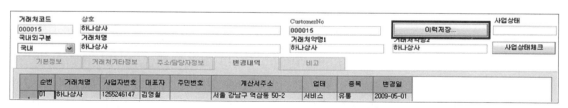

[거래처 이력저장 설정화면]

5.2.12 거래처별 담당자 등록

화면 위치 영업/수출관리 ▶ 기본정보 ▶ 거래처 ▶ [거래처 담당자 등록]

■ **거래처**

거래처를 등록한다.

■ **담당자**

거래처를 담당하는 사원을 등록한다.

■ **부서**

담당자의 부서를 등록한다.

■ **변경일자**

거래처의 담당자 등록 시 상단의 '담당자변경내역'란의 변경일로 하여 저장한다. 변경일자로 거래처담당자의 변경 이력을 '변경 HISTORY'로 확인할 수 있다.

■ **영업담당자 여부**

거래처의 매출담당자일 경우 체크한다. 주문등록, 출하의뢰, 거래명세서, 세금계산서에서 거래처를 선택하면 거래처별 담당자 등록에 등록된 영업담당자와 담당자의 부서가 담당자와 부서에 자동으로 나온다. 저장 시 담당자와 부서가 [거래처별 담당자 등록]에 등록된 영업담당자와 담당자의 부서가 아니라면 "거래처 영업담당자가 아닙니다. 확인바랍니다"라는 메시지가 나오면서 저장이 되지 않는다.

■ **수금담당자 여부**

거래처의 수금담당자일 경우 체크한다. [입금등록], [입금다중처리 건별반제]에서 거래처를 선택하면 [거래처별 담당자 등록]에 등록된 수금담당자와 담당자의 부서가 담당자와 부서에 자동으로 나온다. 저장 시 담당자와 부서가 [거래처별 담당자 등록]에 등록된 수금담당자와 담당자의 부서가 아니라면 "거래처 수금담당자가 아닙니다. 확인바랍니다"라는 메시지가 나오면서 저장이 되지 않는다.

■ 변동 HISTORY

거래처나 담당자, 영업담당자 여부, 수금담당자 여부를 변경하고 저장하면 변경 전의 자료가
내역으로 기록되고 이는 <변동 History> 버튼을 눌러서 확인할 수 있다.

5.2.13   거래처 변경내역 수정

화면 위치	영업/수출관리 ▶ 기본정보 ▶ 거래처 ▶ [거래처 변경내역]

거래처의 상호, 사업자번호, 대표자성명 등 [거래처정보]에서 <이력저장> 버튼으로 저장한
내역을 잘못 등록하였을 경우 이 화면에서 수정/삭제한다. 여기서 처리한 내역은 [거래처정보]의
'변경내역' 탭에서 동일하게 조회된다.

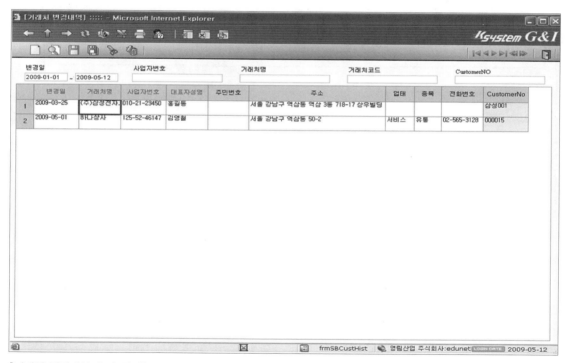

[거래처 변경내역 수정 화면]

5.2.14 품목등록

화면 위치   영업/수출관리 ▶ 기본정보 ▶ 거래처 ▶ [품목등록]

회사에서 판매 또는 구매되는 품목을 등록하는 화면이다. 품목은 상품, 제품, 서비스, 반제품 등이며, 이러한 자산의 구분은 [재고자산분류등록]의 '제품/상품 여부'에 체크된 재고자산분류가 나온다. 제품인 경우는 BOM등록 화면으로 이동할 수 있고, 품목등록은 7개의 탭으로 구성되어 있다.

1) 기본정보 탭

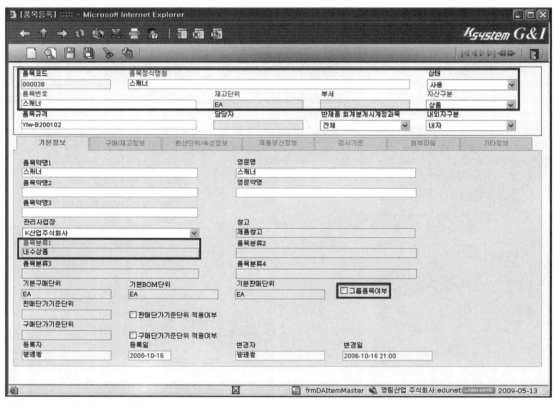

[품목등록 화면(기본정보 탭)]

■ 품목정식명칭

품목의 명칭을 등록한다. [운영환경관리(공통)-초기]의 '품명 중복체크 여부'에 따라 동일한 명칭을 사용할 수 있다.

■ 품목번호

품목에 부여하는 내부 규칙이 있을 경우 품목번호를 사용할 수 있다. [운영환경관리(공통)-초기]의 '품번사용(필수, 유일)'의 체크 여부에 따라 품목등록 시 필수항목으로 관리할 수 있다.

■ 재고단위

시스템에서 쓰이는 단위의 기준으로 재고를 관리하는 단위이다. 품목을 시스템상에서 사용했을 경우 재고단위이다.

■ 상태

품목의 상태를 표시한다. 품목등록 시 처음에는 '사용'이 기본값이지만 사용자가 '보류'나 '폐기'의 상태로 변경할 수 있다. 코드도움으로 품목을 선택 시 상태가 '사용'인 것만 나타난다.

■ 자산구분

품목의 자산구분으로 [재고자산분류등록]의 '제품/상품 여부'에 체크된 재고자산이 나온다.

■ 품목분류

품목분류1, 2, 3, 4의 콤보 값은 [소분류등록]에서 등록하는 것으로 회사에서 품목을 분류하여 관리하는 데 편리하게 사용할 수 있다. 품목분류1만 필수이다.

■ 그룹품목 여부

여러 품목을 하나로 묶어 판매할 경우 '그룹품목 여부'에 체크하여 사용한다. 그룹핑하여 판매하는 품목들의 명칭을 품목정식명칭으로 등록하여 사용하며, 그룹품목 여부에 체크된 품목은 묶어서 판매하기 위한 가상의 품목이기 때문에 재고관리는 되지 않는다.

2) 구매/재고정보 탭

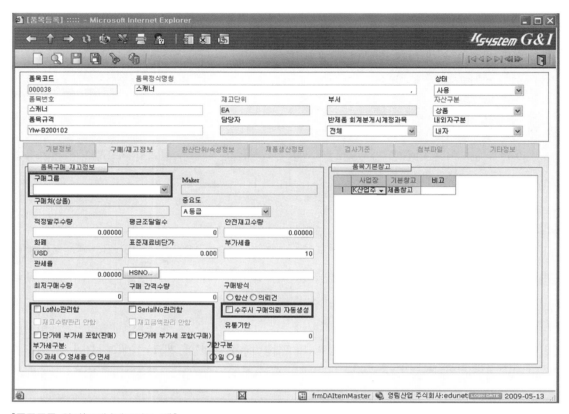

[품목등록 화면(구매/재고정보 탭)]

■ 구매그룹

구매의 구매그룹등록의 기초데이터를 넣어주는 역할을 한다. 구매의 [구매그룹등록]에서 입력된 구매그룹이 리스트에 나온다. [품목등록]의 구매그룹과 구매의 [구매그룹등록]과의 관계는 아래와 같다.

- [품목등록]에서 품목 신규 등록 시 구매그룹을 선택했을 경우: 구매의 [구매그룹등록]에 내용이 반영된다.
- [품목등록]에서 구매그룹을 수정했을 경우: 구매의 [구매그룹등록]에 아무런 영향을 미치지 않는다.
- [품목등록]에서 품목을 삭제 시: 구매의 [구매그룹등록]의 모든 구매그룹에서 해당 품목을 삭제한다. 반대로 [구매그룹등록]에서 해당 품목을 특정 구매그룹에 넣거나 빼더라도 [품목등록]의 구매그룹등록 선택란에는 아무런 변경이 없다.

■ LotNo 관리함

LotNo 관리를 하고자 할 경우 체크한다.

■ SerialNo 관리함

SerialNo 관리를 하고자 할 경우 체크한다.

■ 단가에 부가세 포함(판매)

판매단가에 부가세가 포함된 경우 체크한다. 만일 부가세 포함 여부에 체크되었을 경우 판매단가를 입력하면, 판매가액과 부가세는 각각 90%, 10%로 계산되어 자동입력 된다.

■ 단가에 부가세 포함(구매)

구매단가에 부가세가 포함된 경우 체크한다.

■ 부가세 구분

해당 품목을 판매할 때 부가세 구분과 부가세율을 별도로 지정한다.

- 과세: 부가세율이 적용된다.
- 영세율/면세: 부가세율은 '0'이다.

■ 수주시 구매의뢰 자동생성

여기에 체크된 수주 건을 확정하면 [구매요청]에 구매요청데이터가 자동으로 발생된다.

3) 환산단위/속성정보 탭

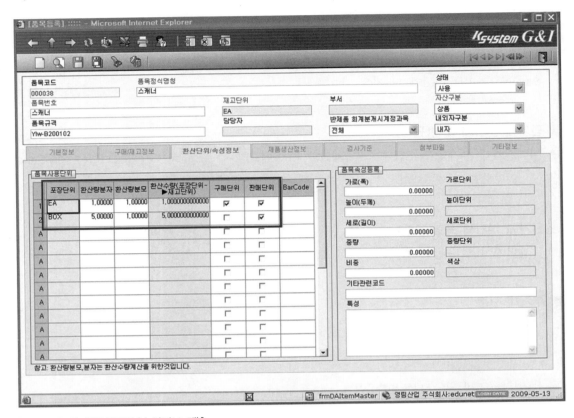

[품목등록 화면(환산단위/속성정보 탭)]

■ 포장단위

해당 품목에 대한 포장단위를 입력하는 것으로 [품목등록]의 기본정보 탭에서 재고단위, 구매단위, 판매단위를 입력할 경우에 자동으로 포장단위 칼럼에 그 단위가 입력되며 환산수량이 자동으로 계산되어 표시된다. 사용자가 여기서 직접 입력도 가능하다.

■ 환산량 분자/분모

[품목등록]의 기본정보 탭에서 재고단위, 구매단위, 판매단위를 입력할 경우에 포장단위뿐만 아니라 환산량 분자, 분모 및 환산수량이 [단위등록]에 입력된 환산수량에 의해 자동으로 표시된다.

환산량 분자와 분모를 변경 시 자동으로 (환산량분자/환산량분모)로 계산되어 환산수량이 표시된다.

■ **환산수량(포장단위-재고단위)**

포장단위 한 개당 재고단위를 뜻하며, (환산량분자)/(환산량분모)의 관계를 가진다.

■ **구매단위**

해당 포장단위가 구매단위일 경우 체크한다. 구매프로세스에서 품목의 단위선택 시 여기에 체크된 단위만 코드도움에 나온다.

■ **판매단위**

해당 포장단위가 판매단위일 경우 체크한다. 영업프로세스에서 품목의 단위선택 시 여기에 체크된 단위만 코드도움에 나온다.

환산단위/속정정보 탭에 있는 설정값들이 어떻게 사용되는지 이해하기 위하여 아래 그림을 참고 한다. 위쪽은 환산단위/속정정보에 있는 내용이고 아래쪽은 거래명세표의 일부분이다. 최초 스캐너의 재고단위는 품목등록 화면에서 EA로 설정되어 있다. 그런데 EA 혹은 BOX가 판매단위(포장단위)로 설정되어 있으므로 아래 거래명세표에서 2BOX에 대한 재고단위수량은 10EA로 계산되어 있는 것을 볼 수 있다.

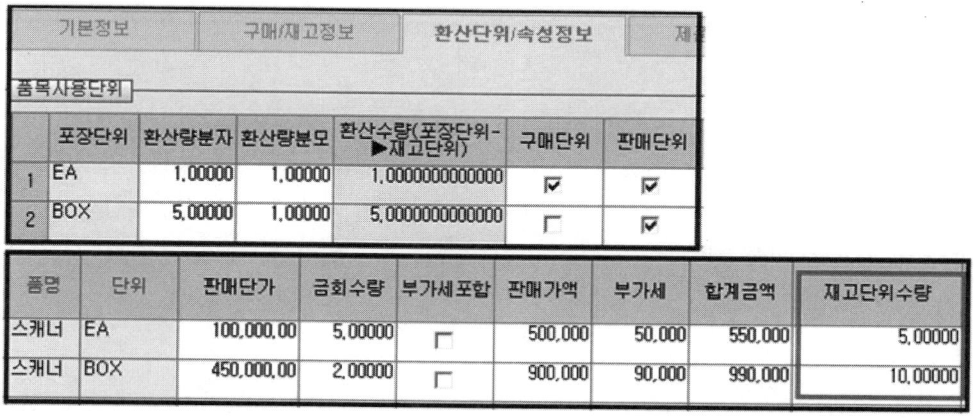

| | 기본정보 | | 구매/재고정보 | | 환산단위/속성정보 | | 제 |

품목사용단위

	포장단위	환산량분자	환산량분모	환산수량(포장단위-▶재고단위)	구매단위	판매단위
1	EA	1,00000	1,00000	1,0000000000000	☑	☑
2	BOX	5,00000	1,00000	5,0000000000000	☐	☑

품명	단위	판매단가	금회수량	부가세포함	판매가액	부가세	합계금액	재고단위수량
스캐너	EA	100,000.00	5,00000	☐	500,000	50,000	550,000	5,00000
스캐너	BOX	450,000.00	2,00000	☐	900,000	90,000	990,000	10,00000

[재고단위수량 계산 예]

4) 검사기준 탭

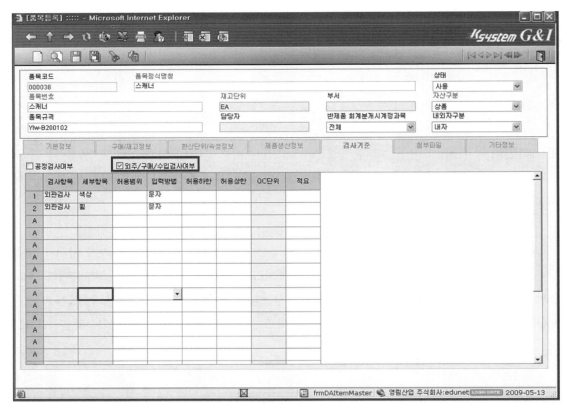

[품목등록 화면(검사기준 탭)]

■ 외주/구매/수입검사 여부

검사 여부를 체크하면 [구매납품] 등록 후 입고처리 하기 전에 [구매수입검사대기현황]에서 합격/불합격 등의 검사 처리를 해야 한다.

■ 검사항목

검사항목을 등록하는 것으로 검사항목은 생산관리의 [2레벨 소분류등록]에서 등록한다. 품목이 검사 여부에 체크가 된 검사품이라면 구매검사, 외주검사에서 여기서 등록한 검사항목이 조회된다.

5.2.15 그룹품목등록

화면 위치 영업/수출관리 ▶ 기본정보 ▶ ▶ 품목 ▶ [그룹품목등록]

영업 및 수출에서 사용할 품목들 중에 어떤 품목에 대해서 그룹을 지어 영업프로세스 내에서 그룹품목을 사용하기 위한 설정화면이다. [품목등록]의 '그룹품목 여부'에 체크를 하면 그 품목은 그룹품목이 된다. 그리고 나서 [품목단가등록]에서 그룹품목에 대한 화폐와 판매기준가를 등록하면 [그룹품목등록]에서 그 화폐와 판매단가를 끌고 와서 사용하게 되며, 그룹품목에 대한 하위품목을 등록하여 하위품목마다 비율을 적용하여 하위품목에 대한 단가를 결정해주는 프로그램이다.

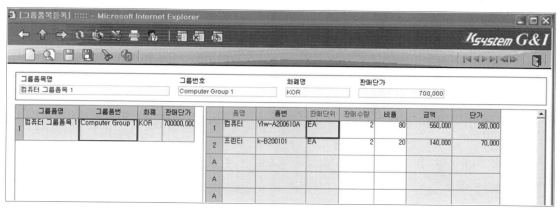

[그룹품목등록 화면]

■ 그룹품명 / 그룹품번

[품목등록]에서 '그룹품목 여부'에 체크된 품목이 조회된다.

■ 판매단가

[품목단가등록]에서 등록한 단가가 조회된다.

■ 품명

그룹품목에 포함되는 하위품목을 등록한다.

■ 판매단위

그룹품목에 속하는 하위품목의 판매단위이다.

■ **판매수량**

그룹품목 1EA를 팔 때 판매되는 하위품목의 수량을 입력한다.

■ **비율**

그룹품목단가에 대한 하위품목들의 구성비를 등록한다.

■ **금액**

판매단가가 비율의 구성비대로 나뉘어 자동 계산되어 조회된다.

■ **단가**

금액/판매수량의 값이 자동 계산되어 조회된다.

그룹 하위품목의 금액과 단가의 자동계산식은 아래와 같다.

> 하위품목 금액 = 그룹품목의 판매단가/(하위품목비율/하위품목비율 합)
> 하위품목 단가 = 하위품목 금액/판매수량

위 식을 이용하면 위 그림에서 하위품목에 해당하는 컴퓨터, 프린터의 금액과 단가는 아래와 같이 계산되어진다.

> 컴퓨터 금액 = 20,000/(40/100) = 8,000
> 프린터 금액 = 20,000/(60/100) = 12,000
> 컴퓨터 단가 = 8,000/2 = 4,000
> 프린터 단가 = 12,000/3 = 4,000

5.2.16 표준원가등록

화면 위치 영업/수출관리 ▶ 기본정보 ▶ ▶ 품목 ▶ [표준원가등록]

품목별 원가를 등록하는 화면으로 품목의 원재료비, 노무비, 기타비용, 제조원가, 판관비, 총 원가를 등록한다. 원가처리를 하여 '원가 가져오기'를 이용해 원가를 반영할 수도 있으며, 여기서 등록한 원가는 견적서, 주문등록, 수출Offer 등록, 수출order 등록에서 예상이익을 내는 데 사용되며 변경 시 이력 관리할 수 있다.

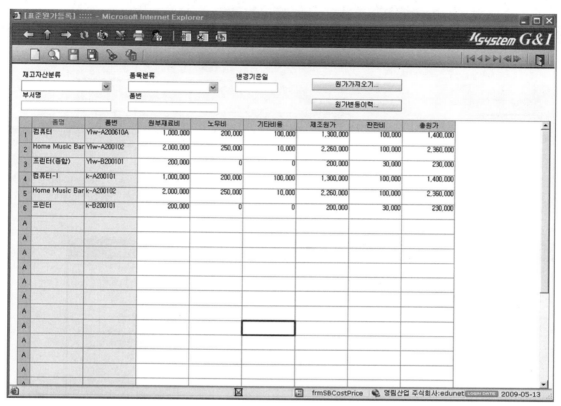

[표준원가등록 화면]

■ 품명
원가를 등록한 품목을 등록한다.

■ 제조원가
원재료비 + 노무비 + 기타비용

■ 총원가
제조원가 + 판관비

[표준원가등록]에서 컴퓨터의 제조원가와 총원가가 아래와 같을 경우, [운영환경관리]의 설정

('이익 산정 기준'을 총원가 혹은 매출원가로 설정)에 따른 예상이익은 아래와 같다.

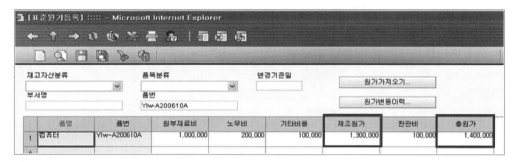

[제조원가와 총원가 설정 예]

'이익 산정 기준'이 '총원가'인 경우 아래 그림과 같이 총원가(원가를 총원가에서 가져옴)를 이용하여 예상이익이 계산된다.

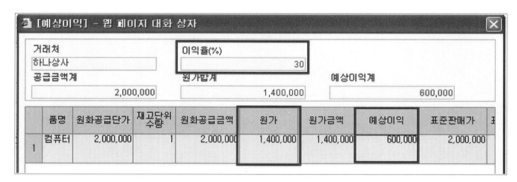

[총원가를 이용한 예상이익 예]

'이익 산정 기준'이 '매출원가'일 경우 제조원가(원가를 제조원가에서 가져옴)를 이용하여 예상이익이 계산된다.

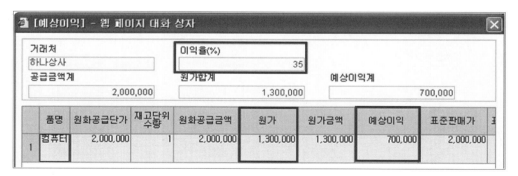

[제조원가를 이용한 예상이익 예]

5.2.17 업체품목코드

화면 위치 영업/수출관리 ▶ 기본정보 ▶ ▶ 품목 ▶ [업체품목등록]

품목등록에 등록된 품목들이 거래처마다 다른 품목명(약칭)을 사용할 수 있기 때문에 거래처별로 품목의 명칭 등을 등록하는 화면이다. 거래처 품목, 품번, 규격, 단위를 등록하면 견적이나 세금계산서에서 거래처 품목, 품번, 규격, 단위를 출력물 등에서 사용할 수 있다. 아래 그림은 스캐너에 대한 새로운 품목명을 등록한 화면이다.

[거래처품목등록 화면 예]

5.3.1 영업활동 관련 메뉴

■ 견적서 작성

거래처로부터 견적 받은 내용을 입력하는 화면이다. 일반적으로 견적이란 주문거래가 일어나기 전에 발생하는 가주문 형태로 반드시 견적내용과 주문내용이 일치하지 않을 수 있다. 또한 견적은 변경이 가능하기 때문에 'R등록'을 통해서 이력을 관리할 수 있다.

■ 수주입력

주문서를 입력하는 화면으로, 등록방법은 확정된 견적 건에 대해 점프 버튼을 이용해서 등록을 하거나 견적을 사용하지 않는 사업장에서는 신규 등록으로 사용하면 된다. 주문등록 된 품목에 대해서 재고부족 시 구매요청을 할 수 있다. 또한 주문거래처에 대한 여신이나 주문된 품목이 최저판매가에 미달 여부를 등을 체크하여 주문가능 여부를 판단할 수 있다.

■ 출하의뢰

확정된 주문 건에 대해서 영업부서와 출고 담당부서가 서로 다를 경우에 출고 담당부서에 출하를 요청하는 화면으로서, 거래처에 대한 납품처의 정보와 품목들에 대한 물류센터의 정보를 등록할 수 있다. 출하의뢰를 사용하지 않는 경우는 주문에서 직접 [거래명세서표]로 진행하면 된다.

■ 거래명세표 작성

거래명세표를 발행한다. 이때 거래명세표는 내수, Local 1(후LC), Local 2(선LC)에 따라 프로세스 진행방식과 입력데이터가 상이할 수 있으며, 잘못된 프로세스로 진행 시나 잘못된 값을 입력시 에러 메시지를 보여준다. 그리고 거래명세서를 발행한 후에는 출고처리까지 함께 처리하는 화면이다.

알아두세요 로컬거래(Local)

- 수출용 원자재 혹은 제품이 국내업체 간에 거래될 때 세금감면 등의 혜택을 받을 수 있다. 이러한 영업처리를 위한 절차를 말한다. 선LC, 후LC는 LC를 출하 이전에 작성하면 선LC라 하고, 이후에 하게 되면 후LC라 한다.

5.3.2 영업관리 관련 메뉴

■ 세금계산서 발행

세금계산서를 작성하여 세금계산서를 출력 발행하고 전표처리 한다. 처리한 전표는 회계장부에 반영된다. 세금계산서를 작성하기 위해서는 4가지 방법이 있다.

- 일반적인 내자거래의 경우 거래명세표를 작성한 다음 '세금계산서'로 진행한다.
- 내자거래의 경우 신규로 작성할 수 있다.
- Local(후LC)인 경우 LC등록을 작성한 다음 LC현황, LC품목현황, LC진행현황, LC등록에서 '세금계산서'로 진행한다.
- AS 처리 건에 대해 계산서를 작성할 경우, AS 처리 작성 후 'AS 처리'에서 '세금계산서'로 진행한다.

■ 거래처별 계산서 집계 발행

내수인 거래명세 건을 조회조건에 따라 조회 후 세금계산서를 발행하고자 하는 건을 선택하여 거래처별로 일괄적으로 집계해서 세금계산서를 발행할 수 있다. 거래처가 같은 거래명세 건들의 경우 한 세금계산서로 등록할 수 있으며, 한 거래처에 대해 분할하여 여러 건의 세금계산서를 등록할 수 있다. 내수 중에서 원화 화폐로 등록된 건만 조회된다.

■ 부서별 계산서 집계 발행

[거래처회수조건]에서 청구방법이 '집계'로 된 거래처만 계산서 발행이 가능하다.

■ 입금처리

발행된 세금계산서 건에 대해서 입금처리를 하거나, 계산서와는 별도로 선수금을 입금하는 화면이다. 세금계산서 건에 대해 입금처리 하려면 [세금계산서발행], [세금계산서발행현황]으로부터 진행하고, 선수금으로 입금하려면 신규로 등록한다.

■ **선수금대체 입력**

선수금현황에서 상대정산항목이 선수금계정으로 입금된 입금 건과 세금계산서 발행된 자료를 진행하여 반제금액을 조정해서 대체처리 하고 회계처리 하는 화면이다.

■ **어음회계 입력**

한 거래처에 대해 여러 부서가 거래를 했지만 이에 대해 공통으로 어음을 받았을 때 전표 처리 하는 화면이다.

5.4 영업활동 실습

기업의 영업활동은 최초 견적서 작성에서 시작하여 매출/수금에 대한 입금처리로 마무리된다. 그러나 중간과정에서 반품, 그룹품목처리, 선수금대체, 어음회계처리와 같은 부분적인 절차들이 존재할 수 있다. 일반적인 영업프로세스는 아래 그림의 가운데 부분에 해당하는 주요 절차(견적 → 수주 → 출하의뢰 → 거래명세표 작성 → 세금계산서 작성 및 전표처리 → 입금 및 전표처리)를 따라 진행된다. 출하의뢰는 생략이 가능하며, 수주에서 바로 거래명세표로 진행할 수 있다. 그러나 재고관리와 매출 및 수금관리를 하기 위해서는 거래명세표, 세금계산서, 입금처리는 반드시 사용해야 한다.

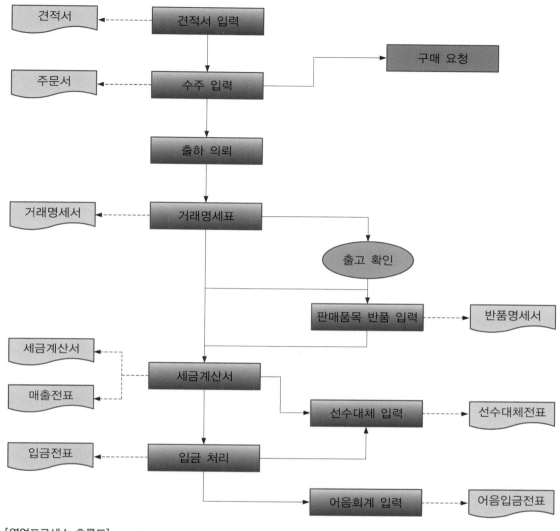

[영업프로세스 흐름도]

영업활동의 대표적인 절차로서 본 실습에서는 다음 4가지 시나리오를 가지고 진행한다.

■ 시나리오 1(매출프로세스)

　견적 → 수주 → (출하) → 거래명세표(출고) → 세금계산서 → 입금처리

■ 시나리오 2(선수금처리 프로세스)

　입금처리 → 　세금계산서 → 선수금현황 → 선수대체입력

■ **시나리오 3(어음회계처리 프로세스)**

세금계산서 A, B → 입금처리 A, B → 어음회계처리

■ **시나리오 4(그룹품목에 대한 매출프로세스)**

거래명세서 및 출고 확인 → 세금계산서 및 회계처리

5.4.1 시나리오 1(매출프로세스)

1) 업무 개요

견적서	2009년 5월 7일 소영컴퓨터에 프린터 10대와 스캐너 5대의 견적요청으로, 견적서를 작성한다.
수주입력	2009년 5월 11일 소영컴퓨터에 프린터 10대와 스캐너 5대의 주문을 받아 수주등록을 한다. 프린터의 가격은 100,000원이고, 스캐너는 200,000원이다. 납품기일은 2009년 5월 15일이다.
출하의뢰	2009년 5월 13일 프린터 10대와 스캐너 5대의 출하의뢰를 요청한다. 납기일은 2009년 5월 15일이다.
거래명세표	2009년 5월 15일 소영컴퓨터에 프린터 10대와 스캐너 5대를 납품한다. 명세서 출력물과 품목들을 소영컴퓨터에 보내고, 출고처리 한다. 창고는 제품창고에 있는 품목을 보낸다.
세금계산서	2009년 5월 15일자로 출고처리 한 물품에 대한 세금계산서를 발행한다. 계산서 종류는 일반계산서로 발행한다. 계산서 발행 후 외상매출금/상품매출로 전표처리 한다.
입금처리	2009년 5월 20일 보통예금으로 수금되어 입금처리 한다.

2) 프로세스 따라하기

Step 1 견적서 작성

2009년 5월 7일 소영컴퓨터에 프린터 10대와 스캐너 5대의 견적요청으로 견적서를 작성한다.

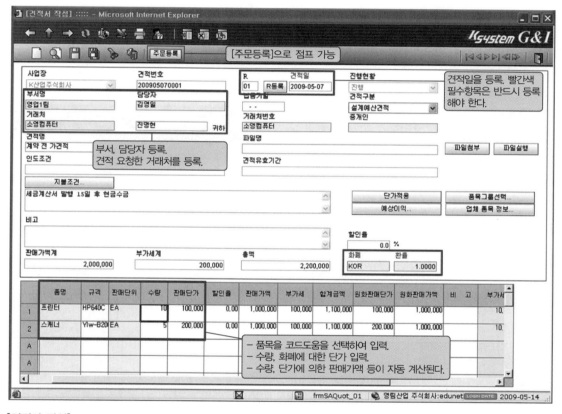

[견적서 작성]

■ 작업 순서

① 견적일, 부서, 담당자, 거래처를 등록한다.

② 화폐와 환율을 확인한다.

③ 견적사항에 대해 시트에 품목, 단위, 수량, 단가 등을 입력한다.

④ 입력한 내용을 확인하고 저장한다.

■ 주요 항목 설명

① <R등록> : 변경되는 내역을 관리하고자 할 경우 이 버튼으로 저장하여 차수관리가 가능하다.
② <단가적용> : 운영환경관리 및 단가등록화면에서 단가에 대한 설정이 있을 경우 적용된다.

Step 2 수주입력

견적서 ➡ 수주입력 ➡ 출하의뢰 ➡ 거래명세표 ➡ 세금계산서 ➡ 입금처리

2009년 5월 11일 소영컴퓨터에 프린터 10대와 스캐너 5대의 주문을 받아 수주등록 한다. 프린터의 가격은 100,000원이고 스캐너는 200,000원이다. 이 수주 건의 납품기일은 2009년 5월 15일이다.

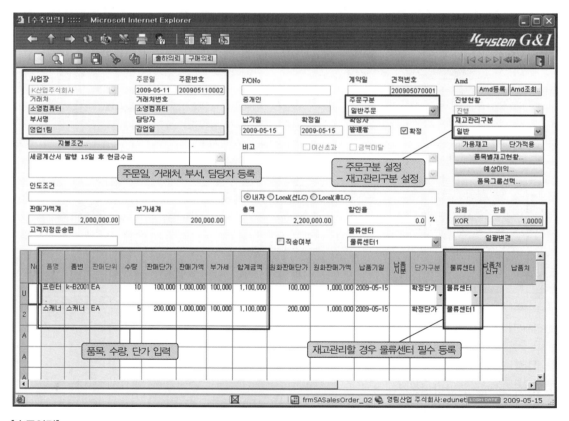

[수주입력]

■ **작업 순서**

① [견적서 작성], [견적현황], [견적품목현황]에서 주문 등록할 견적 건을 선택하여 [주문등록]으로 점프하면, 거래처, 부서 등 공통적인 데이터를 끌고 온다. 기존 데이터를 보여주므로 같은 데이터를 다시 입력할 필요가 없다. 신규로 주문 작성할 경우에는 주문일, 거래처, 부서, 담당자를 입력하여 등록한다.

② 주문구분을 선택한다(주문구분은 소분류설정에 따라 업체마다 다름).

③ 재고관리구분을 선택한다(일반/수탁/위탁).

④ 화폐, 환율을 확인한다.

⑤ 품명, 판매단위, 수량, 판매단가를 확인하여 등록한다.

⑥ 단가구분을 확인하여 입력한다(정보성 항목이나 필수사항임).

⑦ 물류센터 입력한다. 재고 관리하는 품목일 경우 꼭 입력해야 한다.

⑧ 납기일이 있을 경우 '납기일'을 등록한다.

⑨ 입력한 내용을 확인하고 저장한다.

⑩ 확정처리 한다.

■ **주요 항목 설명**

① <예상이익> : 품목별 예상이익을 확인할 수 있다. '영업기본정보'의 [표준원가등록]을 참고한다.

② <단가적용> : '운영환경관리'와 '영업기본정보' 판매단가 설정에 의해서 조건에 맞는 단가가 있을 경우 단가가 적용된다.

③ 점프 항목 <구매의뢰> : 수주된 품목의 재고가 없을 경우 [구매요청]으로 점프하여 구매요청을 할 수 있다.

④ 진행구분 : 해당 주문 건에 대해서 다음 프로세스(거래명세서, 출하의뢰)로의 진행상태를 보여준다.

  • 진행 : 다음 프로세스로 진행이 안 되었거나 주문수량이 다음 단계의 수량보다 적을 경우
  • 중단 : 해당 주문 건을 중단한 경우
  • 완료 : 다음 프로세스로 모든 수량이 진행 완료된 경우

⑤ 납품처 : 주문 건이 납품될 장소를 나타내며, 선행작업으로는 [거래처별납품처등록]이 이루어져야 납품처를 불러올 수 있다. '납품처신규' 칼럼에서 버튼을 눌러 신규 입력도 가능하다.

⑥ 물류센터: 해당 품목이 출고되는 물류센터로, 재고 관리하는 품목의 경우 등록하지 않으면 주문 건이 저장되지 않는다.

⑦ 확정: 주문서인 경우는 [운영환경관리]에 따라 확정처리를 사용할 수 있다. 확정을 사용한다면 확정된 주문서만 다음 프로세스로 진행할 수 있다.

Step 3 출하의뢰

2009년 5월 13일 프린터 10대와 스캐너 5대의 출하의뢰를 요청한다. 납기일은 2009년 5월 15일이다.

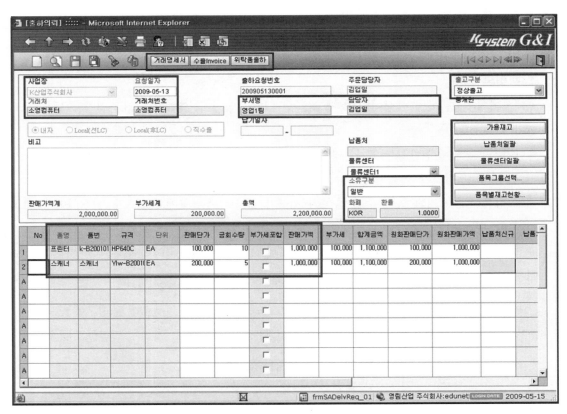

[출하의뢰]

■ 작업 순서

① [수주입력], [수주현황], [수주품목현황]에서 출하의뢰 요청할 건을 선택하여 [출하의뢰]로 점프하여 [출하의뢰] 화면으로 넘어온다. 주문과 마찬가지로 거래처, 부서 등을 가지고 온다. 신규로 출하의뢰를 작성할 경우에는 요청일, 거래처, 부서, 담당자를 입력하여 등록한다.

② 출하의뢰 요청일자를 확인한다.

③ 출고구분, 화폐, 환율을 확인한다.

④ 시트의 품명, 단위, 수량, 단가, 금액 등이 맞는지 확인한다.

⑤ 입력한 내용을 확인하고 저장한다.

⑥ [운영환경관리]의 출하 건에 대한 확정처리 설정에 따라 확정처리 한다. 설정이 되어 있는 경우 확정처리 해야 다음 단계로 넘어갈 수 있다.

■ 주요 항목 설명

① 출고구분 : [소분류등록]에서 업체별로 설정할 수 있다.

아래 그림과 같이 [소분류등록]의 대분류코드(028) '매출구분'에서 등록/수정이 가능하다.

[판매품목반품입력]에서는 '판매반품 여부'에 체크된 매출구분만 나온다.

② 상단의 <거래명세표> 점프 버튼을 통해 다음 단계로 넘어갈 수 있다

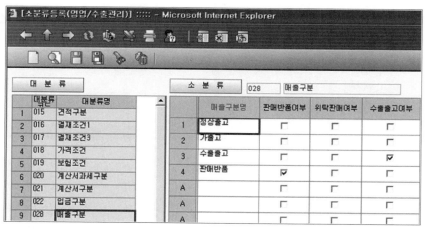

[매출구분(출고구분) 등록]

Step 4 거래명세표

견적서 ➡ 수주입력 ➡ 출하의뢰 ➡ **거래명세표** ➡ 세금계산서 ➡ 입금처리

2009년 5월 15일 소영컴퓨터에 프린터 10대와 스캐너 5대를 납품한다. 명세서 출력물과 품목들을 소영컴퓨터에 보내고 출고처리 한다. 창고는 제품창고에 있는 품목을 보낸다.

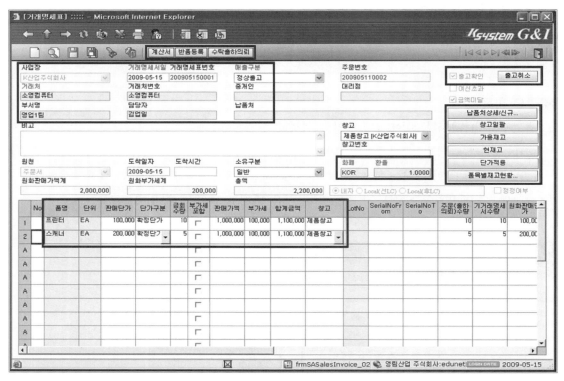

[거래명세표]

■ 작업 순서

① [출하의뢰], [출하의뢰현황], [출하의뢰품목현황]에서 거래명세서 작성할 건을 택하여 [거래명세표]로 점프하여 넘어온다. 거래처, 부서, 품목정보 등 기본적인 데이터를 가지고 온다. 신규로 거래명세표를 작성할 경우에는 거래명세서일, 거래처, 부서, 담당자 등을 입력하여 등록한다.

② 거래명세서일자를 확인한다.

③ 매출구분을 확인한다.

④ 화폐, 환율을 확인한다.

⑤ 시트의 품명, 단위, 수량, 단가, 금액, 창고 등이 맞게 되어 있는지 확인한다.

⑥ 입력한 내용을 확인하고 저장한다.

⑦ 거래처에 품목을 보낸 후 <출고처리> 하여, 창고에 출고된 수량이 반영되도록 한다.

■ 주요 항목 설명

① <출고확인>/<출고취소> : 발행된 명세서 건에 대하여 출고처리를 하는 버튼으로, 출고처리를 하고 나면 버튼명은 <출고취소>로 바뀌며, 다시 출고취소 작업을 하면 버튼명은 <출고확인>으로 바뀐다.

② 창고 : 사업장에 해당하는 창고만 입력 가능하다. 출고확인을 창고에서 '거래명세서일자'로 재고가 (−)되며, 출고취소를 하면 (−)처리가 취소된다.

③ LotNo : [품목등록]에서 LotNo 관리하는 품목일 경우 등록하여 사용한다.

④ SerialNo : [품목등록]에서 Serial 관리하는 품목일 경우 등록하여 사용한다.

⑤ <가용재고> : 버튼 클릭 시 시트의 가용재고 칼럼에 품목별 가용재고를 보여준다.

⑥ <현재고> : 버튼 클릭 시 시트의 현재고 칼럼에 품목별 현재고를 보여준다.

⑦ <품목별재고현황> : 버튼 클릭 시 아래와 같은 창이 뜨면서 재고현황에 대한 정보를 간략하게 보여준다.

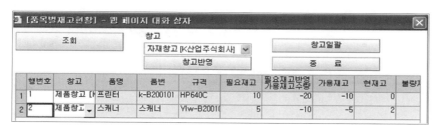

[재고현황]

⑧ 상단의 <계산서> 점프 버튼을 통해 다음 단계로 넘어갈 수 있다.

견적서 ➡ 수주입력 ➡ 출하의뢰 ➡ 거래명세표 ➡ **세금계산서** ➡ 입금처리

2009년 5월 15일자로 출고 처리한 물품에 대한 세금계산서를 발행한다. 계산서 종류는 일반
계산서로 발행한다. 계산서 발행 후 외상매출금/상품매출로 전표처리 한다.

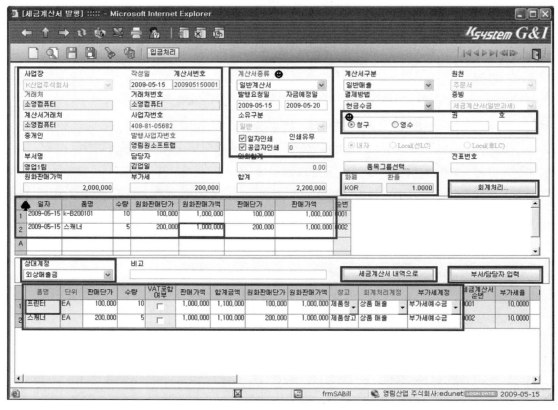

[세금계산서]

■ 작업 순서

① [거래명세표], [거래명세서현황]에서 계산서 작성할 건을 선택하여 [세금계산서]로 점프하여
   넘어온다. 거래처, 부서, 품목정보 등 기본적인 데이터를 가지고 온다.

② 세금계산서 작성일을 확인한다.

③ 계산서 종류로 출력물 형식을 선택한다.

④ 하단 시트의 품명, 단위, 수량 금액 등이 문제없는지 확인한다.

⑤ 전표처리 할 회계처리계정, 부가세계정, 상대계정이 알맞은지 확인한다.

⑥ 입력한 내용을 확인하고 저장한다.

⑦ <회계처리> 버튼을 눌러 회계처리 후 금액을 확인하고 저장하여 전표처리 한다. 아래와 같이 전표처리가 된다. 각 계정별로 관리하는 항목들이 있다면 확인하여 등록한다.

⑧ 상단의 <입금처리> 점프 버튼을 통해 다음 단계로 넘어갈 수 있다.

🔊 **알아두세요** 제품출고의 회계처리

- 출고가 이루어지면 제품 및 상품이 감소, 즉 자산이 감소하므로 대변에 상품매출이라는 계정을 사용하였다. 또한 외상매출금이라는 자산이 증가하였으므로 차변에 기록하고, 이중 차후 지급해야 할 부가세예수금을 부채의 증가로 여겨 대변에 기록한 것이다. 실제 ERP 시스템에서 이러한 전표는 자동으로 만들어진다.

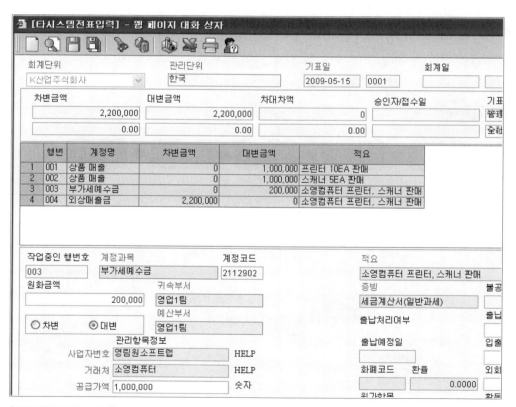

[세금계산서 전표처리]

■ 주요 항목 설명

① 계산서 종류 : [소분류등록]에서 설정한 종류로, 이 설정에 따라서 출력물이 달라진다.(세팅에 대한 설명은 [소분류등록]의 설명을 참고.)

② ☻ 표시된 대부분의 설정값들은 세금계산서 출력물에 출력되는 데이터와 관련이 있다.

③ ♠ 란의 데이터는 계산서 출력물에 나오는 품목과 품목의 금액에 대한 데이터다.

④ 상대계정 : 외상매출금과 같이 전표 차변에 나오는 계정에 대해서 설정한다.

⑤ 회계처리계정 : 상품매출/제품매출 등 매출전표의 대변에 처리할 계정이다.

⑥ 부가세계정 : 매출전표의 부가세계정이다.

⑦ <세금계산서 내역으로> : 두 번째 시트의 금액을 시트 1인 세금계산서 출력시트에 반영하고자 할 경우 사용한다. 보통은 두 번째 시트에 금액을 넣으면 자동으로 반영이 된다.

⑧ <부서/담당자 입력> : 두 번째 시트에도 부서와 담당자가 품목별로 설정할 수 있도록 되어 있는데, 데이터가 없을 경우 이 버튼을 통해 마스터의 부서와 담당자로 일괄 입력할 수 있다.

⑨ <회계처리> : 상대계정/회계처리계정/부가세계정의 계정과 화면상의 금액을 바탕으로 매출전표처리를 할 때 버튼을 눌러 회계처리 한다.

⑩ 전표번호 : 전표처리 후 저장하면 세금계산서에 대한 전표번호가 조회된다.

Step 6 입금처리

2009년 5월 20일 보통예금으로 수금되어 입금처리 한다.

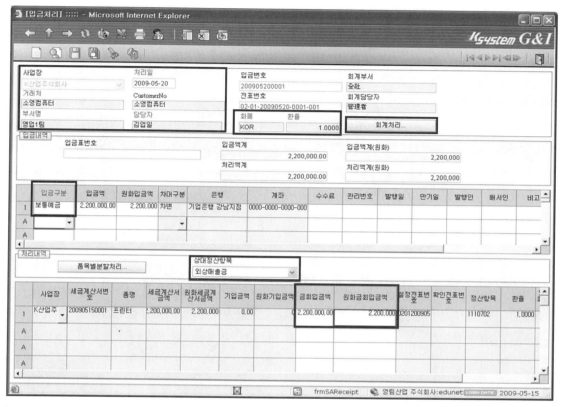

[입금처리]

■ 작업 순서

① [세금계산서발행현황]이나 [세금계산서발행]에서 [입금처리]로 점프하여 넘어온다. 그래야 어떤 세금계산서 건에 대한 입금인지 연결이 가능하다.

② 거래처(소영컴퓨터), 부서, 담당자를 확인한다.

③ 화폐(KOR)와 환율(1)을 확인한다.

④ 시트 1의 입금구분은 보통예금으로 하고, 보통예금에 해당하는 은행과 계좌를 입력한다.

⑤ 입금액은 2,200,000을 입력한다(자동으로 원화입금액 2,200,000이 들어간다).

⑥ 시트 2의 금회입금액과 원화금회입금액은 2,200,000을 확인한다.

⑦ 입력한 내용을 확인하고 저장한다.

⑧ <회계처리> 버튼을 눌러 회계처리 후 금액을 확인하고 저장하여 전표처리 한다. 아래와 같이 전표처리가 된다. 각 계정별로 관리하는 항목들이 있다면 확인하여 등록한다.

알아두세요 입금처리 회계처리

- 입금처리에 대한 전표는 자산의 증가(차변 : 보통예금 증가)와 감소(대변 : 외상매출금 감소)로 처리된다.

[타시스템전표입력] - 웹 페이지 대화 상자

회계단위	관리단위	기표일		회계일
K산업주식회사	한국	2009-05-20	0001	2009-05-20

차변금액	대변금액	차대차액	승인자/접수일
2,200,000	2,200,000	0	管理者
0.00	0.00	0.00	

행번	계정명	차변금액	대변금액	적요
1	001	외상매출금	0	2,200,000	소영컴퓨터 프린터, 스캐너 판매
2	002	보통예금	2,200,000	0	소영컴퓨터200905200001

[입금처리전표]

■ 주요 항목 설명

① 입금액계, 입금액계(원화) : 시트 1의 입금액과 원화입금액의 합이다.

② 처리액계, 처리액계(원화) : 시트 2의 금회입금액과 원화금회입금액의 합이다.

③ <회계처리> : 입금전표를 처리하기 위한 버튼이다.

④ 시트 1 : 입금된 내역에 대한 정보를 입력한다.

⑤ 시트 1 입금구분 : [소분류등록]의 대분류코드 022번인 '입금종류'가 나타나며, 전표처리 시 [소분류등록]에 등록된 입금종류에 따른 계정이 본 계정이 된다.

⑥ 시트 1 입금액 : 화폐에 대한 입금액을 입력한다.

⑦ 시트 1 원화입금액 : 입금액 × 환율로 원화입금액이 계산된다. KOR일 경우 환율이 1이므로 입금액과 원화입금액은 동일하게 입력한다.

⑧ 시트 1 관리번호, 발행일, 만기일, 발행인 : 어음일 경우 정보를 넣어서 관리하며, 회계전표 시 관리항목으로 데이터를 연결할 수 있다.

⑨ 시트 2 : 세금계산서내역이 조회된다.

⑩ 시트 2 금회입금액 : 화폐에 대한 입금액을 입력한다. 일부 금액이 입금되었을 경우 금액 수정이 가능하다.

⑪ 시트 2 원화금회입금액 : 금회입금액 × 환율로 계산된다.

⑫ <품목별분할처리> : 여러 품목을 판매한 세금계산서 건에 대해, 입금액이 일부가 들어왔을 경우 여러 품목 중 특정 품목에 대한 입금처리를 하고자 할 경우 사용할 수 있다. 아래 그림과 같이 <품목별분할처리> 버튼 클릭 시 [계산서품목별입금] 창이 뜨며 '품목별입금액'으로 입금액을 조정할 수 있다.

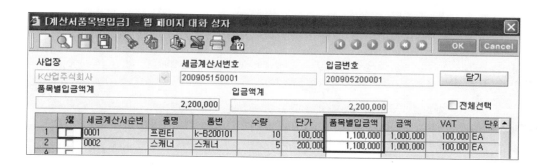

⑬ 상대정산항목 : 전표처리 시 상대계정이다.

⑭ 설정전표번호 : 세금계산서의 전표처리 시에 부여된 전표번호이다. 입금전표처리를 하려면 설정전표가 미리 승인되어야 한다.

⊗ 주의! 입금처리가 저장되지 않는 경우

① 상대정산항목이 선수금이면서 세금계산서가 있으면 저장 시 "세금계산서번호가 있는데 상대정산항목이 선수금일 수 없습니다"라는 메시지가 나오면서 저장할 수 없다.

② 시트 2의 기입금액과 금회입금액의 합이 세금계산서 금액보다 크면 "입금액은 계산서 금액을 초과할 수 없습니다"라는 메시지가 나오면서 저장할 수 없다.

③ 입금액계와 처리액계가 다르면 "차대금액이 맞지 않습니다"라는 메시지가 나오면서 저장할 수 없다.

④ 전표번호가 있는 자료를 변경 혹은 삭제할 경우 "전표처리 된 자료는 변경할 수 없습니다"라는 메시지 박스가 나오면서 저장할 수 없다.

5.4.2 시나리오 2(선수금처리 프로세스)

1) 업무 개요

입금처리	2009년 5월 1일 하나상사에서 물품에 대한 대금 1,000,000을 미리 현금으로 받았다(선수금 수령).
세금계산서	2009년 5월 15일 하나상사에 품목 RAM 50개를 판매하였다. RAM 1개의 판매단가는 15,000원이다. 창고는 제품창고에 있는 것을 판매한다.
선수금현황	[선수금현황]에서 거래처 하나상사의 선수대체처리 할 매출 건과 입금 건을 선택하여 [선수금대체처리]로 점프한다.
선수대체입력	[선수금현황]에서 선택하여 넘어온 자료의 반제금액을 825,000만큼 선수대체처리 한다. 선수대체처리일은 2009년 5월 15일이다.

2) 프로세스 따라하기

> **Step 1** 입금처리

2009년 5월 1일 '하나상사'에서 물품에 대한 대금 1,000,000을 현금으로 받았다.

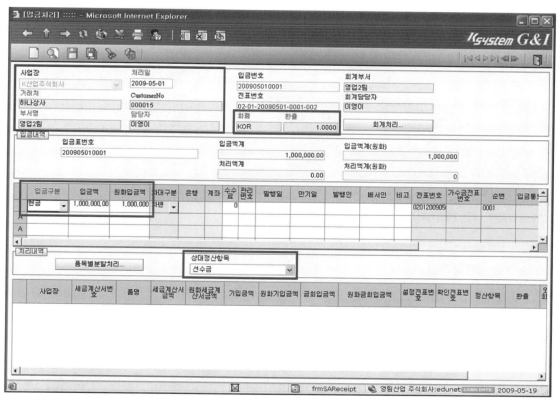

[입금처리(선수금)]

■ 작업 순서

① [입금처리]에서 처리일 2009년 5월 1일, 거래처 하나상사, 부서명, 담당자를 등록한다.

② 입금된 금액의 화폐(KOR), 환율(1)을 등록한다.

③ 시트 1 : 입금구분(현금), 입금액(1,000,000), 원화입금액(1,000,000)을 등록한다.

④ 처리내역의 상대정산항목에 '선수금'으로 설정한다.

⑤ 입력한 내용을 확인하고 저장한다.

⑥ <회계처리> 버튼을 눌러 회계처리 후 금액을 확인하고 저장하여 전표처리 한다. 아래와 같이 전표처리가 된다. 각 계정별로 관리하는 항목들이 있다면 확인하여 등록한다.

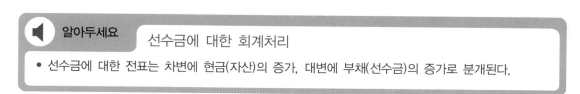

알아두세요   선수금에 대한 회계처리

• 선수금에 대한 전표는 차변에 현금(자산)의 증가, 대변에 부채(선수금)의 증가로 분개된다.

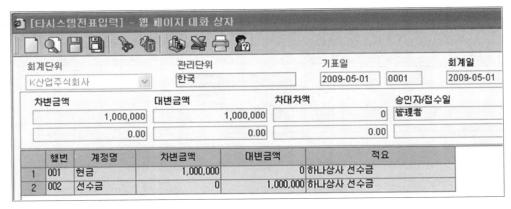

[선수금입금에 대한 전표처리]

Step 2 세금계산서

입금처리 ➡ 세금계산서 ➡ 선수금현황 ➡ 선수대체입력

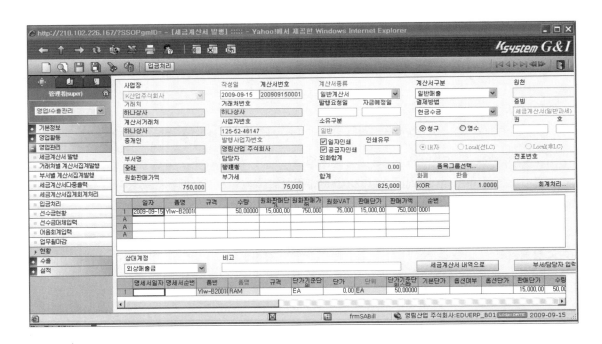

위 그림과 같이 RAM 50개를 판매한 내용에 대한 세금계산서를 발급하고 회계처리 한다. 이
때 상대계정은 외상매출금으로 한다.

Step 3 선수금현황

입금처리 ➡ 세금계산서 ➡ **선수금현황** ➡ 선수대체입력

[선수금현황]에서 거래처 '하나상사'의 선수대체처리를 할 매출 건과 입금 건을 선택하여 '선수대체처리'로 점프한다.

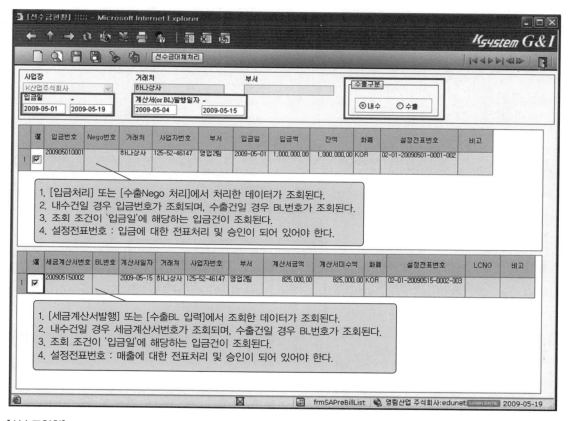

[선수금현황]

■ 작업 순서

① [선수금현황]에서 거래처 '하나상사', 수출구분 '내수'로 하여 입금과 매출 건을 조회한다.

② Step 1, 2에서 처리한 선수금 건과 매출 건을 선택한다.

③ 상단의 <선수금대체처리>를 클릭하여 점프한다.

■ 주요 항목 설명

① 시트 1 잔액 : 입금액에서 [선수금대체처리]에서 대체처리 된 금액을 뺀 값으로 대체처리 할 금액이다.

② 시트 2 계산서미수액 : 계산서금액에 대한 미수액으로서, 계산서금액에서 일반적인 입금액 과 선수대체입금액을 뺀 값이다.

Step 4 선수대체입력

[선수금현황]에서 선택하여 넘어온 자료의 반제금액을 825,000만큼 선수대체처리 한다. 선수 대체 처리일은 2009년 5월 15일이다.

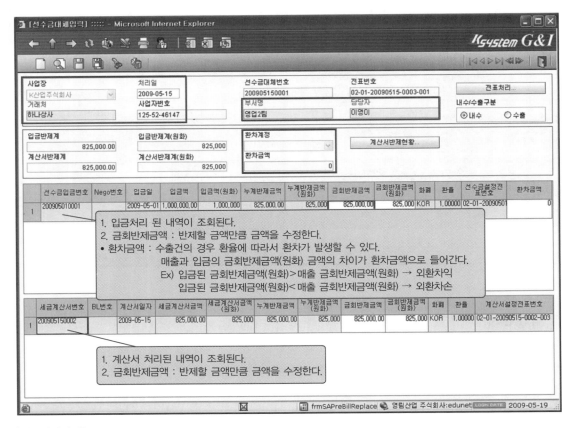

[선수대체입력]

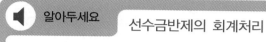

■ 작업 순서

① 처리일을 2009년 5월 15일로 등록한다.

② 부서, 담당자를 확인한다.

③ 시트 1 : 금회반제금액 825,000을 입력한다.

④ 시트 2 : 금회반제금액 825,000을 입력한다.

⑤ 입력한 내용을 확인하고 저장한다.

⑥ <회계처리> 버튼을 눌러 회계처리 후 금액을 확인하고 저장하여 전표처리 한다.

> 🔊 알아두세요   선수금반제의 회계처리
>
> • 선수금반제를 하게 되면 부채에 해당하는 선수금이 감소(차변기입)하게 되고, 외상매출금이 선수금으로 대체(바뀜)되어 외상매출금이 감소(대변기입)하게 된다.

아래와 같이 전표처리가 된다. 각 계정별로 관리하는 항목들이 있다면 확인하여 등록한다.

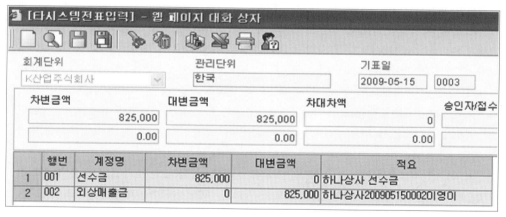

[선수금대체 전표처리]

수출 건의 경우 선수금과 매출금액이 환율 때문에 차이가 나는 경우, 이러한 차익 혹은 차손을 처리할 계정이 필요한데, 이것이 환차계정이다. 만일 아래 그림과 같이 환차계정이 설정되어 있지 않으면 환차계정이 보이지 않는다.

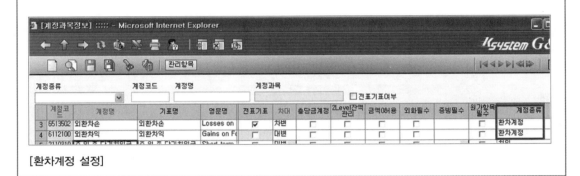

[환차계정 설정]

① 입금반제계와 계산서반제계가 다르면 "반제금액계와 계산서반제금액계가 같지 않습니다"라는 메시지가 나오면서 저장되지 않는다. 입금반제계와 계산서반제계가 같도록 조정해야한다.

② 입금반제계(원화)와 계산서반제계(원화)의 차이와 환차금액이 다르면 "반제금액계와 계산서반제금액계가 같지 않습니다"라는 메시지가 나오면서 저장되지 않는다. 입금반제계와 계산서반제계가 같더라도 입금반제계(원화)와 계산서반제계(원화)의 차이와 환차금액이 같아야 한다.

③ 입금의 선수금설정전표번호가 없으면 "입금의 설정전표번호가 없으므로 대체처리 할 수 없습니다"라는 메시지가 나오면서 저장되지 않는다. 해당 입금처리를 전표처리 하고 승인처리가 되어 있어야 한다.

④ 세금계산서의 계산서설정전표번호가 없으면 "세금계산서의 설정전표번호가 없으므로 대체처리 할 수 없습니다"라는 메시지가 나오면서 저장되지 않는다. 해당 세금계산서를 전표처리 하고 승인처리 해야 한다.

⑤ 전표번호가 있는 자료를 변경 혹은 삭제할 경우 "전표된 자료는 변경할 수 없습니다"라는 메시지 박스가 나오면서 저장할 수 없다.

⑥ 금회반제금액(원화)과 누계반제금액(원화)의 합이 입금액(원화)보다 크다면 에러가 발생한다. 선수입금액에 대한 대체금액의 합은 선수입금액보다 클 수 없다.

5.4.3 시나리오 3(어음회계처리 프로세스)

1) 업무 개요

세금계산서 A	2009년 5월 19일 영업2팀 이영이가 LG전자에 스캐너 10EA를 판매단가 100,000원에 판매하였다. 창고는 제품창고, 회계처리계정은 상품매출, 부가세계정은 부가세예수금, 상대계정은 외상매출금으로 처리한다.
세금계산서 B	2009년 5월 20일 영업1팀 김영일이 LG전자에 프린터 5EA를 판매단가 300,000원에 판매하였다. 창고는 제품창고, 회계처리계정은 상품매출, 부가세계정은 부가세예수금, 상대계정은 외상매출금으로 처리한다.
입금처리 A	2009년 5월 25일 어음으로 세금계산서 A건에 대해 받을어음으로 입금되었다. 어음번호는 가나12345678, 발행일은 2009년 5월 25일, 만기일은 2009년 6월 30일, 발행인은 구본영이다. 받을어음 금액은 2,750,000이나 입금액은 1100,000으로 입력한다. 입금등록 시 부서는 영업2팀, 담당자는 이영이이다.
입금처리 B	2009년 5월 25일 어음으로 세금계산서 B건에 대해 받을어음으로 입금되었다. 어음번호는 가나12345678, 발행일은 2009년 5월 25일, 만기일은 2009년 6월 30일, 발행인은 구본영이다. 받을어음 금액은 2,750,000이나 입금액은 1,650,000으로 입력한다. 입금등록 시 부서는 영업1팀, 담당자는 김영일이다.
어음회계처리	입금일자를 2009년 5월 25일, 거래처 LG전자, 입금구분을 받을어음으로 하여 같이 처리하고자 하는 입금 건을 조회한다. 입금 건을 선택하여 회계처리 한다.

2) 프로세스 따라하기

> **Step 1** 세금계산서 A

2009년 5월 19일 '영업2팀' 이영이가 'LG전자'에 스캐너 10EA를 판매단가 100,000원에 판매하였다. 창고는 제품창고, 회계처리계정은 상품매출, 부가세계정은 부가세예수금, 상대계정은 외상매출금으로 처리한다.

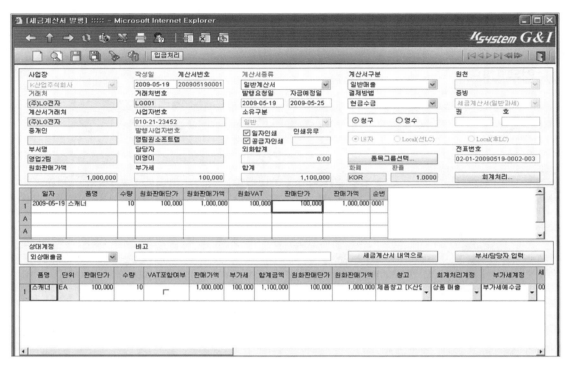

[세금계산서 A]

■ 작업 순서

① 작성일(2009년5월19일), 거래처(LG전자), 부서명(영업2팀), 담당자(이영이)를 등록한다.

② 품명(스캐너), 판매단가(100,000), 수량(10)을 등록한다.

③ 창고(제품창고), 회계처리계정(상품매출), 부가세계정(부가세예수금)을 등록한다.

④ 입력한 내용을 확인하고 저장한다.

⑤ <회계처리> 버튼을 눌러 회계처리 후 금액을 확인하고 저장하여 전표처리 한다. 아래와 같이 전표처리가 된다. 각 계정별로 관리하는 항목들이 있다면 확인하여 등록한다.

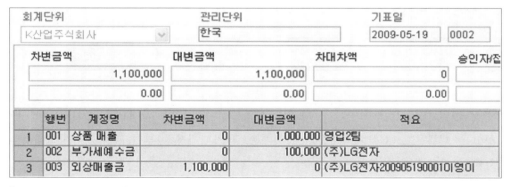

[세금계산서 A 전표처리]

Step 2 세금계산서 B

세금계산서 A ➡ **세금계산서 B** ➡ 입금처리 A ➡ 입금처리 B ➡ 어음회계처리

　2009년 5월 20일 '영업1팀' 김영일이 'LG전자'에 프린터 5EA를 판매단가 300,000원에 판매하였다. 창고는 제품창고, 회계처리계정은 상품매출, 부가세계정은 부가세예수금, 상대계정은 외상매출금으로 처리한다.

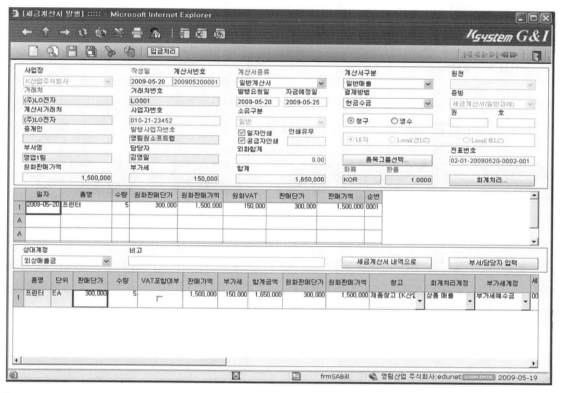

[세금계산서 B]

■ 작업 순서

① 작성일(2009년5월20일), 거래처(LG전자), 부서명(영업1팀), 담당자(김영일)를 등록한다.

② 품명(프린터), 판매단가(300,000), 수량(5)을 등록한다.

③ 창고(제품창고), 회계처리계정(상품매출), 부가세계정(부가세예수금)을 등록한다.

④ 입력한 내용을 확인하고 저장한다.

⑤ <회계처리> 버튼을 눌러 회계처리 후 금액을 확인하고 저장하여 전표처리 한다. 아래와 같이 전표처리가 된다. 각 계정별로 관리하는 항목들이 있다면 확인하여 등록한다.

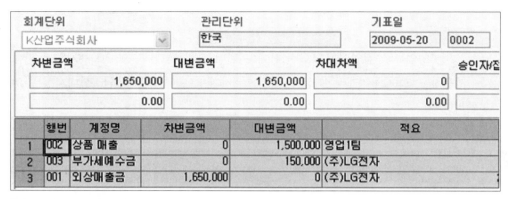

[세금계산서 B 전표처리]

Step 3 입금처리 A

2009년 5월 25일 어음으로 세금계산서 A건에 대해 받을어음으로 입금되었다. 어음번호는 가나12345678, 발행일은 2009년 5월 25일, 만기일은 2009년 6월 30일, 발행인은 구본영이다. 받을어음금액은 2,750,000이나 입금액은 1100,000으로 입력한다. 입금등록 시 부서는 영업2팀, 담당자는 이영이이다.

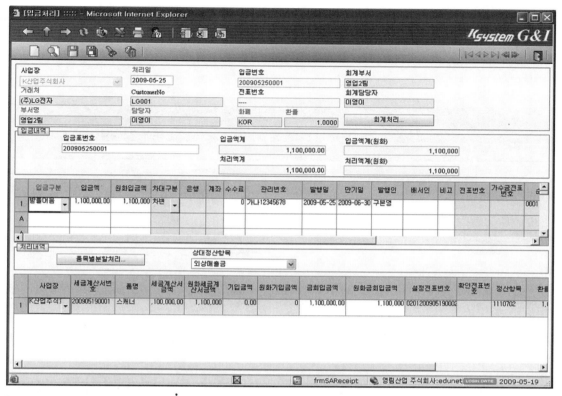

[입금처리 A]

■ 작업 순서

① [세금계산서]나 [세금계산서발행현황]에서 선택하여 [입금처리]로 넘어온다.

② 처리일(2009년 5월 25일), 부서(영업2팀), 담당자(이영이)를 확인한다.

③ 입금구분(받을어음), 입금액(1,100,000)을 확인한다.

④ 관리번호(가나12345678), 발행일(2009년 5월 25일), 만기일(2009년 6월 30일), 발행인(구본영)을 등록한다.

⑤ 입력한 내용을 확인하고 저장한다.

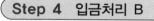

Step 4 입금처리 B

세금계산서 A ➡ 세금계산서 B ➡ 입금처리 A ➡ 입금처리 B ➡ 어음회계처리

2009년 5월 25일 어음으로 세금계산서 B건에 대해 받을어음으로 입금되었다. 어음번호는

가나12345678, 발행일은 2009년 5월 25일, 만기일은 2009년 6월 30일, 발행인은 구본영이다. 받을어음 금액은 2,750,000이나 입금액은 1,650,000으로 입력한다. 입금등록 시 부서는 영업1팀, 담당자는 김영일이다.

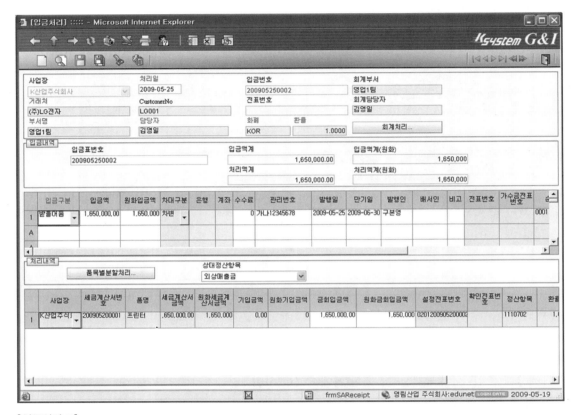

[입금처리 B]

■ 작업 순서

① [세금계산서]나 [세금계산서발행현황]에서 선택하여 [입금처리]로 넘어온다.

② 처리일(2009년 5월 25일), 부서(영업1팀), 담당자(김영일)를 확인한다.

③ 입금구분(받을어음), 입금액(1,650100,000)을 확인한다.

④ 관리번호(가나12345678), 발행일(2009년5월25일), 만기일(2009년6월30일), 발행인(구본영)을 등록한다.

⑤ 입력한 내용을 확인하고 저장한다.

Step 5 어음회계처리

세금계산서A ➡ 세금계산서B ➡ 입금처리A ➡ 입금처리B ➡ **어음회계처리**

입금일자를 2009년 5월 25일, 거래처 LG전자, 입금구분을 받을어음으로 하여 같이 처리하고
자 하는 입금 건을 조회한다. 입금 건을 선택하여 회계처리 한다.

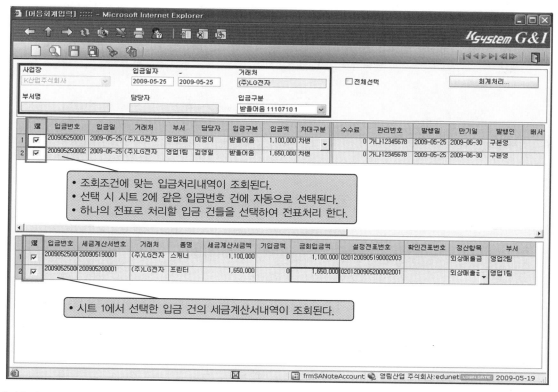

[어음회계처리]

■ 작업 순서

① [어음회계처리]에서 처리하고자 하는 건에 대한 조건을 넣어 입금 건을 조회한다. 입금일자
　(2009년5월25일), 거래처(LG전자), 입금구분(받을어음) 등으로 조회한다.

② 시트 1의 입금 건 2건을 선택한다.

③ <회계처리> 버튼을 눌러 아래와 같이 전표처리 한다.

알아두세요 어음입고의 회계처리

• 받을어음(자산)이 증가하였으므로 차변에 등록되었고, 입금 건 A, B의 외상매출금이 받을어음으로 인해 감소하였으므로 대변에 등록되었다.

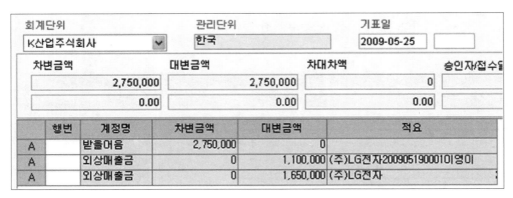

	행번	계정명	차변금액	대변금액	적요
A		받을어음	2,750,000	0	
A		외상매출금	0	1,100,000	(주)LG전자2009051900010이영이
A		외상매출금	0	1,650,000	(주)LG전자

[어음회계처리 전표]

5.4.4 시나리오 4(그룹품목에 대한 매출프로세스)

1) 업무 개요

그룹품목명 '그룹품목(프린터, 스캐너)'의 그룹품목의 구성을 보면 아래와 같다. 이 그룹품목의 매출 진행과정 중 [거래명세서]와 [세금계산서]에서 일반품목과의 차이점을 확인하도록 한다.

그룹품명	그룹품번	화폐	판매단		품명	품번	판매단위	판매수량	비율
1 그룹품목(프린터,스캐너)	그룹품목(프린터,스		0	1	스캐너	스캐너	EA	1	6
				2	프린터	k-8200101	EA	1	4

[그룹품목 예]

거래명세서 및 출고 확인 ➡ 세금계산서 및 회계처리

거래명세서	2009년 5월 25일, 경일산업에 그룹품목(프린터, 스캐너) 2SET를 판매하여, 거래명세서를 등록하였다. 거래명세서 등록 후 출고 확인하여 제품창고에서 출고되도록 한다. 그룹품목(프린터, 스캐너)의 판매단가는 500,000원이다.
세금계산서	2009년 5월 25일, 계산서 종류 일반계산서로 세금계산서 처리하고 전표처리 한다.

2) 프로세스 따라하기

Step 1   거래명세서 작성 및 출고처리

거래명세서 및 출고 확인 ➡ 세금계산서 및 회계처리

2009년 5월 25일, 경일산업에 그룹품목(프린터, 스캐너) 2SET를 판매하여, 거래명세서를 등록하였다. 거래명세서 등록 후 출고 확인하여 제품창고에서 출고되도록 한다. 그룹품목(프린터, 스캐너)의 판매단가는 500,000원이다.

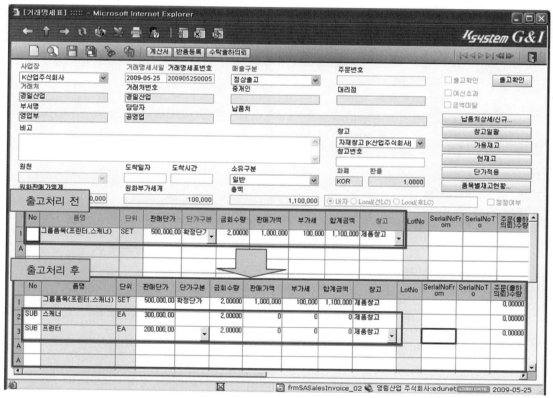

[그룹품목의 거래명세표 작성]

■ 작업 순서

① 거래명세서일(2009년 5월 25일), 거래처(경일산업)를 등록한다.

② 시트에 그룹품목(프린터, 스캐너)인 그룹품목을 등록하고 판매단가(500,000원), 수량(2EA)을 입력한다.

③ 창고(제품창고)를 입력한다.

④ 입력한 내용을 확인 후 저장한다.

⑤ <출고확인> 버튼을 눌러 출고처리 한다.

Step 2 세금계산서 및 회계처리

거래명세서 및 출고 확인 ➡ 세금계산서 및 회계처리

2009년 5월 25일, 계산서 종류 일반계산서로 세금계산서 처리하고 전표처리 한다.

■ 작업 순서

① [거래명세서현황], [거래명세표품목현황], [거래명세표]에서 해당 건을 선택해서 세금계산서 로 점프한다.

② 작성일(2009년 5월 25일), 계산서 종류(일반계산서)를 등록한다.

③ 입력한 내용을 확인하고 저장한다.

④ <회계처리> 버튼을 눌러 아래와 같이 전표처리 한다. 계정과목별로 관리항목을 확인하고 저장한다.

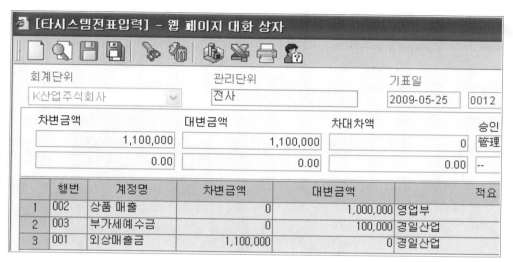

[그룹품목 매출회계처리]

🔊 **알아두세요**   그룹품목의 출고처리와 세금계산서 회계처리 후 일반품목과의 차이점

① 각종 조회 창에서 그룹품목이 시트에 조회되는 것이 아니라 구성품들이 시트에 조회된다.

② 조회된 구성품의 판매단가는 [그룹품목등록] 폼에 등록된 비율대로 품목별로 나뉘어 조회된다.

③ 조회된 구성품의 금회수량은 [그룹품목등록창] 폼에 등록된 판매수량을 곱한 수량이 조회된다.

④ 그룹품목은 수불관리하지 않기 때문에 수불에서 조회되지 않고, 구성품별로 수불에 재고가 반영된다.

용어사전   수불관리 : 품목에 대한 입고, 출고 관리를 말한다.

01   업체품목코드에 대한 설명으로 옳지 않은 것은?   〈15회 이론 기출문제〉

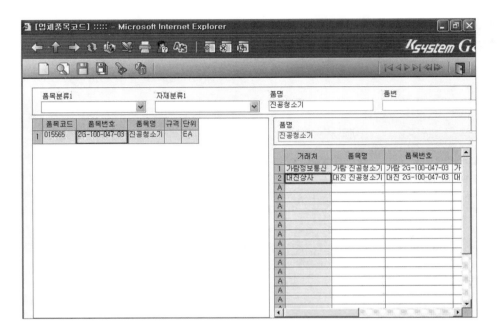

① [품목등록]에 등록된 품목이 거래처마다 다른 명칭을 사용할 수 있기 때문에, 거래처별 명칭을 지정할 수 있는 화면이다.

② 거래처별로 품목명, 품목번호, 규격을 달리할 수 있다.

③ [출하의뢰]에서 출하의뢰서 출력 시 업체품목명을 사용할 수 있다.

④ [거래명세표]에서 명세서 출력 시 업체품목명을 사용할 수 있다.

★ 풀이 & 보충학습

[출하의뢰]에서는 ERP 시스템에 등록된 정확한 품목명을 사용하여야 하므로 업체품목명을 기준으로 출력하지 않는다. 단 업체품목명을 정보성으로 볼 수는 있다(5.2절 업체품목코드 등록 참조).

정답   ③

02 내수 건에 대한 선수금처리 순서를 나열한 것으로 옳은 것은? 〈15회 이론 기출문제〉

> ㄱ. [입금처리]에서 선수금처리 한다.
>
> ㄴ. [수출Nego처리]에서 선수금처리 한다.
>
> ㄷ. [선수금처리]에서 선수금처리 한다.
>
> ㄹ. [선수금현황]에서 매출 건과 선수금 건을 선택한다.
>
> ㅁ. [선수대체현황]에서 매출 건과 선수금 건을 선택한다.
>
> ㅂ. [선수금대체처리]에서 외상매출금과 선수금을 대체시킨다.

① ㄱ→ㅁ→ㅂ

② ㄴ→ㅁ→ㅂ

③ ㄷ→ㄹ→ㅂ

④ ㄱ→ㄹ→ㅂ

★ 풀이 & 보충학습

금액을 입금처리 할 때 처리내역 상대정산항목에 '선수금'으로 설정하면 선수금처리가 된다. 그러므로 'ㄱ'은 옳은 내용이고 'ㄴ', 'ㄷ'은 잘못된 내용이다. 그리고 매출건과 선수금 건을 선택하는 화면은 선수금현황 화면이다. 그러므로 'ㄹ'은 옳은 내용이고, 'ㅁ'은 잘못된 내용이다.

선수금처리 프로세스는 다음과 같이 요약할 수 있다.

입금처리에서 선수금(미리 받은 돈)으로 처리→차후 실제 제품 매출에 대한 세금계산서 발행→선수금현황에서 매출 건과 선수금을 선택하여 선수금대체처리 한다(5.4절 선수금처리 프로세스 참조).

정답 ④

03 영업모듈의 [업무월마감]에는 아래 표에 있는 11개 화면에 대한 작업을 하지 못하도록 업무마감을 하는 기능이 있다. 이 중 수불과 관련된 마감항목만으로 구성된 것은?

〈15회 이론 기출문제〉

ㄱ. 주문　　ㄴ. 출하의뢰　　ㄷ. 거래명세서　　ㄹ. 세금계산서

ㅁ. 입금　　ㄹ. 구매요청　　ㅁ. 발주　　　　ㅂ. 납품

ㅅ. 영업실적재집계　　　ㅇ. 재고재집계　　ㅈ. 회기이월처리

① ㄴ, ㄷ, ㅂ

② ㄴ, ㄷ, ㄹ

③ ㄷ, ㄹ, ㅂ, ㅇ

④ ㄷ, ㄹ, ㅂ, ㅅ

★ 풀이 & 보충학습

수불관리란 품목에 대한 입고, 출고 관리를 말한다. 위 예에서 수불 관련 화면은 ㄷ, ㄹ, ㅂ이고 수불재집계를 못하도록 하는 것은 ㅇ이다.

정답　③

04 영림무역은 계산서 건별로 입금관리 한다. 경인시스템에 19일 매출이 발생했으나 22일 반품이 발생하여 반품하고 (−)세금계산서처리를 하였다. 계산서 발행한 금액만큼 반품되어 거래처 현 미수액은 '0'이지만 미수액은 550,000, −550,000으로 남아 있어 정리할 수 있는 방법으로 옳은 것은? 〈15회 이론 기출문제〉

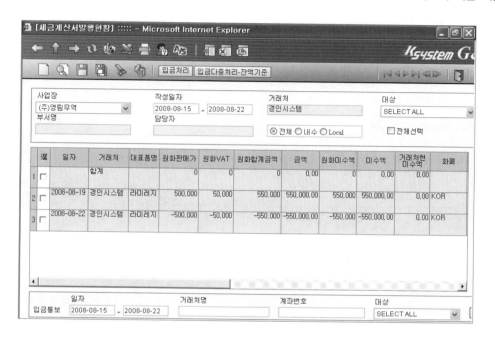

① 세금계산서 건별로 한 건씩 선택하여 각각 입금처리 한다.

② 세금계산서 2건을 모두 선택하여 [입금처리]에서 저장한다.

③ 매출, 반품을 정리하면 합이 '0'이므로 계산서 건을 삭제하여 정리한다.

④ 세금계산서 2건을 모두 선택하여 '입금다중처리'에서 입금처리 한다.

★ **풀이 & 보충학습**

2건을 같이 입금처리 하여 금액 합이 '0'이 되도록 처리하면 된다.

정답 ②

05 영원무역은 6월 매출 30,000,000원, 7월 매출 20,000,000원에 대해 50,000,000원의 어음으로
   수금하였다. 매출 2건에 대해 하나의 어음으로 전표처리 하기 위한 화면으로 옳은 것은?

〈15회 이론 기출문제〉

① 입금처리
② 입금처리–건별반제
③ 입금처리–잔액기준
④ 어음회계입력

★ 풀이 & 보충학습

어음회계처리에서 여러 매출을 하나의 전표로 처리할 수 있다.

정답 ④

06 다음은 K.System ERP에서 판매계획에 대한 설명이다. 다음 중 옳지 않은 설명은?

〈15회 이론 기출문제〉

① 영업목표계획을 연별, 월별, 일별로 입력할 수 있다.
② 영업목표계획을 입력하였을 경우, 판매목표 대비 실적 화면에서 목표계획 대비 실적을
   확인할 수 있다.
③ 영업목표계획 대비 실적은 실적 월마감처리 하지 않아도 확인할 수 있다.
④ 월영업목표계획은 거래처별로 설정이 가능하다.

★ 풀이 & 보충학습

영업목표계획은 연별, 월별로만 가능하다. 일별로 목표계획을 세울 수는 없다.

정답 ①

07 다음 중 세금계산서에 발행 방법에 대한 설명으로 옳지 않은 것은? 〈15회 이론 기출문제〉

① 세금계산서 미발행현황에서 선택하여 발행할 수 있다.

② 하나의 거래명세표를 수량을 나누어서 세금계산서를 여러 개 발행할 수 있다.

③ 발행부서만 같다면 여러 개의 거래명세표를 한 장의 세금계산서로 발행할 수 있다.

④ 계산서발행 구분이 집계로 되어있는 거래처라도 건별로 발행할 수 있다.

> ★ 풀이 & 보충학습
>
> 발행부서와 상관없이 거래처가 다르면 세금계산서 발행이 불가하다.
>
> 정답 ③

08 [운영환경관리]의 '이익 산정 기준' 설정과 [표준원가등록]의 설정이 첨부 파일과 같이 되어 있을 경우, [주문등록]에서 '예상이익'을 확인할 경우 '원가' 칼럼에 나오는 금액으로 옳은 것은?

〈15회 실무 기출문제〉

① 30,000

② 220,000

③ 250,000

④ 280,000

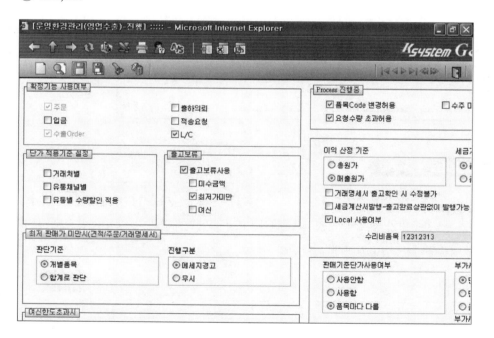

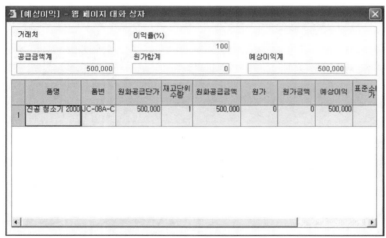

★ 풀이 & 보충학습

'이익 산정 기준'이 '매출원가'이므로 원가는 [표준원가등록]의 제조원가가 나옴. 총
원가는 변동원가(재료비, 노무비 등)와 고정원가(판매관리비 등)의 합으로 본다. 이
중 매출원가는 변동원가에 해당된다.

정답 ③

09 K.System ERP에서 첨부 그림과 세팅되어 있다고 한다. 첨부 그림과 같이 거래처등록을 하였
다면, 영림물산의 거래명세표를 세금계산서로 발행하고 출력하면 어느 거래처로 작성되는가?

〈15회 실무 기출문제〉

① 영림물산
② 영림원산업
③ 영림무역
④ 영림그룹

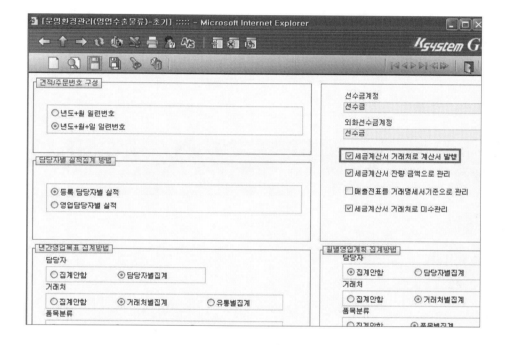

세금계산서 거래처로 계산서 발행일 경우 청구처로 계산서 발행, 출력된다.

정답 ②

10 다음은 [재고자산분류등록] 화면이다. 설명으로 옳지 않은 것은? 〈20회 실무 기출문제〉

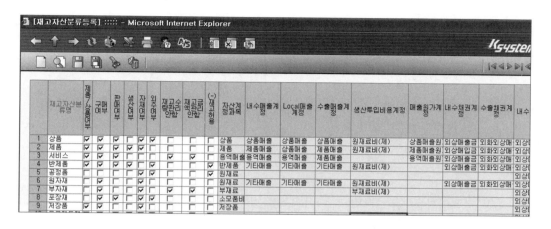

① 각 모듈에서 품목 코드도움 시 조회되는 재고자산을 설정할 수 있다.

② 재고자산 분류가 원재료인 품목은 판매할 수 있다.

③ 재고자산 분류가 부자재인 품목은 재고수량관리를 하지 않는다.

④ 매출전표 작성 시 회계처리 될 매출계정을 설정할 수 있다

★ 풀이 & 보충학습

재고자산에 대한 종류를 설정하는 화면이다. 현재 원자재(원재료)의 설정에서 판매
여부에 선택이 되어 있지 않으므로 판매할 수 없다. 그러므로 ②는 잘못된 설명이다.

정답 ②

11 운영환경관리의 [단가 적용기준 설정]이다. 그림처럼 설정이 되었을 경우 판매단가에 대한 설명으로 옳은 것은? 〈20회 실무 기출문제〉

```
┌─ 단가 적용기준 설정 ──────────────┐
│                                  │
│    ☑ 거래처별                     │
│    ☑ 유통채널별                   │
│    ☑ 유통별 수량할인 적용          │
│                                  │
└──────────────────────────────────┘
```

① 품목단가등록은 기간별로 단가관리를 할 수 없다

② 판매단가 종류 중에 최종적으로 적용되는 단가는 수량범주별 할인단가 등록이다.

③ 단가 적용기준 설정에서 거래처별 관리는 필수항목이다.

④ 거래처별 할인단가는 적용할 수 있어도 유통채널별로는 할인단가를 적용할 수 없다.

★ 풀이 & 보충학습

- 품목단가 등록화면을 보면(본문 5.2.5절 참고) 품목에 대한 단가를 설정할 때 적용 시작일을 설정하도록 되어 있다. 이는 기간별로 단가관리를 할 수 있도록 하는 기능이다. 그러므로 ①은 잘못된 설명이다.

- 판매단가 적용순서는(본문 5.2.10절 참고) 거래처별 → 유통별 → 품목별 → 수량범주별이다. 그러므로 ②는 옳은 설명이다.

- 단가설정에서 거래처별 단가가 없으면 그 다음 유통별 단가설정을 사용한다. 거래처별 단가는 필수가 아니다. 그러므로 ③은 잘못된 설명이다.

- 거래처별 할인단가, 유통(채널)별 할인단가를 모두 등록하여 사용할 수 있다. 그러므로 ④는 잘못된 설명이다.

| 정답 | ② |

12 다음은 K.System ERP에서 표준원가등록 화면에 대한 설명이다. 다음 설명 중 옳은 것은?

〈20회 실무 기출문제〉

① 표준원가등록은 사전에 등록하는 원가로서 제품, 상품 단가계산을 하기 전에 반드시 입력하여야 한다.

② 표준원가는 각 품목별로 재료비, 노무비, 기타경비 총 3가지로 입력된다.

③ 품목별, 단위별로 표준원가를 등록한다.

④ 표준원가는 상품/제품단가 계산 후 그 값을 가져와서 등록할 수 있다.

★ 풀이 & 보충학습

- 원가처리(제품, 상품단가 계산)를 하고 이를 반영할 수 있다. 그러므로 표준원가 등록은 원가처리 전에 꼭 등록해야 하는 것은 아니다. 그러므로 ①은 잘못된 설명이다.

- 표준원가는 원재료비, 노무비, 기타비용, 제조원가, 판관비, 총원가로 입력된다. 그러므로 ②는 잘못된 설명이다.

- 표준원가는 품목별로 한다. 단위별로는 하지 않는다. 그러므로 ③은 잘못된 설명이다.

- 표준원가는 원가처리(상품/제품단가 계산) 후 이를 조회해서 등록할 수 있다. 표준 원가등록 화면의 오른쪽 상단의 <원가 가져오기> 버튼을 사용하며 된다. ④는 옳은 설명이다.

| 정답 | ④ |

13 다음은 `K.System ERP에서 실적을 영업담당자별로 관리할 경우 설명이다. 다음 설명 중 옳은 것은? 〈20회 실무 기출문제〉

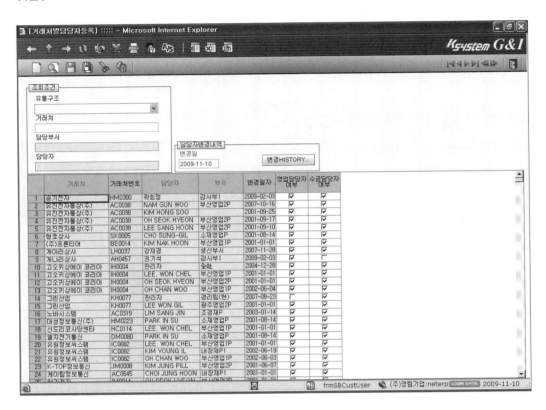

① 담당자별 실적집계 방법은 소분류등록에서 선택할 수 있다.
② 거래처별 담당자등록에 영업담당자로 체크되어 있어야, 세금계산서 및 입금처리를 등록할 수 있다.
③ 영업담당자 실적은 로그인한 사원의 실적으로 집계된다.
④ 거래처별 담당자등록내역을 유통구조, 거래처, 담당부서, 담당자별로 조회 가능하다.

★ 풀이 & 보충학습

거래처별 담당자등록 화면 위를 보면 '조회조건'이 있다. 조회조건(유통구조, 거래처, 담당부서, 담당자)을 설정하고 〈조회〉 버튼을 누르면 조건에 해당되는 데이터로 조회된다.

| 정답 | ④ |

14 K.System ERP에서 [세금계산서발행] 화면이다. 세금계산서 관련 내용 중에서 옳지 않는 것은?

〈20회 실무 기출문제〉

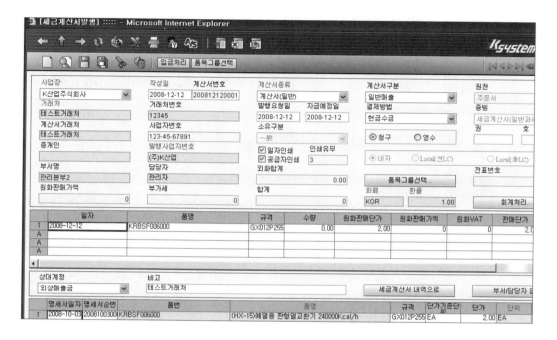

① 계산서 종류를 변경하면 [소분류등록]에서 설정한 증빙이 자동으로 보여진다.

② 세금계산서 출력 시 표시되는 품목은 품목등록에 등록된 품목, 품번이 표시되고 변경할 수도 있다.

③ 회계전표가 작성이 되지 않아도 세금계산서 출력이 가능하다.

④ 세금계산서 출력은 3회 이상 할 수 없다.

풀이 & 보충학습

정답   ④

15 다음은 K.System ERP에서 여신관리에 대한 설명이다. 다음 설명 중 옳은 것은?

〈20회 실무 기출문제〉

① 여신은 주문, 출하의뢰, 거래명세표에서 통제할 수 있다.

② 주문등록에서 여신을 관리할 경우 '경고'로 되어 있으면, 저장은 할 수 있으나 다음 단계로 진행되지 않는다.

③ 여신한도가 1,000만 원인 거래처에 대하여 특별여신을 3000만 원 부여하면 총 여신은 4000만 원으로 인식된다.

④ 특별여신은 기본 월 단위로 등록된다.

★ 풀이 & 보충학습

- 여신은 주문 혹은 거래명세표에서 참고한다. 출하의뢰에서는 참고하지 않는다. ① 은 잘못된 설명이다.

- [운영환경관리(영업수출)-진행] 화면에서 여신한도초과 시 '경고'로 설정되어 있으면, 주문금액이 여신 잔액을 초과한 경우 경고 메시지만 보여준다. 다음 단계로 진행할 수 있다. ②번은 잘못된 설명이다.

- 특별여신은 거래처의 정해진 여신한도를 특정한 기간 동안 늘이거나 줄일 때 사용한다. 특별여신은 시작일~종료일로 관리된다. ④번은 잘못된 설명이다.

정답　③

16 다음은 K.System ERP에서 견적서 화면에 대한 설명이다. 다음 설명 중 옳지 않은 것은?

〈20회 실무 기출문제〉

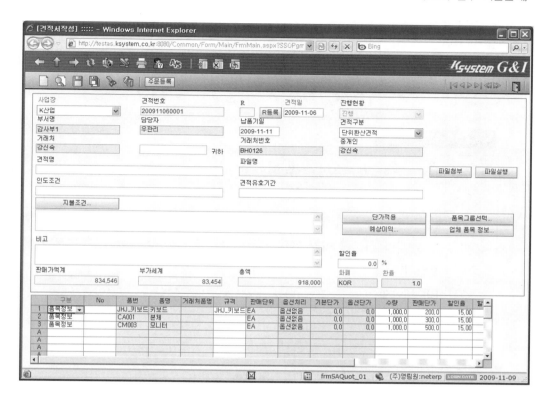

① 견적서가 변경되면 Revision 등록하여 수정, 관리할 수 있다.

② 구분을 변경하면 품명코드헬프(아래 시트의 품번항목)에 일반 Text로 작성할 수 있다.

③ 견적서를 저장한 후 견적일을 수정하면 견적번호는 견적일에 따라 수정된다.

④ 견적유효기간을 등록하여, 유효기간을 초과하면 수주등록으로 진행되지 않는다.

★ 풀이 & 보충학습

견적번호는 견적이 수정되어도 변경되지 않는다. ③은 잘못된 설명이다.

정답 ③

17 K.System ERP의 수주등록 화면에 대한 설명이다. 필수로 입력하지 않아도 되는 것은?

〈20회 실무 기출문제〉

① 수주일
② 납기일
③ 품목
④ 계약일

★ 풀이 & 보충학습

- 주문서를 등록할 때 주문일(수주일)은 화면에 빨간색으로 표시되어 있다. 즉 필수 입력사항이다.
- 주문에는 당연히 품목이 있어야 한다. 품목이 없는 주문서는 있을 수 없다. 수주입력 화면 아래의 시트에 여러 개의 품목을 등록할 수 있다. 이때 각 품목별 납기일이 필요하다.
- 주문서의 계약일은 주문 건에 대한 실제 계약일을 말한다. 필수입력사항이 아니다.

정답 ③

18 홍길동이란 사원이 K.System ERP에서 재고를 확인하고 있다. 그런데 거래명세서 품목현황에는 작성내역이 있지만, 재고현황(계산서)에 출고내역이 조회되지 않아 수량이 맞지 않는다고 한다. 확인해 보아야 할 설명 중 옳은 것은?

〈20회 실무 기출문제〉

① 해당 월의 수불마감이 되었는지 확인한다.
② 거래명세표가 출고처리 되었지만, 세금계산서가 발행되어 있는지 확인한다.
③ 세금계산서가 발행되었지만, 회계처리가 되어 있는지 확인한다.
④ 세금계산서 발행 후 입금처리가 누락되었는지 확인한다.

★ 풀이 & 보충학습

세금계산서가 발행되어야 실제 출고가 이루어진다. 그러므로 ②번이 옳은 설명이다.

정답 ②

19 다음은 K.System ERP에서 위탁프로세스에 대한 설명이다. 다음 설명 중 옳지 않은 것은?

〈20회 실무 기출문제〉

① 일반내수거래명세표를 위탁거래명세표로 전환 가능하다.

② 위탁품거래명세표를 발행하면 재고현황에는 출고내역을 확인할 수 있다.

③ 위탁품출하처리 하여도 사업장재고현황에서는 확인할 수 없다.

④ 위탁재고는 반드시 거래처별로 입력되어야 한다.

★ 풀이 & 보충학습

- 위탁프로세스는 위탁판매 거래처를 통해 매출이 발생한 경우 일반적인 거래명세표가 아닌 위탁품 거래명세표를 발행하고, 거래처 재고에서 출고되는 것을 말한다. 그러므로 내수거래명세와 위탁거래명세표는 서로 전환이 불가능하다. ①번은 잘못된 설명이다.

- 위탁품거래명세표를 발행하면 위탁재고현황에서 출고내역을 확인할 수 있다.

- 위탁품 출하처리 하면 거래처 재고에서 출고내역을 확인할 수 있다. 사업장재고에서 확인이 안 된다.

- 위탁이 위탁 거래처를 중심으로 관리되기 때문에 거래처별로 입력되어야 한다.

| 정답 | ① |

---

20 K.System ERP에서 [기타출고입력] 화면이다. 기타출고처리 할 수 없는 것은?

〈20회 실무 기출문제〉

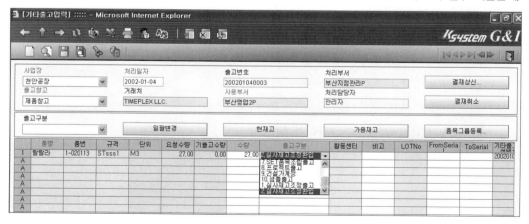

① 해당 제품이 Sample로 거래처에 출고 되었다.

② 재고실사 후 실무의 재고와 전산상의 재고 차이로 인하여 재고조정 목적으로 출고처리 한다.

③ 회사 내에 연구부서가 있어서 연구용 품목으로 출고처리 한다.

④ 판매의 목적으로 판매출고를 한다.

 풀이 & 보충학습

기타출고는 정상적인 출고 외의 업무를 위한 것이다. 판매출고는 처리할 수 없다.

정답 ④

21 K.System ERP에서 [수탁품입고입력] 화면이다. 수탁품입고입력 관련 내용 중에서 옳은 것은?

〈20회 실무 기출문제〉

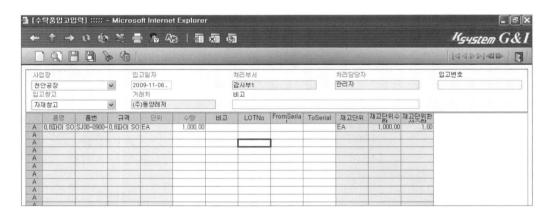

① 자사의 재고자산으로 관리가 된다.

② 입고창고, 거래처는 필수항목이다.

③ 수탁품에 대해서는 LOT 관리를 해야 한다.

④ 전표처리를 해야만 수탁관리가 된다.

수탁품입고는 거래처로부터 판매를 위탁받은 제/상품을 입고하는 것이다. 그러므로 자사의 재고자산이 아니며, 위 화면에서 보는 바와 같이 입고창고와 거래창고는 빨간색으로 표시되어 있다. 즉 필수항목임을 나타낸다.

정답 ②

22 첨부 파일은 K.System ERP에서 수주를 등록하는 과정이다. 첨부 화면과 같이 'SBT상품' 시리즈의 단가를 등록하였다. 첨부된 화면과 같이 'SBT상품1'이 수주입력 당시 설정한 단가로 나오지 않고 0으로 보여졌다. 이러한 경우 고려할 사항으로 옳은 것은?

〈20회 실무 기출문제〉

① 'SBT상품1'의 거래처별 단가가 등록되어 있는지 확인한다.
② 'SBT상품1'의 유통채널별 단가가 등록되어 있는지 확인한다.
③ 'SBT상품1'의 상품의 상태가 폐기처리 되어 있는지 확인한다.
④ 'SBT상품1'의 판매단위별 단가를 확인한다.

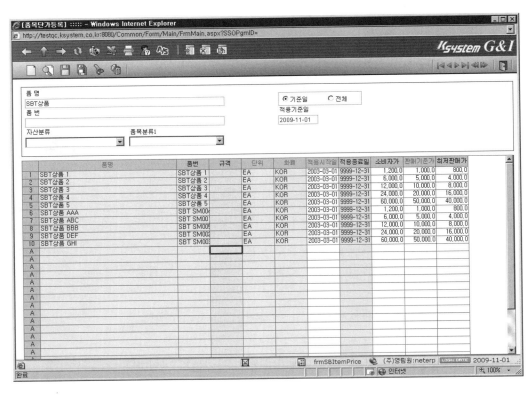

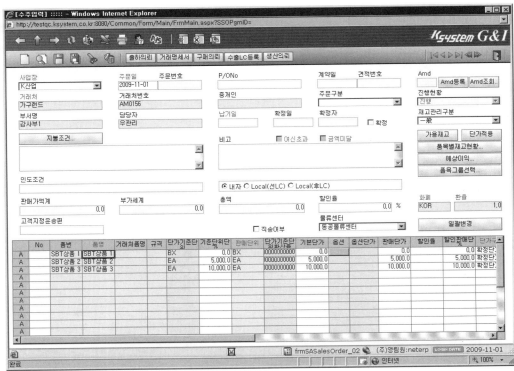

수주입력을 보면 BX로 되어 있다. 판매단위별 단가에 BX에 대한 단가가 없을 경우 단가가 0이 나올 수 있다.

정답 ④

23 첨부 그림과 같이 단가기준이 설정되어 있을 경우 수주에서 '판매단가품목'에 적용될 단가로 옳은 것은?

〈20회 실무 기출문제〉

① 1,000원

② 1,100원

③ 1,200원

④ 1,300원

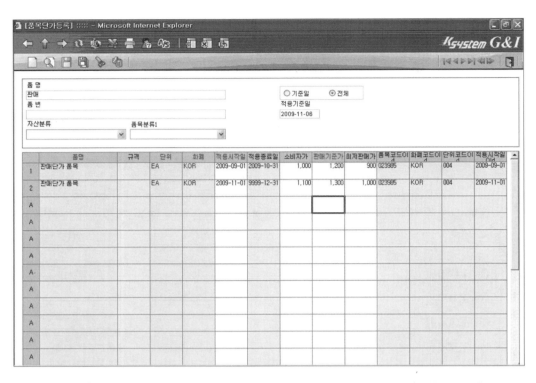

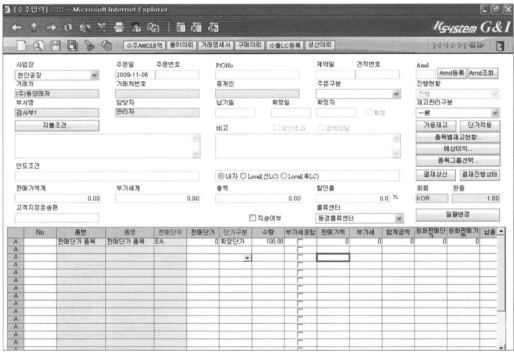

11월 1일부터 단가가 1300원이므로 ④번이 정답이다.

정답	④

24 그룹품목에 대한 설명 중에서 옳지 않은 것은? 〈20회 실무 기출문제〉

① 그룹품목은 재고관리를 하지 않는다.

② 그룹품목은 판매, 구매프로세스에서 모두 사용할 수 있다.

③ 거래명세서 출고 시 하위품목의 정보가 보여진다.

④ 그룹품목으로 명시하기 위해서는 [품목등록]의 '그룹품목 여부'에 체크가 되어야 한다.

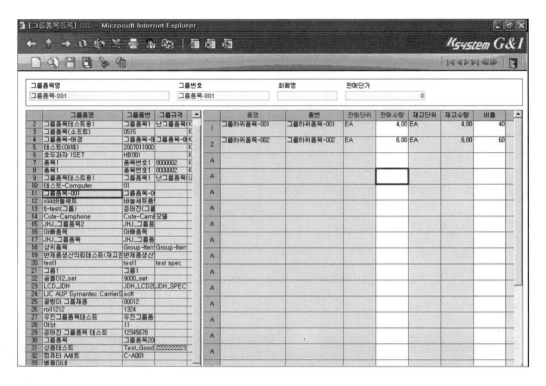

여러 품목을 그룹으로 묶어 판매할 경우 그룹품목을 등록한다.

25 첨부 그림은 K.System ERP에서 매출내역을 선수금과 반제처리 할 때 발생한 상황이다. 다음 설명 중 옳은 것은?　〈20회 실무 기출문제〉

① 선수금대체전표는 반드시 원천전표가 모두 승인처리 되어야 작성된다.

② 선수금대체전표처리 시 에러 메시지는 입금된 선수금이 세금계산서보다 금액이 적어서 발생하였다.

③ 첨부 그림과 같이 에러메시지가 나면 세금계산서를 발행하고 전표작성처리 하지 않았는지 확인한다.

④ 선수금입금처리와 선수금대체처리는 같은 날짜에 처리해야 회계처리 할 수 있다.

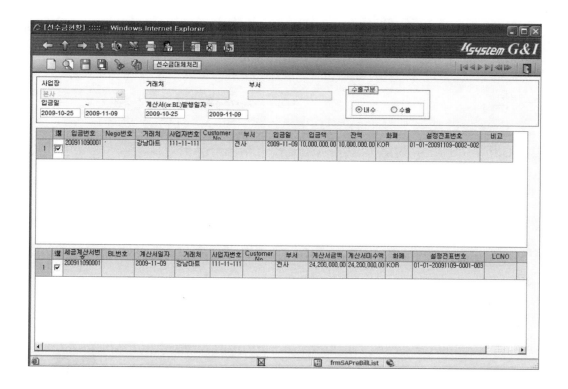

★ 풀이 & 보충학습

에러 메시지는 선수금에 대한 전표가 승인되지 않았기 때문에 발생되었다.

정답 ①

26 거래처관리에 대한 방법으로 옳은 것은? 〈16회 실무 기출문제〉

① 거래처분류에 따라서 사업자번호 필수 여부를 체크할 수 있다.
② 거래처내역 변경 시 저장과 동시에 자동이력관리를 할 수 있다.
③ 거래처의 사업자번호가 변경된 경우 신규로 거래처를 등록해서 사용해야 한다.
④ 삭제된 거래처에 대해서 다시 활용하기 위해서는 재등록해야만 한다.

★ 풀이 & 보충학습

[소분류등록(영업수출)]에서 거래처분류에 따른 사업자번호/주민등록번호 필수 여부,
중복체크를 세팅할 수 있다.

정답　①

27 다음 보기 중 K.System ERP의 거래처별 여신한도등록 작성 시 옳지 않은 것은?

〈16회 실무 기출문제〉

① 주문등록 시 여신한도를 초과하면 경고, 등록불가 기능을 사용할 수 있다.
② 미도래어음 포함 여부를 체크하면 미도래어음도 여신한도에 반영된다.
③ 거래처별 여신한도등록 화면에서 원화 여신한도만 입력 가능하다.
④ 자수어음한도를 입력하면 입금처리 시 자수어음 입금액을 제한할 수 있다.

★ 풀이 & 보충학습

거래처별 여신한도 등록은 화폐별로 등록이 가능하므로 외화금액도 등록 가능하다.

정답　③

28 다음은 위탁프로세스에 대한 설명이다. 설명 중 옳지 않은 것은? 〈16회 실무 기출문제〉

① 위탁거래명세표는 추후에 일반거래명세표로 변경이 가능하다.
② 위탁거래명세표가 등록되어 출고가 일어나면 사업장 재고에 수불이 일어난다.
③ 위탁출하등록 된 데이터는 위탁출하품목현황에서 조회가 가능하다.
④ 위탁출하등록 시 위탁거래처로 재고가 이동된다.

★ 풀이 & 보충학습

위탁거래명세서는 일반거래명세서 전환이 되지 않는다.

정답 ①

29 수주입력의 AMD 등록에 대한 설명이다. 다음 설명 중 옳지 않은 것은? 〈16회 실무 기출문제〉

① AMD 등록된 내용은 AMD 조회에서 차수별로 조회가 가능하다.
② 수주에서 다음 단계인 거래명세표로 전량이 등록된 경우, 수주에서 수량을 줄여서 AMD 등록을 할 수 있다.
③ 수주가 이미 저장 되었을 경우 수정된 수주를 차수관리 하여 저장할 수 있다.
④ AMD 등록되어 있는 최종차수를 삭제하면 이전에 등록되어 있는 차수가 현재 차수로 복원된다.

★ 풀이 & 보충학습

최종차수인 수주 건이 다음 단계인 거래명세서로 진행이 되는 것이므로 최종차수가 전량 거래명세서 등록이 되었다면, AMD 등록을 할 수 없다.

정답 ②

30 영업모듈의 [업무월마감]에는 아래 표에 있는 11개 화면에 대한 작업을 하지 못하도록 업무마감을 하는 기능이 있다. 이중 수불과 관련된 마감항목만으로 구성된 것은? 〈16회 실무 기출문제〉

> ㄱ. 주문   ㄴ. 출하의뢰   ㄷ. 거래명세서   ㄹ. 세금계산서
>
> ㅁ. 입금   ㄹ. 구매요청   ㅁ. 발주   ㅂ. 납품
>
> ㅅ. 영업실적재집계   ㅇ. 재고재집계   ㅈ. 회기이월처리

① ㄴ, ㄷ, ㅂ
② ㄴ, ㄷ, ㄹ
③ ㄷ, ㄹ, ㅂ, ㅇ
④ ㄷ, ㄹ, ㅂ, ㅅ

★ 풀이 & 보충학습

수불 관련 화면은 ㄷ, ㄹ, ㅂ이고 수불재집계를 못하도록 하는 것은 ㅇ이다.

정답   ③

31 영업(내수)프로세스에 내용 중 옳지 않은 것은? 〈16회 실무 기출문제〉

① 출하의뢰는 영업부서와 출하부서와 분리된 경우에 활용된다.
② 반품등록은 거래명세표에서 출고처리가 완료된 이후에 가능하다.
③ 선LC는 수출L/C 등록에서 확정 후 세금계산서로 진행이 가능하다.
④ 거래명세표상에서 현재고 및 가용재고에 대한 확인이 가능하다.

★ 풀이 & 보충학습

선LC는 수출L/C 등록 후 거래명세서로 진행해야 한다.

정답   ③

32 다음 중 세금계산서 발행방법에 대한 설명으로 옳지 않은 것은?　　　〈16회 실무 기출문제〉

① 세금계산서 미발행현황에서 선택하여 발행할 수 있다.

② 하나의 거래명세표를 수량을 나누어서 세금계산서를 여러 개 발행할 수 있다.

③ 발행부서만 같다면 여러 개의 거래명세표를 한 장의 세금계산서로 발행할 수 있다.

④ 계산서발행 구분이 집계로 되어있는 거래처라도 건별로 발행할 수 있다.

★ 풀이 & 보충학습

발행부서와 상관없이 거래처가 다르면 세금계산서 발행이 불가하다.

 정답　　③

---

33 다음 보기 중 K.System ERP의 입금처리 화면에 대한 설명으로 옳지 않은 것은?

〈16회 실무 기출문제〉

① 입금처리 화면에서 선수금을 등록할 수 있다.

② 외상매출금 건별반제를 사용 시 발생매출전표가 선행되어야 한다.

③ 입금처리 등록 후 회계전표를 입력하지 않으면 영업미수현황에 반영되지 않는다.

④ 입금구분 종류를 사용자가 추가할 수 있다.

★ 풀이 & 보충학습

영업미수는 전표와 상관없이 등록된 영업데이터를 집계한다.

정답　　③

34 첨부 그림은 입금등록에서 회계처리 시 나타난 메시지이다. 확인해봐야 할 사항은 무엇인가?

〈16회 실무 기출문제〉

① 입금등록 시 입금구분을 확인해본다.

② 매출전표 회계처리가 되었는지 확인한다.

③ 세금계산서 화면에서 결제방법을 확인해본다.

④ 입금등록 시 처리액계와 입금액계가 일치하는지 확인해본다.

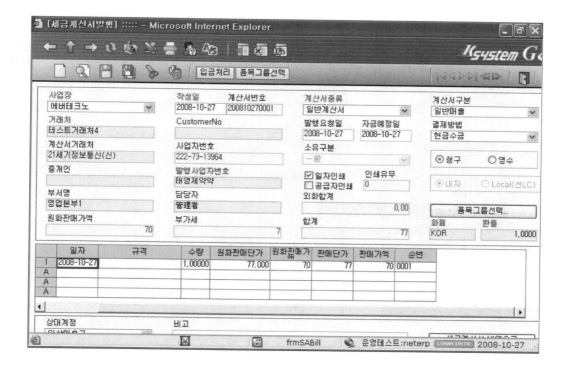

★ 풀이 & 보충학습

건별반제 입금처리를 할 때 입금회계처리 시 매출전표번호를 설정전표번호로 끌고
와서 처리를 하게 된다. 그러므로 정보를 읽기 위한 설정전표번호가 없다는 메시지
가 떴을 때 세금계산서의 매출전표 회계처리가 되었는지 확인한다.

정답 ②

---

35 영업관리에 품목단가 정보가 첨부 그림과 같다. 수주입력 시 K산업이 삼성전자 A_ITEM을 수주
입력 한다면 나타나는 기본단가 및 할인단가는 얼마인가?　　　　〈16회 실무 기출문제〉

① 기본단가: 10,000　 할인단가: 9,000　　　② 기본단가: 12,000　 할인단가: 10,800

③ 기본단가: 9,000　 할인단가: 9,000　　　④ 기본단가: 12,000　 할인단가: 9,000

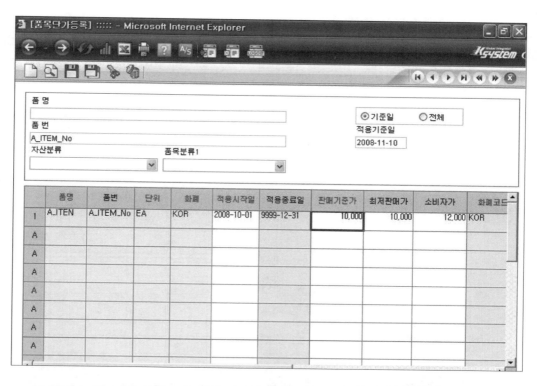

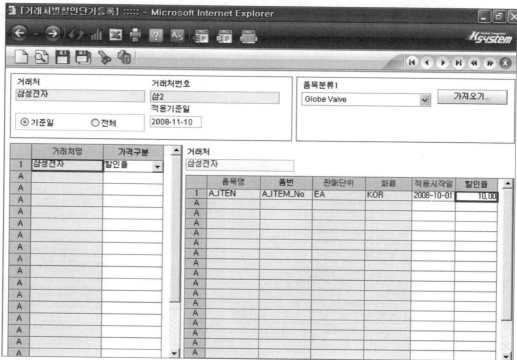

거래처별 할인단가율 10%를 적용하여, 판매기준가의 10,000을 10% 할인한 금액인 9,000이 기본단가 및 할인단가로 뜨게 된다.

정답 ③

36 출하의뢰에서 거래명세표로 점프 시 다음과 같은 메시지가 뜰 경우 처리 방법은?

〈16회 실무 기출문제〉

① 출하의뢰에서 확정처리가 되었는지 확인한다.

② 출하의뢰에서 위탁품출하로 점프한다.

③ 출하의뢰현황에서 거래명세표로 점프한다.

④ 수주등록에서 위탁명세서로 점프한다.

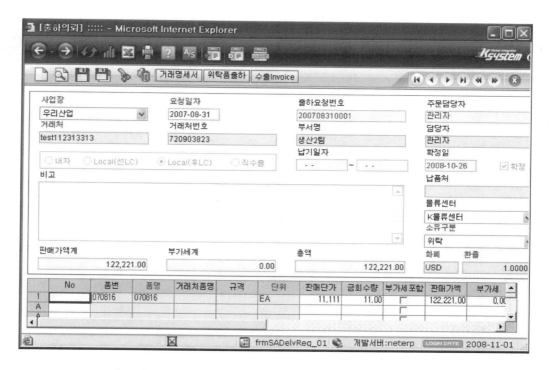

위탁출하의뢰는 위탁명세서로만 Jump 가능합니다.

확인

★ 풀이 & 보충학습

출하의뢰의 소유구분이 위탁이므로 출하의뢰에서 위탁품출하로 점프해야 한다.

정답 ②

37 다음 중 위탁프로세스의 순서로 옳은 것은? 〈16회 실무 기출문제〉

① 위탁거래명세표 → 위탁출하 → 출하의뢰

② 위탁거래명세표 → 출하의뢰 → 위탁출하

③ 위탁출하 → 출하의뢰 → 위탁거래명세표

④ 출하의뢰 → 위탁출하 → 위탁거래명세표

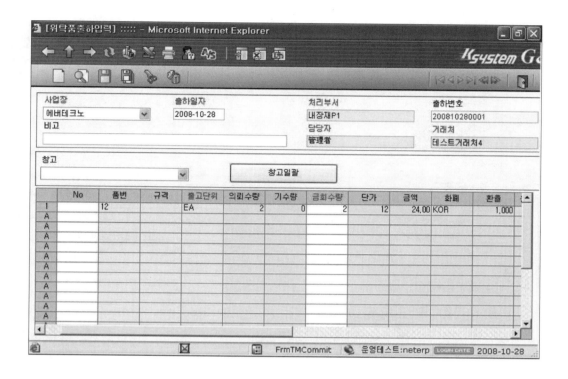

38 첨부 그림과 같이 [운영환경관리(영업수출물류)-초기]의 값이 설정되어 있다. [거래명세표]와 [거래명세표품목진행현황]의 상태가 첨부 그림과 같을 경우, 거래명세표를 선택해서 [세금계산서]로 넘길 경우 결과로 옳은 것은?   〈16회 실무 기출문제〉

① 세금계산서 잔량으로 금액관리를 하므로 다음 단계로 진행되지 않는다.

② 판매가액은 [거래명세표품목진행현황]의 세금계산서 금액인 3,300,000이 된다.

③ 수량이 다음 단계로 완료되었기 때문에 거래명세표를 다시 발행하여 세금계산서를 발행해야 한다.

④ 세금계산서 수량은 '0'이 된다.

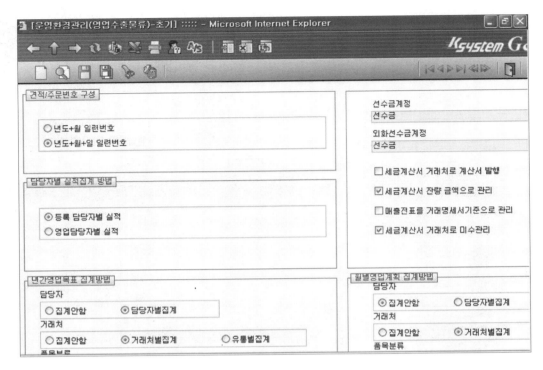

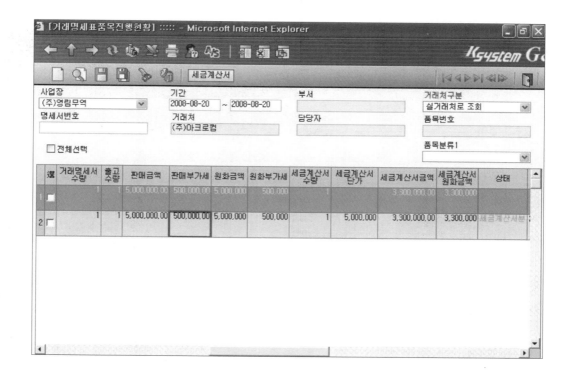

[거래명세표품목진행현황]에서 거래명세서 수량 1, 세금계산서 수량 1로 모든 수량
이 완료되어 수량은 '0'이 된다.

정답 ④

39 영업관리의 운영환경설정이 그림과 같이 되어 있고, K산업의 A_ITEM이 수주입력 → 출하의뢰
→ 거래명세표 발행까지 정상적으로 진행이 되었으나, 세금계산서 발행이 되지 않고 있다. 그
원인으로 옳은 것은?　　　　　　　　　　　　　　　　　　　　　　　　　〈16회 실무 기출문제〉

① 매출전표에 대한 타 시스템 회계처리 환경설정이 이루어지지 않았다.

② 거래명세표 발행 이후에 출고처리가 되지 않았다.

③ 해당 거래처에서 입금처리가 되지 않았다.

④ 거래명세표에 확정처리가 되지 않았다.

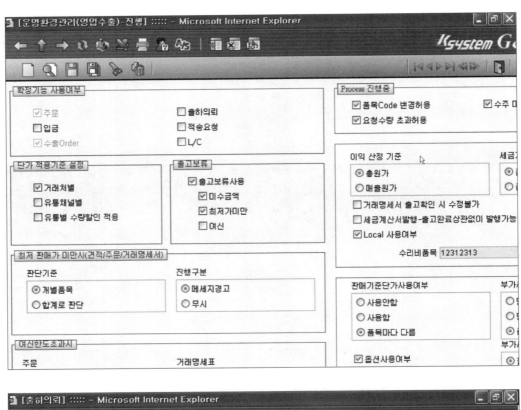

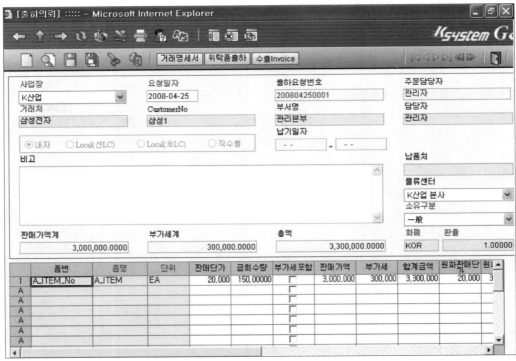

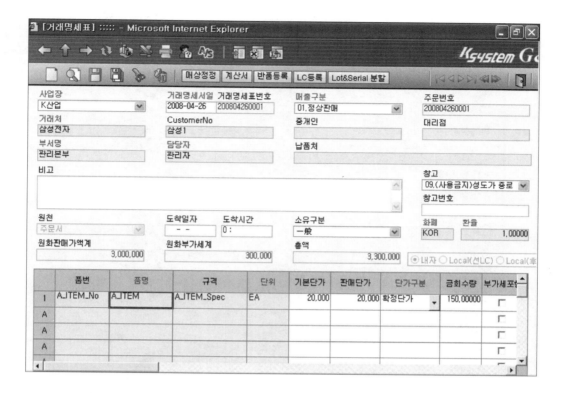

[운영환경관리(영업수출)–진행]에서 '세금계산서발행 – 출고완료 상관없이 발행가능'
이라는 옵션에 체크가 되어 있지 않으므로, 거래명세서 출고처리가 되어야 다음 작
업인 세금계산서 발행이 가능하다.

정답   ②

40 [품목등록]의 기본정보에는 '그룹품목 여부'라는 설정항목이 있다. 이 그룹품목에 대한 설명으로
옳지 않은 것은?   〈18회 실무 기출문제〉

① 여러 가지 품목들을 하나로 묶어서 판매할 경우, 그룹품목을 만들어 사용할 수 있다.

② 그룹품목을 [거래명세표]에서 출고처리 시 구성된 품목들이 각각 출고처리 된다.

③ 그룹품목을 구매하여 [구매납품]에서 입고처리 시 그룹품목에 속한 품목들 각각 입고
처리된다.

④ 그룹품목을 [세금계산서]에서 회계처리 후에 구성된 품목들이 풀려서 보여진다.

[품목등록] :::: - Microsoft Internet Explorer

Ksystem G&

품목코드	품목정식명칭		상태
023933	컴퓨터 A세트		사용

품목번호	재고단위	부서	자산구분
C-A001	EA		상품

품목규격	담당자	반제품 회계분개시계정과목	내외자구분
		전체	내자

기본정보	구매/재고정보	환산단위/속성정보	제품생산정보	검사기준	첨부파일	기타정보

품목약명1
컴퓨터 A세트

영문명
컴퓨터 A세트

품목약명2

영문약명

품목약명3

관리사업장
K산업

창고

품목분류1
내수상품

품목분류2

품목분류3

품목분류4

기본구매단위
EA

기본BOM단위
EA

기본판매단위
EA

☑ 그룹품목여부

판매단가기준단위

☐ 판매단가기준단위 적용여부

구매단가기준단위

☐ 구매단가기준단위 적용여부

등록자

등록일

변경자

변경일

★ 풀이 & 보충학습

그룹품목은 영업모듈의 거래명세표 출고처리 시와 세금계산서 화면상에서 회계처리 시 하위품목으로 풀리게 되어 있음.

정답   ③

---

41 거래처관리에 대한 방법으로 옳은 것은?   〈18회 실무 기출문제〉

① 거래처분류에 따라서 사업자번호 필수 여부를 체크할 수 있다.

② 거래처내역 변경 시 저장과 동시에 자동이력관리를 할 수 있다.

③ 거래처의 사업자번호가 변경된 경우 신규로 거래처를 등록해서 사용해야 한다.

④ 삭제된 거래처에 대해서 다시 활용하기 위해서는 재등록해야만 한다.

> 영업 소분류등록에서 거래처종류별로, 사업자번호 필수를 할 것인지 설정할 수 있다.
>
> 정답 ①

42 거래처여신관리현황의 [가용여신한도액] 금액계산 공식에 대한 설명이다. 옳은 것은?

〈18회 실무 기출문제〉

① 가용여신한도액 = 여신한도금액(전월이월외상매출 + 미도래어음 + 계산서미발행액 + 미출고주문액)

② 가용여신한도액 = 여신한도금액(전월이월외상매출 + 미도래어음 + 계산서미발행액)

③ 가용여신한도액 = 여신한도금액(전월이월외상매출 + 미도래어음 + 주문미발행액)

④ 가용여신한도액 = 여신한도금액(전월이월외상매출 + 계산서미발행액 – 미출고주문액)

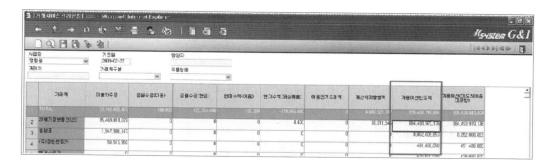

> [업무월마감]에서는 월별로 각 화면에서 처리를 못하도록 설정할 수 있음. 저장 시에 해당 업무가 마감되었다는 메시지가 뜸.
>
> 정답 ①

43 출고보류현황에 대한 설명이다. 옳은 것은? 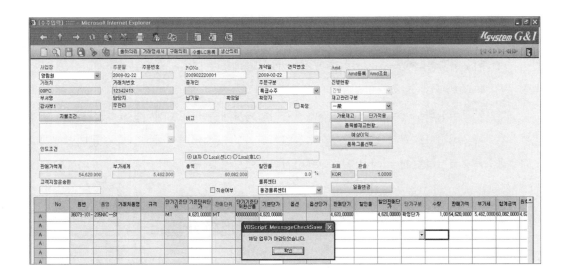 〈18회 실무 기출문제〉

① 2009년 2월 제품수불마감을 푼다.

② 2009년 2월 전표마감을 푼다.

③ 주문일 날짜를 2009-02-28로 변경하고 저장한다.

④ [업무월마감] 화면에서 2009년 2월 주문 마감이 체크가 되었다면, 체크를 풀어준다.

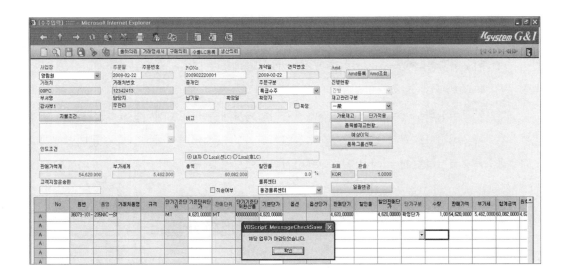

★ 풀이 & 보충학습

가용여신이 주문에서부터 체크를 하기 때문에, 미출고주문(주문에서 거래명세표만 등록되고 출고처리가 안 된 금액)도 가용재고에서 제외해야 함.

정답 ②

44 출고보류현황에 대한 설명이다. 옳은 것은? 〈18회 실무 기출문제〉

① 출고보류 및 출고처리 된 거래명세서 건을 조회하는 화면이다.

② 출고보류 된 거래명세서 건을 보류 취소할 수 있는 화면이다.

③ 출고보류 된 거래명세서 건은 삭제하고, 다시 거래명세서를 등록해야 출고처리가 가능하다.

④ 출고보류 된 거래명세서 건은 출고처리 하지 않고, 세금계산서 발행이 가능하다.

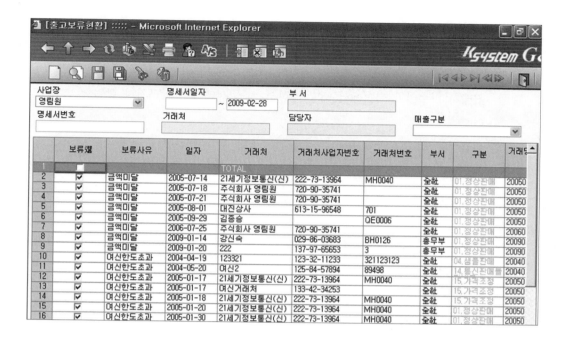

★ 풀이 & 보충학습

출고보류가 된 거래명세표가 조회가 되고, '보류選'의 체크를 해제하면 출고보류취소 처리를 할 수 있음.

정답 ②

45 영업프로세스에서 반드시 확정을 해야만 다음 단계로 진행할 수 있는 프로그램으로 옳은 것은? 〈18회 실무 기출문제〉

① 주문, 수출order ② 입금, 적송요청
③ 거래명세서, 세금계산서 ④ L/C, 출하의뢰

★ 풀이 & 보충학습

[운영환경관리(영업수출)−진행]에서 확정기능 사용 여부에 체크를 할 수 있음. 비활 성화 된 부분은 확정 기능이 필수임.

정답 ①

46 고려전자(주)는 계산서 발행 건별로 입금관리를 하고 있다. 다음 중 계산서 건별로 입금처리 하기 위한 방법으로 옳은 것은? 〈18회 실무 기출문제〉

① 거래처 미수현황 화면에서 해당 계산서 건을 선택하여 입금처리 화면으로 점프하여 처리한다.
② 입금현황 화면에서 미입금된 계산서를 조회 후 선택하여 입금처리 화면으로 점프하여 처리한다.
③ 세금계산서발행현황 화면에서 해당 계산서 발행 건을 조회 후 선택하여 입금처리 화면으로 점프하여 처리한다.
④ 계산서별 입금내역 화면에서 미입금된 계산서를 조회 후 선택하여 입금처리 화면으로 점프하여 처리한다.

★ 풀이 & 보충학습

세금계산서발행현황, 세금계산서품목현황, 세금계산서 미발행현황에서 해당 건을 선택한 후 입금처리로 점프가 가능 함.

정답 ③

47 영업프로세스에서 반드시 확정을 해야만 다음 단계로 진행할 수 있는 프로그램으로 옳은 것은? 〈18회 실무 기출문제〉

① 세금계산서 건별로 한 건씩 선택하여 각각 입금처리 한다.
② 세금계산서 2건을 모두 선택하여 [입금처리]에서 저장한다.
③ 매출, 반품을 정리하면 합이 '0'이므로 계산서 건을 삭제하여 정리한다.
④ 세금계산서 2건을 모두 선택하여 '입금다중처리'에서 입금처리 한다.

★ 풀이 & 보충학습

입금처리 시 처리내역 부분에는 550,000, −550,000을 각각 입력하고, 입금내역 부분에는 입금액을 '0'으로 입력하면 됨.

정답 ①

48 첨부와 같이 데이터를 등록했을 때, 수불에 대한 설명이다. 옳지 않은 것은?

〈18회 실무 기출문제〉

① 감사부 1부 부서의 재고가 출하수량만큼 입고되었다.

② 재고현황에서 해당 품목으로 데이터를 조회해보면 수량 변화가 없다.

③ 가람정보통신 거래처 재고가 출하수량만큼 입고되었다.

④ 제품창고의 품목재고가 출하수량만큼 출고되었다.

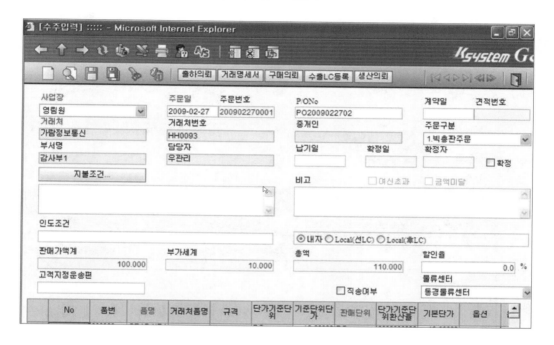

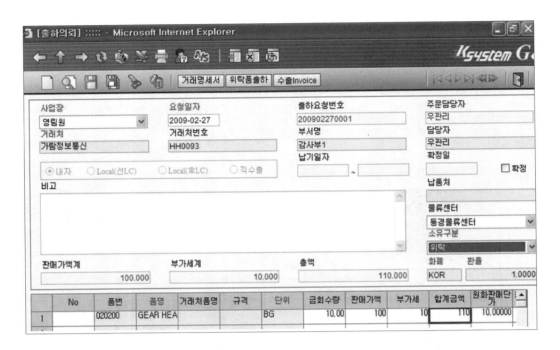

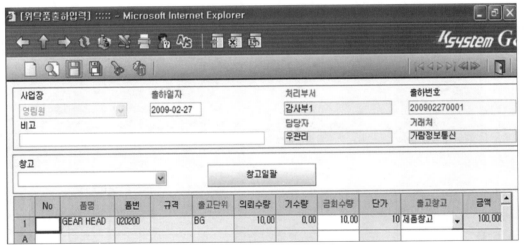

위탁출하입력을 한 경우 창고 간의 재고 이동이 일어난다. 즉, 제품창고에서 위탁창고로 품목이 이동한다. 부서재고와는 상관없다.

정답 ①

49 고려전자(주)는 영업과 관련한 단가정책이 첨부 그림과 같이 설정되어 있다. 수주등록에서 거래처 가나전자, 품번 RP21-0014, 수주일자 2009년 3월 14일로 수주 건을 등록하고자 할 때 품목을 입력하면 기본적으로 보여지는 단가는 얼마인가?　　　　　〈18회 실무 기출문제〉

① 4,000

② 3,600

③ 3,500

④ 3,400

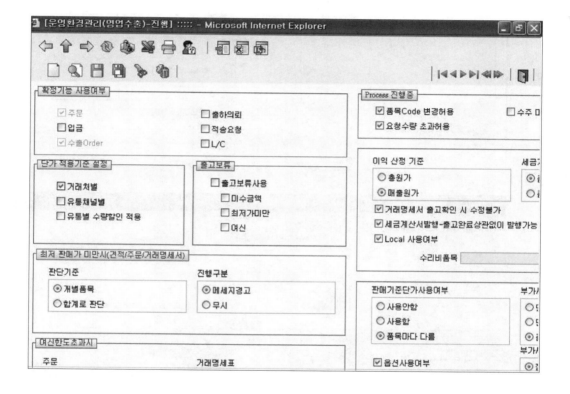

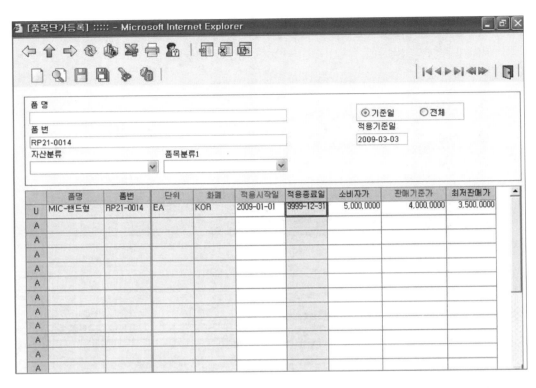

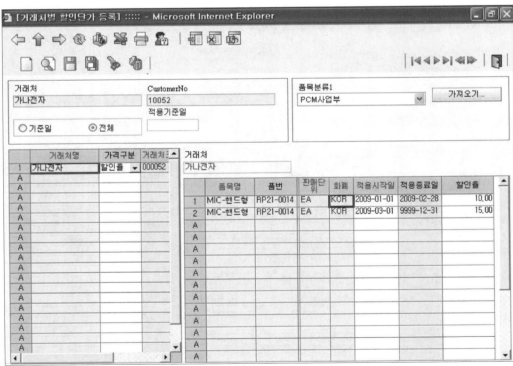

운영환경관리에서 단가적용기준을 거래처별로 체크하였으므로 거래처별 할인단가 등록이 최우선으로 적용된다. 3/14일로 적용될 할인율은 15%이고 할인율 적용이므로 품목단가등록에서 판매기준가를 확인해 봐야 한다. 4000(1−0.15)=3400

정답 ④

50 첨부 그림과 같이 [운영환경관리(영업수출물류)−초기]의 값이 설정되어 있다. [거래명세표]와 [거래명세표품목진행현황]의 상태가 첨부 그림과 같을 경우, 거래명세표를 선택해서 [세금계산서]로 넘길 경우 결과로 옳은 것은?

〈18회 실무 기출문제〉

① 세금계산서 잔량으로 금액관리를 하므로 다음 단계로 진행되지 않는다.
② 판매가액은 [거래명세표품목진행현황]의 세금계산서 금액인 3,300,000이 된다.
③ 수량이 다음 단계로 완료되었기 때문에 거래명세표를 다시 발행하여 세금계산서를 발행해야 한다.
④ 세금계산서 수량은 '0'이 된다.

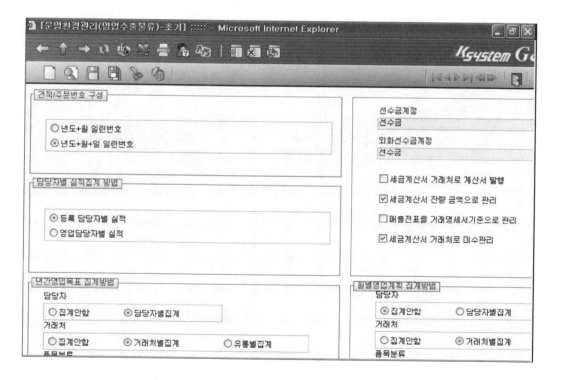

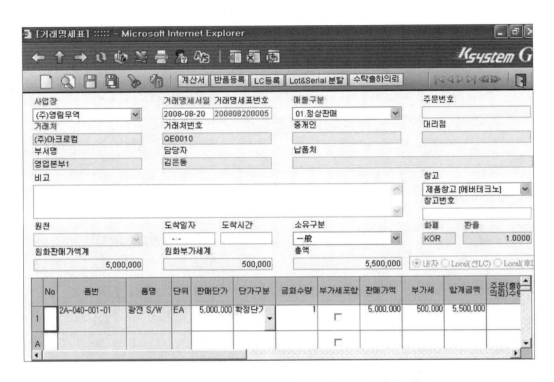

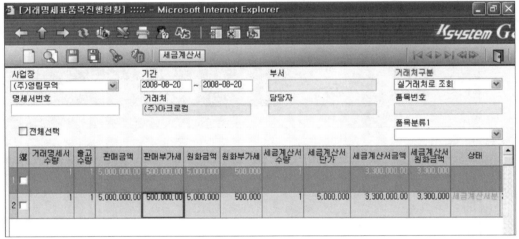

운영환경관리에서 세금계산서 잔량금액으로 관리에 체크되어 있으므로 진행 기준이
수량이 아닌 금액이다. 거래명세표 수량이 1개인데 이미 세금계산서로 진행된 수량
이 1개이므로 금액 분할 시 추후 세금계산서의 수량은 0이다.

정답 ④

51 품명 '컴퓨터 세트 1'은 그룹품목이다. 첨부 그림과 같은 설정에서 [거래명세표]에서 첨부 그림과 같은 수량으로 저장 및 출고 처리 후 결과로 옳지 않은 것은? 〈18회 실무 기출문제〉

① 판매가액은 2,000,000이다.

② 출고처리 후 SUB 품목의 재고는 키보드 1, 본체 5, 모니터 4개가 빠진다.

③ 출고처리 후 SUB 품목으로 풀리는 품목은 3가지 품목이다.

④ SUB 품목의 재고수량은 2개씩 창고에서 빠진다.

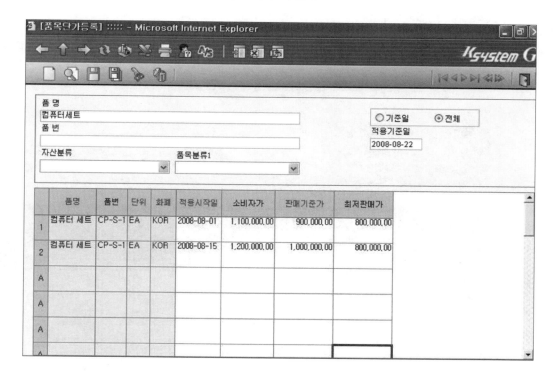

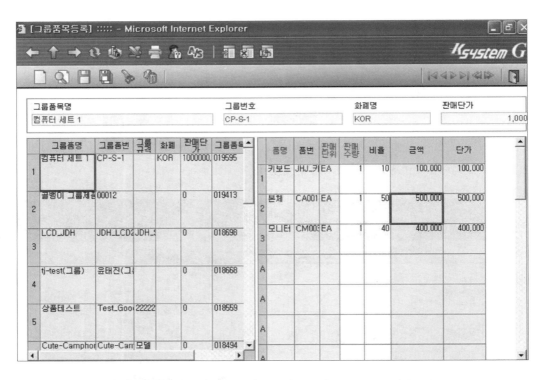

그룹품목의 판매수량이 1EA이므로 거래명세서 수량을 2개로 등록했다면 각 하위품목의 재고는 각 2개씩 빠지게 됨.

정답 ②

52 [운영환경관리]의 '이익 산정 기준' 설정과 [표준원가등록]의 설정이 첨부 파일과 같이 되어 있을 경우, [주문등록]에서 '예상이익'을 확인할 경우 '원가' 칼럼에 나오는 금액으로 옳은 것은?

〈18회 실무 기출문제〉

① 30,000

② 220,000

③ 250,000

④ 280,000

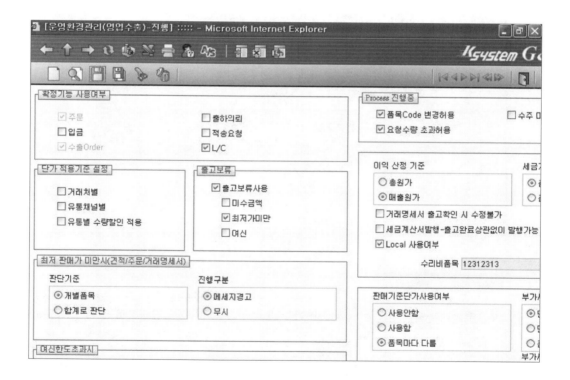

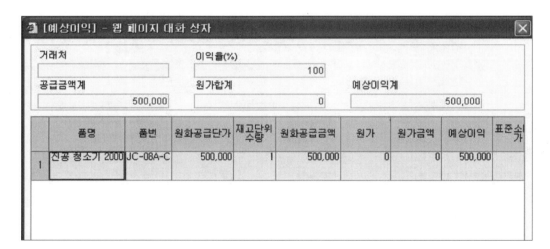

풀이 & 보충학습

[운영환경관리]에서 '이익 산정 기준'을 '매출원가'로 하였으므로 표준원가등록에서
제조원가만 예상이익 시 원가로 반영된다.

정답   ③

물류/생산

Enterprise Resource Planning

6장 K.System 구매관리

6.1 구매관리 개요
6.2 구매 기본정보
6.3 구매관리 메뉴 설명
6.4 구매활동 실습
6.5 기출문제 분석

영림원소프트랩 K.System

ERP정보관리사

6.1 구매관리 개요

구매란 통상 외부 공급업체로부터 필요한 상품 및 자재를 획득하는 것이다. 그러므로 영업/수출에서 주문을 받은 경우 필요한 상품에 대한 구매요청이 넘어 올 수 있고, 생산모듈에서 자재소요량계획에 따라 필요한 자재에 대한 구매요청이 올 수 있다. 또한 자재관리모듈에서 보유해야 할 상품 및 자재에 대한 구매요청이 올 수도 있다.

K.System ERP의 구매관리모듈은 구매요청에서부터 입고처리까지 구매관리의 전반적인 업무를 시스템으로 관리한다. 구매 부분에서 중요하게 관리해야 할 사건은 상품 및 자재를 입고하는 것이며, 이러한 입고는 회계처리(전표처리)를 하게 되고 회계모듈에서 승인 및 확인을 하게 되면, 구매와 회계에서 일관된 구매자산데이터를 관리할 수 있다. 구매모듈의 구성은 크게 기본정보, 구매계획과 입고관리로 구성되어 있으며, 이중 구매계획에서는 다양한 구매프로세스를 진행하고, 등록된 업무데이터를 확인할 수 있는 현황 화면들로 구성되어 있다.

구매프로세스는 내수용 거래와 로컬거래(Local)로 나누어진다. Local은 수출용 자재의 구매업무 처리를 위한 절차를 말하며, 내수업무 중간에 LC(신용장, Letter of Credit)를 등록하는 업무가 추가된다. LC를 입고 이전에 작성하면 선LC라 하고, 이후에 하게 되면 후LC라 한다.

■ **내수**: 구매요청 → 구매품의 → 구매발주 → 납품
  - K.System 프로그램 상의 흐름: 구매요청등록 → 구매요청현황(확정) → 구매품의등록 → 구매품의현황에서 발주생성 → 구매발주(품목)현황 → 구매납품등록 → 입고처리

■ **Local(선LC)**: 구매요청 → 구매품의 → 구매발주 → LC → 납품
  - K.System 프로그램 상의 흐름: 구매요청등록 → 구매요청현황(확정) → 구매품의_01등록 → 구매품의현황에서 발주생성 → 구매발주(품목)현황(LC/TT 등록) → 구매납품등록(입고처리)

■ **Local(후LC)**: 구매요청 → 구매품의 → 구매발주 → 납품 → 구매입고정산처리 → LC 등록
  - K.System 프로그램 상의 흐름: 구매요청등록 → 구매요청현황(확정) → 구매품의등록 → 구매품의현황에서 발주생성 → 구매발주(품목)현황 → 구매납품등록(입고처리) → LC/TT 등록

구매관리시스템을 사용하기 위해 사전에 등록되어야 할 기본자료이다. 여기에 등록된 자료는 구매관리프로세스에서 사용된다. 시스템을 사용하기 전 기본자료는 미리 등록하고, 사용 중에 발생할 때마다 추가가 가능하다. 등록해야 할 화면 리스트는 아래와 같다.

구분	등록화면
기본정보	운영환경관리(구매/수입)-초기
	운영환경관리(구매/수입)-진행
	소분류등록(구매/수입관리)
	구매그룹등록
품목	거래처별 무검사품 등록
	품목별 과입하 조건
구매단가	품목별 구매정보

6.2.1 운영환경관리(구매수입자재)-초기

화면 위치 마스터 및 운영관리 ▶ 운영환경관리 ▶ 공통 ▶ [운영환경관리(구매수입자재)-초기]

구매프로그램 관리자가 구매/수입모듈 사용에 따른 전반적인 사항들을 직접 업무에 맞게 설정하기 위하여 설정 또는 변경하는 화면이다. 반드시 운영환경관리가 선행된 후 프로그램 사용을 해야 한다. 프로그램 사용 중에 설정 내용이 변경된다면 데이터상의 문제가 있을 수 있으므로 변경 가능한지 확인 후 변경하는 것이 좋다. [운영환경관리(구매수입자재) 초기]는 한번 설정하면 보통 변경하지 않는다.

[운영환경관리(구매수입자재)-초기]

■ 입고 시 입고일 기준

[구매납품] 등록 후 입고 시에 입고되는 날짜를 정할 수 있다.

- 납품일자 : [구매납품]의 납품일자를 입고일로 처리한다.
- 입고확인일자 : [구매납품]의 입고확인일자를 입고일로 처리한다.

■ 발주번호 구성

발주번호의 구성을 '연도＋월＋일련번호'로 구성할지 '연도＋월＋일＋일련번호'로 할지 선택한다.

■ 수입원가 계산방식

수입에 관련된 통제값이다.

- 미착대체 후 : 미착대체로 수입원가를 계산하기 위해서는 반드시 미착품에 대한 수입비용 처리가 선행되어야 한다. 여기서 미착품 수입비용처리의 회계처리가 된 값들을 원가로

대체처리 하게 된다.

- **일정비율 사용 시**: 비율로 사용할 시에는 수입비용처리에 대한 회계처리를 반드시 해야 할 필요는 없다. 비용에 대한 내역을 남기기 위해서 비용처리를 할 수는 있으나 이 값이 수입원가로 대체되는 것은 아니다. 수입비용으로 잡히는 금액은 [운영환경관리]에서의 비율과 [품목등록] 시의 관세 비율에 다르다. 즉 미착품금액×(관세비율 + 일정비율)이 수입비용으로 수입원가로 대체된다.

■ 품의 시

구매요청 된 건에 대해서 그 품목에 대해 어떻게 품의를 낼 것인지, 품의된 건에 대해서는 어떤 형태로 발주를 낼 것인가를 결정하는 통제값이다.

- **자재별 합산 발주**: [구매품의]로 넘어갈 때 다른 건이라도 같은 품목일 경우에는 하나의 줄(품목 건)로 보여지게 된다. 품목별로 진행하기 때문에 구매요청에서 품의로의 history 추적이 불가능하다. 같은 품목이 하나로 합쳐서 넘어간다고 생각하면 된다. 단 최소품의 수량을 고려해야한다. 따라서 [구매요청현황]이나 [구매요청품목현황]등의 화면에서 상태를 알 수가 없다. 완료되어도 진행으로 나타난다.
- **요청별 개별 합산 발주**: 건별로 진행하기 때문에 history 추적이 가능하다. 구매요청 시 시트의 건별로 진행된다. 그래서 인쇄 시에도 같은 품목이라도 따로따로 등록한 상태로 인쇄가 된다. [구매요청현황]이나 [구매요청품목현황] 등의 화면에서 상태를 볼 수 있다.

■ 개별발주일 때와 합산발주일 때의 차이

- 요청번호 2001070010001에 대한 요청품목: 품목 A 5개, 품목 A 5개, 품목 B 10개
- 요청번호 2001070010002에 대한 요청품목: 품목 A 1개, 품목 B 2개, 품목 C 3개일 경우
- ⇨ 요청별 개별발주일 경우 품의등록 시: 품목 A 5개, 품목 A 5개, 품목 A 1개, 품목 B 10개, 품목 B 2개, 품목 C 3개로, 6줄로 각각의 요청 품목 건에 대해 그대로 보여진다.
- ⇨ 자재별 합산발주일 경우 품의등록 시: 품목 A 11개, 품목 B 12개, 품목 C 3개의 3줄로 각각의 품목에 대해 합산되어 보여진다.

6.2.2 운영환경관리(구매수입자재)-진행

| 화면 위치 | 마스터 및 운영관리 ▶ 운영환경관리 ▶ 공통 ▶ [운영환경관리(구매수입자재)-진행] |

구매프로그램의 사용을 위해 사용에 따른 전반적인 사항들을 직접 업무에 맞게 설정하고 변경할 수 있도록 하는 화면으로, 이 화면에 대한 설정 후 프로세스가 진행되어야 한다.

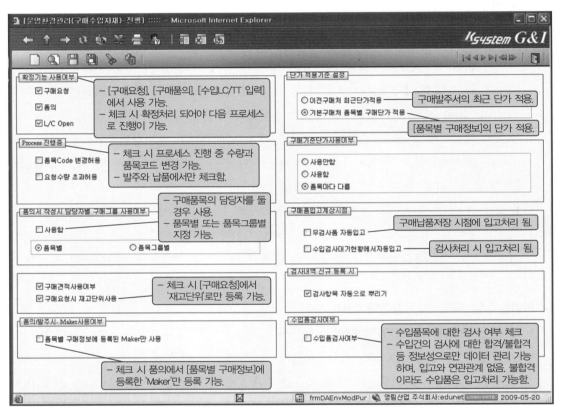

[운영환경관리(구매수입자재)-진행 화면]

6.2.3 구매그룹등록

화면 위치 구매/수입 관리 ▶ 구매기본 ▶ 품목 ▶ [구매그룹등록]

구매품목에 대해서 담당자를 두어 관리할 경우 사용하며, [구매요청품목현황]에서 담당자별로 요청품목을 조회하여 품의로 넘어갈 수 있다. [운영환경관리(구매수입자재)−진행]에서 구매품에 대한 담당자 설정을 품목별로 설정하면 구매그룹등록의 우측 Sheet에 품목명과 품목번호 등을 넣어서 품목에 대해 관리하며, 품목그룹별로 설정하면 품목분류별로 구매그룹을 설정할 수 있다. 또한 여기에 등록된 구매그룹은 [품목등록]의 콤보로 나오며, 품목등록 시 구매그룹을 선택해 저장하면 [구매그룹등록]에도 나타난다. 선행 작업으로 [운영환경관리(구매수입자재)−진행]에서 '품의서 작성 시 담당자별 구매그룹 사용 여부'에 체크를 해야 한다.

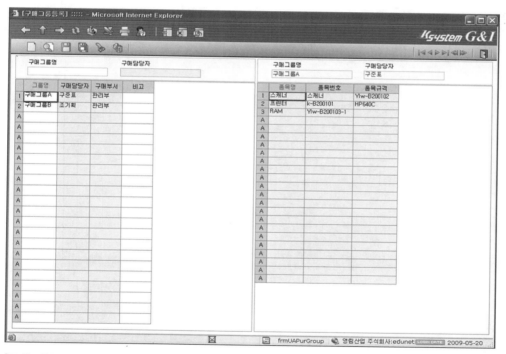

[구매그룹등록 화면]

- **왼쪽시트 그룹명**: 구매그룹을 나누는 명칭으로, 업체에 맞게 알기 쉽게 등록하여 사용한다.
- **왼쪽시트 구매담당자/구매부서**: 그룹을 담당하는 구매담당자와 구매 부서를 등록한다.
- **오른쪽 시트**: 운영환경관리에 따라 품목명을 입력할 수도 있고, 품목분류를 입력할 수도 있다.
- **오른쪽 시트 품목명**: 구매구룹이 담당하는 품목 혹은 품목분류를 등록한다.

6.2.4 거래처별 무검사품 등록

화면 위치   구매/수입 관리 ▶ 구매기본 ▶ 품목 ▶ [거래처별 무검사품 등록]

[품목등록] 시 검사 여부에 체크되어 있어, 입고처리 전에 검사를 하여야 하는 품목에 대해서
거래처별로 품목을 등록하여 무검사품목으로 변경할 수 있다. 검사해야 하는 품목이지만 특정 거
래처의 품목은 검사과정이 필요하지 않다면, 이 화면에 등록하여 검사 없이 입고처리가 가능하다.

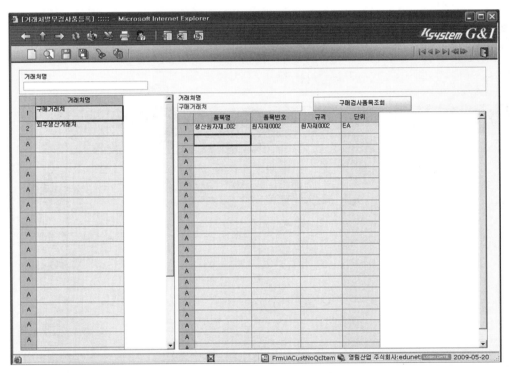

[거래처별 무검사품 등록 화면]

■ 거래처명
품목검사를 하지 않는 구매처를 등록한다.

■ 품목명
검사를 하지 않아도 되는 품목을 등록한다.

■ 〈구매검사품목조회〉
시트 1의 거래처를 클릭 후 〈구매검사품목조회〉를 누르면 거래처에 등록된 품목들이 조회된다.

6.2.5 품목별 과입하 조건

화면 위치	구매/수입 관리 ▶ 구매기본 ▶ 품목 ▶ [품목별 과입하 조건]

[운영환경관리(구매수입자재)-진행]에 '요청수량 초과허용'에 체크되어 있지 않을 경우 특정 품목이 다음 프로세스에 초과할 수 있는 경우, [구매납품]에서 발주수량을 초과하여 납품받을 수 있게 설정하는 화면이다. 여기에서의 설정은 [구매납품]에서만 적용되며, 품목별로 수량이나 비율로 설정할 수 있다.

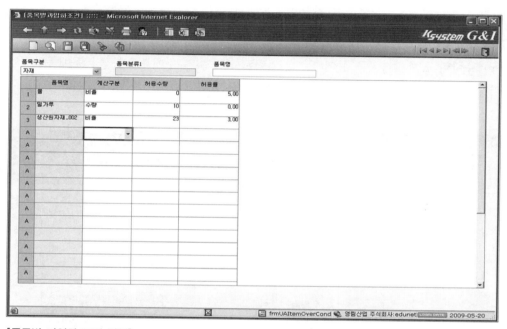

[품목별 과입하 조건 화면]

■ 품목명

초과수량을 등록해야 하는 품목을 등록한다.

■ 계산구분

비율이나 수량 중에서 선택할 수 있다. 계산구분을 비율로 할 경우 허용률에 비율을 넣고, 수량이면 허용수량에 수량을 입력한다.

■ 허용수량

계산구분이 수량일 경우 초과 가능 수량을 입력한다.

■ 허용률

계산구분이 비율일 경우 초과 가능한 허용률을 입력한다.

6.2.6 품목별 구매정보

| 화면 위치 | 구매/수입 관리 ▶ 구매기본 ▶ [품목별 구매정보] |

물품구매 시에 필요한 기본적인 정보를 미리 입력시켜 놓은 후 그 정보를 바탕으로 품의, 발주, 납품 등의 프로세스에서 단가를 사용할 수 있다. 여기서 들어가게 되는 정보는 품목의 구매처(거래처), 구매 시 사용할 단위, 해당 구매처에게 지불할 화폐종류, 구매품목의 Maker, 기본단가와 최저구매수량과 구매간격수량 등이 있다. 입력된 정보들은 구매프로세스의 구매품의에서 코드도움 입력과 동시에 해당 정보를 뿌려주거나 단가적용 시에 단가를 가져올 수 있다.

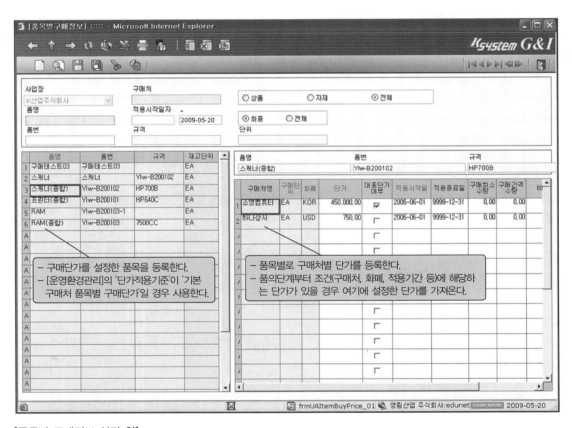

[품목별 구매정보 설정 창]

■ **구매처명**

시트 1의 품목을 구매하는 거래처를 등록한다.

■ **구매단위**

구매단위를 등록하며, 여러 단위로 구매가 가능할 경우 단위별로 설정한다.

■ **화폐**

구매하는 화폐를 등록하며, 화폐가 다를 경우 화폐별로 등록한다.

■ **단가**

거래처, 단위, 화폐에 해당하는 단가를 입력한다.

■ **대표단가 여부**

구매프로세스상에서 단가를 적용시킬 때는 거래처와 품목 정보가 있어야 한다. 최소 조건은 품목, 거래처, 화폐단위가 있어야 한다. 단가는 하나의 품목에 대해서 특정 거래처, 구매단위, 화폐정보에 따라 달라진다. 그런데 하나의 품목에 대해서 거래처, 구매단위, 화폐정보가 같은 정보가 여러 건이 있을 경우에는 단가를 찾아내기 힘들기 때문에 품목별로 대표단가를 체크해야 한다.

■ **적용시작일**

단가에는 유효기간이 있다. 특정 기간에만 적용되는 것이기 때문에 적용시작일이 있어야 한다.

■ **적용종료일**

적용시작일과 마찬가지로 종료일도 존재한다. 기본적으로는 '9999-12-31'로 뿌려진다. 구매처, 단위, 화폐가 같은 단가가 다시 들어가면 이전 단가의 적용종료일은 새로 입력된 적용시작일의 전날로 바뀐다.

■ **구매최소수량**

구매 시 최소로 구매해야 하는 수량에 대한 정보이다.

■ **구매간격수량**

구매하는 간격수량에 대한 정보이다.

■ **구매구분**

구매품이 외자 건(직수입)인지 내자 건(내수, Local)인지 구분해 준다.

6.2.7 구매단가 적용순서 정리

구매프로세스상의 <단가적용> 버튼을 클릭하면 여러 가지 상황에 따라 단가를 자동으로 가져오는 방법이 다르다. 먼저 자동으로 단가를 적용하기 위해서는 [운영환경관리(구매수입자재)-진행]의 단가 사용 여부를 체크해야 한다. 또한 단가를 사용하기 위한 기본코드를 내부적으로 확인한다. 즉 품목코드, 거래처코드, Maker코드, 화폐코드, 구매단위코드, 적용기간에 대한 설정을 확인한다.

[운영환경관리(구매수입자재)-진행]에서 기본 구매처 품목별 구매단가 적용을 사용할 경우 아래 절차가 사용된다.

- [품목별 구매정보]에 저장된 단가 중 구매프로세스에 등록된 모든 정보(위에서 언급한)와 일치하며 대표단가로 체크된 것을 단가로 읽어온다.
- 대표단가로 체크된 것이 없으면 정보가 일치되는 것의 단가를 읽어온다.
- 그래도 단가가 없으면 Maker코드가 빠진 5가지 정보와 일치한 단가를 읽어온다.
- 이런 식으로 한 가지씩 일치하는 코드가 빠지게 된다. Maker코드 다음으로는 단위코드가 그 후에는 적용기간, 거래처코드, 화폐코드의 순으로 해서 단가를 읽어온다. 즉 마지막에는 품목코드만 일치하면 그 코드의 단가를 불러오는 것이다. 이때 각각의 단계에서 최소단가수량과 간격수량도 함께 읽어온다. 만약 최소단가수량과 간격수량이 모두 0일 때는 품목등록 시 등록했던 정보를 읽어온다.

[운영환경관리(구매수입자재)-진행]에서 '이전구매처 최근단가적용'을 사용할 경우 아래 절차가 사용된다.

- 앞에서 읽어왔던 정보들 중에 적용기간만 제외한 모든 정보가 일치하는 가장 큰 번호의 발주 건을 찾아내서 그 단가를 적용시킨다.
- 만약 위에서 5가지 정보가 일치하는 발주 건이 없다면 거래처코드, 화폐코드, 품목코드 3가지가 일치하는 가장 큰 발주번호를 찾아서 그 단가를 읽어온다.
- 이때 구매최소수량과 구매간격수량이 모두 0일 때는 모든 정보가 일치하는 품의 건을 찾아서 그 건의 구매최소수량과 구매간격수량을 사용한다.

위 모든 과정을 거쳐서 단가가 나오지 않으면 0으로 뿌려진다.

6.3.1 구매계획관리 메뉴 설명

■ **구매요청**

　[구매요청]은 영업활동이나 생산활동 시 부족한 상품, 원/부자재를 구매부서에 구매요청 하는 화면으로 [주문], [수출order], [제품재고], [자재재고], [생산자재소요] 등의 화면에서 각 담당자가 구매부서에 구매를 요청하는 화면이다. 또한 구매담당자는 생산부서나 영업부서의 요청 없이도 상품, 원/부자재 등의 재고 부족분에 대하여 신규 입력하여 구매요청을 할 수 있다. 이럴 경우는 구매요청원천 없이 구매프로세스가 진행된다. 또한 상품이나 자재 이외에도 직접적인 판매활동이나 생산활동 이외에 필요한 소모품 등을 구매요청원천에서 총무로 하여 구매할 수 있다. 이 외에도 A/S모듈에서 필요한 자재에 대해서도 구매요청을 할 수 있다.

■ **구매품의**

　구매담당자가 구매요청 건에 대한 결제를 득하기 위한 품의서를 작성 및 출력하는 프로그램이다. [구매품의]는 [구매발주]를 내기 위한 선행 작업이다. [구매품의]는 거래처별로 구매발주 하는 것과 달리 한 품의서 내에 여러 거래처를 명시할 수 있다.

■ **구매품의현황**

　'구매품의'가 완료된 건을 품의번호 별로 조회하는 화면이다. 또한 품의 건에 대한 확정 작업 및 [구매발주서]를 생성하는 작업도 이 화면에 처리된다.

■ **구매발주서 작성**

　구매품목에 대해 구매처에 발주를 내보내기 위해 구매처, 납품장소, 지불조건, 구매품목, maker 등의 정보를 입력하는 화면이다. 구매요청, 품의 등의 구매프로세스로 진행된 발주 건을 [구매품의현황]에서 발주생성하면 구매발주 화면의 모든 정보들이 구매품의 건을 토대로 하여 자동으로 입력된다. 다만 [구매발주서]에서 신규 입력할 경우는 담당자가 구매처를 비롯한 모든 정보들을 직접 입력해야 한다. [구매품의현황]에서 자동발주 생성된 품의 건은 발주된 내역을 발주현황에서 조회해 볼 수 있다. 즉, [구매발주서]는 자동발주를 통해 생성된 발주 건을 발주 화면에서 조회한 후 그 상세내역을 보기 위한 역할이나 발주서 출력을 위해 사용할 수 있다. 물론 신규 입력을 하기 위해서는 [구매발주서] 화면을 쓸 수 있다.

6.3.2 입고관리 관련 메뉴 설명

■ **구매납품**

[구매납품]은 발주된 거래처로부터 해당 품목들을 납품받아서 해당 정보를 입력해주는 화면이다. 그리고 납품된 건에 대한 입고처리도 여기서 처리하며 구매납품에서 신규 등록도 가능하다. 담당자들은 [발주현황]이나 [발주품목현황]으로부터 하나의 건이나 혹은 거래처별로 묶어 구매납품으로 진행할 수 있다. 이때 수입구분이 내수이거나 후LC인 건만이 곧바로 납품으로 진행이 가능하다. 내외자 구분이 Local(선LC)인 건은 먼저 [수입LC/TT 등록]을 해 주어야 한다. 그런 후 납품등록으로 진행된다.

납품등록이 된 품목들은 재고에 반영되지 않은 가입고 상태이므로 재고에 반영하기 위해 품목별로 또는 납품 건 전체를 선택하고 <입고확인> 버튼을 클릭하면 납품 건들이 입고된다. 다만 [품목등록]에서 무검사품이라고 등록한 품목에 대해서만 바로 입고할 수 있으며, 미검사품이라고 등록한 품목은 반드시 [수입검사대기현황]에서 검사 받은 후 합격 품목만이 입고될 수 있다. 그리고 사용자는 [구매납품] 저장을 하고 입고된 건에 대해 입고전표를 인쇄하거나 식별표 인쇄를 클릭하여 구매입고증을 인쇄할 수 있다.

■ **구매수입검사대기현황**

[구매수입검사대기현황]에서는 납품된 건 중 미검사품인 품목에 대해 검사를 하는 화면이다. 구매납품 시 무검사품인 경우에는 바로 입고처리를 시킬 수 있지만 미검사품인 경우에는 검사를 통해 합격처리가 된 것만 입고처리를 할 수 있다. 검사자는 미검사품에 대해서 입고처리 전에 해당 품목에 대해 합격, 불합격, 특채를 결정해 주어야 하며 검사자는 로그인 등록자로 저장된다.

■ **구매입고정산처리**

구매처에 발주된 품목들을 납품받아 입고시킨 후 회계처리를 하는 화면이다. 영업, 생산, 재고 담당자가 구매요청 한 상품, 자재 또는 소모품 등을 품의 받은 후 해당 거래처별로 발주한 후 일정 시간 경과 후 납품받아서 입고처리 시킨 다음 이 화면에서 입고 건들을 조회하여 구매전표를 발생시킨다. 그러면 회계담당자는 여기서 발생된 회계전표를 근거로 발주 받은 거래처에 대금을 지불한다. 만약 회계처리를 통해 전표번호가 생성이 된 건이라면 선택 후 <회계처리> 버튼을 누르면 상세한 전표내역도 볼 수 있다.

■ 구매납품단가변경

납품된 건에 대해서 정확한 입고정산처리를 위해서 단가만을 변경할 수 있는 화면으로 납품, 입고단가만 업데이트해준다. 입고단가를 변경하게 되면 입고금액은 자동으로 변경된다. 단가변경 시에는 해당 품목 건마다 변경해주는 방법이 있고 sheet의 선택 체크를 하거나 조회조건으로 품명을 주어 해당 품목조회 후 master의 전체 선택을 선택하여 일괄적으로 변경해 주는 방법이 있다.

■ 구매반품품목입력

구매납품 처리된 품목을 불량이나 수입검사 불합격 등의 문제로 인해 반품처리 하는 화면이다. 반품처리는 [구매반품 품목등록]에서 신규 등록할 수 있으나 대부분 [구매납품], [구매납품현황]에서 반품처리 할 건을 선택 후에 점프하여 반품수량을 등록하여 처리해준다. [구매납품현황]에서 수량이 마이너스(-)인 건이 있는데 이 건은 구매반품 건이므로 반품으로 점프 시에는 반품 등록된 내역을 보여준다.

6.4 구매활동 실습

구매 관련 업무는 구매요청에서부터 자재를 납품받아 입고 처리하는 구매 전반의 프로세스를 가지고 있다. 구매프로세스는 [구매요청 → 품의 → 발주 → 납품(입고) → 정산처리]로 진행이 된다. 가능한 프로세스 시나리오를 살펴보면 아래와 같다.

- 시나리오 1: 요청 → 품의 → 발주 → 납품 → (검사) → 입고처리 → 정산처리
- 시나리오 2: 품의 → 발주 → 납품 → (검사) → 입고처리 → 정산처리
- 시나리오 3: 발주 → 납품 → (검사) → 입고처리 → 정산처리
- 시나리오 4: 납품 → (검사) → 입고처리 → 정산처리

시나리오 1이 전체 프로세스이며, 위의 순서대로 진행되어야 한다. 중간 프로세스를 생략할 수는 없다. 구매를 간단히 사용해야 할 경우 시나리오 4처럼 구매납품 및 회계처리만 사용할 수도 있다. 검사 단계는 품목에 따라 생략할 수 있다. 검사하는 품목일 경우에는 반드시 검사를 거쳐야 하고, 그렇지 않은 품목은 검사 없이 바로 입고처리가 가능하다. [구매입고정산처리]에서

처리한 전표는 회계에 반영이 된다.

본 실습에서는 시나리오 1을 통해 전체적인 절차를 학습한다.

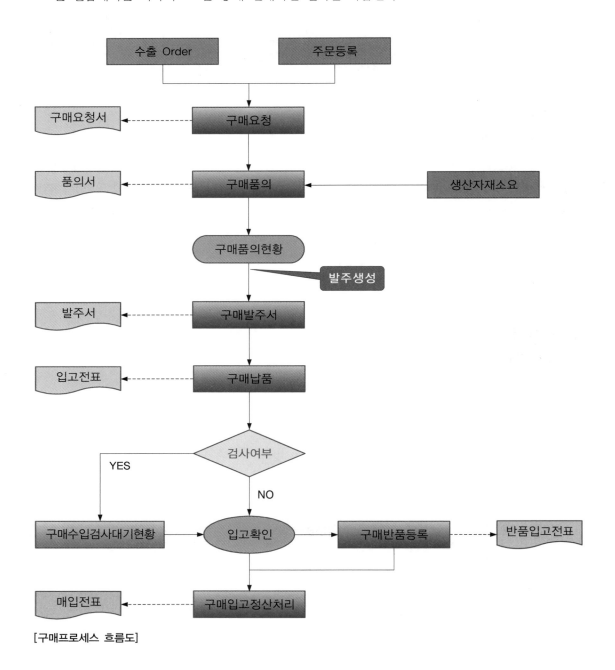

[구매프로세스 흐름도]

6.4.1 시나리오 1 : 구매프로세스

1) 업무 개요

구매요청 ➡ 구매품의 ➡ 품의현황 ➡ 구매발주 ➡ 구매납품 ➡ 구매검사 ➡ 입고 ➡ 정산처리

구매요청	2009년 5월 7일 영업1팀 사원은 프린터 10EA와 RAM 5EA를 요청한다. 요청납기일은 2009년 5월 20일로 요청하였다.
구매품의	2009년 5월 11일 구매부, 이재동 사원은 요청 건을 확인하여 품의를 진행한다. 프린터의 단가는 80,000원, RAM 10,000원이고, 구매처는 대덕전자부품(주)로 하였다.
구매품의현황	2009년 5월 11일 품의 건을 조회하여, 2009년 5월 12일자로 발주서를 생성한다.
구매발주	품의현황에서 생성한 발주서의 내용을 확인한다. 발주서의 장소구분은 '창고'로 하고 납품장소는 '제품창고'로 한다.
구매납품	2009년 5월 20일 프린터 10대와 RAM 5개를 구매부 이재동 사원이 납품받았다. 품목에 대한 단가는 품의와 동일하다.
구매수입검사대기현황	RAM 품목에 대해 검사를 하고, 전량 합격처리 한다. 검사일자는 2009년 5월 20일, 검사자는 이재동이다.
구매납품(입고)	납품 건을 확인하고 프린터, RAM 두 품목을 선택하여 입고처리 한다.
입고정산처리	입고처리 된 납품 건을 확인하여 5월 20일자로 전표처리 한다.

2) 프로세스 따라하기

Step 1 구매요청

구매요청 ➡ 구매품의 ➡ 품의현황 ➡ 구매발주 ➡ 구매납품 ➡ 구매검사 ➡ 입고 ➡ 정산처리

2009년 5월 7일 영업1팀 김영일 사원은 프린터 10EA와 RAM 5EA를 요청하였다. 요청납기일은 2009년 5월 20일로 요청하였다.

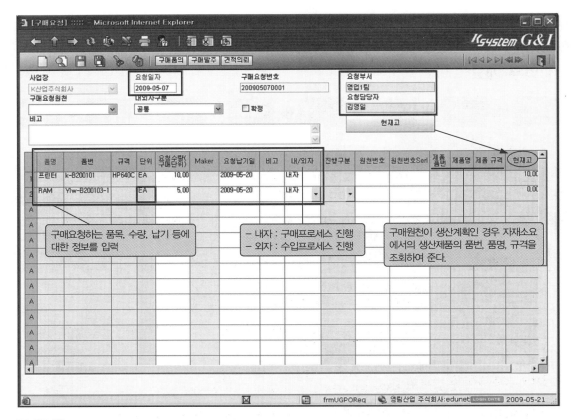

[구매요청]

■ 작업 순서

① 요청일자(2009년 5월 7일), 요청부서, 요청담당자를 입력한다.

② 품명(프린터), 수량(10EA), 요청납기일(2009년 5월 20일), 내/외자(내자)를 입력한다.

③ 품명(RAM), 수량(5EA), 요청납기일(2009년 5월 20일), 내/외자(내자)를 입력한다.

④ 입력한 내용을 확인하고 저장한다.

⑤ 확정처리를 사용할 경우 확정처리 한다.(사용하지 않을 경우에는 체크하지 않아도 됨.)

■ 주요 항목 설명

① **구매요청원천** : 원천이 되는 화면에서 구매요청으로 점프 시에 구매원천이 정해진다.

- 영업모듈의 내수화면 → 내수수주

- 영업모듈의 수출화면 → 수출수주

- 재고 관련 화면, 품목의 자산구분이 상품 → 상품재고

- 생산의 자재 소요에서 점프 → 생산계획

- 재고 관련 화면, 품목의 자산구분이 자재 → 자재재고
- AS처리 화면에서 점프 → AS
- 수리의뢰에서 점프 → 수리
- 이 외의 점프 → 기타

② **확정** : [운영환경관리]에서 [구매요청]에 대해 확정처리를 사용한다고 설정할 경우, 다음 단계로 진행 시 확정처리 되어 있어야 한다.

③ **원천번호(시트)** : 구매요청 원천번호가 자동표기 된다.
- 영업주문등록에서 넘어온 경우 → 주문번호
- 재고 관련 화면에서 넘어온 경우 → 원천번호 없음
- 생산자재소요에서 넘어온 경우 → 생산 LotNo
- AS처리에서 넘어온 경우 → AS 번호
- 수리의뢰에서 넘어온 경우 → 수리번호

④ **진행구분** : 사용자가 등록하는 부분은 아니며 구매요청 된 품목에 대해 모든 수량이 다음 프로세스로 진행된 상태일 때는 완료라고 보여지며 요청만 된 건이나 일부 수량만 진행된 건은 진행으로 보여진다.

Step 2 구매품의 작성

2009년 5월 11일 구매부, 이재동 사원은 요청 건을 확인하여 품의를 진행한다. 프린터의 단가는 80,000원, RAM 10,000원이고, 구매처는 대덕전자부품(주)로 하였다.

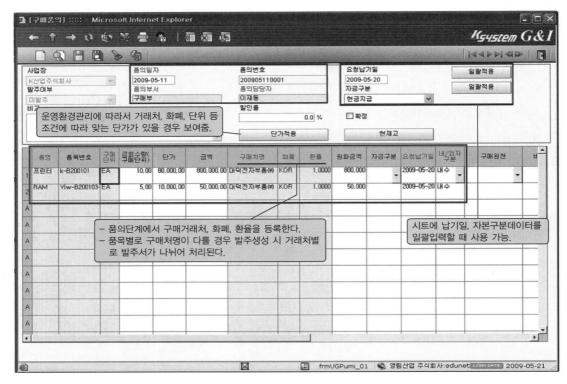

[구매품의]

■ 작업 순서

① [구매요청] 또는 [구매요청현황] 또는 [구매요청품목현황]에서 요청 건을 선택하여 [구매품의]로 점프한다.

② 품의일자(2009년 5월 11일), 품의부서(구매부), 품의담당자(이재동)를 확인한다.

③ 프린터의 수량(10), 단가(80,000) 화폐(KOR), 요청납기일(2009년 5월 20일), 내/외자구분(내수) 인지 확인한다.

④ RAM의 수량(5), 단가(10,000), 화폐(KOR), 요청납기일(2009년 5월 20일), 내/외자구분(내수)인지 확인한다.

⑤ 입력한 내용을 확인하고 저장한다.

⑥ 확정처리 한다.

■ 주요 항목 설명

① 금회수량: 품의할 수량으로 요청에서 넘어온 건에 대해서는

- 처음 점프 시: 요청수량 전부가 기본으로 보여짐.
- 이후 점프 시: → 이전 품의된 수량을 제외한 나머지 수량이 보여짐.

② 내/외자 : [구매품의]에서는 내자와 직수입, Local(선LC, 후LC)건을 선택이 필수이다. 내수일 경우 구매프로세스로, 직수입일 경우 수입프로세스로 진행이 되므로 품의등록 시 내수 건 인지 수입 건인지 확인하여 등록해야 한다.

- 내수 : 구매요청 → 구매품의 → 구매발주 → 납품
- Local(선LC) : 구매요청 → 구매품의 → 구매발주 → LC → 납품
- Local(후LC) : 구매요청 → 구매품의 → 구매발주 → 납품 → 구매입고정산처리 → LC

Step 3 구매품의현황

현재 구매품의 현황 리스트를 보고 필요한 발주를 선택하여 발주서를 생성하기 위한 화면이다. 아래 화면처럼 2009년 5월 11일 품의 건을 조회하여, 2009년 5월 12일자로 발주서를 생성한다.

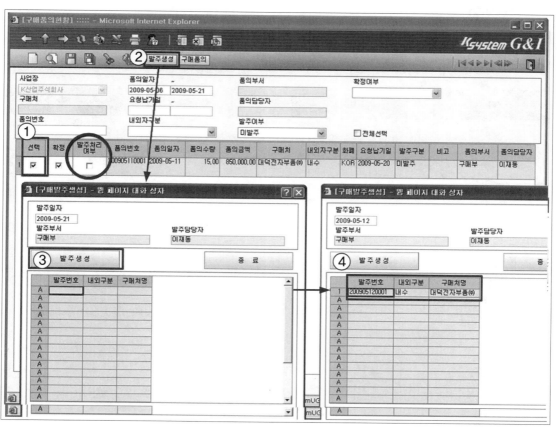

[구매품의현황 화면]

■ **작업 순서**

① 품의일자, 구매처, 발주 여부 등의 조회조건을 확인하여 품의 건을 조회한다.

② 발주생성 할 품의 건을 선택하여 <발주생성> 버튼을 누른다.

③ '구매발주생성' 창이 뜨면 발주일자(2009년 5월 12일), 발주부서(구매부), 발주담당자(이재동)를 확인하여 <발주생성> 버튼을 눌러 발주서를 생성한다.

④ '구매발주생성' 창의 시트에 발주번호가 조회되면 발주서가 생성된 것이다.

⑤ 종료를 눌러 창을 닫는다.

■ **주요 항목 설명**

① 확정 : 구매품의에 대한 확정이 가능하다.

② 발주처리 여부 : 발주처리가 완료된 품의 건은 이 칼럼이 체크된다.

③ 〈발주생성〉 : 발주생성 시 품의 건의 '구매처', '내외자구분'이 다를 경우 발주서가 여러 건 생성된다. 내수 건의 발주는 [구매발주현황]에서 확인이 되고, 직수입 건의 발주는 [수입 Order 현황]에서 확인이 가능하다.

Step 4 구매발주서 확인

품의현황에서 생성한 발주서의 내용을 확인한다. 발주서의 장소구분은 '창고'로 하고 납품장소는 '제품창고'로 한다.

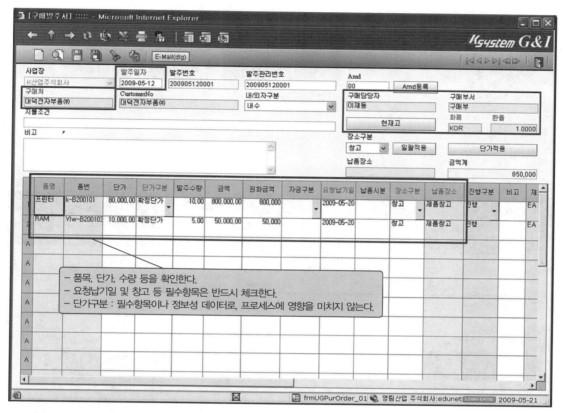

[구매발주서 확인 화면]

■ 작업 순서

① [구매발주현황]이나 [구매발주품목현황]에서 발주 건을 조회하여 [구매발주서로]를 확인한다.

② 발주일자, 품목, 수량 등이 문제없는지 확인한다.

③ 장소구분(창고), 납품장소(제품창고)로 한다.

④ 입력한 내용을 확인하고 저장한다. 변경사항이 없으면 저장하지 않아도 된다.

구매요청 ➡ 구매품의 ➡ 품의현황 ➡ 구매발주 ➡ 구매납품 ➡ 구매검사 ➡ 입고 ➡ 정산처리

2009년 5월 20일 프린터 10대와 RAM 5개를 구매부 이재동 사원이 납품받아서 아래와 같이
구매납품 등록한다. 품목에 대한 단가는 품의와 동일하다.

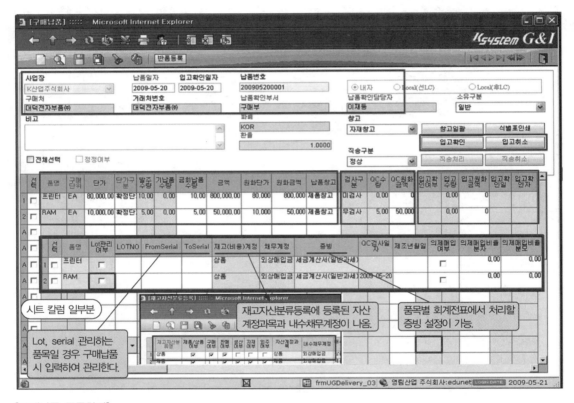

[구매납품 등록화면]

■ 작업 순서

① [구매발주현황]이나 [구매발주품목현황]에서 발주 건을 선택하여 [구매납품]으로 점프한다.

② 납품일자(2009년 5월 20일), 구매처(대덕전자부품), 부서(구매부), 담당자(이재동)를 확인한다.

③ 프린터의 수량(10), 단가(80,000) 화폐(KOR), 요청납기일(2009년 5월 20일), 납품창고(제품창
   고)인지 확인한다.

④ RAM의 수량(5), 단가(10,000), 화폐(KOR), 요청납기일(2009년 5월 20일), 납품창고(제품창고)

인지 확인한다.

⑤ 입력한 내용을 확인하고 저장한다.

■ **주요 항목 설명**

① 〈입고확인〉: 선택한 품목에 대해 입고처리 할 때 사용한다. 납품품목을 검사 후 입고처리 하는 버튼이다.

② 〈입고취소〉: 입고를 취소할 경우 품목을 선택하고 버튼을 클릭하여 사용한다.

③ 검사구분: 품목등록을 할 때 품목검사기준등록의 검사 여부에 따라 검사구분이 달라진다. 품목등록 시 검사 여부를 체크한 품목은 '미검사'로 나오며, 체크하지 않은 품목은 '무검사'로 조회된다. '미검사'인 품목은 "수입검사가 완료된 건만 입고처리 할 수 있습니다"라고 나오면서 입고처리 되지 않는다. [구매수입검사대기현황]에서 합격처리 되어야만 입고처리가 가능하다. 입고처리가 되면 창고재고 및 수불부에 재고단위수량이 반영된다.

④ QC 수량/QC 원화금액: 수입검사를 거친 항목에 한해서 검사통과수량과 그 금액을 보여준다.

⑤ 입고확인 여부: 입고처리 된 경우 '입고확인'으로 보여진다.

⑥ 입고수량: 입고처리 된 수량을 보여준다.

⑦ 입고원화금액: 입고처리 된 품목의 입고원화금액이다.

⑧ 입고확인자: 입고처리한 사람에 대한 정보이다.

⑨ 입고확인일: 여러 품목을 입고처리 시 입고확인 달이 다른 경우 입고처리 되지 않는다.

⑩ 재고(비용)계정/채무계정: 입고처리 후 구매전표처리 시 처리할 계정과목이다.

> **Step 6** 구매수입검사대기현황

구매요청 ➡ 구매품의 ➡ 품의현황 ➡ 구매발주 ➡ 구매납품 ➡ 구매검사 ➡ 입고 ➡ 정산처리

품목별 검사항목을 찾아 검사결과를 입력하는 절차이다. 예에서 RAM 품목에 대해 검사를 하고, 전량 합격처리 한다. 검사일자는 2009년 5월 20일, 검사자는 이재동이다.

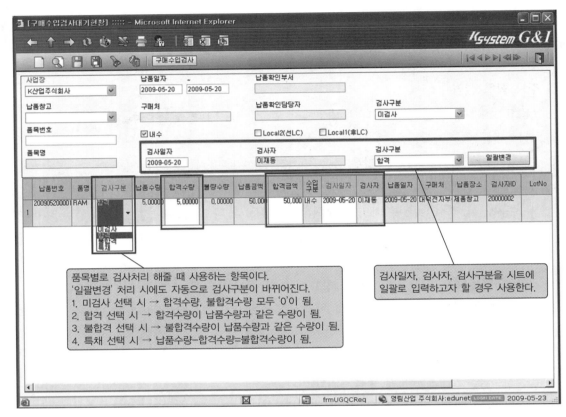

[구매수입품검사대기현황 화면]

■ 작업 순서

① 조회조건을 입력하여 구매납품 건을 조회한다.

② 미검사인 RAM이 조회되면 검사구분을 '합격'으로 처리한다.

③ 검사일자(2009년 5월 20일), 검사자(이재동)을 입력하고 저장한다.

■ 주요 항목 설명

① 검사구분

- 합격 : 납품된 수량 모두 합격일 경우
- 불합격 : 납품된 모든 수량이 불합격일 경우
- 특채 : 납품된 수량 중 일부분이 합격일 경우
- 미검사 : 납품받고 검사하지 않은 경우

Step 7 입고

구매요청 ➡ 구매품의 ➡ 품의현황 ➡ 구매발주 ➡ 구매납품 ➡ 구매검사 ➡ 입고 ➡ 정산처리

[구매납품] 화면에서 입고처리 하는 절차이며, 본 예에서는 납품 건을 확인하고 프린터, RAM 두 품목을 선택하여 입고처리 한다.

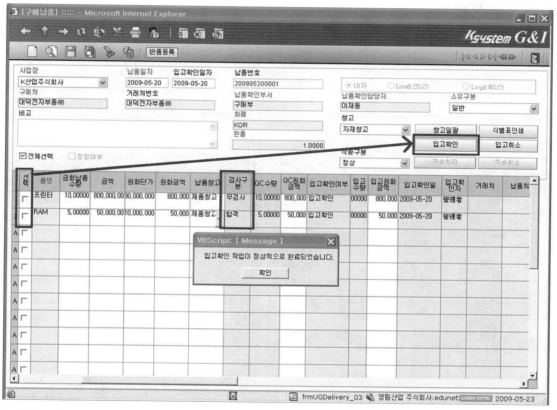

[구매입고처리 화면]

■ **작업 순서**

① [구매납품현황]이나 [구매납품품목현황]에서 납품 건을 선택하여 [구매납품]을 확인한다.

② 프린터, RAM을 선택하여 <입고확인> 버튼을 클릭하여 입고처리 한다.

③ "입고확인 작업이 정상적으로 완료 되었습니다"라고 메시지가 뜨면 확인한다.

구매요청 ➡ 구매품의 ➡ 품의현황 ➡ 구매발주 ➡ 구매납품 ➡ 구매검사 ➡ 입고 ➡ 정산처리

입고처리 된 납품 건을 확인하여 5월 20일자로 아래 그림처럼 전표처리(회계처리) 한다.

🔊 **알아두세요**　　　상품입고의 회계처리

• 상품이 입고되면 자산이 증가하므로 상품계정을 이용하여 차변에 분개되고, 아직 상품에 대한 계산을 하지 않았으므로 외상매입금이라는 부채계정을 이용하여 대변에 분개하고 있다. 이때 상품에 대한 부가세는 부가세대급금이라는 자산계정으로 차변에 기록한다. 부가세는 상품매출이 발생하면 변제받을 금액이기 때문이다.

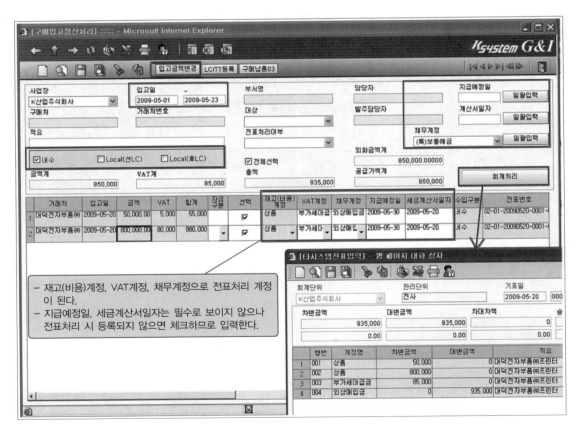

[구매입고정산처리 화면]

■ 작업 순서

① [구매입고정산처리]에서 납품 건을 조회한다. 여기서 조회 기준은 입고일이므로 입고일 등
   을 확인하여 조회한다.
② 전표처리 할 납품 건의 VAT 계정, 채무계정을 확인한다.
③ 지급예정일(2009년 5월 30일), 세금계산서일자(2009년 5월 20일)를 등록하고 저장한다.
   납품 건을 선택하여 <회계처리> 버튼을 클릭하여 타 시스템 전표처리를 한다.
   위 그림에서처럼 금액, 계정 등을 확인하여 전표처리 한다.

■ 주요 항목 설명

① 회계처리: 하나의 납품 건(납품번호가 동일한 건)은 전표 하나로 회계처리된다. 금액을 나
   누어 전표처리 할 수 없다.
② 일괄입력: 지급예정일자, 계산서일자, 채무계정을 일괄입력 시 사용한다.

6.4.2 구매업무 에러 처리방법

1) 발주서 등록에서 삭제가 되지 않을 경우 처리방법

발주서에 등록된 내역이 잘못되어 삭제해야 하는 경우가 있다. 발주서등록 화면에서 삭제 시
아래와 같은 메시지가 나올 경우에는,

품의에서 <발주생성> 버튼을 통해서 자동으로 발주서가 생성된 경우이므로 [구매발주서]에서
발주서가 삭제되지 않는다. 이때 다음과 같이 처리한다.

① [구매품의현황]에서 발주서를 삭제할 품의 건을 확인한다.
② 발주처리 여부의 체크 버튼을 클릭하여 풀어준다.
③ 다음 그림과 같이 "발주된 품의 건을 취소 시 해당 발주 건을 모두 삭제한다. 발주취소
   하시겠습니까?"의 메시지가 뜨면 '예'를 눌러 발주 건을 삭제한다.

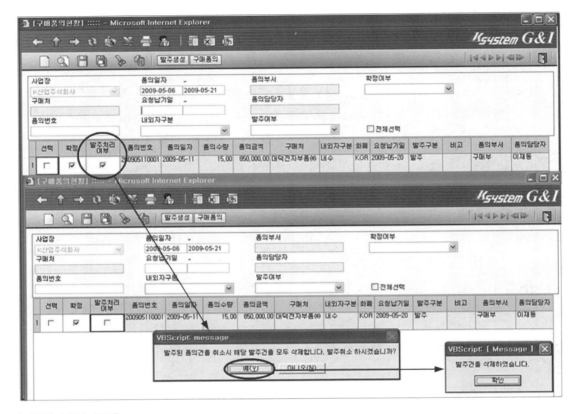

[발주품의 취소 화면]

2) 납품 건이 조회되지 않는 경우

입고처리 한 납품 건이 [구매입고정산처리]에서 조회되지 않을 경우에 다음 사항을 점검한다.

- [구매입고정산처리]의 입고일, 부서명, 담당자 등의 조회조건이 문제없는지 확인한다.
- [구매납품]에서 하나의 납품 건에 등록된 품목들이 여러 가지일 경우, 여러 가지 품목들 중 하나라도 입고처리 되지 않을 경우 조회되지 않는다. 품목들 중 입고처리 되지 않은 품목이 있는지 확인하여 있을 경우 입고처리 한다.

3) 부가세가 차이 나는 경우

매입세금계산서의 부가세금액과 시스템의 부가세가 다른 경우인데, 원인은 시스템에서 부가세는 총금액의 10%가 아니고 각 품목금액의 10%가 계산되기 때문에 원단위 차이가 날 수 있다. 혹은 업체에 따라서 부가세를 반올림 혹은 절사에 따라서 차이가 날 수 있다. 이럴 때는 [구매입고정산처리]의 툴바의 <입고금액변경> 버튼을 클릭하면 아래 그림과 같은 [구매입고금액변경] 창이 뜬다. 여기서 부가세 금액을 변경하여 부가세 금액을 매입계산서와 맞출 수 있다. 저장한 후 창을 닫고 회계처리 하면 된다.

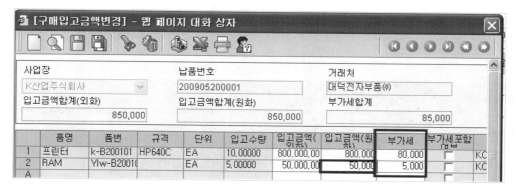

[구매입고금액변경 화면]

01   다음은 구매에 대한 내용이다. 구매입고처리에 대한 다음 설명 중 잘못된 것은?

〈15회 이론 기출문제〉

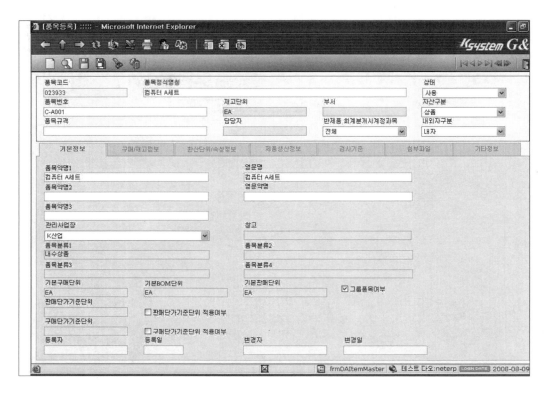

① 여러 가지 품목들을 하나로 묶어서 판매할 경우 그룹품목을 만들어 사용할 수 있다.

② 그룹품목을 [거래명세표]에서 출고처리 시 구성된 품목들이 각각 출고처리 된다.

③ 그룹품목을 구매하여[구매납품]에서 입고처리 시 그룹품목에 속한 품목들 각각 입고처리 된다.

④ 그룹품목을[세금계산서]에서 회계처리 후에 구성된 품목들이 풀려서 보여진다.

그룹품목은 품목등록 시 그룹품목 여부에 체크하여 등록할 수 있다(영업관리의 영업기본정보-품목등록, 그룹품목등록 참조). 이때 그룹품목에 자식품목들이 존재하게되는데, 이런 그룹품목을 구매하더라도 입고 시 자식품목인 각 개별품목으로는 입고되지 않는다.

정답 ③

---

02 다음 보기에서 구매 기본설정 내용 중 옳지 않은 것은? 〈15회 이론 기출문제〉

① 구매수량 범위별 단가설정을 할 수 있다.

② 품목별 구매정보에 등록된 구매단가에 대한 이력관리를 할 수 있다.

③ 품목별 또는 거래처별로 무검사품을 설정할 수 있다.

④ 품목별 구매정보에서 상품에 대한 단가도 설정할 수 있다.

구매품목별로 단가설정을 할 수 있고 수량범위별로는 단가설정을 할 수 없다. 본문중 품목별 구매정보 참고.

정답 ①

---

03 K.System ERP에서 구매 Local 전환입력 화면에 대한 설명이다. 다음 설명 중 옳지 않은 것은?

〈15회 이론 기출문제〉

① 내수구매 건을 '후-LC'로 변환할 때 사용한다.

② 납품 건의 전 수량이 아닌, 일부도 LC로 변환 가능하다.

③ LC 변환한 건도 다시 내수전환이 가능하다.

④ 납품 건 중 전표처리가 완료된 건은 처리할 수 없다.

LC 변환한 건은 내수전환 할 수 없다. 본문 중 구매관리 참조.

정답 ③

04. 다음 중 K.System ERP 에서 출고처리 대한 설명이다. 옳지 않은 것은? 〈15회 이론 기출문제〉

① 거래명세표에서 출고확인을 해야 재고현황에 출고로 반영된다.

② 거래명세표 권한을 가지고 있으면 출고처리 할 수 있다.

③ 기타출고처리는 등록과 동시에 출고에 반영된다.

④ 여러 거래명세표를 선택하여 일괄 출고처리 할 수 있다.

출고권한은 거래명세표 등록권한과 상관없다.

정답 ②

05 다음은 구매입고처리 화면이다. 구매입고처리 후 재고에 입고된 수량은 얼마인가?

〈15회 이론 기출문제〉

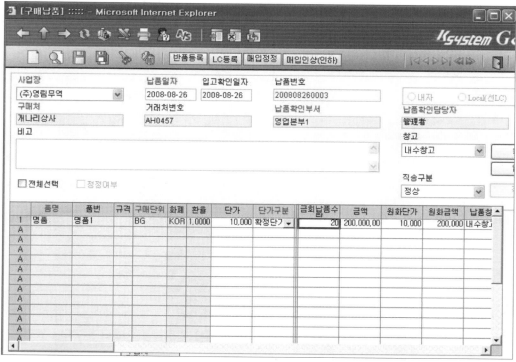

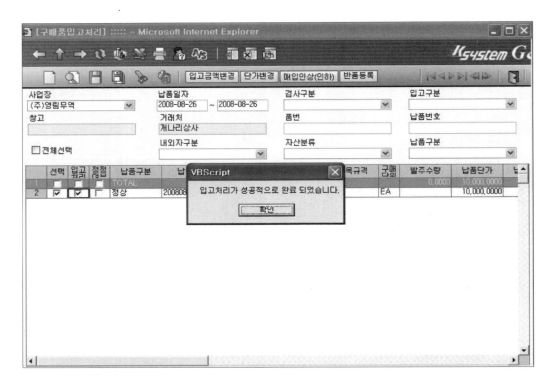

① 4

② 5

③ 20

④ 80

첫 번째 화면의 품목등록에 2가지 환산단위가 등록되어 있고, 등록된 구매납품정보에 구매단위가 BG이고, BG의 재고환산단위가 4이므로 4 × 금회납품수량(20)은 80이다.

정답   ④

06 아래 그림처럼 품의담당자가 [구매품의]에 3가지 품목을 구매하기 위해 결재를 받았다. 결재가 완료된 후 업체에 발주하기 위해 [구매품의현황]에서 발주생성을 하려고 한다. '발주생성' 처리 후 결과로 옳은 것은? 〈15회 실무 기출문제〉

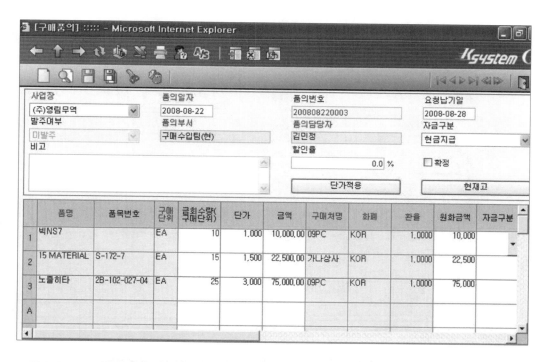

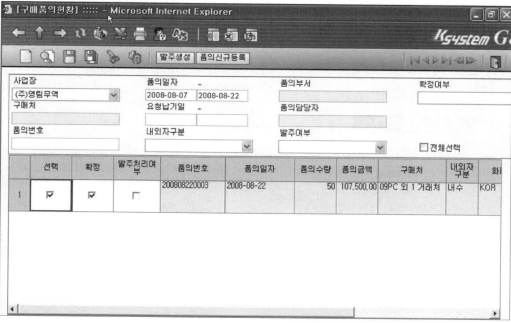

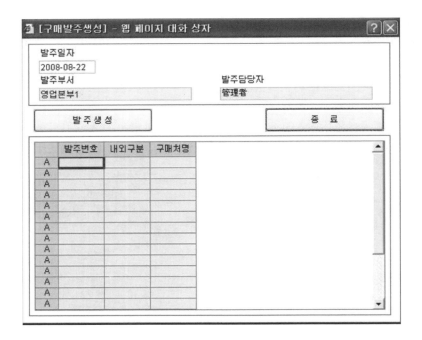

① 3가지 품목 각각 발주서가 생기기 때문에 3건의 발주가 생성된다.

② 구매품의 1건을 발주생성 했기 때문에 1건의 발주가 생성된다.

③ 거래처가 2개이므로 발주생성 시 담당자가 발주처리 한 내역에 따라 생성된다.

④ 거래처가 2개 업체로 되어 있기 때문에 2건의 발주가 생성된다.

★ 풀이 & 보충학습

모두 내수이고, 구매발주서는 거래처별로 발주가 만들어지기 때문에 2건의 구매발주서가 생성된다. 구매발주서에서 구매처는 주요 입력정보(빨간색 라벨)이다. 본문 6.3절 구매발주서 작성 참조.

정답 ④

07 영림무역에서는 품목 '페인트마카'를 거래처 금오전자제어와 대진상사에서 구매를 한다. 아래 그림과 같은 상태에서 [구매품의]의 단가적용 시 나오는 단가로 옳은 것은? 〈15회 실무 기출문제〉

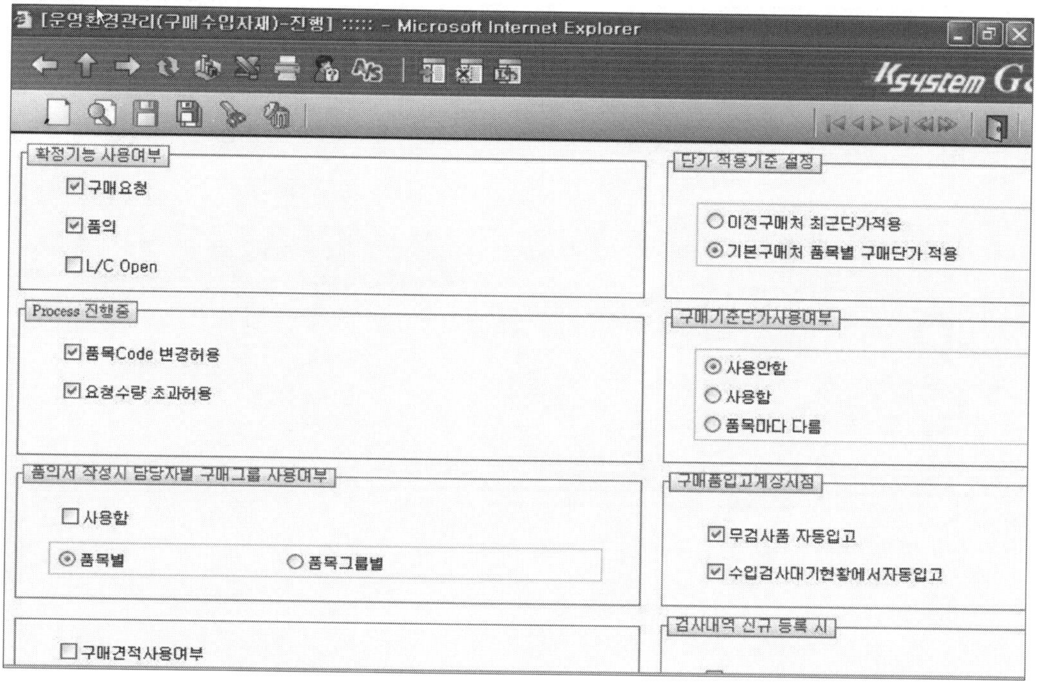

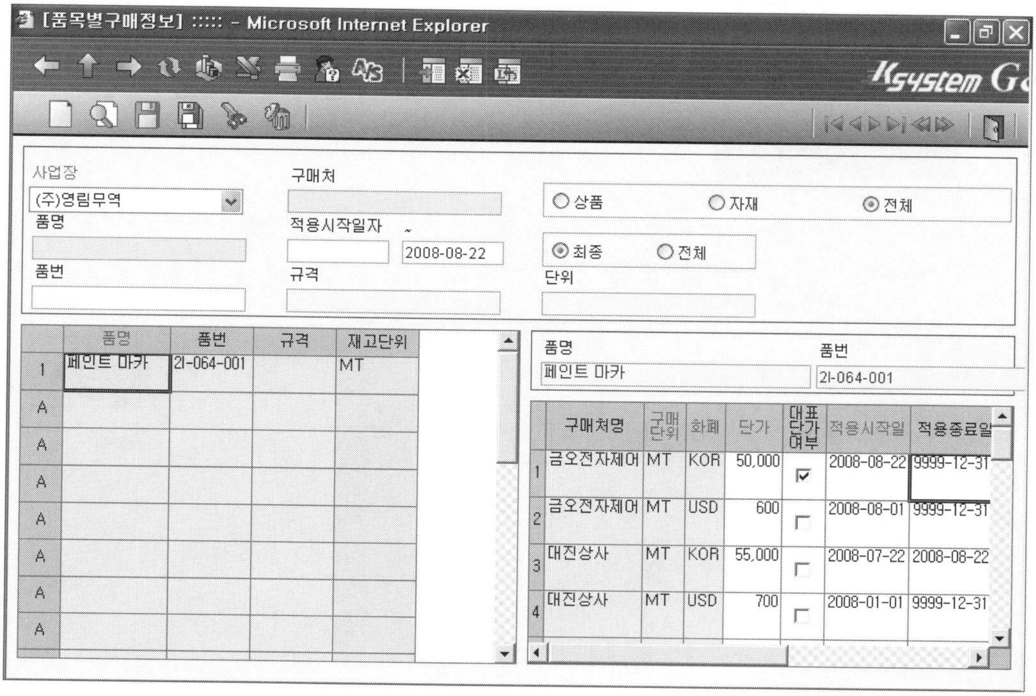

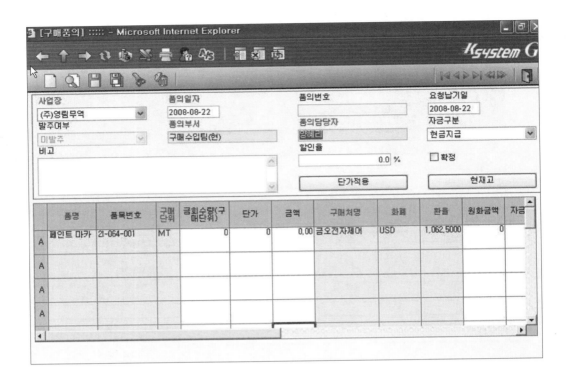

① 50,000

② 600

③ 55,000

④ 700

★ 풀이 & 보충학습

운영에서 기본구매처 품목별 구매단가적용을 사용하고, 구매품의의 구매처명은 금오
전자제어로 되어 있다. 또한 화폐는 USD로 되어 있으므로, 거래처의 화폐 USD의
금액은 600이므로 단가적용 시 600이 적용된다.

정답 ②

08 K.System ERP에서 [구매납품] 화면이다. 구매납품 관련 내용 중에서 옳지 않은 것은?

〈20회 실무 기출문제〉

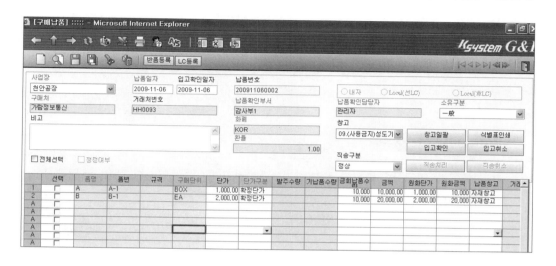

① 구매납품 등록 후 입고확인이 되지 않으면 구매정산전표를 작성할 수 없다.

② 구매납품품목이 무검사품목이라도 검사 후 입고할 수 있다.

③ A, B두 품목을 납품받은 경우 품목별 입고처리가 가능하다.

④ 수입구분이 내자일 경우에는 수입LC로 진행할 수 없다.

★ 풀이 & 보충학습

- 입고 건들을 조회하여 입고정산처리를 하므로, 입고확인이 되지 않으면 회계처리 할 수 없다.
- 무검사품목은 바로 입고처리 된다. ②번은 잘못된 설명이다.
- 구매납품에서 특정 품목을 선택해서 입고확인을 하면, 품목별 입고처리가 가능하다.
- 내자인 구매납품은 내수프로세스를 따라야 한다.

정답 ②

09 K.System ERP에서 일자별 구매입고 통제를 하기 위한 방법으로 옳은 것은?

〈20회 실무 기출문제〉

① 전표마감관리
② 월별 수불마감관리
③ 일자별 수불마감관리
④ 월별 재고재집계

★ 풀이 & 보충학습

수불이란 입고 및 출고를 의미하며, 구매입고에 대한 일자별 관리를 위해서는 일자별 수불마감관리 화면을 이용한다.

| 정답 | ③ |

10 첨부 그림은 K.System ERP에서 구매단위에 관련된 내용이다. 첨부된 그림과 같이 진행되어 입고처리까지 완료했다고 하면 다음 중 이번 구매 건으로 재고현황에 입고된 수량은 몇 개인가?

〈20회 실무 기출문제〉

① 1BX
② 5BX
③ 500BX
④ 10,000BX

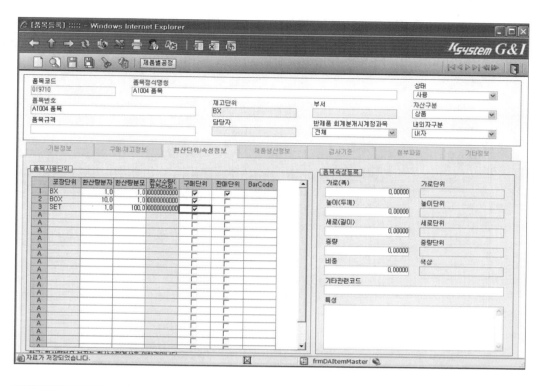

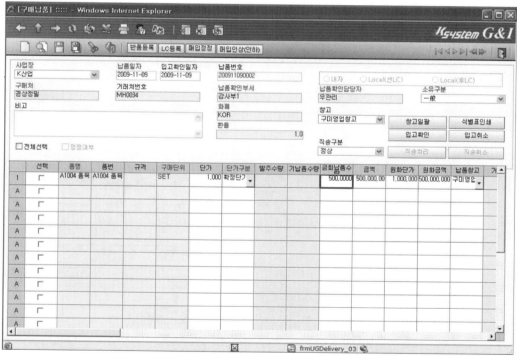

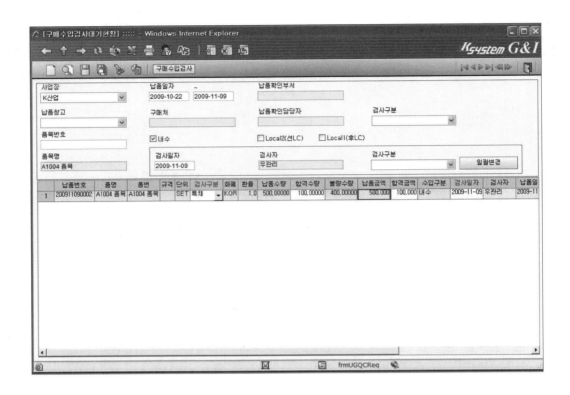

100set이 합격되었으므로 입고수량은 BX로 계산하면 1개이다.

정답 ①

11 구매단가 적용방법의 문제이다. 구매발주입력에서 단가적용 버튼을 눌렀을 경우 구매단가는 얼마인가? 〈20회 실무 기출문제〉

① 1,500원
② 1,300원
③ 1,200원
④ 1,000원

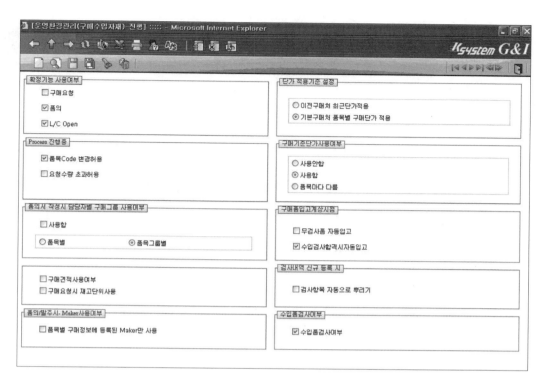

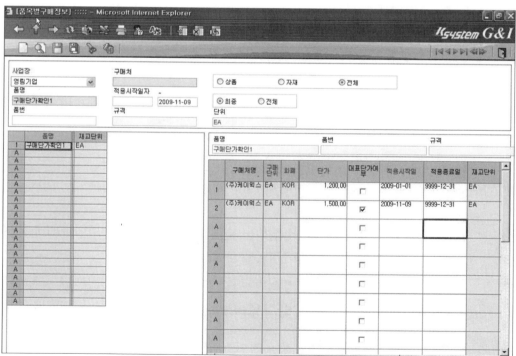

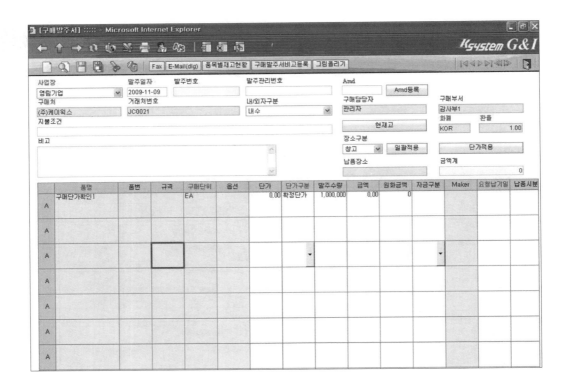

12 '구매반품용품목'을 구매발주를 100EA 발주를 하였다. 구매납품도 100EA를 납품하였다. 물건의 하자로 인하여 60EA가 구매반품이 되었다. 이런 경우에 대한 설명으로 옳지 않은 것은?

〈20회 실무 기출문제〉

① 구매반품용품목의 입고수량은 40EA만 반영이 된다.

② 구매발주품목현황에서 미납수량이 60EA가 보여진다.

③ 구매발주품목현황에서 미납수량 60EA 대해서 다시 구매납품으로 진행할 수 있다.

④ 구매반품된수량은 재고현황에서 확인할 수 없다.

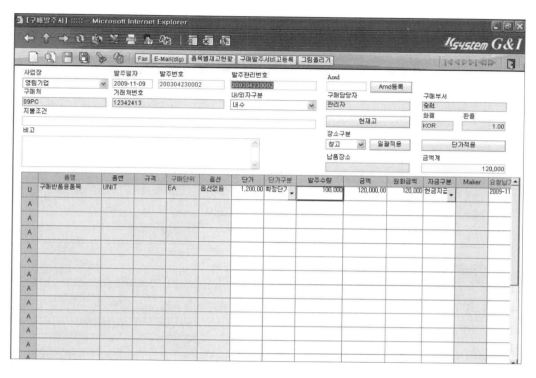

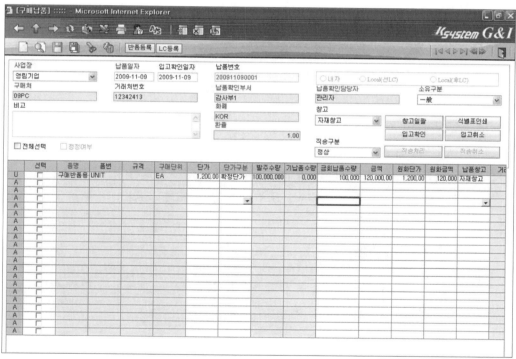

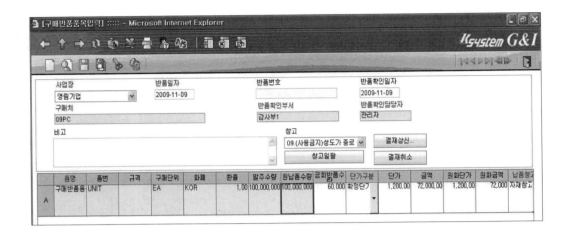

100개 중 60개를 반품하였으므로 입고는 40개만 되었고, 나머지 미납수량 60개에 대한 구매납품을 진행할 수 있다.

정답   ④

---

13 다음 보기에서 구매/수입 기본정보에 내용 중 옳지 않은 것은?   〈16회 실무 기출문제〉

① 구매그룹등록은 자재에 하위품목을 구성하는 기능이다.
② 거래처별 무검사품에 등록된 품목은 검사품이라도 무검사입고가 가능하다.
③ 소분류에 수입비용항목은 업체에 맞게 항목 정의가 가능하다.
④ 품목별 구매정보에서 구매단가 HISTORY 관리가 가능하다.

자재에 하위품목을 구성할 수 없다. 구매그룹등록은 구매품목에 대해 담당자를 지정하는 것이다.

정답   ①

14 [품목등록]의 기본정보에는 '그룹품목 여부'라는 설정항목이 있다. 이 그룹품목에 대한 설명으로
옳지 않은 것은? ⟨16회 실무 기출문제⟩

① 여러 가지 품목들을 하나로 묶어서 판매할 경우, 그룹품목을 만들어 사용할 수 있다.
② 그룹품목을 [거래명세표]에서 출고처리 시 구성된 품목들이 각각 출고처리 된다.
③ 그룹품목을 구매하여 [구매납품]에서 입고처리 시 그룹품목에 속한 품목들 각각 입고
처리 된다.
④ 그룹품목을 [세금계산서]에서 회계처리 후에 구성된 품목들이 풀려서 보여진다.

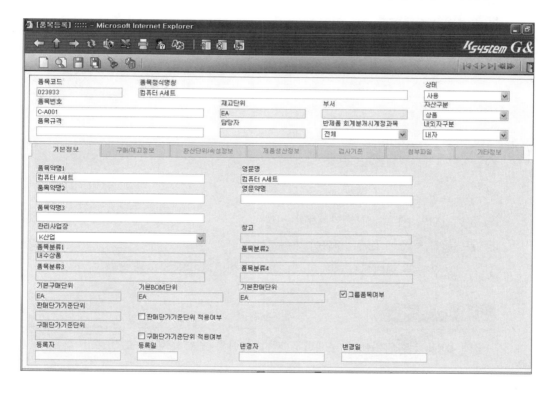

★ 풀이 & 보충학습

그룹품목 구매하더라고 입고 시 개별품목으로 입고되지 않는다.

정답 ③

15 [구매납품단가변경]에 관한 설명 중 옳지 않은 것은? 〈16회 실무 기출문제〉

① 발주된 건에 한하여 납품 여부와 상관없이 처리 가능한 화면이다.
② 정확한 입고정산처리를 위해 단가만을 변경할 수 있다.
③ 입고단가를 변경하게 되면 입고금액은 자동으로 변경된다.
④ 단가변경 시 해당 품목 건마다 변경해 주는 방법이 있고 전체 선택하여 일괄 변경해
   주는 방법이 있다.

★ 풀이 & 보충학습

구매납품단가변경은 납품등록 된 데이터의 단가를 변경한다.

정답 ①

16 다음 보기에서 구매(내자)프로세스에 내용 중 옳은 것은? 〈16회 실무 기출문제〉

① 구매요청과 동시에 발주생성을 할 수 있다.
② 구매단위와 재고단위는 일치해야 한다.
③ 구매납품 이후에 Local 전환이 가능하다.
④ 구매반품등록 화면에서 저장한 뒤 별도의 입고처리를 하여야 수불에 반영된다.

★ 풀이 & 보충학습

구매 Local 전환입력에서 구매납품 된 데이터를 조회하여 Local 전환할 수 있다.

정답 ③

17 다음 보기에서 구매납품 내용 중에서 옳지 않은 것은? 〈16회 실무 기출문제〉

① 검사품의 경우는 반드시 합격처리를 해야 입고처리가 된다.
② 입고처리 된 품목은 입고취소를 해야만 삭제가 가능하다.
③ 업체에 반품을 하고자 할 경우 구매반품으로 점프하여 반품처리를 한다.
④ 단가가 0인 경우에는 입고처리 할 수 없다.

18 [구매발주서]에서 발주서 삭제 시 아래와 같은 메시지가 떴다. 이 경우 발주서를 삭제할 수 있는 방법으로 옳은 것은?　　　　　　　　　　　　　　　　〈16회 실무 기출문제〉

① 행을 선택한 후 행 삭제를 한다.
② [구매품의현황]에서 발주서의 품의 건을 찾아 '발주처리 여부'의 체크를 풀어준다.
③ 다음 단계가 진행된 것이므로 구매납품 된 건을 먼저 삭제한 후 발주서를 삭제한다.
④ [구매요청]과 [구매품의]를 삭제한 후 [구매발주서]를 삭제한다.

19 [구매품의현황] 화면에 대한 설명 중 옳지 않은 것은?

① [구매품의현황] 화면에서 확정처리를 취소할 수 있다.
② 구매품의는 내수 외에도 다른 종류의 구매 건과 혼용할 수 있다.
③ 구매품의는 하나의 품의 건에 각 품목마다 다른 구매거래처를 등록할 수 있다.
④ '발주처리 여부' 체크된 품의 건에 대해 확정취소 시 발주서도 함께 취소된다.

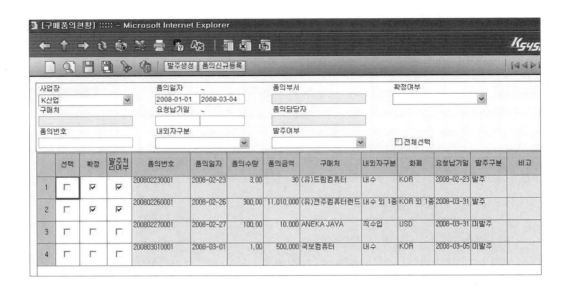

[구매품의현황]의 '발주처리 여부'를 먼저 취소해야 한다. 발주처리 취소를 하지 않고 확정취소를 할 수 없다.

정답 ④

20 [품목별 구매정보] 화면에 대한 설명이다. 옳은 것은?　〈18회 실무 기출문제〉

① [운영환경관리(구매수입자재)-진행]의 단가적용기준이 '이전구매처 최근단가적용'이라고 하더라도, 처음 구매하는 품목은 품목별 구매정보에 단가가 등록되어 있으면 품목별 구매정보에서 대표단가를 가지고는 온다.

② 품목 하나에 하나의 구매처 단가를 등록할 수 있다.

③ 품목별 구매정보에서 대표단가 여부는 여러 개 체크할 수 있다.

④ 구매품의에 등록한 품목, 구매처, 구매단위, 화폐가 품목별 구매정보에 등록되어 있어도 적용시작일이 품의일자에 속해야 단가를 자동으로 가져오게 된다.

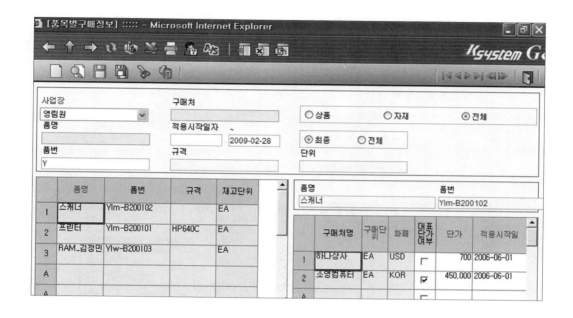

★ 풀이 & 보충학습

품목별 구매정보에서는 품목별로 거래처가 동일하더라도 적용시작일이 다르다면 여러 번 등록이 가능함. 구매품의에서는 품의일자가 어떠한 적용시작일부터 종료일에 해당하는지 체크하여 단가를 가져옴.

정답 ④

21 2009년 2월 22일인, 일요일에 구매납품입고를 하고자 하였으나, 그림과 같은 메시지가 나타났다. 일요일에 납품입고를 하는 방법으로 옳은 것은? 〈18회 실무 기출문제〉

① 자재단가계산에서 2009년 2월 자재수불마감이 되어 있는지 확인한다.
② 입고처리 하고자 하는 품목이 QC가 되었는지 확인한다.
③ 납품창고를 변경해서 입고처리를 다시 한다.
④ [일자별 수불마감관리] 화면에서 2009-02-22 구매마감 체크를 풀어준다.

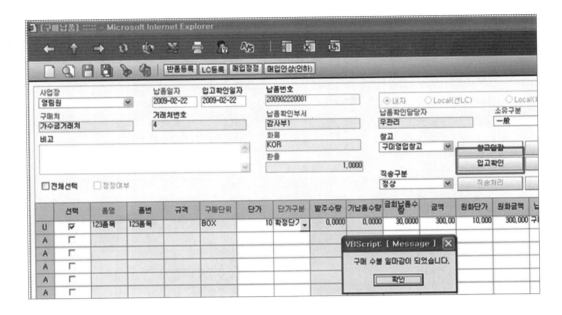

[일자별 수불마감관리]에서는 일자별로 수불을 발생하지 않도록 구매마감, 판매마감, 생산입고마감, 물류마감을 설정을 할 수 있음.

정답　④

22 다음 중 K.System ERP에서 구매품의를 등록하기 위한 방법으로 옳지 않은 것은?

〈18회 실무 기출문제〉

① 구매요청을 작성한 후에 구매요청현황이나 구매요청품목현황에서 점프한다.

② 구매품의 화면에서 직접 등록한다.

③ 수입Offer를 작성한 후에 수입Offer 현황이나 수입Offer 품목현황에서 점프한다.

④ 구매견적이나 구매견적현황, 구매견적품목현황에서 점프한다.

구매요청에서만 구매품의로 점프가 가능함. 참고로 구매품의에서 수입 건을 등록하려면 내외자구분에서 외자를 선택하면 됨.

정답　③

23 구매납품 후 회계처리를 하는 [구매입고정산처리]의 상단에는 '입고금액변경'이라는 점프 항목이 있다. 이 항목의 용도로 옳은 것은?   〈18회 실무 기출문제〉

① 거래처마다 입고금액에 대한 부가세 처리방법(반올림, 절사)에 따라 부가세금액의 원단위가 틀린 경우 금액조정 시 사용한다.

②˒품목에 대한 단위변경 시 사용한다.

③ 품목의 입고수량을 변경 시 사용한다.

④ [구매납품]에 품목을 추가하여 입고금액을 변경할 때 사용한다.

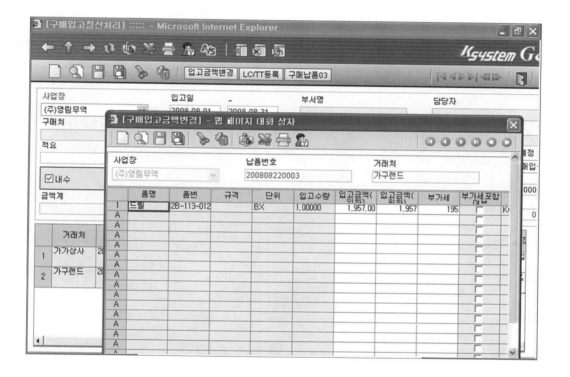

★ 풀이 & 보충학습

입고금액 변경 시 사용하는데, 부가세의 단수 차이로 원단위를 조정해야 할 때 주로 쓰인다.

| 정답 | ① |

24 K.System 구매/수입관리의 [운영환경설정(구매수입자재)-진행] 및 [품목별 구매정보]가 다음
과 같이 등록되어 있을 때 [구매요청] 화면에서 [구매품의]로 점프 시 기본적으로 나타나는 구
매처, 화폐, 단가는?   〈18회 실무 기출문제〉

① 동보산업, KOR, 1403.90

② 광일섬유, KOR, 1407.50

③ 나전, USD, 1.34

④ 경인상사, KOR, 1411.00

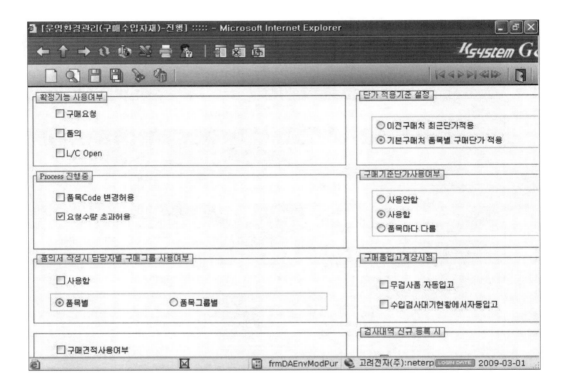

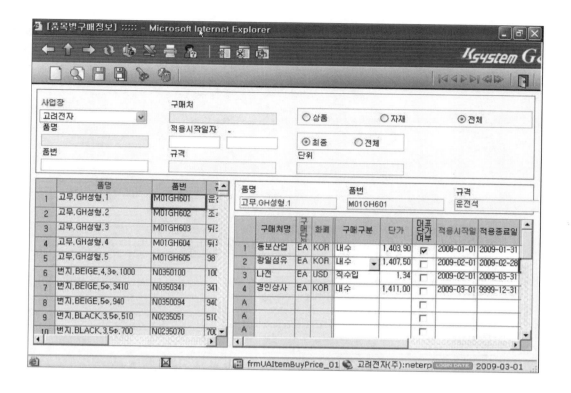

구매요청 일자가 3/1일이므로 품목별 구매정보에서 3/1일에 해당하는 단가를 찾아야 한다. 내수 건이므로 3/1일에 단가는 1,411로 적용된다.

정답   ④

---

25 고려전자(주)의 구매담당자는 구매처 가나전자에 대한 매입정산을 하기 위해 [구매입고정산처리] 화면에서 해당 구매내역을 조회하였으나 해당 구매내역이 조회되지 않았다. 원인으로 가장 옳은 것은? 〈18회 실무 기출문제〉

① 구매발주서 화면에서 해당 품목에 대한 단가가 등록되지 않았다.

② 구매발주서 화면에서 단가구분이 가단가로 등록되었다.

③ 구매납품 화면에서 해당 품목에 대한 단가가 등록되지 않았다.

④ 구매납품 화면에서 납품처가 등록되지 않았다.

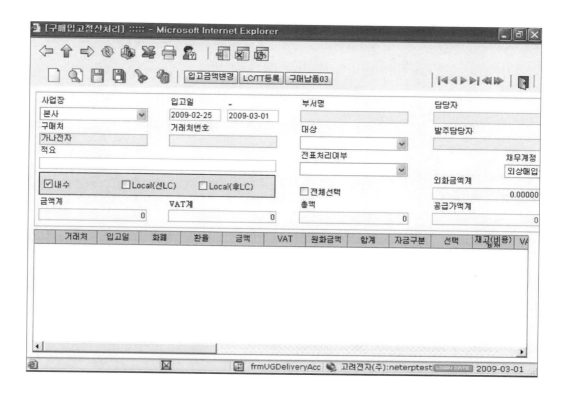

[구매입고정산처리]에서 조회되는 전제조건은 입고이다. 즉, 구매납품 건이 입고가 되어 입고수량과 입고금액이 있어야 하는데 구매납품에서 단가를 등록하지 않아 입고금액이 0으로 처리되었다.

정답 ③

물류/생산

Enterprise Resource Planning

7장 **K.System 무역관리**

7.1 무역관리 개요
7.2 수출관리 개요
7.3 수출관리 메뉴 설명
7.4 수출활동 실습
7.5 수입관리 개요
7.6 수입관리 기본 설정
7.7 수입관리 메뉴 설명
7.8 수입활동 실습
7.9 기출문제 분석

ERP 정보관리사

영림원소프트랩 K.System

　무역업무에서 수입업자와 수출업자 간에는 물건의 대금이 직접 오가는 것이 아니라 각 측의 거래은행을 통해 신용거래를 하게 된다. 이러한 신용거래의 도구가 L/C(신용장, Letter of Credit)이며 자세한 흐름은 아래 그림과 같다.

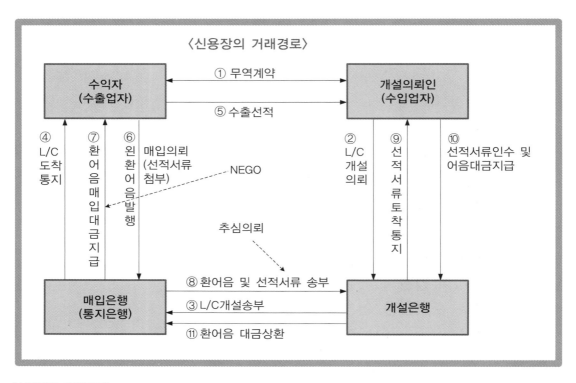

[신용장의 거래경로]

① 최초 수입업자와 수출업자 간에 무역계약이 이루어진다.

② 수입업자가 수입(구매)할 자재에 대한 L/C를 거래은행에 의뢰한다. 수입업자 쪽 은행에서 L/C를 개설하므로 위 그림에서 개설은행이라는 명칭을 사용하였다.

③ 수입업자의 개설은행에서는 상대은행에 L/C 개설을 송부한다.

④ 수출업자 쪽의 은행에서 L/C가 도착하였음을 수출업자에게 통지한다.

⑤ 수출업자는 L/C에 의거하여 물건을 선적한다.

⑥ 수출업자는 BL(Bill of Lading,선하증권)과 같은 선적서류를 첨부하여 환어음을 거래은행을

통해 발행한다. 수출업자 쪽 은행에서 이 환어음을 매입하므로 위 그림에서 매입은행이라는 명칭을 사용하였다.

⑦ 매입은행에서 환어음에 대한 대금을 수출업자에게 지급한다. 이를 NEGO라 한다.

⑧ 매입은행에서는 개설은행에 환어음과 선적서류를 송부한다.

⑨ 개설은행에서 수업업자에게 선적서류가 도착하였음을 알리고 대금지급을 요청한다.

⑩ 수입업자는 선적서류를 인수하고 대금을 지급한다.

⑪ 최종적으로 개설은행에서 매입은행에 대금을 지급한다.

K.System ERP의 무역업무는 수출과 수입의 프로세스로 되어 있으며, 영업모듈 안에 수출프로세스가 있고, 구매/수입관리모듈 내에 수입프로세스가 구성되어 있다.

7.2 수출관리 개요

해외에서 Offer를 받아 Nego 처리까지의 업무를 관리한다. 수출BL과 수출NEGO에서 매출과 입금에 대한 전표처리가 처리되어 회계장부에 반영된다. 수출모듈은 영업/수출모듈 내에 구성되어 있다.

수출 Offer → 수출 Order → 수출 LC → 출하의뢰 → 수출 Invoice → 수출면장 → 수출 BL → 수출 NEGO

위 프로세스가 수출업무 전체 흐름이고 수출 Offer나 수출 Order를 사용하지 않고 수출 LC부터 진행할 수도 있다. 그리고 출하의뢰나 수출면장도 필요에 따라 생략하여 사용할 수 있다. 또한 아래 그림처럼 T/T는 선수대체입력과 연결되어 있다. 왜냐하면 전신에 의하여 신속히 지급되면 매출전표가 만들어지기 전에 지급이 되므로, 일단 선수금계정으로 보유하였다가 추후 선수금 대체를 하는 것이다.

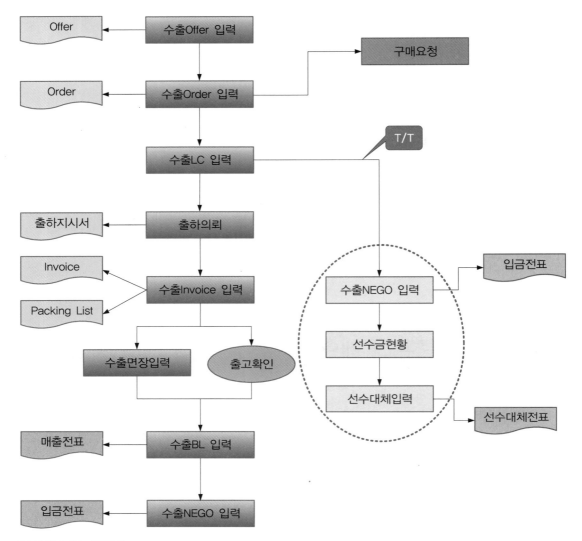

[수출프로세스 흐름도]

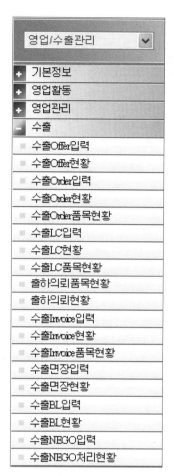

[수출메뉴]

■ 수출Offer 입력

수출업체에서 수출Offer(청약)를 요청받아 발송해야 할 경우에 사용한다. 수출Offer를 신규로 등록하고 등록된 수출Offer를 조회하거나 변경할 수 있다. 내용이 바뀔 경우에는 R등록을 사용해서 이전 Offer 내용에 대한 관리를 할 수 있다. 내수프로세스의 견적서의 기능과 같다.

■ 수출Order 입력

수입업자가 Offer(청약)를 승낙하여, Order Sheet(주문서)를 보낸 경우 Order(주문)등록을 사용한다. 새로운 수출Order를 등록하거나 수출Offer로부터 넘어온 자료를 Order 등록할 수 있다. Order 등록된 품목에 대해 생산의뢰나 구매요청을 할 수 있으며, 수출LC 등록으로 점프하여 다음 단계로 진행할 수도 있다. 내수프로세스의 주문등록의 기능과 같다.

■ 수출LC 입력

Letter of Credit(신용장)는 L/C를 발행한 개설은행이 수출업자에게 일정한 금액을 지급하겠다고 약속한 지불 보장서이다. L/C가 도착했을 때 수출에 대한 L/C 사항을 등록하는 화면이다. 신규 등록도 가능하며, 직수출 건은 수출Order에서 점프해온 자료로 등록할 수 있다. 후LC 건일 경우에는 거래명세표로부터 점프할 수 있고, 선LC 건은 주문으로부터 점프해올 수 있다. LC등록 후 직수출은 출하의뢰, 수출Invoice로 진행할 수 있다. 직수출이면서 등록된 결제조건 1이 소분류(대분류 016)에서 T/T 여부에 체크된 경우에는 수출Nego 처리를 할 수 있다. 선LC는 출하의뢰, 거래명세서로 진행할 수 있고, 후LC의 경우에는 세금계산서로 진행이 가능하다.

■ 수출Invoice 입력

수출LC로부터 진행되어온 건에 대해 수출Invoice(출고)를 등록한다. 등록된 건에 대해서 출고처리/출고취소처리 하며, 수출BL로 진행시킬 수 있으며, 수출면장등록을 할 수 있다. 수출Invoice

등록된 내용으로 Commercial Invoice와 Packing List를 리포트 파일로 인쇄하거나 엑셀 파일로 내려받을 수 있다. 내수프로세스의 거래명세서의 기능과 같다.

■ 수출면장 입력

수출Invoice로부터 점프해온 수출 건에 대해서 수출면장을 등록한다. 프로세스 진행 시 등록하지 않아도 되나, 회계모듈에서 부가세신고 시 여기서 등록한 데이터를 활용할 수 있으므로 이 데이터를 이용해 신고한다면 반드시 입력해서 사용해야 한다.

■ 수출BL 입력

B/L(Bill of Landing, 선하증권)은 물품이 선적된 후에 선박회사에서 발행하는 증권을 뜻한다. 수출BL 등록화면은 수출 시, B/L이 발행된 후 이 B/L에 관련된 사항들을 저장하는 데 사용된다. 수출Invoice에서 점프하여 수출BL을 등록하고, 등록된 BL에 대해서 회계처리를 한다. 또한 등록된 BL건에 대해 수출NEGO로 점프해 NEGO 처리를 할 수 있다. 내수프로세스의 세금계산서의 기능과 같다.

■ 수출NEGO 입력

LC, Invoice, BL을 거쳐 넘어온 수출 건에 대해서 NEGO 처리를 한다. NEGO 처리 후 입금 회계처리를 할 수 있다. 신규 등록을 할 수 없으며, 결제조건 1이 소분류(대분류 016)에서 T/T 여부가 체크되어 있을 경우는 LC에서 점프할 수 있으며 그 외의 경우는 수출BL에서부터 점프하여 등록해야 한다. 내수프로세스의 입금처리의 기능과 같다.

7.4   수출활동 실습

7.4.1 수출프로세스 업무 개요

Offer ➡ Order ➡ LC ➡ 출하의뢰 ➡ Invoice ➡ 면장 ➡ BL ➡ NEGO

알아두세요 　전신환(T/T)

- Telegraphic Transfer를 지칭하는 용어로, 이는 환어음에 대한 지급 지시가 전신에 의하여 송
부되는 것이다.

수출Offer	영업2팀 장영이 사원은 2009년 5월 8일 ABC Ltd에, 컴퓨터와 프린터에 대한 Offer를 등록한다. 프린터와 컴퓨터에 대한 판매수량은 10개 이고, 컴퓨터의 단가는 $900, 프린터 단가는 $100이다. 2009년 5월 8일 환율은 1,100원이다. 기타로 결제조건은 L/C 로 진행된다.
수출order	견적 내용대로 진행하기로 결정이 되어 2009년 5월 11일 Order 등록을 하였다. 거래처, 부서, 담당자는 Offer에서 등록한 그대로이며, 그 외 사항들도 변동이 없다.
수출LC	2009년 5월 12일 견적 건에 대한 LC를 등록하였다. 영업2팀 장영이 사원이 LC를 담당하여 진행하였고, 12일 당시 환율은 1,150원이다.
출하의뢰	2009년 5월 15일 컴퓨터와 프린터의 출하의뢰를 요청한다.
수출invoice	2009년 5월 15일 영업2팀, 장영이 사원이 Invoice 등록하여, 출하의뢰 되었던 모든 수량을 출고처리 한다. 출고구분은 수출출고로 진행한다.
수출면장	2009년 5월 20일 수출면장을 등록한다. 면장번호는 YLW-NTP20090520 이며, 선적일은 2009년 5월 20일, 총중량은 150이다.
수출BL	2009년 5월 25일 B/L을 등록한다. BLNO는 YLW-NMBL20090525이다. 25일 환율은 1,200원이고, 영업2팀, 장영이 사원이 B/L을 처리하였다. B/L등록 후 수출전표를 발행한다. 두 품목 모두 상품이며 상대계정은 외화외상매출금이다.
수출Nego	2009년 5월 30일 수출매출에서 처리한 매출 건에 대해 외화예금으로 모든 금액이 입금되었다. 5월 30일 환율은 1,250원으로 B/L 시점과 50원의 환차가 발생하여 50,000원 외환차익이 발생하였다.

7.4.2 프로세스 따라하기

Step 1 수출 Offer 입력

　　영업2팀 장영이 사원은 2009년 5월 8일 ABC Ltd에 컴퓨터와 프린터에 대한 Offer를 등록한
다. 프린터와 컴퓨터에 대한 판매수량은 10개이고, 컴퓨터의 단가는 $900, 프린터 단가는 $100

이다. 2009년 5월 8일 환율은 1,100원이다. 기타로 결제조건은 L/C로 진행된다.

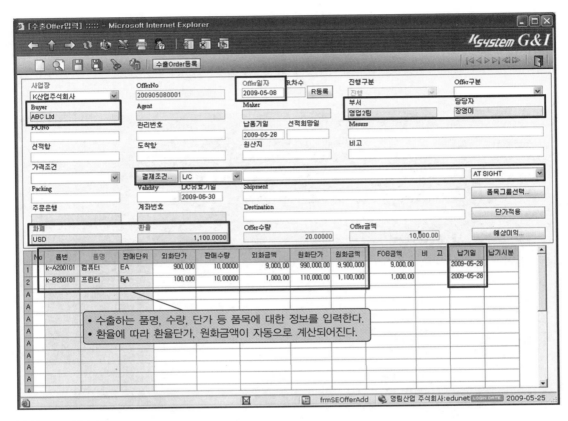

[수출Offer 입력 화면]

■ 작업 순서

① [수출Offer입력] 화면을 열어 Offer일자(2009년 5월 8일), Buyer(ABC Ltd)를 입력한다.

② 부서(영업2팀), 담당자(장영이), 납품기일(2009녀 5월 28일)을 입력한다.

③ 결제조건(L/C)로 등록하고, 화폐(USD), 환율(1,100)을 입력한다.

④ 품명(컴퓨터), 외화단가(900), 판매수량(10), 납기일(2009년 5월 28일)을 등록한다.

⑤ 품명(프린터), 외화단가(100), 판매수량(10), 납기일(2009년 5월 28일)을 등록한다.

⑥ 입력한 내용을 확인하고 저장한다.

견적 내용대로 진행하기로 결정이 되어 2009년 5월 11일 Order 등록을 하였다. 거래처, 부서, 담당자는 Offer에서 등록한 그대로이며, 그 외 사항들도 변동이 없다.

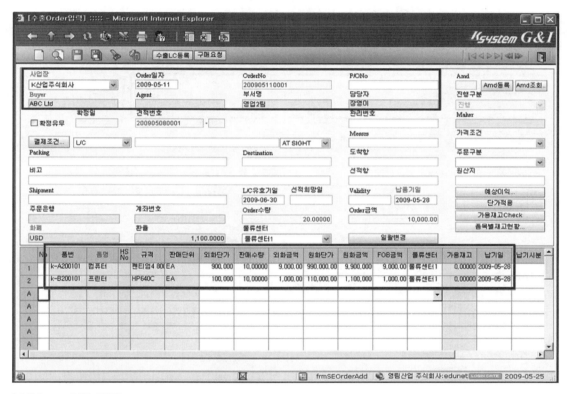

[수출Order 입력 화면]

■ 작업 순서

① [수출Offer입력]이나 [수출Offer현황]에서 견적 건을 조회하여 Order로 점프한다.

② Order일자(2009년 5월 11일)를 입력한다.

③ 그 외 변동사항이 없으므로, 입력된 내역을 확인하고 저장한다. 재고 관리하는 품목일 경우 물류센터를 등록한다.

④ 운영환경관리의 확정을 사용할 경우 확정처리 한다.

2009년 5월 12일 견적 건에 대한 LC를 개설하여 LC를 등록하였다. 영업2팀 장영이 사원이 LC를 담당하여 진행하였고, 12일 당시 환율은 1,150원이다.

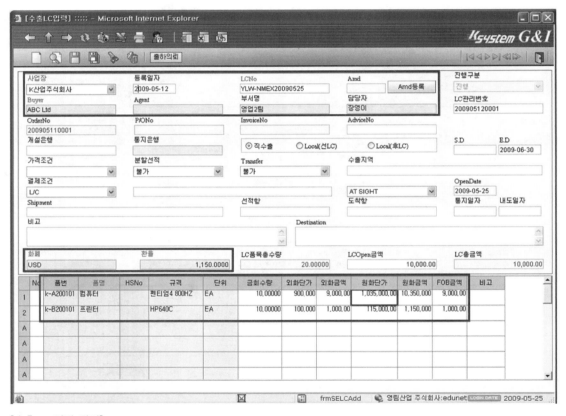

[수출LC 입력 화면]

■ 작업 순서

① [수출Order입력], [수출Order현황], [수출Order품목현황]에서 Order 건을 선택하여 LC로 점 프한다.

② 등록일자(2009년 5월 12일), LCNO(YLW-NMEX20090525), 부서(영업2팀), 담당자(장영이)를 등록한다.

③ 환율은 1,150원을 입력하여 시트에 환율이 반영되는지 확인한다.

④ 입력한 내용을 확인하고 저장한다.

⑤ 운영환경관리에서 LC에 대한 확정을 사용할 경우 확정처리 한다.

■ 주요 항목 설명

① 〈Amd등록〉 : 해당 L/C에 대해 수정할 사항이 있을 때 차수를 발생시켜 관리할 수 있다.

② LCNO : 동일한 LCNO는 저장이 되지 않는다.

Step 4 출하의뢰 입력

2009년 5월 15일 컴퓨터와 프린터의 출하의뢰를 요청한다.

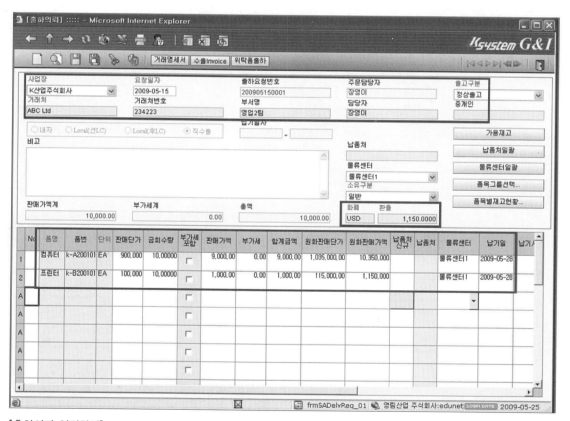

[출하의뢰 입력화면]

■ 작업 순서

① [수출LC 현황]이나 [수출LC 입력]에서 LC 건을 선택하여 출하의뢰로 점프한다.

② 요청일자(2009년 5월 15일)를 입력한다.

③ 입력한 내용을 확인하고 저장한다.

④ 운영환경관리의 설정에 따라 확정처리 한다.

Step 5 수출 Invoice 입력

2009년 5월 15일 영업2팀, 장영이 사원이 Invoice 등록하여, 출하의뢰 되었던 모든 수량을 출고 처리한다. 출고구분은 수출출고로 진행한다.

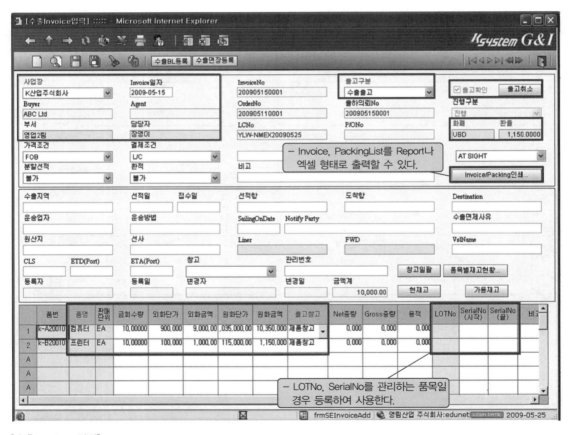

[수출Invoice 입력]

■ 작업 순서

① [출하의뢰], [출하의뢰현황], [출하의뢰품목현황]에서 출하의뢰 건을 선택하여 invoice로 점프한다.

② Invoice일자(2009년 5월 15일), 부서(영업2팀), 담당자(장영이), 출고구분(수출출고)를 등록한다.

③ 출고창고는 제품창고로 한다.

④ 입력한 내용을 확인하여 저장한다.

⑤ <출고확인> 버튼을 눌러 출고처리 하여 수불에 반영한다.

■ 주요 항목 설명

① 〈출고확인〉/〈출고취소〉: 출고확인을 하면 창고에서 수량이 빠지고, 출고취소를 하면 차감되었던 수량이 삭제된다.

Step 6 수출면장 입력

2009년 5월 20일 수출면장을 등록한다. 면장번호는 YLW−NTP20090520이며, 선적일은 2009년 5월 20일, 총중량은 150이다.

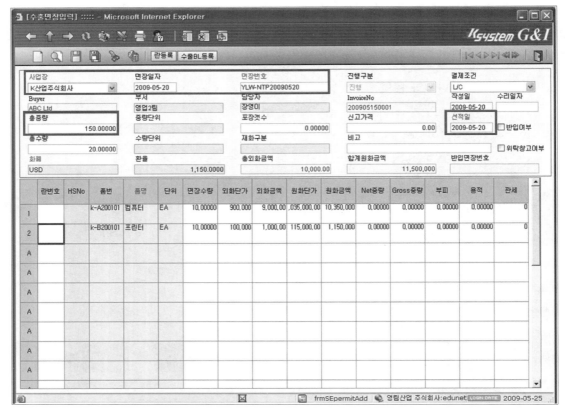

[수출면장입력]

■ 작업 순서

① [수출Invoice 입력]이나 [수출Invoice 현황]에서 수출면장으로 점프한다.

② 면장일자(2009년 5월 20일), 면장번호(YLW−NTP20090520), 선적일(2009년 5월 20일), 총중량(150)을 입력한다.

③ 입력한 내용을 확인하고 저장한다.

Step 7 수출BL 입력

Offer ➡ Order ➡ LC ➡ 출하의뢰 ➡ Invoice ➡ 면장 ➡ BL ➡ NEGO

2009년 5월 25일 B/L을 등록한다. BLNO는 YLW−NMBL20090525이다. 25일 환율은 1,200원이고, 영업2팀, 장영이 사원이 B/L을 처리하였다. BL 등록 후 수출전표를 발행한다. 두 품목 모두 상품이며 상대계정은 외화외상매출금이다.

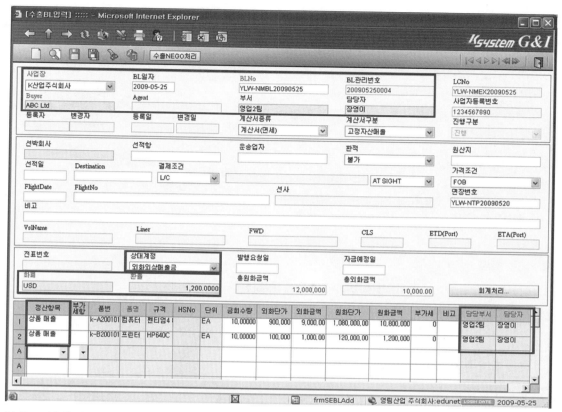

[수출BL 입력]

■ 작업 순서

① [수출면장입력]이나 [수출면장현황]에서 선택하여 [수출BL 등록]으로 점프한다.

② BL일자(2009년 5월 25일), BLNO(YLW−NMBL20090525), 부서(영업2팀), 담당자(장영이)를 등록한다.

③ 환율(1,200), 상대계정(외화외상매출금)을 등록한다.

④ 시트의 정산항목(상품매출), 담당부서(영업2팀), 담당자(장영이)를 등록한다.

⑤ 입력한 내용을 확인하고 저장한다.

⑥ <회계처리> 버튼을 눌러 아래 그림과 같이 전표처리 한다. 계정별 관리항목의 내용을 확인하고 전표를 저장한다.

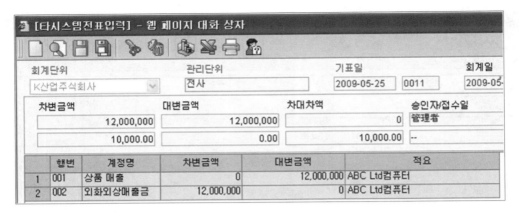

[B/L 수출전표 입력]

■ 주요 항목 설명

① 상대정산항목 : 회계처리 시 차변계정과목을 설정한다.
② 정산항목 : 회계처리 시 대변계정과목을 설정한다.

Step 8   수출 NEGO 입력

2009년 5월 30일 수출매출에서 처리한 매출 건에 대해 외화예금으로 모든 금액이 입금되었다. 5월 30일 환율은 1,250원으로 B/L 시점과 50원의 환차가 발생하여 50,000원의 외환차익이 발생하였다.

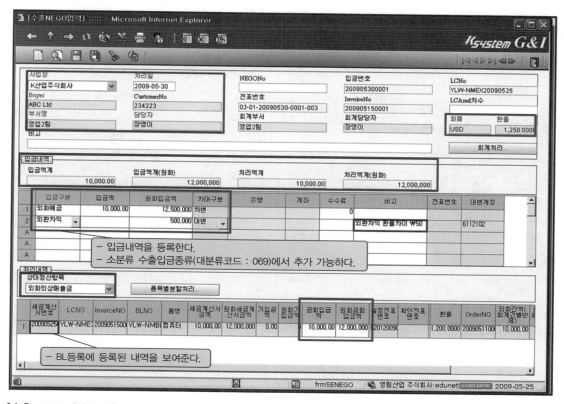

[수출NEGO 입력 화면]

■ 작업 순서

① [수출BL 현황]이나 [수출BL 입력]에서 BL 건을 선택하여 NEGO 처리로 점프한다.

② 처리일(2009년 5월 30일), 환율(1,250)을 입력한다.

③ 입금구분(외화예금), 입금액(10,000), 원화입금액(12,500,000)을 등록한다.

④ 입금구분(외화차익), 입금액(없음), 원화입금액(500,000)을 등록하여 환차금액을 등록한다.

⑤ 하단 시트의 금회입금액(10,000), 원화금회입금액(12,000,000)이 맞는지 확인한다.

⑥ 입력한 내용을 확인하고 저장한다.

⑦ <회계처리> 버튼을 눌러 전표처리 한다. 각 계정별로 관리항목을 확인하여 아래 그림과 같이 저장한다.

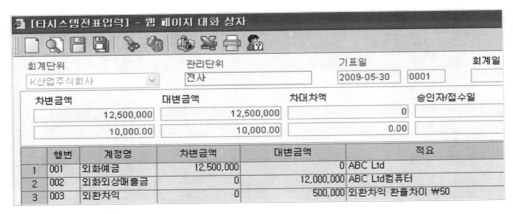

[수출Nego 전표처리]

■ 주요 항목 설명

① 입금구분 : 현금, 외화예금 등 입금된 금액의 구분을 입력한다. 입금구분별로 [소분류등록]
에 설정된 계정과목으로 전표 처리된다.

시점에 따라 환율변동으로 외환차익/외환차손이 생길 경우 행을 달리하여 금액을 등록한다.
외환차익이나 외환차손은 입금액은 없고 원화입금액만 등록하면 된다.

② 입금액 : 외화에 대한 금액을 입력한다.

③ 원화입금액 : 입금액 × 환율로 계산된 원화금액이다.

④ 상대정산항목 : 대변에 처리할 계정과목을 설정한다.

⑤ 기입금액 : 입금이 나뉘어 처리된 경우 기존에 입금된 외화입금액을 보여준다.

⑥ 원화기입금액 : 입금이 나뉘어 처리된 경우 기존에 입금된 원화입금액을 보여준다.

⑦ 금회입금액 : 외화에 대한 금액을 입력한다. BL액을 초과할 수 없다.

⑧ 원화금회입금액 : 원화에 대한 입금액이다. BL액을 초과할 수 없다.

7.5 수입관리 개요

원/부재료나 상품을 해외에서 구입해야 하는 경우 수입프로세스를 진행하여 처리하고, 수입
관련 발생된 제비용을 처리하여 구매입고금액에 반영하는 과정이다. 구매요청부터 진행하여, 품
의 시 수입Order로 처리될 수도 있고, 수입Order부터 진행하여 처리할 수도 있다. 수입프로세스
는 내수구매프로세스와 비슷하지만 지불방법이 L/C를 사용하고, 납품이 BL을 거쳐 진행된다는

것이 구매와 다른 점이라고 할 수 있다. 수입의 시작은 구매와 마찬가지로 구매요청 및 품의로부터 시작된다. 또한 L/C비용처리, 수입비용처리에 대한 전표를 발행하여 회계처리 하고, 마지막에 미착대체를 통하여 비용을 상품계정으로 전환하는 회계처리를 하게 된다. 또한 비용에 대한 원가처리도 마지막에 진행하게 된다.

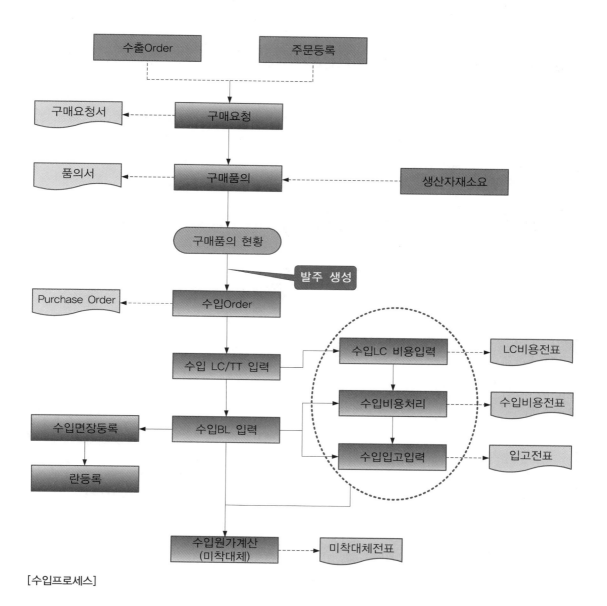

[수입프로세스]

7.6 수입관리 기본설정

7.6.1 소분류등록(구매/수입관리)

화면 위치 구매/수입 관리 ▶ 구매기본 ▶ [소분류등록(구매/수입관리)]

L/C, T/T 등의 결재조건처럼 업체별로 공통적으로 사용하지만, 나누는 분류나 명칭을 달리하여 관리하고자 할 경우, 업체에 맞게 명칭을 부여하여 사용할 수 있다. 설정된 소분류 값들은 프로세스에 영향을 미칠 수 있으므로 업체 내에서 관리하고자 하는 기준을 정리하여 등록해야 한다.

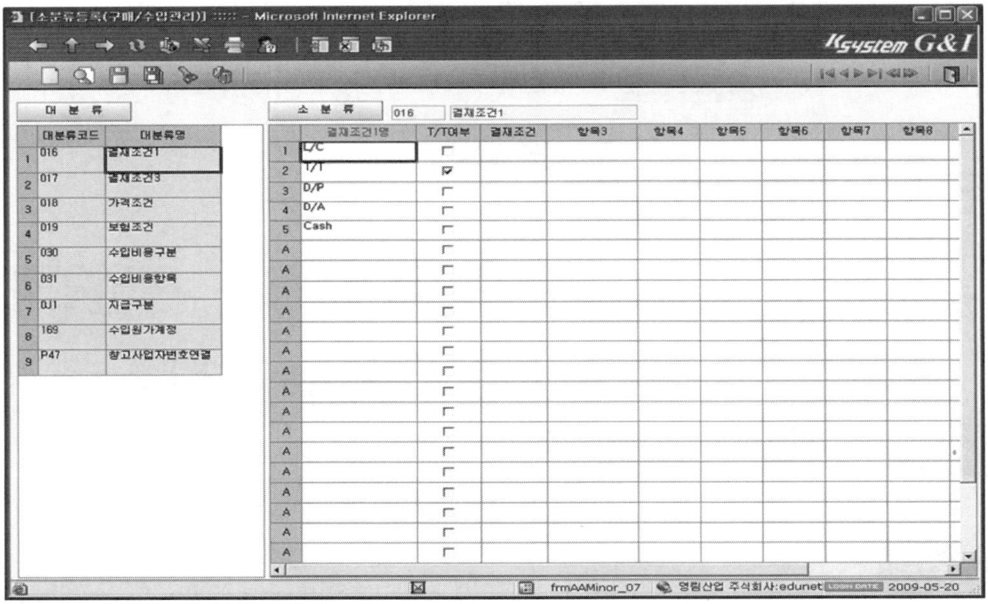

[수입관리 관련 소분류등록 화면]

시스템에 영향을 미치는 소분류를 간단히 소개하면 아래와 같다.(수입프로세스에서 사용.)

1) 수입비용구분

아래 그림처럼 수입비용구분명을 설정하면 오른쪽 그림처럼 수입비용 입력할 때 비용구분으로 사용된다.

[수입비용구분등록 화면]

2) 수입비용항목

아래 그림처럼 수입비용항목명을 설정하면 오른쪽 그림처럼 수입비용 입력할 때 비용항목으로 사용된다.

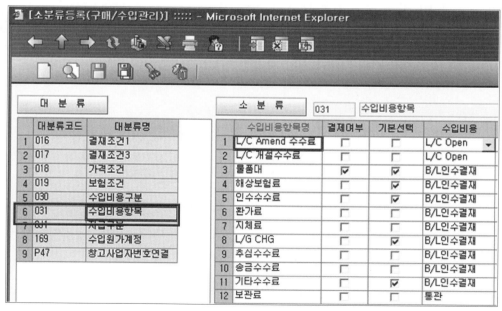

[수입비용항목 입력화면]

■ 수입비용항목명

[수입비용처리], [수입LC비용처리]에서 비용항목으로 사용한다.

비용을 세분화하여 관리할 때 유용하게 사용할 수 있다.

■ 결제 여부

결제 여부는 물품대에 대한 비용항목에 체크하며, 결제항목 중 하나의 항목에만 체크하여 사용한다. [수입BL 등록]에서 [수입비용처리]로 비용처리를 할 경우 물품에 대한 금액이 결제 여부에 체크된 비용항목으로 들어간다.

■ 기본선택

수입비용항목을 모든 수입비용처리 시 사용하지 않기 때문에, 빈번하게 사용하는 항목에 대해 Default로 뜨도록 설정할 수 있다. 기본선택에 체크된 비용항목은 [수입BL 등록]에서 [수입비용처리]로 점프 시 자동으로 항목이 보여진다. 자동으로 나온 항목이 필요 없을 경우 잘라내기하여 삭제 가능하다.

■ 수입비용

수입비용항목의 상위 구분 값을 설정한다.

[수입비용처리]나 [수입LC비용처리]에서 비용구분을 입력하고, 비용항목을 선택 시 비용구분에 해당하는 비용항목만 선택할 수 있게 된다(수입비용구분 소분류 값의 비용 관련 화면 그림 참조).

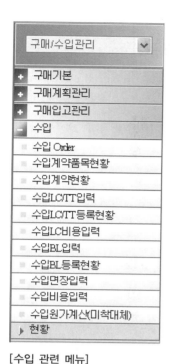

구매/수입관리

- 구매기본
- 구매계획관리
- 구매입고관리
- 수입
  - 수입 Order
  - 수입계약품목현황
  - 수입계약현황
  - 수입LC/TT입력
  - 수입LC/TT등록현황
  - 수입LC비용입력
  - 수입BL입력
  - 수입BL등록현황
  - 수입면장입력
  - 수입비용입력
  - 수입원가계산(미착대체)
  - 현황

[수입 관련 메뉴]

■ 수입Order

수입Order 등록은 영업활동이나 생산활동 시 부족한 상품, 원자재, 부자재를 구매부서에 구매요청 하여 필요한 상품, 자재를 내수구매가 아닌 해외에서 구매 시에 그 내용을 등록하는 화면이다. 이때는 구매모듈의 구매요청자료가 [구매품의]에서 직수입 건으로 품의되고 발주가 생성된다. 이 자료는 [수입Order 현황]에서 조회하여 확인할 수 있다. 그리고 부가적인 내용을 추가로 입력하거나 수정 부분에 대한 사항을 추가할 시에 현황화면에서 해당 건을 더블클릭하게 되면 [수입Order 등록]으로 오게 된다. 또한 구매담당자는 생산 부서나 영업부서의 요청 없이도 상품, 원자재, 부자재 등의 수입 상품, 자재의 재고부족분에 대하여 신규 입력하여 수입 Order를 낼 수도 있다. 이럴 경우는 Sheet의 구매요청 원천에 아무 내용 없이 수입 Order가 등록된다.

■ 수입LC/TT 입력

수입 계약된 건에 대하여 지불방식에 대한 내용을 입력한다. 거의 모든 정보들은 계약 상황에서 결정이 되어지므로 계약의 내용을 물고 와서 똑 같은 내용을 보여주지만 여기서는 지불방식, 방법을 결정하는 화면이므로 그에 대한 내용이 더 들어가 있다. 즉 L/C(신용장)에 관계된 은행, L/C Open 금액 등이 더 들어가게 된다.

구매내수에서도 Local 건(선LC, 후LC)인 경우에는 LC/TT 등록이 발생한다. 선LC 건일 경우에는 구매발주 건을 납품하기 전에 LC/TT등록을 해야 하며 후LC 건일 경우엔 구매입고정산처리 전이나 후에 LC/TT 등록을 한다.

L/C 발행이 되어질 때에는 수수료 등의 비용이 발생한다. 따라서 이 비용을 처리하기 위해서 L/C 비용처리로의 점프가 발생할 수 있으며 이후 프로세스로의 진행 중 BL 등록이나 납품, 인수증 등록이 발생하므로 이들 화면으로의 점프도 가능하다. 또, [수입LC/TT 등록]은 변경내역(History)에 대한 관리가 가능하다. 해당 LC/TT 등록 건이 변경되면 변경내용을 입력하고 <Amd> 버튼을 클릭하면 차수가 발생하여 변경된 내용으로 프로세스를 진행시킬 수 있다. 변

경된 내역들은 Amd조회를 이용해 확인할 수 있다.

■ 수입LC비용 입력

L/C 개설이 이루어질 때 생기는 비용들을 처리하기 위한 화면이다. 비용내역을 저장시키며 후에 회계처리까지 연결해서 작업할 수 있다. 이때 생기는 비용 중 직수입 건의 L/C비용은 수입 비용처리 시에 첫 번째 항목으로 가게 되어 수입원가가 되며 Local 건은 수입비용이 발생하지 않으므로 이 비용은 그대로 비용이 된다.

L/C에서 처리된 비용이 없을 경우 입력하지 않는다.

■ 수입BL 입력

수입LC 등록한 건에 대하여 BL 등록을 입력한다. [수입BL 등록]은 통관처리를 입력하는 화면이라서 통관예정일, 선적일, 입항일 등의 내용이 더 들어가 있다. Order나 L/C없이 BL에서 신규 등록을 할 수 있다. 수입프로세스 중 중요한 프로세스이다.

■ 수입비용처리

[수입비용처리]는 수입프로세스상에서 생기는 모든 비용을 처리하기 위한 화면이다. 수입에서 발생되는 비용은 크게 2가지로 나눌 수 있다.

첫 번째는 LC(신용장) 개설 시에 발생하는 개설비용(LC 관련 비용)으로 [수입LC/TT 등록]과 관련된 비용이다. [수입LC비용처리]에서 회계처리 하면 [수입비용처리]에서 함께 나타난다. 다만 LC비용은 수입비용처리 시 한 번만 적용되므로 수입비용이 여러 건이 이뤄졌다면 첫 번째 수입비용 건에만 보이게 된다.

두 번째는 통관 시 혹은 B/L 발생 시 발생하는 비용으로 B/L 등록과 관련된 비용이다. 여기에는 물품대도 같이 포함되며 TT 건일 때에도 수입비용처리에서 물품대를 처리한다.

즉 [수입비용처리]에서는 이 2가지 비용을 처리하고 회계처리까지 시키는 화면이다. 여기서 처리된 비용은 [수입품원가계산(미착대체)]에서 대체처리가 되어서 원가로 반영된다.

■ 수입입고입력

수입요청 건에 대해 납품된 품목들이 통관처리가 끝나고 입고처리 하는 화면이다. 입고처리가 이뤄지면 재고에 반영이 되기 때문에 실질적으로 수량에 대한 처리는 이 화면에서 끝이 나게 된다.

금액에 대한 처리는 운영환경관리의 수입원가 계산방식 값에 따라 미착대체 후일 경우는 수입품 원가계산에서 일정비율인 경우는 외화금액, 원화금액을 일정비율로 계산한다. BL에서 입고로 점프 시에는 1:1 혹은 1:N으로 처리된다.

■ 수입면장등록

BL 등록의 절차 시(통관처리 시) 면장을 발급받을 수 있는데 면장발급에 관련된 작업을 이 화면에서 하게 된다. BL 등록에서 면장으로 점프될 때 BL의 데이터가 그대로 뿌려지게 되므로 이 화면에서 면허일자, 신고일자 등을 입력하는 것 외에는 별도의 추가작업은 필요 없다. 하지만 관세환급을 받으려면 Sheet의 관세항목에 주의하여 작성해야 한다.

■ 수입비용등록

면장등록이나 인수증등록이 끝나고 세부내역을 입력할 수 있는 화면이다. 면장등록 시나 인수증등록 시의 품목을 HSNO별로 묶어서 자세한 관세목록이나 비용을 입력할 수 있게 한다. 등록은 단순히 그 내역을 등록만 할 뿐 다른 프로그램에 영향을 미치지 않는다.

■ 수입원가계산

[운영환경관리(구매수입자재)−진행]의 원가계산방식(미착후비율)에서 '미착대체 후'를 사용할 경우에는 LC비용처리, 수입비용처리에서 발생한 비용을 수입원가로 대체시키며, 수입에서 발생한 금액을 회계처리 시킬 수 있는 화면이다. LC비용처리를 등록시켰다면 아래쪽 비용구분 Sheet에 LC비용 항목별로 나타나며 동 Sheet에 수입비용 시에 발생되었던 비용들도 항목별로 나타난다. 그리고 상단 Sheet에는 품목들의 수입금액이 나타난다. 이 두 Sheet의 금액을 근거로 원가계산을 하며 그 후 회계처리를 시키는 게 이 프로그램의 목적이다.

7.8.1 수입프로세스 업무 개요

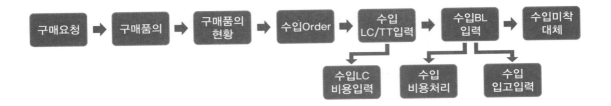

구매요청	2009년 5월 3일, 영업2팀 장영이 사원은 스캐너와 프린터 10대씩 수입품에 대한 구매요 청을 하였다.
구매품의	2009년 5월 4일 구매부 이재동 사원이 구매요청 건에 대한 품의를 진행한다. 품의 시 두 품목에 대한 화폐는 USD, 환율은 1,000원이다. 스캐너의 단가는 $100, 프린터의 단가는 $70 이며, 요청납기일은 2009년 5월 25일이다.
구매품의현황	[구매품의현황]에서 품의 건을 선택하여 발주생성 한다. 발주일자는 2009년 5월 6일이 며, 구매부 이재동 사원이 수입발주를 진행한다.
수입Order	2009년 5월 6일로 발주된 Order 건을 확인한다. 기타정보로 Payment는 LC, Partial Shipment 불가, Transshipment 불가, Transferable 불가, 선적방법은 air로 등록한다.
수입LC/TT 입력	2009년 5월 06일 LC를 개설하였다. LC 개설 당시 환율은 1,050원으로 처리되었고, LCNO는 YLW-TM20090506이다.
수입LC비용 입력	2009년 5월 6일 LC를 개설하면서 L/C 개설수수료 100,000원이 발생하여 전표처리 한 다. 전표는 미착품으로 처리하며 대금은 현금으로 지급하였다.
수입BL 입력	2009년 5월 20일 B/L을 받았다. 당시 환율은 1,100이며, BLNO는 YLW-TM20090520 이다.
수입비용처리	아래와 같이 물품대, 기타수수료, 운송료 3가지에 대한 비용을 등록하고 전표처리 한다.
수입입고입력	2009년 5월 25일 수입된 스캐너 10개, 프린터 10개를 제품창고에 입고처리 한다. 25일 입고 시 환율은 1,100원이다.
수입원가계산	2009년 5월 25일 BL 건을 미착대체 하여 전표처리 한다.

7.8.2 프로세스 따라하기

Step 1 구매요청

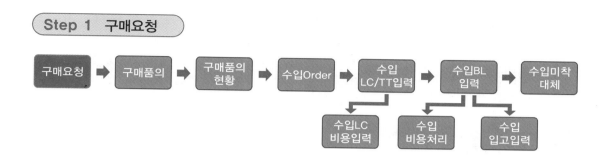

2009년 5월 3일, 영업2팀 장영이 사원은 스캐너와 프린터 10대씩 수입품에 대한 구매요청을 하였다.

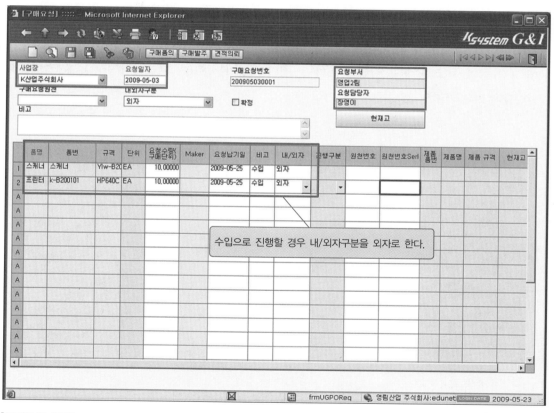

[구매요청 화면]

■ **작업 순서**

① 요청일자(2009년 5월 3일), 요청부서(영업2팀), 요청담당자(장영이)를 등록한다.

② 품명(스캐너), 요청수량(10), 요청납기일(2009년5월25일), 내/외자(외자)를 입력한다.

③ 품명(프린터), 요청수량(10), 요청납기일(2009년5월25일), 내/외자(외자)를 입력한다.

④ 입력한 내용을 확인하고 저장한다.

⑤ 운영환경관리에서 확정을 사용할 경우 확정처리 한다.

Step 2 구매품의

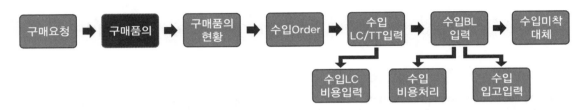

　2009년 5월 4일 구매부 이재동 사원이 구매요청 건에 대한 품의를 진행한다. 품의 시 두 품목에 대한 화폐는 USD, 환율은 1,000이다. 스캐너의 단가는 $100, 프린터의 단가는 $70이며, 요청납기일은 2009년 5월 25일이다.

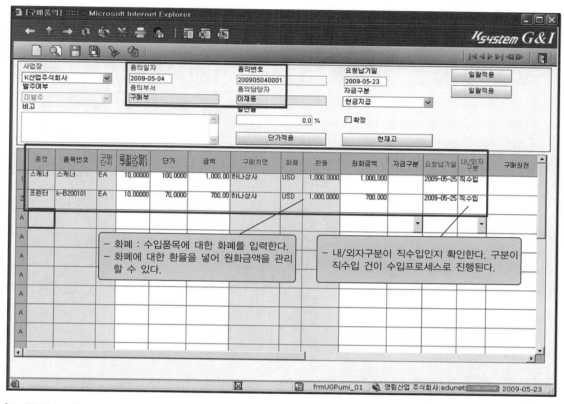

[구매품의 화면]

■ 작업 순서

① [구매요청], [구매요청현황], [구매요청품목현황]에서 요청 건을 선택해서 [구매품의]로 데이터를 끌고 온다.

② 품의일자(2009년 5월 4일), 품의부서(구매부), 품의담당자(이재동)를 입력한다.

③ 스캐너의 단가는 $100, 구매처(하나상사), 화폐(USD), 환율(1,000)을 입력한다.
   요청납기일(2009년 5월 25일), 내외자구분(직수입)을 확인한다.

④ 프린터의 단가는 $70, 구매처(하나상사), 화폐(USD), 환율(1,000)을 입력한다.
   요청납기일(2009년 5월 25일), 내외자구분(직수입)을 확인한다.

⑤ 입력한 내용을 확인하고 저장한다.

⑥ 확정처리 한다.

Step 3 구매품의 현황

[구매품의현황]에서 품의 건을 선택하여 발주생성 한다. 발주일자는 2009년 5월 6일이며, 구매부 이재동 사원이 수입발주를 진행한다.

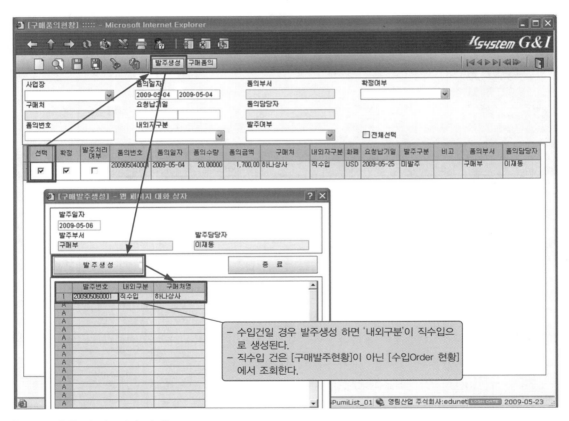

[구매품의현황 및 발주생성 화면]

■ 작업 순서

① [구매품의현황]에서 발주생성 할 품의 건을 조회한다.

② 조회된 품의 건을 선택하여 <발주생성> 버튼을 클릭한다.

③ [구매발주생성] 창에서 발주일자(2009년 5월 6일), 발주부서(구매부), 발주담당자(이재동)을

입력하고 <발주생성> 버튼을 클릭한다.

④ 발주 생성된 내역을 확인하고 종료한다.

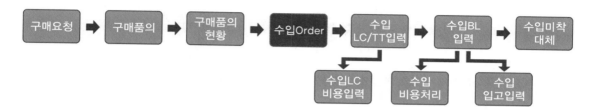

2009년 5월 6일로 발주된 Order 건을 확인한다. 기타정보로 Payment는 LC, Partial Shipment 불가, Transshipment 불가, Transferable 불가, 선적방법은 AIR로 등록한다.

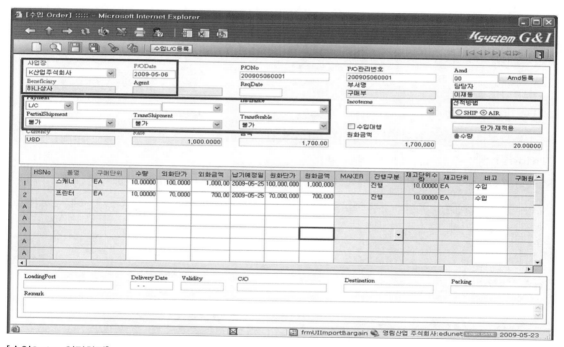

[수입Order 입력화면]

■ 작업 순서

① [수입계약현황], [수입계약품목현황]에서 조회하여 [수입Order]를 확인한다.

② Payment는 LC, Partial Shipment 불가, Transshipment 불가, Transferable 불가, 선적방법은 AIR를 선택한다.

③ 입력한 내용을 확인하고 저장한다.

■ 주요 항목 설명

① PONO : P/O 관리번호와 동일, Order 건을 구별시키는 유일한 번호여야만 한다.

② PO관리번호 : 입력내용이 없을 시에는 순번이 자동으로 따진다. 연 + 월 + 일 + 순번

③ Insurance : 보험조건으로서 프로세스상 정보성의 데이터이다. [소분류등록]에 먼저 등록이 되어 있어야 한다.

④ Incoterms : 가격 산정 기준으로서 프로세스상 정보성의 데이터이다. [소분류등록]에 먼저 등록이 되어 있어야 한다.
  - CIF : 운임보험료 포함 조건
  - FOB : 본선 인도 조건
  - DAF : 국경 인도 조건
  - DES : 착선 인도 조건
  - DDP : 관세지급 인도 조건
  - DDU : 관세 미지급 인도 조건
  - CFR : 운임 포함 조건

⑤ PartialShipment : 분할선적 여부를 선택 정보성 데이터이다.

⑥ TransShipment : 환적 여부를 선택 정보성 데이터이다.

⑦ Currency : 수입 시 사용될 화폐이다.

⑧ Rate : 화폐에 대한 환율로, 환율이 변하게 되면 Sheet의 가격정보들이 재계산된다.

⑨ 마스터 부분에 있는 필수항목 외의 설정값들은 정보성 데이터들이며, 프로세스에 영향을 미치지 않는다.

Step 5 수입LC/TT 입력

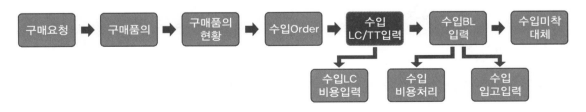

2009년 5월 06일 LC를 개설하였다. LC 개설 당시 환율은 1,050원으로 처리되었고, LCNO는 YLW-TM20090506이다.

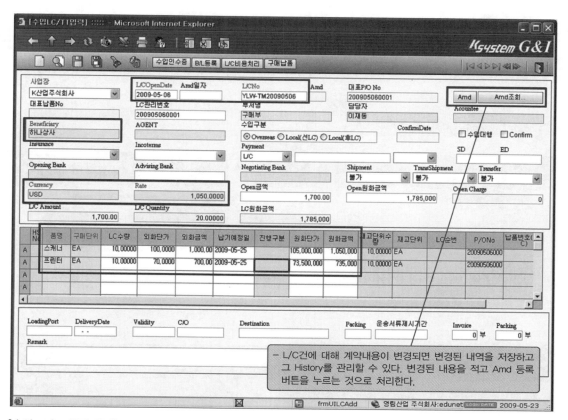

[수입LC/TT입력 화면]

■ 작업방법

① [수입계약현황], [수입계약품목현황], [수입Order]에서 [수입LC/TT 입력]으로 데이터를 끌고 넘어온다.

② LCOpenDate는 2009년 5월 6일, LCNo는 YLW-TM20090506를 입력한다.

③ Rate 환율은 1,050을 입력한 후, 시트의 원화단가 및 원화금액이 반영되었는지 확인한다.

④ 입력한 내용이 맞는지 확인한 후 저장한다.

⑤ 확정처리 한다.

■ 주요 항목 설명

① LCOpenDate : L/C 개설일

② LCNo : 신용장(LC) 개설 번호를 입력한다. L/C 건을 구분 지어주는 유일한 번호가 들어가야 한다. 동일한 LCNo를 등록 시 저장되지 않으며, 자동 생성되지 않으므로 반드시 입력해주어야 한다.

③ <Amd>/<Amd조회> : Amd 등록은 수입LC/TT 등록이 변경되었을 때 그 내용을 기록하여 이력을 관리할 수 있다. 변경된 내용을 적고 <Amd 등록> 버튼을 누르는 것으로 처리된다. 차수는 원래 있던 숫자보다 1이 커진다. Amd조회에서는 변경내역을 확인할 수 있다.

Step 6 수입LC비용 입력

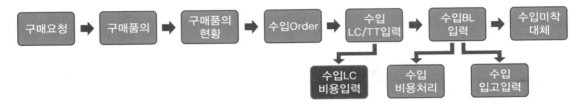

2009년 5월 6일 LC를 개설하면서 L/C 개설 수수료 100,000원이 발생하여 전표처리 한다. 전표는 미착품으로 처리하며 대금은 현금으로 지급하였다.

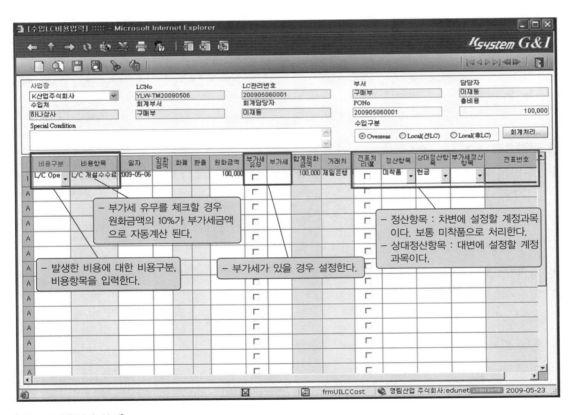

[수입LC비용입력 화면]

■ **작업방법**

① [수입LC 등록]이나 [수입LC 등록현황]에서 LC 건을 선택하여 [LC비용처리]로 점프한다.

② 비용구분(L/C Open), 비용항목(L/C개설수수료), 일자(2009년 5월 6일), 원화금액 100,000원, 거래처(제일은행 역삼지점)을 입력한다.

③ 정산항목(미착품), 상대정산항목(현금)을 입력한다.

④ 입력한 내용을 확인 후 저장한다.

⑤ 전표처리선택을 체크하고 <회계처리> 버튼을 클릭하여 전표처리 한다.

위 그림 하단의 전표처럼 전표가 발행된다.

■ **주요 항목 설명**

① 비용구분 : [소분류등록(구매/수입관리)]에서 등록된 비용구분이 콤보로 나오게 된다(대분류 코드 : 030, 대분류명 : 수입비용구분).

② 비용항목 : [소분류등록(구매/수입관리)]에서 등록된 비용항목이 콤보로 나오게 된다. 비용 항목은 비용구분의 하위 값들이다. 따라서 비용구분에 따라서 비용항목 코드도움은 한정된 값들만 나오게 된다(대분류 코드 : 031, 대분류명 : 수입비용항목).

③ 전표번호 : 회계처리가 끝난 후 회계처리 화면을 닫으면 전표번호가 보여진다.

Step 7 수입BL 입력

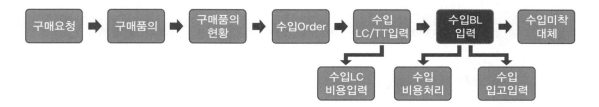

2009년 5월 20일 B/L을 받았다. 당시 환율은 1,100원이며, BLNO는 YLW–TM20090520이다.

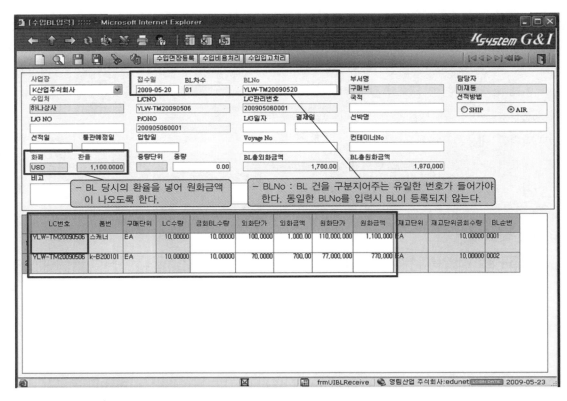

[수입BL 입력 화면]

■ 작업방법

① [수입LC 등록현황]이나 [수입LC 등록]에서 [B/L 등록]으로 점프한다.

② 접수일(2009년 5월 20일), BLNO(YLW-TM20090520), 환율(1,100원)을 입력한다.

③ 입력한 자료를 확인하고 저장한다.

■ 주요 항목 설명

① BL차수 : LC 한 건에 대해서 BL은 여러 번의 점프가 가능하다. 이때 첫 번째 점프 건은 BL차수가 1차가 되고 두 번째 점프 건은 2차가 된다.

   Ex) LC 수량 10개→BL 수량 5개 : BL 차수 1차

   　 LC 수량 10개→BL 수량 5개 : BL 차수 2차

   　 총 10개 모두 처리됨→LC 건은 완료, BL 건은 2개의 차수로 나뉨.

   　 이때 2차의 BLNo는 1차 때의 BLNo와 달라야 한다.

② 수입면장등록(점프항목) : BL 등록의 절차 시 면장을 발급받을 수 있다. 이를 위해서 [수입면장등록]으로 점프하여 처리한다.

Step 8 수입비용처리

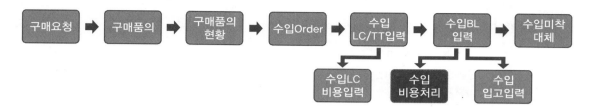

구매요청 ➡ 구매품의 ➡ 구매품의 현황 ➡ 수입Order ➡ 수입 LC/TT입력 ➡ 수입BL 입력 ➡ 수입미착 대체

수입LC 비용입력   수입 비용처리   수입 입고입력

아래와 같이 물품대, 기타수수료, 운송료 3가지에 대한 비용을 등록하고, 전표처리 한다.

No	비용구분	비용항목	일자	외화금액	원화금액	화폐/환율	정산항목	상대계정
1	B/L인수결재	물품대	2009-05-20	1,700	1,870,000	USD/1,100	미착품	외화외상매입금
2	선적	기타수수료	2009-05-25			KOR	미착품	현금
3	통관	운송료	2009-05-25			KOR	미착품	현금

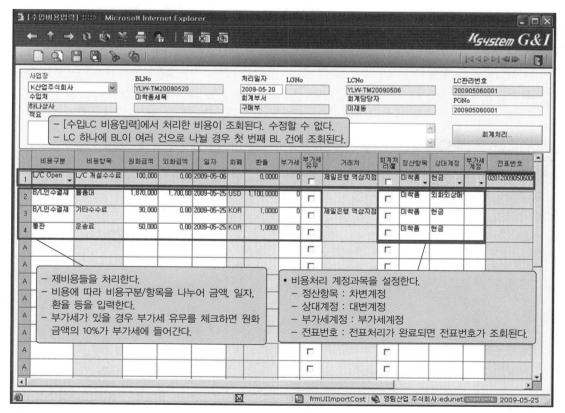

[수입비용입력 화면]

■ **작업방법**

① [수입BL 등록현황]이나 [수입BL 입력]에서 BL 건을 선택하여 비용처리로 점프한다.

② 비용구분, 비용항목 등을 위 표와 같이 입력한다.

③ 입력한 내용을 확인하고 저장한다.

④ 비용항목−물품대의 회계처리선을 체크하고 <회계처리>를 클릭하여, 아래 그림과 같이 전표처리 한다. 계정과목별로 관리항목을 확인하고 저장한다.

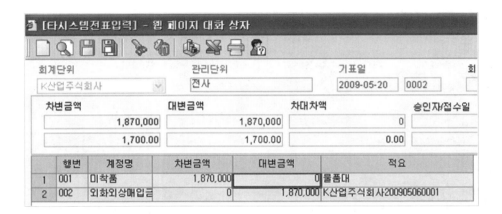

⑤ 비용항목−기타수수료, 비용항목−운송료 두 건의 회계처리선을 선택하고 <회계처리>를 클릭하여, 아래 그림과 같이 전표처리 한다. 계정과목별로 관리항목을 확인하고 저장한다.

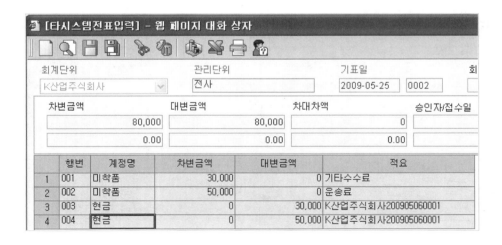

⑥ 시트에 전표번호가 보이는지 확인한다.

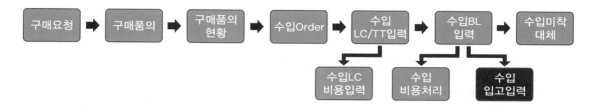

2009년 5월 25일 수입된 스캐너 10개, 프린터 10개를 제품창고에 입고처리 한다. 25일 입고 시 환율은 1,100원이다.

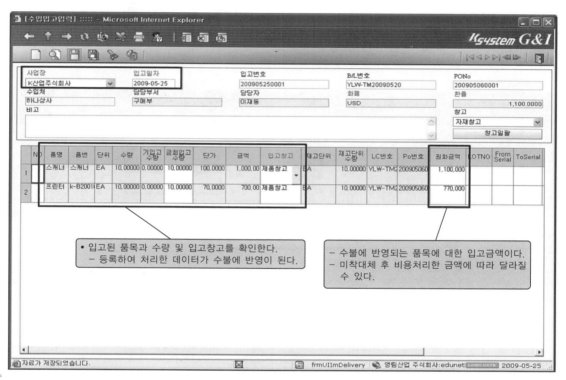

[수입입고입력 화면]

■ 작업방법

① [수입BL 등록현황]이나 [수입BL 입력]에서 BL 건을 선택하여 수입입고처리로 점프한다.

② 입고일자(2009년 5월 25일), 화폐(USD), 환율(1,100)을 입력한다.

③ 시트의 금회입고수량(10), 입고창고(제품창고)를 입력한다.

④ 입력한 내용을 확인하고 저장한다.

■ 주요 항목 설명

① LOTNO : LotNo를 관리하는 품목일 경우 입력한다.

② FromSerial/ToSerial : Serial을 관리하는 품목일 경우에 입력한다.

Step 10 **수입원가계산(미착대체)**

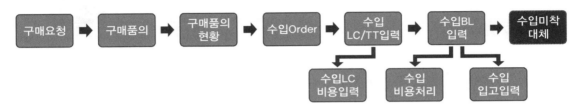

2009년 5월 25일 BL 건을 미착대체 하여 전표처리 한다.

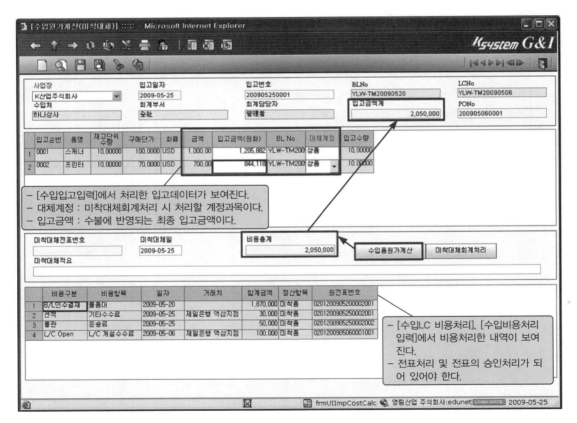

[수입원가계산(미착대체) 화면]

■ 작업방법

① [수입BL 등록현황]에서 선택하여 [미착대체(원가계산)]로 점프한다.

② <수입품원가계산> 버튼을 클릭하여 비용총계와 입고금액계가 같게 되도록 한다.

③ <미착대체회계처리> 버튼을 클릭하여 전표처리 한다. 전표처리 시 계정별 관리항목 값을 확인하고 저장한다. 아래와 같이 전표처리 되었는지 확인한다.

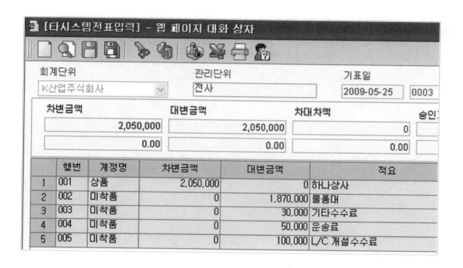

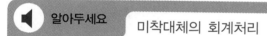

알아두세요   미착대체의 회계처리

- 수입과정 중 앞에서 임시로 미착품계정으로 비용처리 했던 것들에 대해서 마지막에 상품이라는 계정으로 전환, 즉 대체하는 것을 말함.

■ 주요 항목 설명

① <수입품원가계산> : 물품대 및 기타비용처리 한 금액들은 입고금액에 반영시켜준다.

01 수입프로세스의 마지막 단계인 [수입원가계산(미착대체)] 아래 화면에서 〈수입품원가계산〉 버튼
에 대한 기능으로 옳지 않은 것은?　　　　　　　　　　　　　　　〈15회 이론 기출문제〉

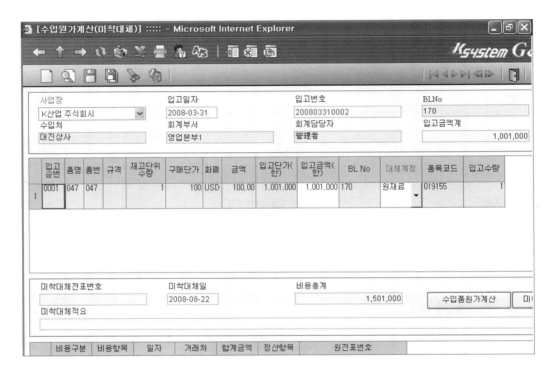

① 수입프로세스 중 발생된 모든 비용을 품목의 입고금액에 반영한다.

② 입고금액계의 값을 비용총계금액의 값과 동일하게 해준다.

③ 입고일자를 미착대체일과 같게 만들어준다.

④ 여러 품목이 있을 경우 비용총계의 금액을 품목의 입고금액 비율을 감안하여 품목별로
배분해준다.

미착대체란 수입과정에서 아직 입고되지 않은 수입품을 비용계정으로 회계처리 했으므로 이를 입고시점에 대체계정(상품계정, 원재료 등등)으로 대체(전환)하는 것을 말한다. 이때 수입과정 중에 발생한 비용(품목가격 + 수입비용)을 원가에 포함하여야 하는데, 위 <수입원가계산> 버튼을 누르면 비용총계가 각 입고금액에 반영되어 입고금액계의 값이 비용총계 금액과 동일하게 되고, 각 품목의 입고단가가 변경된다. 그러나 입고일자는 변경되지 않는다.

정답 ③

02 첨부 그림은 K.System ERP에서 수출LC등록을 하는 화면이다. 결제조건이 T/T로 진행 되었다면 다음 중 진행해야 할 화면은?
〈15회 이론 기출문제〉

① 출하의뢰 ② Invoice

③ Nego ④ 세금계산서

수출프로세스에서 LC 등록 후에 일반적으로 출하의뢰로 이어지지만, 결제조건이 TT 인 경우 수출Nego로 점프하여 선수금으로 등록해야 한다(본문 7.2절 참조).

정답   ③

03 K.System ERP에서 구매 Local 전환입력 화면에 대한 설명이다. 다음 설명 중 옳지 않은 것은?

〈15회 이론 기출문제〉

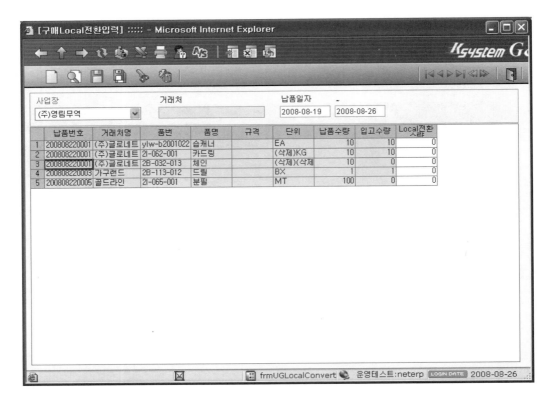

① 내수구매 건을 '후LC'로 변환할 때 사용한다.

② 납품 건의 전 수량이 아닌, 일부도 LC로 변환 가능하다.

③ LC 변환한 건도 다시 내수전환이 가능하다.

④ 납품 건 중 전표처리가 완료된 건은 처리할 수 없다.

풀이 & 보충학습

LC 변환한 건은 내수전환 할 수 없다.

정답 ③

04 수입업무와 관련하여 비용 등 전표 관련 업무를 처리하는 화면으로 옳지 않은 것은?

〈15회 이론 기출문제〉

① 수입비용처리
② LC비용처리
③ 수입원가계산(미착대체)
④ 선수대체입력

풀이 & 보충학습

선수대체입력은 영업에서 선수금대체 화면으로 수입과 관련이 없다.

정답 ④

05 수업처 (주)이티아이티에서 2가지 품목을 첨부 그림과 같이 수입을 하고 있다. 입고처리가 완료되었고, 비용처리는 첨부 그림과 같고, [수입원가계산(미착대체)]에서 '수입품원가계산'을 처리할 경우 품목 밴드크림과 그린티크림의 '입고금액(한)'으로 옳은 것은?

〈15회 실무시험 기출문제〉

① 밴드크림 = 100,000, 그린티크림 = 400,000
② 밴드크림 = 100, 그린티크림 = 200
③ 밴드크림 = 233,333, 그린티크림 = 466,667
④ 밴드크림 = 140,000, 그린티크림 = 560,000

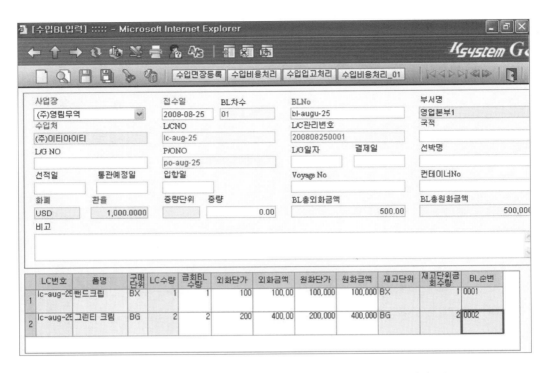

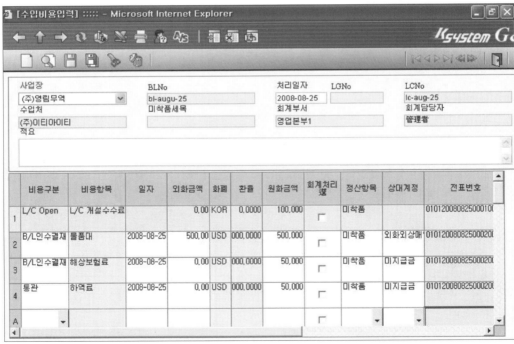

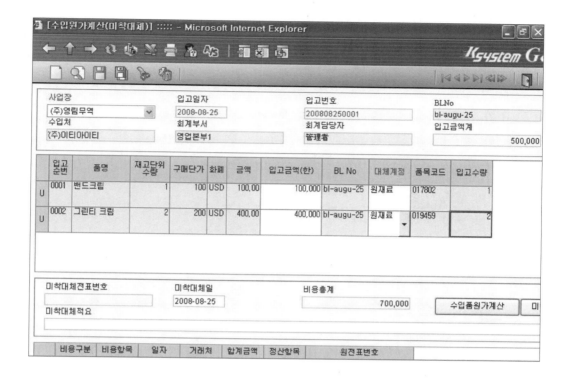

비용 총금액(물품대+기타 수입 비용)은 700,000이고, 2개 품목에 배분되어야 하는데,
이때 원화입고금액 비율로 금액이 배분된다.

　　밴드크림 입고금액 = 700,000 × 100,000/(100,000+400,000) = 140,000

　　그린티크림 입고금액 = 700,000 × 400,000/(100,000+400,000) = 560,000

정답　　④

06 다음은 K.System의 수출 관련 업무이다. 수출프로세스 설명으로 옳은 것은?

〈20회 실무 기출문제〉

가. 수출Nego 　　　나. 수출Order 　　　다. 수출LC 입력

라. 수출Invoice 　　　마. 수출Offer 　　　바. 수출BL

① 마→ 다→ 나→ 라→ 가→ 바
② 마→ 나→ 다→ 라→ 바→ 가
③ 다→ 마→ 나→ 라→ 가→ 바
④ 다→ 마→ 나→ 라→ 바→ 가

★ 풀이 & 보충학습

수출프로세스는 수출Offer → 수출Order → 수출LC 입력 → 수출Invoice → 수출BL → 수출 Nego로 이루어진다.

정답　②

07 K.System ERP에서 [수입LC/TT 입력] 화면이다. 수입LC/TT 입력 관련 내용 중에서 옳지 않은 것은?

〈20회 실무 기출문제〉

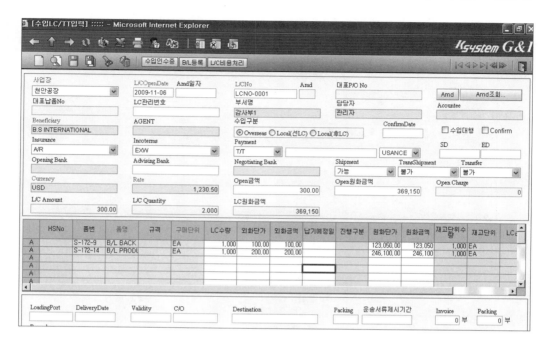

① Payment 구분이 T/T일 경우 수출Nego로 진행이 가능하다.

② 수입LC 관련해서 비용이 발행했을 경우 LC비용처리로 진행한다.

③ 수입LC 관련해서 변경사항이 있을 경우 Amd(차수) 관리가 가능하다.

④ 수입LC/TT 입력은 전 프로세스 없이 신규 등록이 가능하다.

★ 풀이 & 보충학습

수입LC입력과 수출Nego는 서로 관련이 없다.

정답 ①

08 K.System ERP에서 [수입원가계산(미착대체)] 화면이다. 수입원가계산(미착대체) 관련 내용 중에서 옳지 않은 것은? 〈20회 실무 기출문제〉

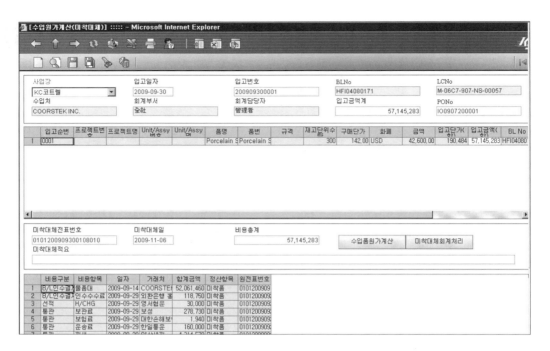

① 수입입고처리 된 데이터만 수입원가(미착대체)처리를 할 수 있다.

② 수입LC비용은 매입원가에 반영을 할 수 있다.

③ 수입LC비용전표, 수입비용전표가 승인이 되지 않아도 미착대체 회계처리를 할 수 있다.

④ 수입원가(미착대체)처리는 재고수불의 입고금액에 영향을 준다.

★ 풀이 & 보충학습

미착대체회계처리는 아직 물건이 오지 않아 비용으로 처리했던 수입상품을 원래의 상품회계 계정으로 바꾸는 업무이다. 그러므로 수입LC비용전표가 승인이 된 다음 이루어질 수 있는 업무이다.

| 정답 | ③ |

09 K.System ERP 에서 [수출Invoice 입력] 화면이다. 수출Invoice 관련 내용 중에서 옳은 것은?

〈20회 실무 기출문제〉

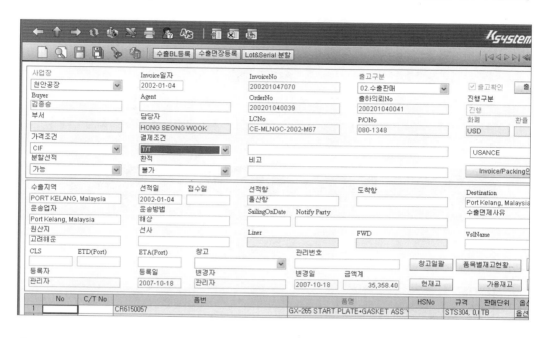

① 품목에 대한 현재고를 확인할 수 있으나 가용재고는 확인할 수 없다.

② 수출invoice 입력에서 신규 등록이 가능하다.

③ 출고확인 시 재고반영이 된다.

④ 수출Invoice 이후 프로세스는 수출Nego이다.

★ 풀이 & 보충학습

- 수출 재고를 출고하기 전에 가용재고를 확인할 수 있다. ①번은 잘못된 설명이다.
- 수출업무는 수출LC 입력부터 시작된다. Invoice를 신규 입력할 수 없다. ②번은 잘못된 설명이다.
- 수출Invoice 이후 프로세스는 수출BL 입력이다. ④번은 잘못된 설명이다.

정답 ③

10 첨부 그림은 K.System ERP에서 수입비용처리에 관한 화면이다. LC를 개설하고, BL 등록 및 입고처리 가 끝난 후 비용을 추가하여 넣으려고 한다. 하지만 비용전표처리 할 때 첨부 그림과 같이 메시지가 뜬 경우, 다음 설명 중 옳은 것은? 〈20회 실무 기출문제〉

① 수입비용은 입고처리 후 등록할 수 없다.

② 수입비용은 미착품대체처리 후 추가 작성할 수 있다

③ 수입비용은 같은 거래처에 등록된 비용끼리 전표처리 해야 한다.

④ 이미 회계처리 된 비용과 추가입력 한 수입비용은 같이 선택하여 회계처리 할 수 없다.

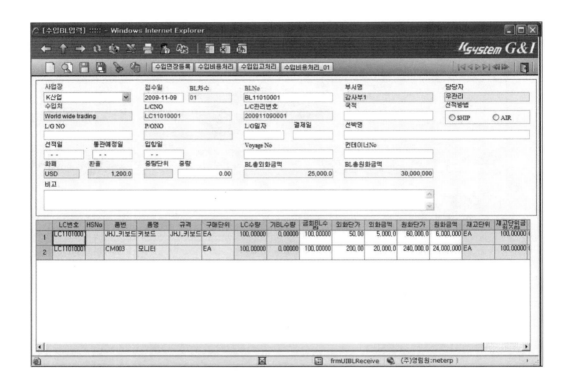

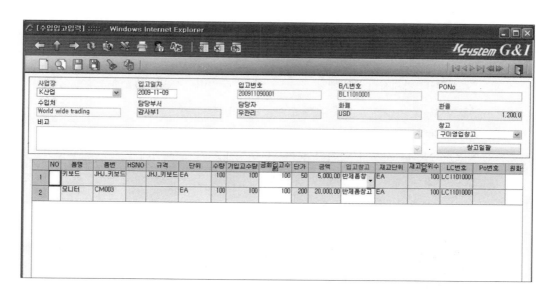

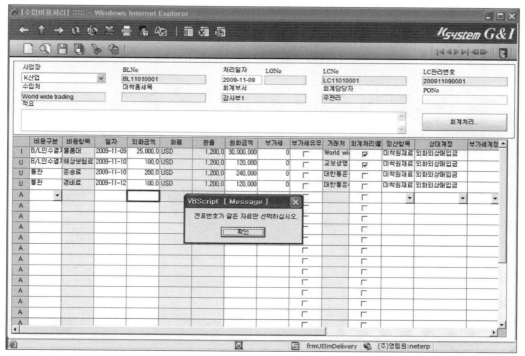

11 첨부 그림의 K.System ERP의 수출Nego 화면에 대한 설명 중 옳은 것은?

〈16회 실무 기출문제〉

① Nego전표 회계처리 후 해당 전표에 대한 승인이 안 된 경우에는 Nego 건을 삭제할 수 있다.

② 입금액계와 처리액계의 금액이 다른 경우에도 회계처리가 가능하다.

③ NEGO NO는 사용자 입력이 불가능하며, 저장 시 시스템에서 자동 채번한다.

④ LC등록의 결재조건이 T/T인 경우에는 수출BL 등록을 거치지 않고 LC등록 화면에서 Nego등록으로 진행할 수 있다.

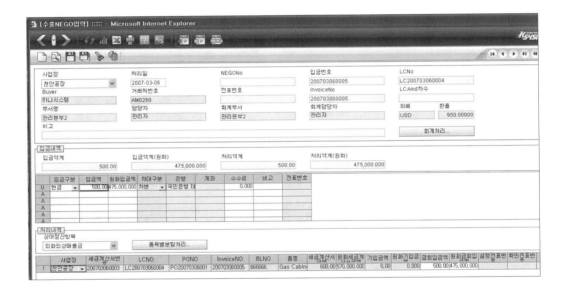

★ 풀이 & 보충학습

TT 건은 LC등록에서 Nego처리 점프가 가능하다.

정답   ④

12 다음 수출Invoice 등록에 대한 내용 중 옳지 않은 것은? 〈16회 실무 기출문제〉

① Invoice/Packing List에 대해서 인쇄 및 엑셀 전환이 된다.

② Invoice 발행 후 수출면장으로 진행이 가능하다.

③ 출고확인 버튼 클릭 시 Invoice 일자로 재고수불이 발생한다.

④ Invoice 저장 시 (−)재고 체크가 된다.

★ 풀이 & 보충학습

운영환경관리에 재고 체크를 한다고 한 경우엔 <출고확인> 버튼 클릭 시 재고가 체크된다.

 정답 ④

13 K.System ERP의 [운영환경관리(구매수입자재)−초기]의 설정이 아래와 같다. [구매납품]에서 재고에 반영되는 처리시점 및 일자가 바르게 연결된 것은? 〈16회 실무 기출문제〉

① 입고확인시점 −2007년 4월 11일　　② 납품시점 −2007년 4월 11일

③ 입고확인시점 −2007년 5월 30일　　④ 납품시점 −2007년 5월 30일

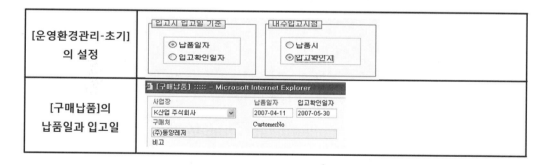

[운영환경관리-초기]의 설정	입고시 입고일 기준 ◉ 납품일자 ○ 입고확인일자　　내수입고시점 ○ 납품시 ◉ 입고확인시
[구매납품]의 납품일과 입고일	[구매납품] ::::: − Microsoft Internet Explorer 사업장　　　　　　　　납품일자　　입고확인일자 K산업 주식회사　　　2007-04-11　2007-05-30 구매처　　　　　　　　CustomerNo (주)동양레저 비고

★ 풀이 & 보충학습

입고 시 입고일 기준이 납품일자이므로 재고에 반영되는 시점은 납품일자인 2007년 4월 11일이 된다.

정답 ①

14 [수입원가계산(미착대체)] 화면에 대한 설명으로 옳지 않은 것은? 〈16회 실무 기출문제〉

① 수입미착대 처리 후 수입입고처리를 진행할 수 있다.

② 수입LC비용처리를 하지 않으면 수입원가계산(미착대체) 화면에서 수입LC비용은 조회되지 않는다.

③ 수입미착대체처리 등록을 한 후 미착대체 회계처리를 하면 회계에 반영된다.

④ <수입품원가계산> 버튼을 누르면 수입부대비용의 총합을 품목의 금액비율로 각각의 품목에 할당해준다.

★ 풀이 & 보충학습

수입입고처리 후 수입미착대체 처리를 할 수 있다.

정답 ①

15 다음 중 K.System ERP의 수입모듈에서 거래조건 T/T의 처리 흐름으로 옳은 것은?

〈16회 실무 기출문제〉

① 가→ 사→ 라→ 나→ 다→ 마→ 바

② 가→ 사→ 나→ 마→ 라→ 다→ 바

③ 가→ 나→ 사→ 다→ 바→ 라→ 마

④ 가→ 나→ 사→ 라→ 바→ 다→ 마

가. 수입 Order 등록	나. B/L 등록	다. 수입비용처리	라. LC비용처리
마. 입고등록	바. 미착원가계산	사. LC/TT 등록	

★ 풀이 & 보충학습

정답 ①

16 수입처 '(주)이티아이티'에서 2가지 품목을 첨부 그림과 같이 수입을 하고 있다. 입고처리가 완료되었고, 비용처리는 첨부 그림과 같고, [수입원가계산(미착대체)]에서 '수입품원가계산'을 처리할 경우 품목 밴드크림과, 그린티크림의 '입고금액(한)'으로 옳은 것은?

〈16회 실무 기출문제〉

① 밴드크림 = 100,000, 그린티 크림 = 400,000

② 밴드크림 = 100, 그린티 크림 = 200

③ 밴드크림 = 233,333, 그린티 크림 = 466,667

④ 밴드크림 = 140,000, 그린티 크림 = 560,000

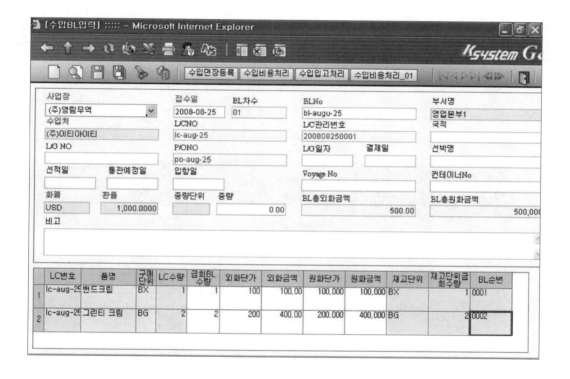

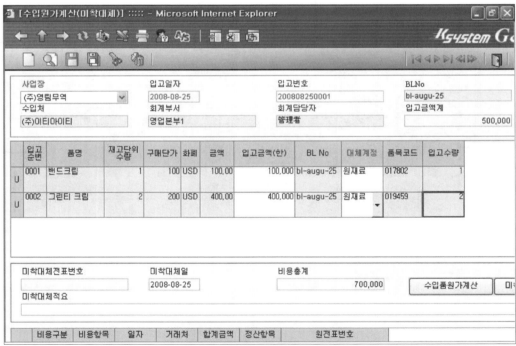

비용 총금액은 700,000, 원화입고금액 비율로 금액이 배분된다.

밴드크림 입고금액 = 100,000/(100,000 + 400,000) = 140,000

그린티크림 입고금액 = 400,000/(100,000 + 400,000 = 560,000

정답 ④

17 수출판매 건에 대해 10,000$가 수금이 되었다. 매출시점의 환율이 900, Nego 등록시점의 환율 920으로 마지막 그림처럼 차이가 나는 경우 처리해야 할 방법으로 옳은 것은?

〈16회 실무 기출문제〉

① 외화금액이 10,000으로 같으므로 이대로 저장하여 회계처리 하면 된다.

② 입금내역 시트에 외화예금의 원화입금액을 9,000,000으로 변경하여 저장한다.

③ 입금구분 외환차손을 추가하여 입금액0, 원화입금액에 200,000을 입력한다.

④ 처리내역 시트에 원화입금액을 9,200,000으로 변경하여 저장한다.

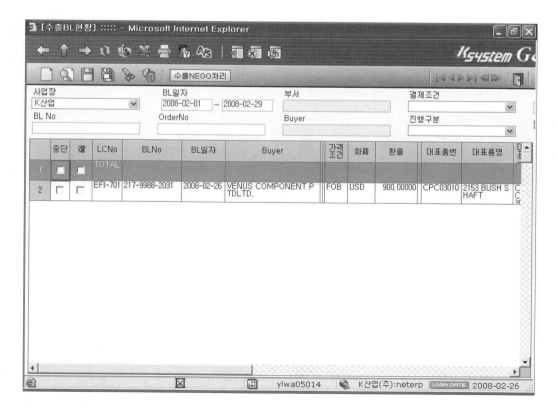

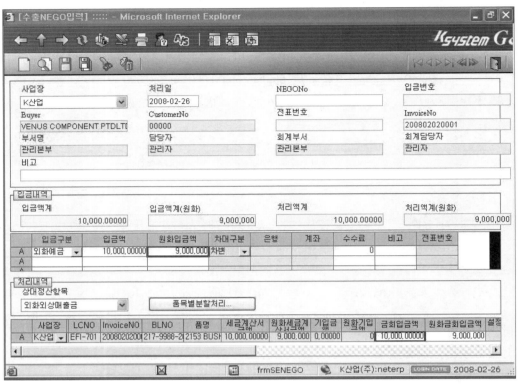

환율이 변경되면 원화입금액이 변경되어 차대금액이 맞지 않아 회계처리가 안됨. 환율 차에 의한 외화차손액을 입력하여 원화금액을 동일하게 맞춰야 입금 저장이 됨.

정답 ③

18 수출프로세스에 대한 설명이다. 옳지 않은 것은? 〈18회 실무 기출문제〉

① 수출프로세스는 수출Offer → 수출order → 수출LC → 수출Invoice → 수출면장 → 수출BL → 수출Nego이다.
② 수출선수금등록은 수출Nego 화면에서 상대정산항목을 선수금으로 두고 입력하면 된다.
③ 주문생산품목은 수출Offer 입력하면 자동생산의뢰가 등록된다.
④ 수출프로세스는 최소 수출LC 입력부터는 등록해야 한다.

주문생산품목은 수출order 등록 후 생산의뢰가 등록된다.

정답 ③

19 수출invoice 입력과 수출면장입력 화면에 대한 설명 중 옳지 않은 것은? 〈18회 실무 기출문제〉

① 수출Invoice 화면은 수출LC 입력 또는 출하의뢰 화면에서 점프하여 등록할 수 있다.
② T/T 건에 대해서는 앞 단계 처리 없이 수출Invoice 화면에서 신규로 직접 입력하여 다음 단계를 진행할 수 있다.
③ 수출면장입력 화면에서 수출면장번호는 필수적으로 입력해야 하는 항목으로 사용자가 직접 입력한다.
④ 수출Invoice 화면에서 등록 후 수출면장입력 없이 수출B/L로 점프하여 처리할 수 있다.

T/T 건은 수출order 와 수출LC를 등록하고 바로 수출Nego를 등록하는 순서로 처리한다.

정답 ②

---

20 K.System ERP에서 수입업무 진행 시 [수입원가계산(미착대체)]를 처리할 수 있는 단계는?

〈18회 실무 기출문제〉

① 수입Order 처리 후
② 수입LC/TT 처리 후
③ 수입BL 처리 후
④ 수입입고 처리 후

수입BL 처리 후 입고처리를 하고 마지막에 미착대체를 한다. 입고처리가 되어 있지 않으면 미착대체를 할 수 없다.

정답 ④

---

21 K.System ERP의 수입BL입력 화면에 대한 설명 중 옳지 않은 것은? 〈18회 실무 기출문제〉

① 미착정산을 위해 수입B/L비용은 반드시 해당 B/L건에만 등록할 수 있고, 별도로 등록하여 관리할 수 없다.
② 수입B/L No는 시스템에서 자동 부여하기 때문에 사용자가 입력할 수 없다.
③ 하나의 수입 L/C와 여러 건의 수입B/L은 1:N으로 처리가 가능하다.
④ 수입처와 화폐, 환율은 필수적으로 입력해야 한다.

수입BLNO는 텍스트 형식이므로 유저가 직접 입력 가능하다. BL 관리번호가 시스템
에서 자동 부여되는 번호이다.

정답 ②

22 K.System ERP에서 수입업무 진행 시 [수입원가계산(미착대체)]를 처리할 수 있는 단계는?

〈18회 실무 기출문제〉

① 2월 거래명세표 업무월마감이 되었는지 확인한다.
② 2월 27일자 전표마감이 되었는지 확인한다.
③ 단가계산 화면에서 2월 수불마감이 되었는지 확인한다.
④ 상품기타입출고전표가 발행되었는지 확인한다.

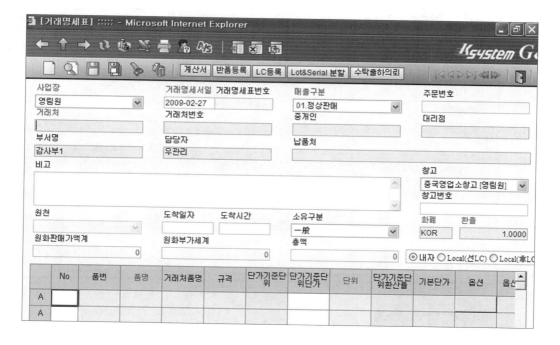

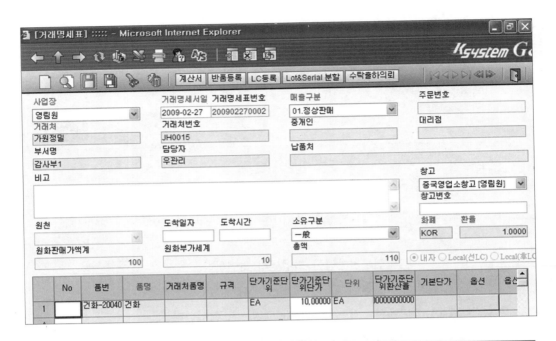

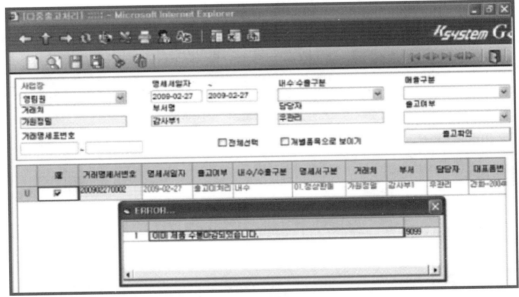

풀이 & 보충학습

단가계산을 하는 화면에서 수불마감처리를 하기 때문에 "제품수불마감이되었다"는 메시지가 뜰 경우 단가계산 화면에서 수불마감에 체크되어 있는지 확인한다.

정답 ③

23 수입처 '(주)이티아이티'에서 2가지 품목을 첨부 그림과 같이 수입을 하고 있다. 입고처리가 완료되었고, 비용처리는 첨부 그림과 같고, [수입원가계산(미착대체)]에서 '수입품원가계산'을 처리할 경우 품목 밴드크림과, 그린티크림의 '입고금액(한)'으로 옳은 것은?

〈18회 실무 기출문제〉

① 밴드크림 = 100,000, 그린티 크림 = 400,000

② 밴드크림 = 100, 그린티 크림 = 200

③ 밴드크림 = 233,333, 그린티 크림 = 466,667

④ 밴드크림 = 140,000, 그린티 크림 = 560,000

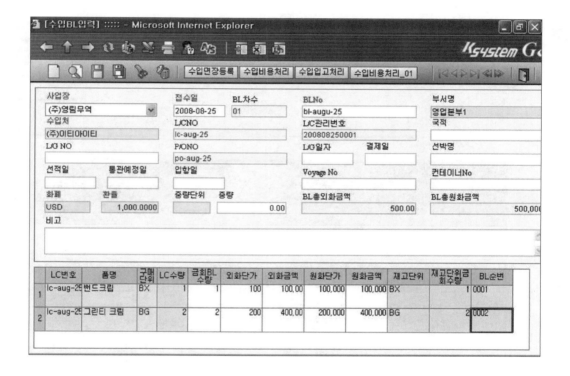

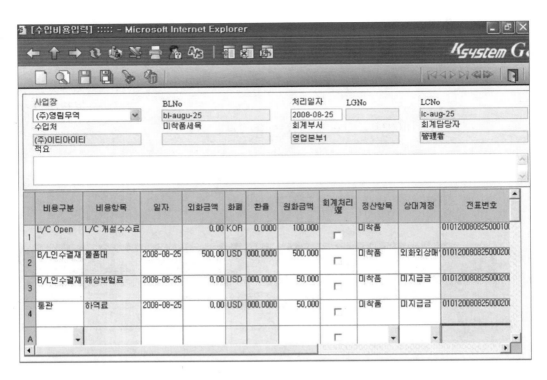

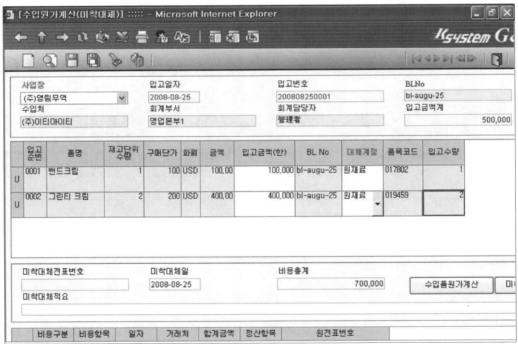

수입부대비용이 BL등록된 품목의 입고금액으로 추가 될 경우 품목의 입고금액 비율을 기준으로 나눈다. 100,000원 400,000원이므로 총부대비용은 아래와 같이 계산된다.

$200,000 \times 1/5 = 40,000$, $200,000 \times 4/5 = 160,000$

정답 ④

물류/생산

Enterprise Resource Planning

8장 K.System
자재관리(물류)

8.1 재재관리 개요
8.2 자재관리 기본설정
8.3 기타입출고 업무 설명
8.4 이동/적송 설명
8.5 기출문제 분석

영림원소프트랩 K.System

ERP정보관리사

8.1　자재관리 개요

영업모듈에서의 출고나 구매에서의 입고 이외에 재고관리 하는 품목의 관리장소의 변경 시 내역을 관리할 수 있다. 이동(같은 사업장 내에서 창고 변동)과 적송(사업장 간의 창고 변동)이 있고, 그 외 물건의 입/출고를 처리하는 기타입출고관리가 있다.

8.2　자재관리 기본설정

8.2.1　소분류등록(물류관리)

화면 위치　물류관리 ▶ 기본정보 ▶ [소분류등록(물류관리)]

■ **매출구분**

출하의뢰 화면의 출고구분 항목과 거래명세표 화면의 매출구분 항목을 선택하기 위한 콤보박스에 나오는 값이다.

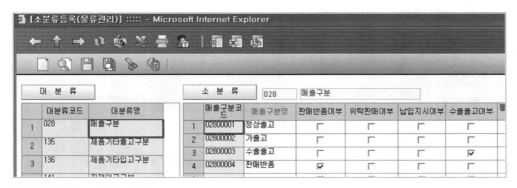

[매출구분분류코드등록 화면]

각 항목에 대한 설명은 아래와 같다.

- 판매반품 여부: 체크된 매출구분은 반품으로 인식하기 때문에 판매반품등록 화면을 오픈하면 기본적으로 반품 여부에 체크된 매출구분이 설정된다.
- 위탁판매 여부: 위탁거래명세표 오픈 시 위탁판매 여부에 체크된 매출구분 값만 조회된다.

■ 제품기타출고구분

제/상품 기타출고처리 시 사용되는 출고구분 값이다. 기타출고구분명과 계정과목을 설정하고 타 시스템 회계처리 환경설정에 계정을 추가하면 월마감 시 [기타입출고전표처리]에서 설정한 계정으로 전표생성이 된다.

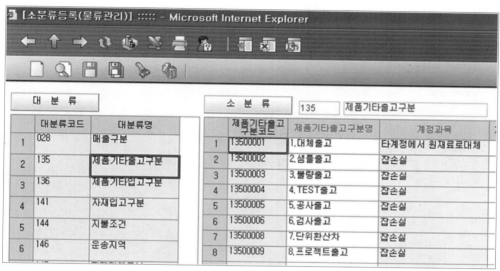

[제품기타출고구분코드 등록화면]

■ 제품기타입고구분

제/상품 기타입고 시 사용되는 출고구분 값이다. 기타입고구분명과 계정과목을 설정하고 타 시스템 회계처리 환경설정에 계정을 추가하면 월마감 시 [기타입출고전표처리]에서 설정한 계정으로 전표생성이 된다.

[제품기타입고구분코드 등록화면]

■ 운송지역

배차에서 사용하게 되는 운송지역명이다. 사업장과 창고를 지정하면 [배차예정품목현황]에 해당 사업장에 맞는 운송지역이 이동, 적송 시의 사업장에 맞게 조회된다.

8.2.2 물류센터등록

화면 위치   물류관리 ▶ 기본정보 ▶ [물류센터등록]

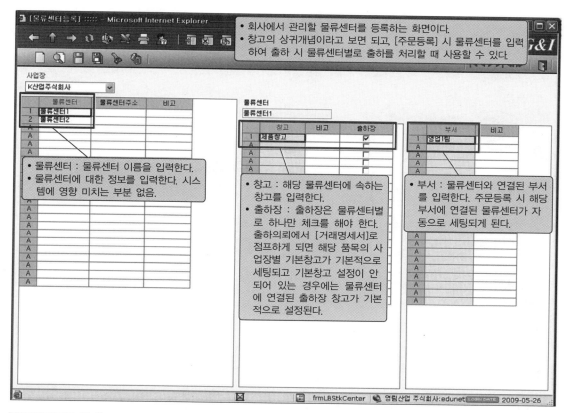

[물류센터등록 화면]

8.2.3 창고별 담당자등록

화면 위치 물류관리 ▶ 기본정보 ▶ [창고별 담당자등록]

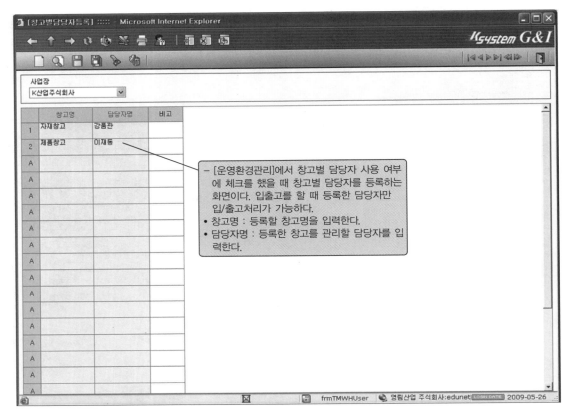

[창고별 담당자등록 화면]

8.2.4 운영환경관리(물류)-진행

화면 위치 물류관리 ▶ 기본정보 ▶ [운영환경관리(물류)-진행]

[운영환경관리(물류)-진행]은 물류프로그램 사용을 위해 미리 사용에 따른 전반적인 사항들을 직접 업무에 맞게 설정하고 변경할 수 있도록 하는 화면이다. 반드시 [운영환경관리(물류)-진행] 설정이 선행된 후 프로그램 진행을 하여야 한다.

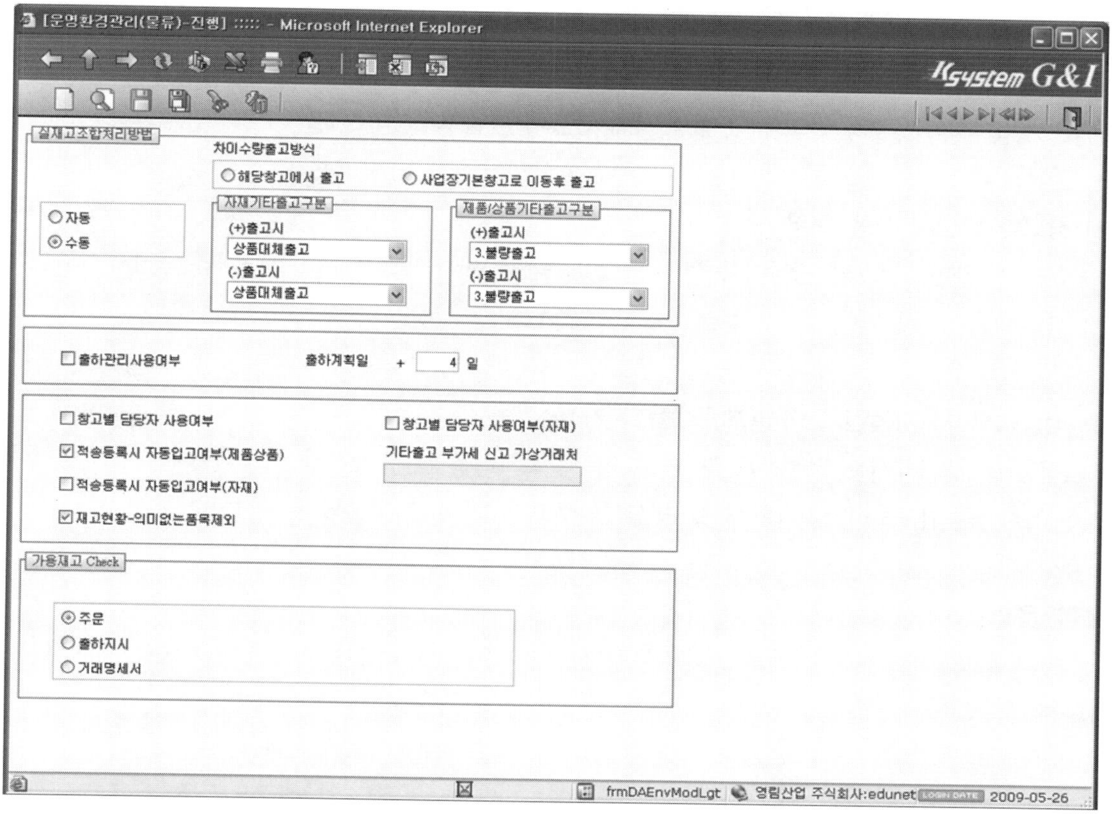

[운영환경관리(물류)-진행 화면]

■ 자동/수동

현재 사용되지 않는다.

■ 차이수량출고방식

해당 창고에서 출고: 실사재고프로세스에서 실사 차이수량에 대해 각 창고에서 기타출고처리내역을 만들어 준다.

사업장 기본창고로 이동 후 출고(미사용)

■ 자재기타출고구분

(＋)출고 시: ＋수량 출고내역 생성 시에 만들어줄 출고구분

(－)출고 시: －수량 출고내역 생성 시에 만들어줄 출고구분

■ **제품상품기타출고구분**

　(+)출고 시 : ＋수량 출고내역 생성 시에 만들어줄 출고구분.

　(−)출고 시 : − 수량 출고내역 생성 시에 만들어줄 출고구분.

■ **창고별 담당자 사용 여부**

　체크를 하면 [창고별 담당자등록]에 등록된 담당자만 [거래명세서], [구매납품]에서 입/출고 처리를 할 수 있게 된다.

■ **적송등록 시 자동입고 여부(제품상품/자재)**

　적송프로세스에서는 적송등록 후 따로 적송입고처리를 해야 재고가 이동되는데, 적송등록 시 자동으로 적송입고처리까지 데이터를 생성시켜주고자 할 경우 사용되는 옵션이다.

■ **가용재고 Check**

　가용재고를 체크하는 시점을 정해주는 옵션이다. 주문, 출하지시, 거래명세서 중에서 선택 가능하다.

8.3　기타입출고 업무 설명

8.3.1　프로세스 흐름도

　정상업무 외의 자재 및 상품의 입출고를 담당하는 업무를 말한다.

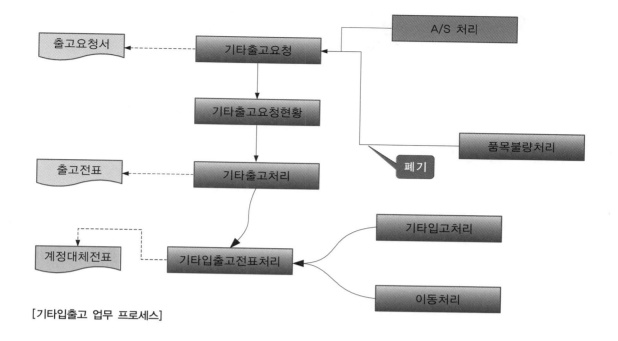

[기타입출고 업무 프로세스]

8.3.2 기타입출고 메뉴 설명

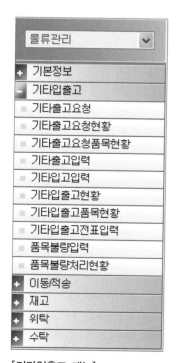

[기타입출고 메뉴]

TIP! K.System ERP 시스템의 메인메뉴에서 **물류관리**를 선택
하면 자재관리 관련 서브메뉴를 볼 수 있다.

■ **기타출고 요청**

기타출고를 요청하는 화면이다.

■ **기타출고요청현황**

[기타출고요청]을 조회하고, 중단 처리하거나 '기타출고처리'
로 점프해서 [기타출고처리]를 한다. 선택하여 점프처리 시 요청
사업장이나 출고창고가 같은 건들을 묶어서 기타출고처리를 진행
할 수 있다.

■ **기타출고입력**

정상적인 출고(판매)가 아닌 기타출고요청한 요청 건들이나

품목들을 기타출고처리 시키는 화면이다. 기타출고처리가 되면 재고에서 빠져나가며, 입출고현황이나 수불현황에서 그 내역들을 조회할 수 있다.

■ **기타입고입력**

　기타출고와는 반대되는 개념으로 정상적인 입고(생산입고, 구매입고)가 아닌 기타입고를 입력하는 화면이다. 기타입고처리 되면 재고가 증가하며 입출고현황이나 수불현황에서 조회할 수 있다.

■ **기타입출고전표입력**

　집계연월의 기준을 그 달에 일어난 입출고(기타입출고)에 대한 회계처리를 하는 프로그램이다. 기타입출고의 전표는 발생할 때마다 발행하는 것이 아니라 월 1회로 일괄 발행하도록 한다.

■ **품목불량입력**

　창고에 들어와 있는 제품에 대해 불량처리를 하는 화면이다.

8.4　이동/적송 설명

8.4.1　프로세스 흐름도

　자재 및 상품을 다른 창고로 이동하는 업무를 담당한다.

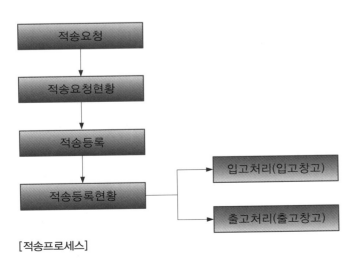

[적송프로세스]

8.4.2 이동/적송 메뉴 설명

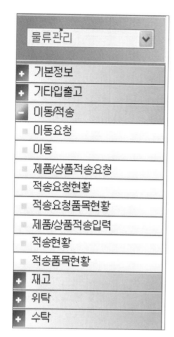

[이동/적송 메뉴]

■ **이동요청**

　　사업장 내 재고의 창고 간 이동프로세스의 처리를 위해 요청 입력하는 화면이다. [이동요청]에서 입력된 내용은 [이동요청현황]에서 조회/선택하여 [이동]으로 점프하여 이동처리 한다.

　　출고창고에 이동요청품목의 재고가 있어야 한다.

■ **이동**

　　동일 사업장 내에서의 이동을 등록하는 화면이다. 동일 사업장 내에서 관리자가 같은 창고에서 이동이 일어나면 이동처리 한다. 이동의 경우 사업장 재고는 변화가 없고, 창고 재고에만 반영된다.

■ **제품/상품 적송요청**

　　적송이란 다른 사업장 간의 물품의 이동과 동일 사업장 내의 담당자가 틀린 창고 간의 물품의 이동을 말한다. 적송을 원하는 경우 담당자가 틀려 직접 이동시킬 수 없으므로 적송요청을 하여 처리한다.

　　다른 사업장이나 필요한 사업장에서 가용재고를 확인해보고 적송요청을 한다. 적송요청을 등록하면 입고처리 시까지 출고사업장의 가용재고에서 빠지게 된다. 입고사업장은 입고예정으로 계산된다. 그러나 사업장이 같고 창고만 다를 경우는 가용재고 계산을 하지 않는다.

■ **제품/상품 적송입력**

　　새로운 적송을 등록하거나 적송요청으로부터 적송등록으로 점프하여 처리한다.

■ **적송현황**

　　적송등록 된 건을 조회하고, 등록된 적송에 대해서 적송입고처리를 할 수 있다.

■ **적송입고처리**

　　적송현황으로부터 적송입고처리로 점프해 적송 건을 입/출고처리 한다.

■ **적송전표입력**

　　적송 처리된 내용의 회계전표를 작성한다. 적송처리 데이터는 월별로 작성하며, 작성된 전표의 처리 및 취소 작업을 처리하는 화면이다.

01 다음은 K.System ERP에서 창고에 대한 설명이다. 다음 중 옳지 않은 설명은?

〈15회 이론 기출문제〉

① 운영환경관리에서 창고별 담당자 사용 여부를 체크할 수 있다.

② 창고별 담당자를 사용하는 경우 창고별 담당자만 해당 창고의 입출고처리를 할 수 있다.

③ 하나의 창고에 여러 명의 담당자를 입력할 수 있다.

④ 하나의 창고를 여러 사업장에서 공유할 수 있다.

풀이 & 보충학습

창고는 하나의 사업장에 종속되어 있다.

| 정답 | ④ |

---

02 물류 관련 수불현황에서 [재고현황]과 [재고현황(계산서)]의 차이점으로 옳은 것은?

〈15회 이론 기출문제〉

① 구매입고시점이 다르다.

② 판매출고기준이 다르다.

③ 기타입고시점이 다르다.

④ 적송과 이동의 기준이 다르다.

풀이 & 보충학습

물류관리 메뉴에서 [물류관리 → 재고원장 → 재고현황]과 [물류관리 → 계산서기준 → 재고현황(계산서)]를 볼 수 있는데, 재고현황은 거래명세표기준으로 출고 여부를 판단하며, 재고현황(계산서)은 [세금계산서] 기준으로 출고 여부를 확인한다.

| 정답 | ② |

03 대림산업은 서울과 부산에 두 군데의 사업장이 있다. 서울 사업장에 있는 품목을 부산 사업장으로 품목이동 한 내역을 시스템에 반영하기 위한 방법으로 옳은 것은? 〈15회 이론 기출문제〉

① [이동]처리에서 출고사업장과 입고사업장을 지정하여 처리한다.
② 서울 사업장에서 [기타출고] 한 후 부산 사업장에서 [기타입고]처리 한다.
③ [적송등록]에서 출고사업장과 요청사업장을 지정하여 처리한다.
④ [적송요청]에서 서울사업장의 출고창고와 부산 사업장의 입고창고를 지정하여 처리한다.

풀이 & 보충학습

사업장 간의 물건 이동은 [적송등록]에서 처리한다.

정답 ③

04 K.System ERP에서 상품의 재고평가법 중 선입선출법을 사용하고 있다. 다음과 같은 수불이 발생하였을 경우 빈칸 (1), (2)의 금액으로 옳은 것은? 〈15회 이론 기출문제〉

일자	구분	입고수량	입고금액	출고수량	출고금액
2008-08-01	이월	20	240,000		
2008-08-26	입고	20	200,000		
2008-08-27	출고	0		30	(1)
2008-08-31	기말재고	10	(2)		

① (1) \340,000   (2) \100,000
② (1) \300,000   (2) \140,000
③ (1) \330,000   (2) \110,000
④ (1) \320,000   (2) \120,000

선입선출법은 먼저 들어온 것이 먼저 출고가 된다. 그러므로 8월 27일 출고 시 이월 된 20개와 26일 입고량 중 10개를 출고하게 되므로 출고금액은 240,000+100,000 = 340,000이 된다. 그리므로 현재 남아 있는 기말재고는 26일 입고된 것 중 10개 남아 있으므로 기말재고 입고금액은 100,000이 된다.

정답 ①

05 첨부된 그림은 K.System ERP에서 위탁재고에 대한 처리 부분이다. 그림과 같이 처리를 했다고 한다면, 다음 설명 중 옳은 것은? 〈15회 실무시험 기출문제〉

① 영림물산은 'SBT상품2'를 10개 소유하고 있다.
② 영림무역은 'SBT상품2'가 사업장재고에서 10개 줄어들었다.
③ 영림무역의 내수창고에는 'SBT상품2'가 10개 위탁되어 있다.
④ 영림무역은 회계관점에서 재고수량이 줄지 않았다.

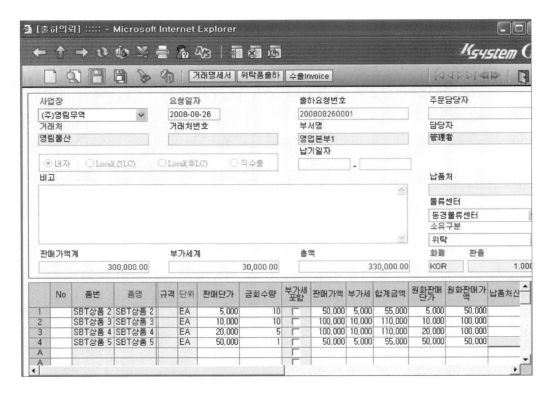

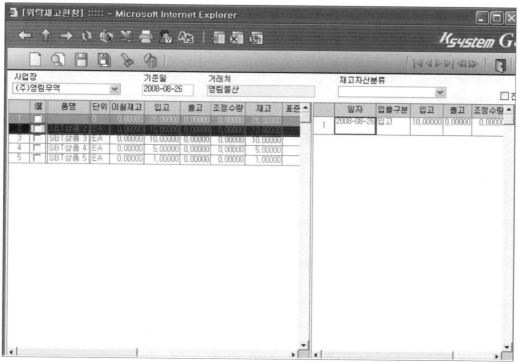

위탁재고는 재고를 영림물산으로 위탁되었을 뿐 회계적인 재고는 줄지 않는다. 위탁
재고 출하입력은 상품의 판매를 위탁한 업체에 출고하는 것으로 위탁업체인 영림물
산이 상품을 소유하는 것이 아니다.

정답 ④

06 자재창고의 재고가 부족하여 제품창고담당자에게 적송요청을 하고 적송처리를 등록한 화면이다.
마지막 그림처럼 적송입고입력이 되어 있는 경우에 자재창고와 제품창고에 입고, 출고가 일어
나게 되는 일자로 옳은 것은? 〈15회 실무시험 기출문제〉

① 자재창고 – 2월 26일, 제품창고 – 2월 28일
② 자재창고 – 2월 28일, 제품창고 – 2월 28일
③ 자재창고 – 2월 29일, 제품창고 – 2월 28일
④ 자재창고 – 2월 29일, 제품창고 – 2월 29일

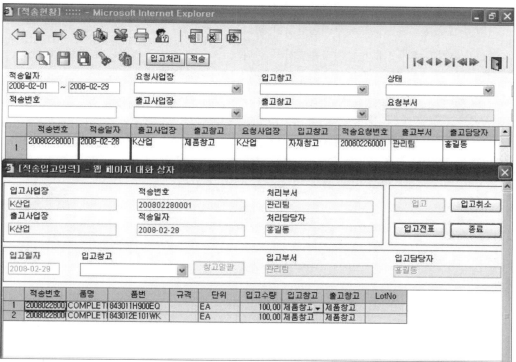

적송은 사업장 간의 이동으로 적송입고처리를 해야지만 실제 수불이 일어나게 된다. 그러므로 적송입고처리를 한 2월 29일에 각 창고에서 입출고가 일어난다. 위 예는 제품창고에서 자재창고로 적송처리를 한 것이고, 실제 적송입고입력 창의 입고일자 (빨간색)는 2008-02-29이다.

정답 ④

07 홍길동이란 사원이 A창고와 B창고의 재고실사를 조사하고 있다. K.System ERP의 재고와 실제 A창고의 재고를 확인해 보니, 불량, 파손 등의 원인으로 인해 ERP상의 A창고보다 실제 창고가 8개만큼 적었고 B창고에는 원인을 알 수 없는 입고 누락처리로 인하여 2개 많았다고 한다. 다음 설명 중 대처해야 하는 방법으로 옳은 것은? 〈20회 실무 기출문제〉

① A창고로 +8개만큼 기타입고처리 한다.
② A창고로 +8개만큼 기타출고처리 한다.
③ B창고로 +2개만큼 구매입고처리 한다.
④ B창고로 +2개만큼 기타출고처리 한다.

A창고는 실제보다 적었으므로 8개만큼 기타출고를 이용하여 일치시켜야 하며, B창고는 실제보다 많으므로 2개만큼 기타입고처리 해야 한다.

정답 ②

08 다음은 K.System ERP에서 LOT관리 재고에 대한 설명이다. 다음 설명 중 옳지 않은 것은?

〈20회 실무 기출문제〉

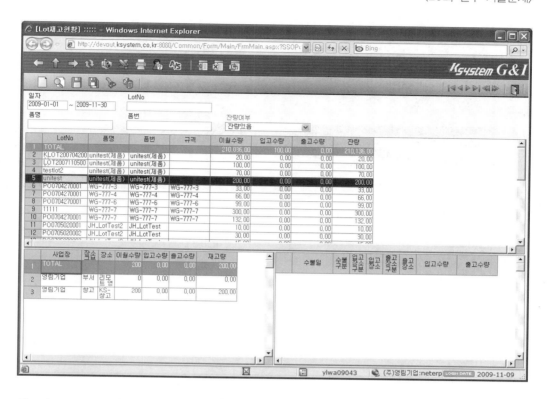

① 재고자산분류별로 LOT관리 여부를 지정할 수 있다.

② LOT관리품목은 기타입고처리에도 LOT번호를 반드시 입력해야 입고처리 할 수 있다.

③ LOT관리품목은 출고된 내역에 대하여 출고창고, 생산실적까지 추적 가능하다.

④ LOT관리품목은 LOT통합, LOT분할 처리는 할 수 없다.

★ 풀이 & 보충학습

Lot번호 관리를 하는 품목에 대한 재고현황을 보여주는 화면이다.

정답   ①

09 첨부 그림은 적송프로세스이다. 적송에 대한 설명 중 옳지 않은 것은? 〈16회 실무 기출문제〉

① 적송요청 없이 적송등록이 가능하다.

② 적송요청에서 점프해서 올 경우 적송요청에서의 수량이 보인다.

③ 적송은 사업장 간에 재고이동을 할 경우에 사용한다.

④ 적송등록만 하면 입고처리를 별도로 하지 않아도 수불에 반영된다.

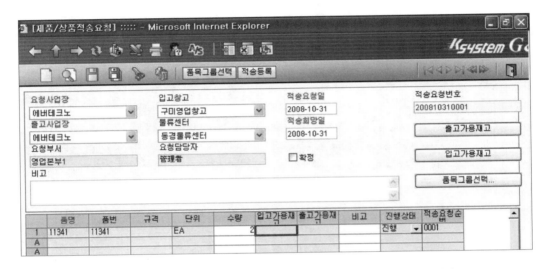

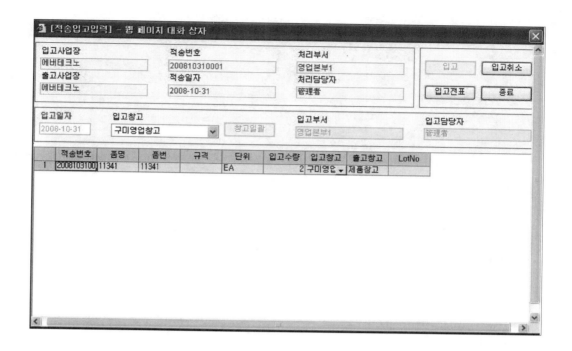

적송처리는 사업장 간의 이동이므로, 적송등록만 했다고 해서 수불에 반영이 되지 않는다. 적송입고처리를 해야 두 사업장 간의 수불에 반영된다.

정답   ④

10 자재창고의 재고가 부족하여 제품창고담당자에게 적송요청을 하고 적송처리를 등록한 화면이다. 마지막 그림처럼 적송입고입력이 되어 있는 경우에 자재창고와 제품창고에 입고, 출고가 일어나게 되는 일자로 옳은 것은?   〈16회 실무 기출문제〉

① 자재창고–2월26일, 제품창고–2월28일
② 자재창고–2월28일, 제품창고–2월28일
③ 자재창고–2월29일, 제품창고–2월28일
④ 자재창고–2월29일, 제품창고–2월29일

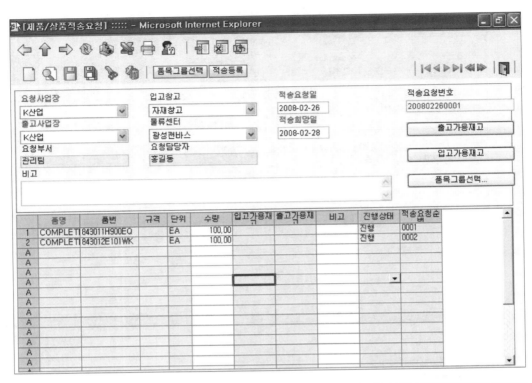

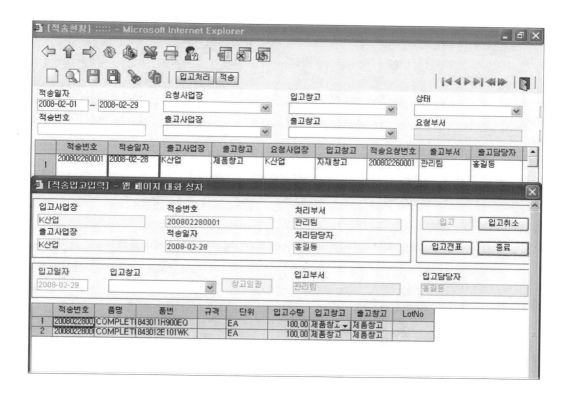

적송은 사업장 간의 이동으로 적송입고처리를 해야지만 실제 수불이 일어나게 된다. 그러므로 적송입고처리를 한 2월 29일에 각 창고에서 입출고가 일어난다.

정답　④

11 그림과 같이, 입출고시 (−)재고를 체크한다고 설정한 회사에서, 특정 재고자산분류에 대해서는 (−)재고를 허용하고 싶을 때 처리 방법으로 옳은 것은? ⟨18회 실무 기출문제⟩

① 일부 재고자산분류에 대해서 (−)재고를 통제할 수 있는 방법이 없기 때문에 [운영환경관리(공통)−초기]에서 '입출고시 (−)재고체크' 옵션 값의 체크를 푼다.

② [품목등록] 화면에서 '재고수량관리안함'에 체크한다.

③ [운영환경관리(공통)−초기]의 '입출고시 (−)재고체크' 옵션 값은 체크된 그대로 두고, [재고자산분류등록] 화면에서 (−)재고를 허용하고 싶은 재고자산분류를 선택하여 (−)재고허용 박스에 체크한다.

④ [운영환경관리(공통)−초기]의 '입출고시 (−)재고체크' 옵션 값을 풀고, [재고자산분류등록] 화면에서 일부 재고자산분류를 선택하여 '(−)재고허용'박스에 체크한다.

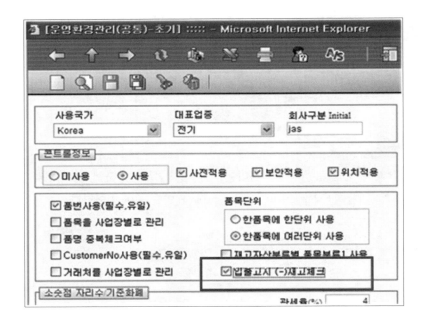

★ 풀이 & 보충학습

특정 재고자산분류에 대해서만 (−)재고 허용을 한다 해도, 우선 전체적으로 (−)재고 허용을 하는 통제가 체크가 되어 있어야 한다. 그 다음에 (−)재고를 허용하는 재고 자산에도 체크를 해야 적용된다.

정답 ③

12 물류프로세스에 대한 설명이다. 가장 옳은 것은? 〈18회 실무 기출문제〉

① A품목을 '가' 창고에서 '나' 창고로 이동처리 하면, 재고현황에서 내역이 조회된다.

② 기타출고입력은 기타출고요청 없이 등록할 수 없다.

③ A품목을 '가' 사업장에서 '나' 사업장으로 적송등록 하면 재고현황에서 내역이 조회된다.

④ A품목을 '가' 창고에서 '나' 창고로 이동처리 하면 창고별 재고현황에서 내역이 조회된다.

★ 풀이 & 보충학습

적송등록 후 입고처리 해야 재고현황에 내역이 조회됨.

정답 ④

13 K.System ERP의 재고현황 화면에서 조회할 수 없는 재고자산유형은? 〈18회 실무 기출문제〉

① 자재

② 재공품

③ 제품

④ 상품

★ 풀이 & 보충학습

재고현황에서 재공품은 조회되지 않는다.

정답 ②

14 다음 중 K.System ERP 물류관리 기타입출고프로세스와 관련한 내용 중 옳은 것은?

〈18회 실무 기출문제〉

① 기타출고입력에서는 출고창고가 다른 경우, 한꺼번에 처리할 수 없고 출고 창고별로 처리해야 한다.

② 기타입고입력 화면에서 입고창고를 지정하지 않고 저장하면, 창고정보에서 제품창고 여부가 체크되어 있고 기본창고로 체크되어 있는 창고로 자동입고 처리된다.

③ 기타출고입력에서는 직접 등록은 할 수 없고, 기타출고요청현황이나 기타출고요청품목 현황에서 점프해서 처리해야 한다.

④ 기타출고입력에서는 출고창고, 품목, 수량, 단가를 필수적으로 입력해야 한다.

☀ 풀이 & 보충학습

기타출고입력 화면에서 창고는 품목별로 선택하여 처리가 불가능함. 기타출고 : 창고 = 1:1의 관계임.

정답	①

ERP 정보관리사

Enterprise Resource Planning

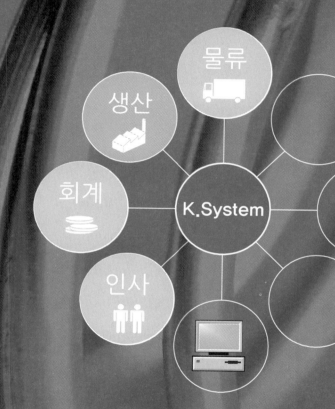

생산

물류

회계

인사

K.System

3부 생산편

9장 K.System ERP 생산업무 개요

9.1 개요
9.2 생산 관련 업무흐름
9.3 생산 관련 K.System ERP 구성
9.4 생산 관련 업무 종합실습

영림원소프트랩 K.System

ERP 정보관리사

생산관리영역의 ERP는 아래 그림과 같이 실제 기업의 생산활동을 지원하는 업무, 즉 생산계획, 생산실적관리, 외주생산관리, 제품품질검사, 마지막으로 생산제품 원가계산을 위한 제조원가 모듈로 구성되어 있다.

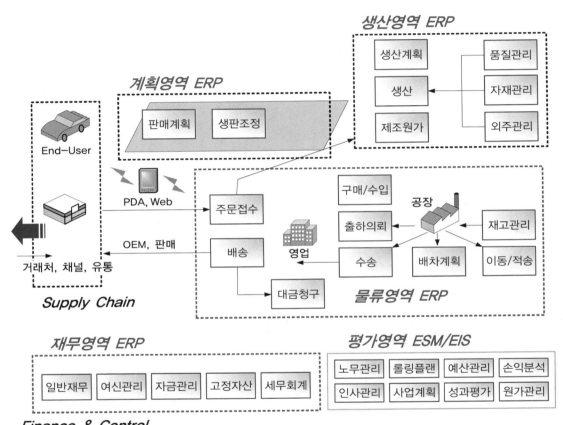

[전체 ERP와 생산관리영역 ERP]

생산관리영역의 5가지 모듈 중, 생산계획모듈에는 2가지 주요 업무를 지원한다.

첫 번째는 최종제품에 대한 향후 생산계획이 만들어지면, 이에 필요한 자재(즉 재료)를 미리 주문하여야 하므로 자재발주량산정을 통해 구매부서에 요청을 해야 한다. 이러한 발주량 산정은 MRP(Material Requirements Planing : 자재소요량계획), EOQ(Economic Order Quantity : 경제적 주문량) 혹은 ROP(ReOrder Point : 발주점 방식) 모형을 사용하게 된다.

두 번째는 최종제품에 대한 생산계획이 만들어지면 세부생산공정에 대한 계획을 만들어야 하는데, 이때는 작업설비, 제품별 공정정보, 공장가동일 등등의 정보들을 이용하여 주 혹은 일별로 작업계획을 만든다. 또한 이때 부하분석을 통해 공장 능력을 감안하여 세부일정을 수정하기도 한다.

> **◀)) 알아두세요**   **자재발주량산정**
>
> - 자재발주량을 결정하는 방법은 자재의 수요 특성에 따라 여러 방법이 존재한다. 이중 독립수요재고품목, 즉 다른 품목의 필요량에 영향을 받지 않고 외부시장의 조건에 직접 영향을 받게 되는 품목은 아래 설명되어 있는 EOQ 방법을 사용하게 된다. 최종제품, 상품, 수리부품 등은 독립수요재고품목에 해당한다.
> 반면 종속수요재고품목, 즉 다른 품목의 필요량에 영향을 받는 품목은 MRP라는 방법을 사용하게 된다. 특정 제품을 생산하는 데 필요한 부품은 제품의 생산계획에 따라 그 필요량이 산정되어야 하므로, 종속수요재고품목으로 간주되며, 이러한 품목에 대한 발주량을 산정하는 MRP는 ERP 시스템에서 중요한 기능 중의 하나이다.
>
> EOQ(Economic Order Quantity : 경제적 주문량) : 재고유지비용과 발주비용은 서로 상충관계를 가지고 있다. 이러한 두 비용을 최소화하도록 적절한 발주량을 수학적으로 계산하여 구하는 방법을 말한다.

9.1.1 자재소요량계획(MRP)

일반적으로 제조기업에서 제품에 대한 향후 생산계획을 만들게 되면, 이에 따른 자재확보계획을 만들어야 한다. 즉 어떤 자재가 언제 필요한지 알아야 한다는 것이다. 이 자재확보계획을 통해 구매부서에서는 자재구매활동을 하게 된다.

예를 들어 컴퓨터를 생산하는 (주)영림컴퓨터에서 7일 후에 컴퓨터 100대를 생산하려 한다고 하자. 그리고 컴퓨터를 생산하기 위한 BOM(Bill Of Materials : 제품구성정보)는 아래와 같다.

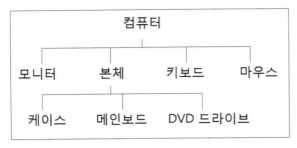

[품목의 계층구조]

위 예에서는 컴퓨터를 생산하기 위해서 케이스, 메인보드, DVD 드라이브를 조립하여 본체를 만들고, 그 다음 모니터, 본체, 키보드, 마우스를 포장하여 컴퓨터를 최종생산하게 된다. 이때 필요한 부품인 모니터, 키보드, 마우스, 케이스, 메인보드, DVD 드라이브는 영림상사에서 구매해 온다고 하자. (주)영림컴퓨터에서 자재확보계획을 만들기 위해서는 각 부품들의 조달기간, 본체의 조립시간, 컴퓨터의 포장시간을 정확히 알아야 7일 후에 컴퓨터 100대를 생산하는 데 지장이 없도록 할 수 있다. Lead-Time(조달 혹은 생산시간)에 대한 정보는 아래 표와 같다.

품목 이름	Lead-Time	생산 혹은 구매 여부	현재고
컴퓨터	1일	생산(포장)	0
본체	2일	생산(조립)	60
모니터	2일	구매	20
키보드	2일	구매	40
마우스	2일	구매	30
케이스	3일	구매	10
메인보드	1일	구매	80
DVD 드라이브	1일	구매	50

[품목별 Lead-Time]

위 정보를 이용하여 7일 후에 컴퓨터 100대를 생산하기 위한 자재소요계획은 ERP 시스템에 의하여 자동 생성되며, 그 결과는 아래 표와 같다.

품목		일						
		1	2	3	4	5	6	7
컴퓨터	총소요량							100
	현재고	0	0	0	0	0	0	0
	필요량							100
	발주량						100	
모니터	총소요량						100	
	현재고	60	60	60	60	60	60	0
	필요량						40	
	발주량				40			
본체	총소요량						100	
	현재고	20	20	20	20	20	20	0
	필요량						80	
	발주량				80			
키보드	총소요량						100	
	현재고	40	40	40	40	40	40	0
	필요량						60	
	발주량				60			
마우스	총소요량						100	
	현재고	30	30	30	30	30	30	
	필요량						70	
	발주량				70			
케이스	총소요량				80			
	현재고	10	10	10	10			
	필요량				70			
	발주량	70						
메인보드	총소요량				80			
	현재고	80	80	80	80			
	필요량				0			
	발주량							
DVD 드라이브	총소요량				80			
	현재고	50	50	50	50			
	필요량				30			
	발주량			30				

[MPR 수행표]

표에서 보는 바와 같이 7일에 컴퓨터 100대가 필요하고 컴퓨터의 재고가 0이므로 필요량은 100대가 된다. 7일간의 자재소요계획은 아래 설명된 로직에 의하여 생성된다.

① 컴퓨터 포장시간이 1일이므로 1일 전에 컴퓨터 100대에 대한 생산발주가 일어나야 하므로(화살표로 연결됨), 6일 시점에 발주량이 100이 만들어진다.

② 컴퓨터 100대를 만들기 위해서는 모니터, 본체, 키보드, 마우스 각각 100개가 필요하므로(짙은 회색 블록으로 표시), 6일 시점에 컴퓨터를 만들기 위한 각 품목들의 총소요량 100개가 만들어진다.

③ 6일 시점에 모니터 필요량은 총소요량－현재고, 즉 100－60＝40이므로 모니터의 구매시간을 고려하여 4일 시점에서 발주량 40이 생성된다.(화살표로 연결됨.)

④ 6일 시점에 본체 필요량은 총소요량－현재고, 즉 100－20＝80이므로 본체의 조립시간을 고려하여 4일 시점에서 발주량 80이 생성된다.(화살표로 연결됨.)

⑤ 6일 시점에 키보드 필요량은 총소요량－현재고, 즉 100－40＝60이므로 키보드의 구매시간을 고려하여 4일 시점에서 발주량 60이 생성된다.(화살표로 연결됨.)

⑥ 6일 시점에 마우스 필요량은 총소요량－현재고, 즉 100－30＝70이므로 마우스의 구매시간을 고려하여 4일 시점에서 발주량 70이 생성된다.(화살표로 연결됨.)

⑦ 본체 80대를 만들기 위해서는 케이스, 메인보드, DVD 드라이브 각각 80개가 필요하므로(옅은 회색 블록으로 표시), 4일 시점에 본체를 만들기 위한 각 품목들의 총소요량 80개가 만들어진다.

⑧ 4일 시점에 케이스 필요량은 총소요량－현재고, 즉 80－10＝70이므로 케이스의 구매시간을 고려하여 1일 시점에서 발주량 70이 생성된다.(화살표로 연결됨.)

⑨ 4일 시점에 메인보드 필요량은 총소요량－현재고, 즉 80－80＝0이므로, 메인보드의 발주계획은 없다.

⑩ 4일 시점에 DVD 드라이브 필요량은 총소요량－현재고, 즉 80－50＝30이므로 DVD 드라이브의 구매시간을 고려하여 3일 시점에서 발주량 30이 생성된다.(화살표로 연결됨.)

MRP는 ERP에서 생산계획이 만들어지고 나면, 기준생산계획을 기반으로 원자재/가공품/반제품 등이 언제, 어디서, 얼마만큼이 필요한지를 예측하고, 계산하는 프로세스이다. ERP는 이 MRP를 기반으로 모든 제조활동과 관리활동을 그에 맞추어 운영함으로써 생산활동을 최대한 효율적으로 운영하도록 하여준다. MRP를 운영하기 위해서는 아래와 같은 기준정보가 필요하다.

- 제품구성정보(BOM, Bill Of Materials)
- 표준공정도(Routing Sheet or Operation Sheet),
- 기준생산계획(MPS, Master Production Schedule)
- 재고기록(IR, Inventory Record)

9.1.2 공정별 생산계획 생성

앞 절의 자재소요계획에서 본체는 조립공정을 통해 생산되고, 컴퓨터는 포장공정을 통해 최종생산 된다. 공정별 계획을 생성하려면 다음과 같은 제품별 공정정보가 필요하다.

재공품명	순서	공정명	외주 여부	가능 작업장	표준작업시간
컴퓨터	2	포장	X	포장작업장1, 포장작업장2	5분
본체	1	조립	X	조립작업장1, 조립작업장2	10분

[제품별 공정정보]

또한 작업장 달력을 통하여 언제 작업장(WC : Work Center)을 사용할 수 있는지 알고 있어야 한다. 예를 들어 아래 표와 작업장 가동정보가 주어질 수 있다.

작업장	작업장 달력(일)						
	1	2	3	4	5	6	7
포장작업장1	–	점검	–	–	–	–	–
포장작업장2	점검	–	–	점검	–	–	–
조립작업장1	점검	–	–	–	점검	–	점검
조립작업장2	–	점검	–	–	–	점검	–

[작업장달력]

컴퓨터 100대는 7일 이전에 생산완료가 되어야 하고, 본체는 6일 이전에 생산완료가 되어야 한다. 하루 작업시간이 8시간이라면 작업장별 생산계획은 아래와 같이 생성될 수 있다.

일			
작업장	4	5	6
포장작업장1	–	–	09:00–16:10(250분 작업) (컴퓨터 50대 포장작업)
포장작업장2	–	–	09:00–16:10(250분 작업) (컴퓨터 50대 포장작업)
조립작업장1	09:00–11:40(160분 작업) (본체 16대 조립작업)	점검	–
조립작업장2	09:00–11:40(160분 작업) (본체 16대 조립작업)	09:00–18:00(480분 작업) (본체 48대 조립작업)	–

[작업장별 생산계획]

위에서 생성된 작업장별 생산계획을 보면 4일에 본체 조립 32대를 조립하고, 5일에 본체 48대를 조립하여, 6일에는 컴퓨터 100대를 포장작업 하도록 되어 있다. 그리고 작업장의 부하를 분석하면 아래 그림과 같이 5일에 조립작업장2에 많은 일이 할당되어 있다.

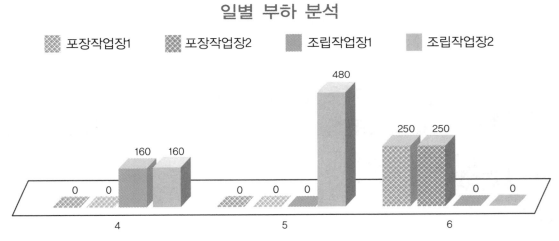

[작업장 부하분석]

부하분석을 통해 아래 표와 같이 작업계획을 수정할 수 있다.

일			
작업장	4	5	6
포장작업장1	–	–	09:00–16:10(250분 작업) (컴퓨터 50대 포장작업)
포장작업장2	–	–	09:00–16:10(250분 작업) (컴퓨터 50대 포장작업)
조립작업장1	09:00–16:20(260분 작업) (본체 26대 조립작업)	점검	–
조립작업장2	09:00–16:20(260분 작업) (본체 26대 조립작업)	09:00–16:40(280분 작업) (본체 28대 조립작업)	–

[수정된 작업장별 생산계획]

개선된 조립작업장의 부하는 아래 그림과 같다.

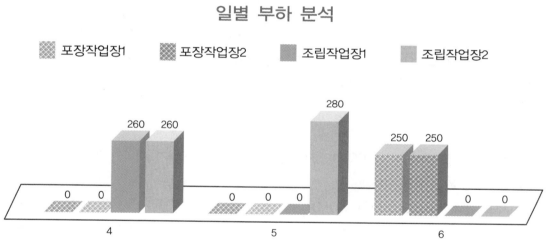

[작업장 부하 분석]

9.1.3 생산관리를 위한 중요 기준정보

생산관리 내의 MRP를 수행하려면, 제품구성정보(BOM), 표준공정표(Routing Sheet) 그리고 작업장(Work Center) 정보가 존재하여야 한다.

■ **BOM의 정의**

BOM은 아래 그림과 같이 모품목을 만드는 데 소요되는 자품목들의 계층적인 구조와 수량을 나타내는 명세표이다.

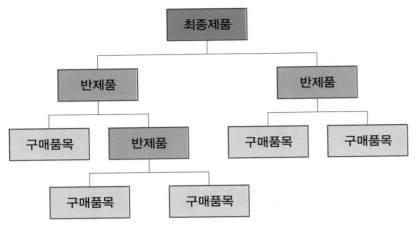

[품목의 계층정보]

BOM은 여러 부서에서 사용되며 그 용도 및 형태에 따라 다양한 종류가 있다, 실제 동일한 ERP 시스템 내에서도 다양한 BOM들이 동시에 사용될 수 있다. 또한 시간에 따라 변화될 수 있으므로 BOM에서 대한 버전(차수)관리를 하게 된다.

■ **BOM의 종류**

- 설계BOM(Engineering BOM) : 제품설계 부서에서 사용하기 위하여 만들어지며 제품의 설계 위주의 구조를 나타낸다.
- 제조BOM(Manufacturing BOM) : 생산관리부서 및 생산현장에서 사용되어지며, 설계 BOM에 실제 생산하기 위한 여러 가지 조건, 제조공정 및 조립공정의 순서를 반영하여 만들어진다.
- 계획BOM(Planning BOM) : 수요예측과 기준생산계획을 위해 만들어지며, 실제 생산을 위한 것이 아니고, 필요자재의 효율적인 구매 및 생산계획을 좀 더 효율적이고 정확하게 수립하기 위하여 사용한다.
- 모듈화BOM(Modular BOM) : 공통부품이나 옵션부품이 있는 제품일 경우 모든 제품에 대한 BOM을 모두 생성하면 자료도 많아지고 관리도 어렵다. 이런 경우 공통부품 및 옵션부품을 대표하는 가상의 품목을 정의하여 사용할 수 있다(아래 그림 참조).
- Percentage BOM : 옵션에 따라 다양한 제품이 생산되는 경우 이를 모듈화 BOM으로

정의하게 되는데, 이때 옵션부품의 양을 백분율로 표현한 BOM이다. 예를 들면 아래 그림처럼 3가지 모델을 대표하는 모델 13을 정의하고, 각 제품의 판매량이 동일하다면 옵션부품 량을 각각 33%로 정의하게 된다. 만일 모델 13의 수요예측량이 100개라면 공통부품은 100개를 준비하고 옵션부품은 각각 33개를 준비하면 되는 것이다.

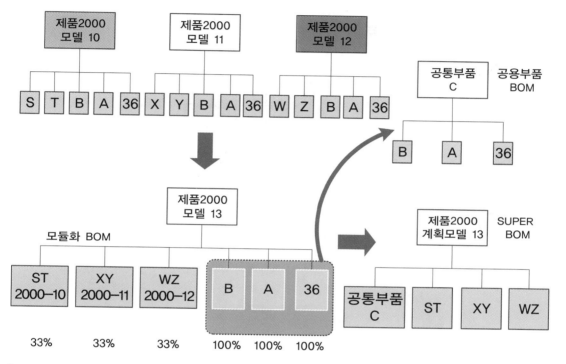

[Modular BOM 과 Percentage BOM의 예]

- 설비IBOM(Facility BOM) : 설비관리에서 사용하기 위한 용도로 만들어지며, 설비별로 품목들을 구성한 BOM이다.

■ **가상품목**

BOM을 정의하면서 실제 생산되지는 않지만 관리를 위해 정의된 품목을 말한다. 가상품목이므로 실재 재고가 없으며 자재소요량 계산에서 제외된다. K.System ERP에서는 BOM 전개상세라는 용어를 사용한다.

■ **작업공정표(Routing)**

표준공정표는 여러 공정의 순서적인 진행에 의해 모품목이 제조됨을 의미하며, 이러한 공정표의 각 공정에는 반드시 실제 작업을 하는 작업장(Work Center)과 연계되어야 한다.

BOM의 모품목은 생산 대상 품목임을 의미하며, 이 모품목 하나에는 반드시 생산을 위한 공정표(Routing)가 존재해야 한다.(Routing이 없이 작업 지시를 하는 것은 불가능하다.) BOM, 공정표, 작업장의 관계는 아래 그림과 같다.

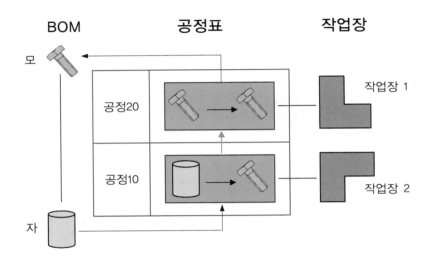

[BOM-공정표-작업장 관계]

ERP 시스템에서 생산관리모듈은 아래 그림과 같이 생산관리, 품질관리, 원가관리 시스템들이 부분적으로 연결된 형태를 가지고 있다. 최초 생산계획이 만들어지고, 실제 생산이 진행되어 반제품 혹은 제품이 발생되면 이에 대한 검사업무가 필요하게 되어 품질관리시스템을 거치게 된다. 마지막으로 입고가 되면 그동안의 생산활동에서 발행한 비용을 배분하여 제품에 대한 제조원가를 계산하는 것이 마지막 관리 포인트라고 할 수 있다.

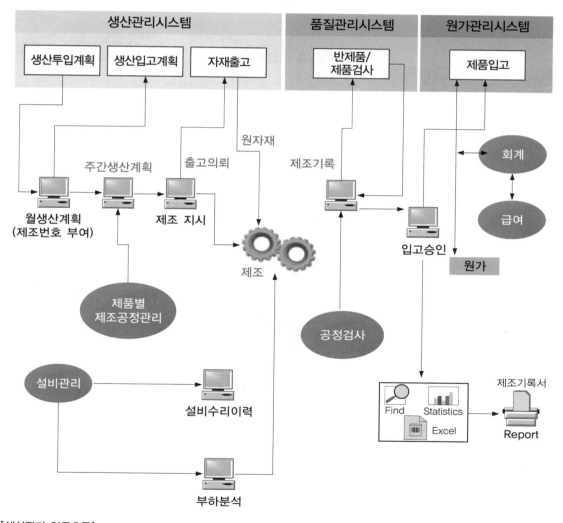

[생산관리 업무흐름]

생산관리프로세스에서는 아래 그림과 같이 영업모듈과 구매모듈과의 연관성에 대해서 이해하여야 하며, 주요 생산프로세스는 생산가 입력(마스터생산계획), 자재소요계획, 외주업무, 생산능력계획(부하분석) 조회를 통한 작업계획 조정이 있다.

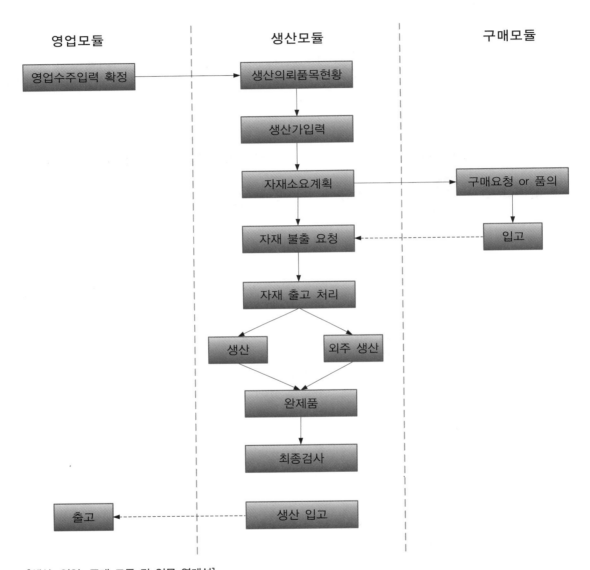

[생산, 영업, 구매 모듈 간 업무 연계성]

9.2.1 생산 관련 기본정보 등록

생산관리업무를 진행하기 위해서는 아래와 같은 순서로 중요 정보가 입력되어 있어야 가능하다.

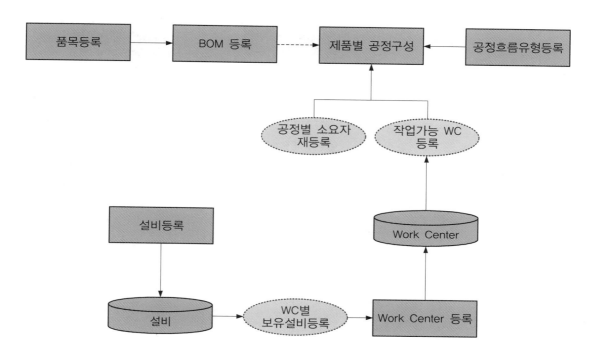

[생산 관련 기본정보 등록]

K.System 시스템에서는 자재소요량을 계산할 때, 등록된 BOM을 기준으로 계산하며, 없는 경우에는 등록된 공정으로 자재구성을 하게 되어 있다. 또한 내부에 BOM과 공정이 맞게 구성되어 있는지 검토하는 프로그램이 존재한다. 위 그림에서 공정흐름유형등록은 품목별로 흐름이 일정한 공정은 미리 등록해 놓아 품목별 공정구성을 쉽게 하도록 한다.

9.2.2 생산의뢰를 통한 생산계획 등록

아래 그림과 같은 절차를 거쳐 생산의뢰가 확정되면 K.System에서 생산계획이 자동 생성되어 등록된다.

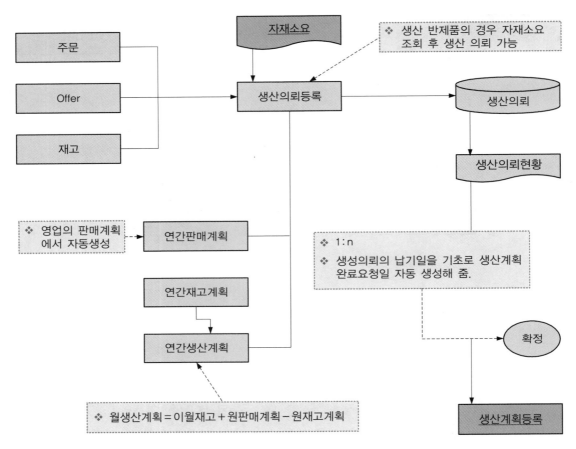

[생산계획 자동생성 절차]

9.2.3 생산계획 확정을 통한 자재불출 및 작업계획 등록

   아래 그림과 같이 생산계획이 등록되면 이를 바탕으로 생산능력분석(Capa 분석)을 하여, 필요 시 생산계획을 수정하게 된다. 이어 생산계획이 확정되면 Capa 분석만 가능하고 수정은 불가능 하다. 생산계획이 확정되면 자재소요분석을 하고 자재불출요청 및 세부적인 워크센터별 작업계획이 생성된다. 자재에 대한 구매의뢰는 확정된 생산계획에 대해서만 진행한다.

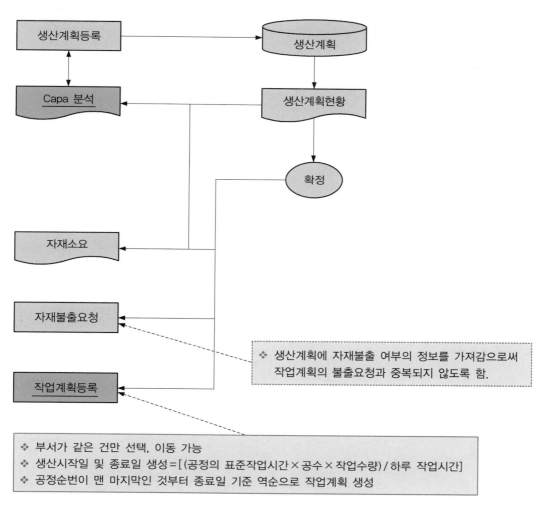

[워크센터별 작업계획 등록]

9.2.4 작업계획 확정을 통한 작업지시 등록

아래 그림과 같이 워크센터별 작업계획에 대해서 다시 Capa 분석이 가능하며, 자재소요계획이 세부적으로 만들어지고 확정되면 구매품의 정보로 넘어가게 된다. 상위 생산계획 확정에서 불출되지 않은 자재를 출고처리 할 수 있으며, 작업에 대한 외주관리도 수행하게 된다.

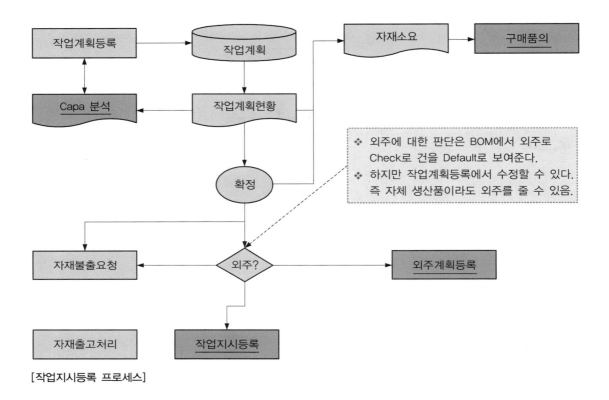

[작업지시등록 프로세스]

9.2.5 작업지시 및 작업일보

 아래 그림과 같이 작업지시가 생산현장에 내려진 후, 생산실적에 따라 작업일보가 등록되고, 작업이 끝난 품목은 자동 최종검사의뢰가 진행된다. 검사품에 대한 정보는 품목 마스터에 저장되어 있다. 작업일보가 작성된 것은 모두 입고의뢰현황에 나타나게 된다.

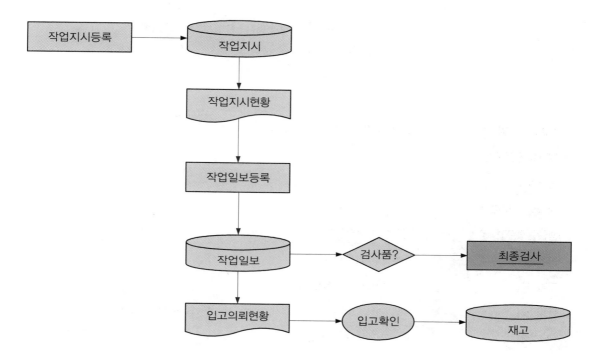

[작업지시, 최종검사 및 입고]

기준정보관리	생산달력/단위/창고/품목 등록
BOM/공정관리	품목별 BOM/공정관리
생산계획	생산계획
Capa/부하분석	전체/공정별 Capa 분석
생산실적관리	생산실적/생산입고 관리
외주관리	외주발주/납품/정산 관리
작업지시	작업계획/WC별 작업계획
품질관리	합불 여부, 공정검사, 외주검사, 최종검사, 품목별, 유형별 불량현황
제조원가	다양한 배부 기준 지원

[생산관리시스템의 구성]

K.System의 생산 관련 ERP는 위 그림과 같이 생산계획, 생산실적관리, 외주관리, 품질관리 및 원가관리 기능들이 모여 있다. 각 업무별 특성은 아래와 같다.

9.3.1 생산계획

생산계획에 기본이 되는 데이터를 관리하고, 제품의 특성에 따른 다양한 생산계획을 지원하고, MRP 혹 EOQ에 의한 자재발주량산정 기능을 제공하며 구매요청/품의/발주와 연동할 수 있게 한다. Lot별 월간생산계획 및 품목별 공정별 주간생산계획 관리를 통한 작업계획 수립 및 제조지시를 가능하게 한다.

9.3.2 부하분석

K.System ERP에서 부하분석은 아래 그림과 같이 생산계획에 대한 부하분석과 작업계획에 대한 부하분석으로 나누어지며, 작업계획으로 내려갈수록 세부적인 능력관리를 하게 된다.

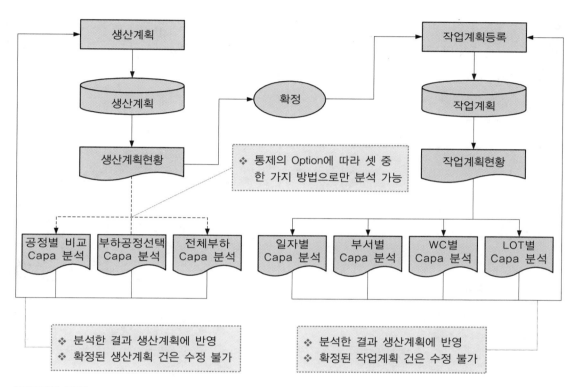

[부하분석 절차]

9.3.3 실적관리

계획 대비 실적분석 및 공정별 제조기록관리, 세부공정별 제조기록 데이터와 자재투입~최종 생산입고까지의 제조기록서 출력 기능, Lot별 생산진행이 관리되기 때문에 납기가 촉박한 품목 이나 긴급생산품목에 대한 모니터링이 가능하다.

9.3.4 외주관리

외주공정의 정의 및 공정별 소요자재 정의를 하여 생산 진행 시 정보로 활용할 수 있도록 시스템에서 지원을 한다. 외주관리프로세스를 진행하기 위해서는 특정 재공품과 외주업체를 설정한 외주계약등록이 선행되어야 한다. 생산계획이 등록되고 외주가 설정된 공정에 대하여 자동으로 외주계획이 만들어진다. 외주계획현황에서 공정을 조회하여 외주발주를 등록하고 확정하게 되면 자재불출요청이 진행되고 실제 외주업체에서 생산업무를 진행하게 된다. 재공품이 납품되면 납품등록, 검사를 거쳐 마지막으로 외주비전표처리를 하게 된다.

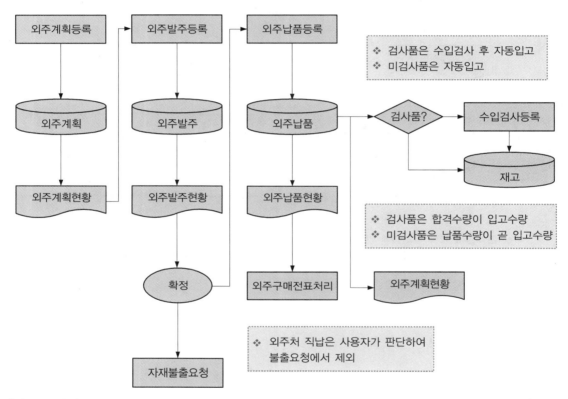

[외주프로세스]

9.3.5 품질관리

최종검사의 상세한 검사항목과, 불량유형 및 해당 항목에 대한 검사결과를 입력, 일정기간 동안에 발생된 최종검사의 불량발생현황을 불량유형별로 분류하여 조회 가능하다.

9.3.6 원가관리

재료비, 노무비, 경비에 대하여 도입사에서 원하는 항목에 대한 설정에 따라 모든 비용이 자동으로 집계처리 되어지며, 계정별상세내역을 조회할 수 있는 화면을 제공한다. 투입공수, 투입재료비, 노무비, 인원수 등의 기준으로 원가를 배분할 수 있으며 유연한 값을 지원하도록 퍼센트 또는 고정값 적용을 선택할 수 있는 시스템을 지원한다. 보고자 하는 관점에 따라 부서별, 제품별, 계정별로 모든 다양한 배부기준을 적용할 수 있다.

수주생상방식에서는 제조번호 단위로 원가를 계산할 것이고 예측생산방식에서는 품목별 종합원가계산을 수행하게 된다. K.System ERP는 품목별 종합원가계산 방식을 지원하며, 아래 그림과 같이 품목별 표준원가와 BOM 구조에 따른 제품의 표준원가를 집계하여 제품의 표준원가를 산정하고, 여기에 간접비 등을 배분하여 실제원가를 계산하는 프로세스를 가지고 있다.

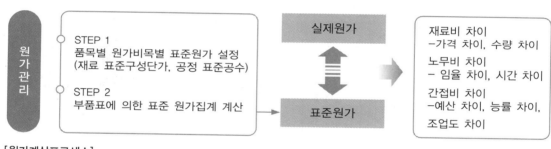

[원가계산프로세스]

9.4 생산 관련 업무 종합실습

본 예제는 15개의 자재를 이용하여 컴퓨터를 생산하는 것이다. 본 예제의 공정은 메인보드를 만드는 수삽공장, FloppyDisk를 만드는 SMT 공정, 본제를 만드는 조립공정, 마지막으로 컴퓨터를 만드는 포장공정을 거친다.

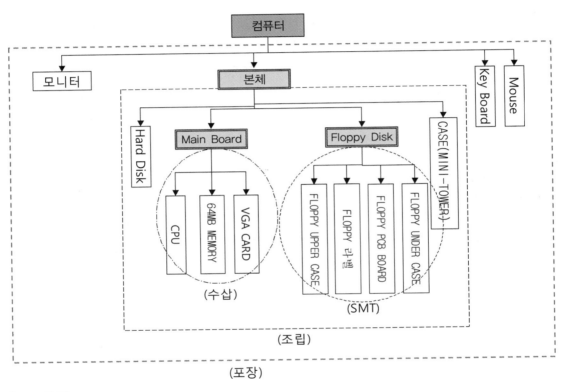

[BOM 구조]

9.4.1 생산모듈 기준정보 등록하기

■ 품목현황에서 최종제품인 컴퓨터(본인 이름)가 등록되어 있지 않다면 데이터를 등록한다.
■ 소분류등록(마스터 및 운영관리)에서 자재분류1에 컴퓨터부품(이름)을 등록한다.
■ 자재등록(15개)을 아래 표를 이용하여 입력한다.

항목명	데이터1(입력)	데이터2(입력)	데이터3(입력)	데이터4(입력)
자재명	본체(이름)	MAINBOARD(이름)	FLOPPYDISK(이름)	MONITOR(이름)
자재번호	본체(이름)	MAINBOARD(이름)	FLOPPYDISK(이름)	MONITOR(이름)
재고자산분류	재공품	재공품	재공품	*원자재
재고단위	EA	EA	EA	EA
상태	사용	사용	사용	사용
약명1, 영문명	본체(이름)	MAINBOARD(이름)	FLOPPYDISK(이름)	MONITOR(이름)
기본정보 탭				
창고				*자재창고
기본분류1 (자재분류1)	컴퓨터 부품(이름)	컴퓨터 부품(이름)	컴퓨터 부품(이름)	컴퓨터부품(이름)
기본구매단위	EA	EA	EA	EA
기본BOM단위	EA	EA	EA	EA
구매정보 탭				
화폐	KOR	KOR	KOR	KOR
재고정보 탭				
불출구분	Lot단위출고	Lot단위출고	Lot단위출고	Lot단위출고
검사기준 탭				
검사 여부	무검사(체크 안 함)	무검사(체크 안 함)	*검사(모두 체크함)	무검사(체크 안 함)

항목명	데이터1(입력)	데이터2(입력)	데이터3(입력)	데이터4(입력)
자재명	KEYBOARD(이름)	MOUSE(이름)	HARDDISK(이름)	CASE(이름)
자재번호	KEYBOARD(이름	MOUSE(이름)	HARDDISK(이름)	CASE(이름)
재고자산분류	원자재	원자재	원자재	원자재
재고단위	EA	EA	EA	EA
상태	사용	사용	사용	사용
약명1, 영문명	KEYBOARD(이름)	MOUSE(이름)	HARDDISK(이름)	CASE(이름)
기본정보 탭				
관리창고	자재창고	자재창고	자재창고	자재창고
기본분류1 (자재분류1)	컴퓨터부품(이름)	컴퓨터부품(이름)	컴퓨터부품(이름)	컴퓨터부품(이름)
기본구매단위	EA	EA	EA	EA
기본BOM단위	EA	EA	EA	EA
구매정보 탭				
화폐	KOR	KOR	KOR	KOR
재고정보 탭				
불출구분	Lot단위출고	Lot단위출고	Lot단위출고	Lot단위출고
검사기준 탭				
검사 여부	무검사(체크 안 함)	무검사(체크 안 함)	무검사(체크 안 함)	무검사(체크 안 함)

항목명	데이터1(입력)	데이터2(입력)	데이터3(입력)	데이터4(입력)
자재명	CPU(이름)	MEMORY(이름)	VGACARD(이름)	FLOPPYUPPERCASE(이름)
자재번호	CPU(이름)	MEMORY(이름)	VGACARD(이름)	FLOPPYUPPERCASE(이름)
재고자산분류	원자재	원자재	원자재	원자재
재고단위	EA	EA	EA	EA
상태	사용	사용	사용	사용
약명1, 영문명	CPU(이름)	MEMORY(이름)	VGACARD(이름)	FLOPPYUPPERCASE(이름)
기본정보 탭				
관리창고	자재창고	자재창고	자재창고	자재창고
기본분류1 (자재분류1)	컴퓨터부품(이름)	컴퓨터부품(이름)	컴퓨터부품(이름)	컴퓨터부품(이름)
기본구매단위	EA	EA	EA	EA
기본BOM단위	EA	EA	EA	EA
구매정보 탭				
화폐	KOR	KOR	KOR	KOR
재고정보 탭				
불출구분	Lot단위출고	Lot단위출고	Lot단위출고	Lot단위출고
검사기준 탭				
검사 여부	무검사(체크 안 함)	무검사(체크 안 함)	무검사(체크 안 함)	무검사(체크 안 함)

항목명	데이터1(입력)	데이터2(입력)	데이터3(입력)
자재명	FLOPPY라벨버튼(이름)	FLOPPYPCBBOARD(이름)	FLOPPYUNDERCASE(이름)
자재번호	FLOPPY라벨버튼(이름)	FLOPPYPCBBOARD(이름)	FLOPPYUNDERCASE(이름)
재고자산분류	원자재	원자재	원자재
재고단위	EA	EA	EA
상태	사용	사용	사용
약명1, 영문명	FLOPPY 라벨버튼(이름)	FLOPPYPCBBOARD(이름)	FLOPPYUNDERCASE(이름)
기본정보 탭			
관리창고	자재창고	자재창고	자재창고
기본분류1 (자재분류1)	컴퓨터부품(이름)	컴퓨터부품(이름)	컴퓨터부품(이름)
기본구매단위	EA	EA	EA
기본BOM단위	EA	EA	EA
구매정보 탭			
화폐	KOR	KOR	KOR
재고정보 탭			
불출구분	Lot단위출고	Lot단위출고	Lot단위출고
검사기준 탭			
검사 여부	무검사(체크 안 함)	무검사(체크 안 함)	무검사(체크 안 함)

9.4.2 WorkCenter 등록

화면 위치	생산(원가)관리 ▶ 기본정보 ▶ WorkCenter 등록

WorkCenter명	소속부서	기본 공정명	보유인원	일일 기본 가동시간(분)	Capa 산정 구분	외주 여부
수삽WC(이름)	생산1팀	수삽	2	480	작업시간	X
SMTWC(이름)	생산1팀	SMT	2	480	작업시간	O
조립WC(이름)	생산1팀	조립	2	480	작업시간	X
포장WC(이름)	생산1팀	포장	2	480	작업시간	X

9.4.3 BOM등록

■ **STEP 1** : BOM은 제일 상위레벨의 품목부터 등록한다. 즉, 컴퓨터(이름)를 좌측의 제품명을 코드도움하여 등록한 후 화살표 버튼을 클릭하여 오른쪽 프레임에도 품명에 컴퓨터(이름)가 입력되도록 한다.

■ **STEP 2** : 먼저 하위시트에 본체와 Monitor(이름), KeyBoard(이름), Mouse(이름)를 아래와 같이 등록한다.

자재명	하위구분	조달구분	공정관리 여부	공정명	소요량 (분자/분모)	사내/사외 로스율
본체(이름)	check	사내 제작	check	조립	1/1	0
Monitor(이름)		구매 후 무상			1/1	0
KeyBOARD(이름)		구매 후 무상			1/1	0
Mouse(이름)		구매 후 무상			1/1	0

※ 조달구분에서 제작으로 선택되었으면 공정관리를 체크하며 반드시 연결되는 공정을 입력해야 한다. 저장하려 할 때 필수입력사항을 입력하지 않았다는 메시지가 뜬다면 공정명이 등록되어 있는지 확인한다.

STEP 3 : 다음으로 화면을 닫고 새로 BOM등록 화면을 열고 왼쪽 프레임의 BOM트리에서 본체를 선택하여 화살표 버튼을 이용하여 오른쪽으로 옮겨 놓은 후 아래 시트에 다음 표와 같이 입력한다.

– 본체(이름)

자재명	하위구분	조달구분	공정관리 여부	공정명	소요량 (분자/분모)	사내/사외 로스율
Mainboard(이름)	check	사내 제작	check	수삽	1/1	0
Floppydisk(이름)	check	사내 제작	check	SMT	1/1	0
Harddisk(이름)		구매 후 무상			1/1	0
Case(이름)		구매 후 무상			1/1	0

STEP 4 : Mainboard(이름)와 Floppydisk(이름)도 같은 방법으로 입력한다.

– Mainboard(이름)

자재명	하위구분	조달구분	공정관리 여부	공정명	소요량 (분자/분모)	사내/사외 로스율
Cpu(이름)		구매 후 무상			1/1	0
Memory(이름)		구매 후 무상			1/1	0
VGACARD(이름)		구매 후 무상			1/1	0

– Floppydisk(이름)

자재명	하위구분	조달구분	공정관리 여부	공정명	소요량 (분자/분모)	사내/사외 로스율
FLOPPYUPPERCASE(이름)		구매 후 무상			1/1	0
FLOPPY라벨버튼(이름)		구매 후 무상			1/1	0
FLOPPYPCBBOARD(이름)		구매 후 무상			1/1	0
FLOPPYUNDERCASE(이름)		구매 후 무상			1/1	0

9.4.4 제품별 공정등록

■ 제품 컴퓨터에 대하여 BOM을 등록해 놓으셨으면 BOM에서 공정등록으로 점프해온다. 이
때 주의할 점은 상단 좌측의 BOM 트리에서 컴퓨터(이름)를 화살표 버튼을 이용하여 우측
으로 옮겨놓은 후에 점프해야 한다. 최종 공정과 표준작업시간 등 필수입력사항을 아래와
같이 입력하세요. 아래 사항들을 하나의 시트에 한꺼번에 입력한다.

생산재공품명	순서	공정명	외주 여부	기본 WorkCenter	소요량 (분자/분모)	단위	표준 작업시간	최종검사 여부
MAINBOARD(이름)	1	수삽	X	수삽WC(이름)	1/1	EA	1	X
FLOOPYDISK(이름)	2	SMT	O	SMTWC(이름)	1/1	EA	1	X
본체(이름)	3	조립	X	조립WC(이름)	1/1	EA	1	X
컴퓨터(이름)	4	포장	X	포장WC(이름)	1/1	EA	1	O

※ SMT(Surface Mount Technology)

9.4.5 생산계획가입력

■ 생산의뢰품목현황에서 영업모듈의 주문에서 생산의뢰 한(영업수주입력 후 확정하고 생산의
뢰 하면 보임. 수주날짜는 오늘로 하고 생산완료요청일은 한 달 뒤로 함.) 컴퓨터(이름) 500
개건을 조회한 후 선택하여 생산계획으로 점프한다.
■ 생산의뢰구분은 양산, 생산부서는 생산1팀, 생산시작일과 생산완료일은 현재월말일로 등록
한다.
■ 영업에서 의뢰한 건이 없다면 생산가입력 화면을 오픈하여, 수작업으로 컴퓨터(이름) 500개
의 생산계획가를 등록할 수 있다.
■ 마스터생산계획(생산계획가입력)을 저장하면 공정별 계획이 자동 생성됨.
  ● 제조지시번호를 메모장에 복사한다.
  ● 워크센터별 작업계획조회를 해본다(날짜와 제조지시번호를 통해 조회). ☞ 작업지시서 출
    력해본다(작업을 선택해야 출력된다).
  ● 생산능력계획의 워크센터별 부하분석을 조회해본다.
  ● 필요 시 작업계획조정 입력한다.

9.4.6 자재소요계획

■ 생산계획현황

생산계획조회에서 등록한 생산계획 건을 LotNo로 조회하여 선택한 후 자재소요로 점프하여 발주요청수량을 확인해본다. 자재소요에서 조회되는 발주요청 건들을 선택하여 구매요청 또는 구매품의로 점프하여 구매프로세스를 진행한다.(창고에 입고되는 것을 확인한다.)

자재소요계획서 출력
- 구매모듈에서 입고까지 진행하여 자재를 창고에 넣는다.
- 생산계획조회 화면에서 확정되면 자재불출요청이 가능하다.

9.4.7 자재출고

■ 자재불출요청(생산계획 중 확정된 자료만 할 수 있음.)
- 생산계획조회에서 등록한 생산계획 건은 LotNo로 조회하여 선택한 후 자재불출1로 점프한다.
- 점프된 데이터는 생산부문 출고요청입력 화면으로 넘어간다. 재고량을 계산하면 현재고가 500개가 된다.

■ 출고요청입력 사항을 저장한다.

■ 자재출고처리
- 생산부문 출고요청조회(자재의 하위메뉴에 있음.) 에서 자재불출요청 된 데이터를 조회해서 선택하여 자재출고처리1로 점프하여 자재를 출고 시킨다.
- 자재출고 시 출고장소구분은 창고, 출고장소는 자재창고, 입고장소는 생산1팀, 출고용도는 생산용, 출고유형은 생산출고로 입력하여 저장한다.

9.4.8 생산실적

■ WC별 작업계획조회 화면에서 등록된 생산 LotNo 건을 조회하여 각 작업을 선택하여 생산실적입력으로 점프하여 저장한다.

- 생산작업 실적입력에 등록된 공정의 소요자재를 조회한 후(<소요자재조회> 버튼 클릭) <투입처리> 버튼을 눌러 투입처리를 해준다. ☞ 투입처리 여부가 '투입처리'로 됨
- 워크센터별 작업계획조회에서 진행상태 완료가 됨.

9.4.9 외주

외주계약등록

- 계약등록 화면을 오픈해서 <조회> 버튼을 클릭해 아래 데이터가 등록이 되어있는지 확인한다. 만약 등록이 되어 있지 않다면 아래 데이터를 등록해준다.
- 외주계약등록 대덕전자부품(주)라는 거래처를 더블클릭(왼쪽 끝 열)하고 아래 내용을 입력하고 저장한다.
    - 제품명은 컴퓨터(이름)
    - 제품차수 00, Assy명은 Floppydisk(이름)
    - 외주가공비 단가는 10

- 제품명을 더블클릭(왼쪽 끝 열)하고 소요자재를 가져온다. (제품별 공정에서 <가져오기> 버튼 클릭)

외주발주입력

- 외주계획현황에서 Assay명(=제공품의 의미)에 Floppydisk(이름)이 있는 SMT공정을 조회하여 외주발주등록으로 점프한다.
- 외주처는 '대덕전자부품(주)'거래처를 선택하고 가공비 단가(10)를 등록한 후 저장한다.
    ☞ 외주처와 단가가 자동을 나타나면 그냥 사용.

자재출고처리

- 외주발주현황에서 발주 건을 선택하여 자재출고_01로 점프하여 자재를 출고한다. 출고장소구분은 생산라인, 출고장소는 생산1팀으로 선택하여 저장한다.

외주납품

- 외주발주현황에서 등록한 외주발주 건을 조회, 선택하여 외주납품으로 점프한다.
- 입고장소구분은 생산라인, 입고장소는 생산1팀으로 두고 저장한다.(공정품이므로 창고로는 입고할 수 없다.)

■ **외주검사**

- Floppydisk(이름)는 검사품이기 때문에 외주검사를 행해야 한다. 외주검사 대기현황에서 조회하여 합격처리 한다.
  - 검사구분: 합격, 검사일: 현재일, 검사자: 강품관

■ **외주비 전표처리**

- 외주납품/반품 현황에서 등록한 납품 건을 조회한다.
- 가공비정산항목: 외주가공비(제)
- 지급예정일: 현재일보다 20일 이후 날짜
- 세금계산서일자: 현재일
- 데이터를 등록하고 저장한다.
- 외주납품 건을 선택하여 <전표처리> 버튼을 클릭하여, 외주구매처리 전표를 작성한다.
  (차변) 외주가공비, 부가세대급금
  (대변) 외상매입금

9.4.10 QC

■ **최종검사(QC)**

- 최종검사의뢰현황에서 완제품인 컴퓨터(이름)인 포장공정을 조회한다. 조회된 건을 선택하여 최종검사처리로 점프한다.
- 최종검사입력 화면에서 점프된 데이터를 선택한 후 마스터의 데이터를 다음과 같이 입력한다.
  [검사구분: 전수검사, 최종판정: 합격, 검사일: 현재일, 검사자: 강품관]
  검사자 및 검사일 일괄적용 버튼을 클릭해 마스터에 등록한 데이터를 선택한 시트에도 적용을 시킨다.

■ **생산실적**

- 생산입고입력/제조지시서 완료 화면에서 QC까지 완료된 완제품 컴퓨터를 조회한다.
- 조회된 데이터를 선택하여 입고처리를 점프한 후 아래 내용을 설정하고 저장한다.
  - 입고일자: 현재일, 입고창고: 제품창고

■ 영업모듈에서 실제 제품을 출고한다.

10장 K.System 생산관리

10.1 개요
10.2 생산 기본정보
10.3 생산관리 메뉴 설명
10.4 생산관리활동 실습
10.5 기출문제 분석

영림원소프트랩 K.System

ERP정보관리사

K.System ERP의 생산관리모듈은 생산모듈을 사용하기 위한 기본정보, 생산계획을 세우고 작업을 거쳐 생산을 완료하여 완제품 생산입고까지의 사내제작 과정을 다루고 있다. 생산유형에 따라 수주생산을 하는 경우에는 수주로부터 생산의뢰를 받아 생산을 하고 계획생산을 하는 경우에는 재고와 수요예측 정보를 기준으로 생산담당자가 판단하여 생산계획을 세울 수 있다. 생산프로세스는 생산계획으로부터 공정계획, 일자별 작업계획, 생산에 필요한 자재소요량 계산을 통한 자재조달, 작업에 필요한 자재를 창고로부터 현장으로 불출요청 및 자재출고, 작업한 실적을 등록하고 생산이 완료되면 QC(품질검사)를 거쳐 합격품을 생산입고 하는 과정으로 이루어진다.

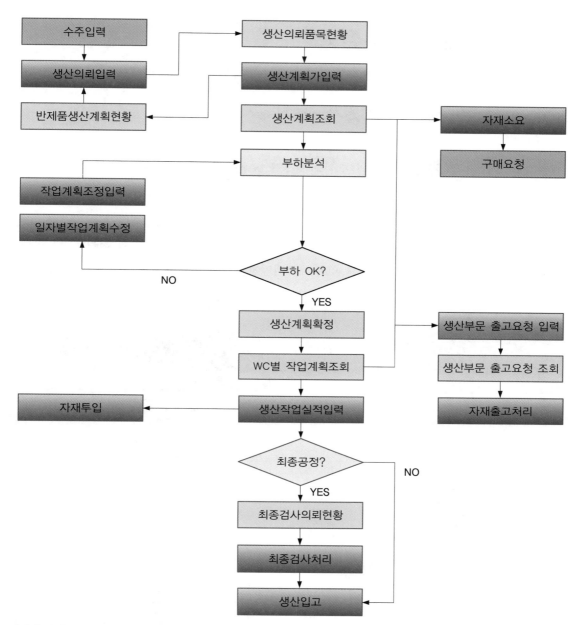

[생산 관련 프로세스]

10.2.1 운영환경관리(생산원가)-초기

화면 위치   마스터 및 운영관리 ▶ 운영환경관리 ▶ 공통 ▶ [운영환경관리(생산원가)-초기]

    K.System ERP 생산모듈을 사용함에 있어 필요한 파라미터를 설정하는 화면이다. ERP 시스템을 사용하는 회사마다 업무형태가 다를 수 있으므로 회사의 업무특성에 맞게 설정해야 한다. 환경설정 화면은 초기와 진행으로 나뉘어져 있고 초기화면에서 설정한 값은 시스템 사용을 시작한 후에는 변경하면 안 된다. 설정한 후에 재로그인을 하거나 관련 화면을 다시 띄워야 적용된다.

[운영환경관리(생산원가)-초기 설정화면]

운영환경관리 파라미터 설정

업무진행 중에 설정값이 변하게 되면 기존 데이터와의 일관성에 문제가 발생할 수 있으니 현재 업무를 잘 파악하여 업무에 가장 적합하다고 생각되는 값을 선택해야 한다.

초기 설정에 대한 주요 항목은 다음과 같다.

■ LotNo 자동부여

생산계획 작성 시 부여하는 생산LotNo를 시스템에서 자동으로 생성해주고자 할 경우 설정하는 항목이다. 사업장별로 규칙을 설정할 수 있으며 LotNo 자동부여 칼럼에 체크를 하면 된다. 최대 16자리까지 설정할 수 있고 구성은 'LotNo 앞 문자 + 연 + 월 + 일 + 일련번호 + LotNo 뒷 문자'로 각 항목 중 입력/체크한 항목의 조합으로 만들어지게 된다.

참고 자동부여를 사용 안 할 경우는 생산계획가입력 화면에서 직접 LotNo를 입력해야 한다.

■ 생산시간단위

제품별 공정등록의 표준작업시간에 적용될 시간단위를 설정하는 항목이다. 시, 분, 초, 일, 1/100분 중 선택 가능하며 회사에서 제품을 생산하는 데 걸리는 시간에 따라 알맞게 설정하면 된다.

■ 불출요청시점/계산기준

생산에 필요한 자재를 출고요청 하는 시점을 선택하는 항목이다.

- **생산계획**: [생산계획조회]에서 자재불출요청을 할 경우 선택한다. 해당 제품에 소요되는 자재를 모두 요청할 경우에 해당한다.
- **작업계획**: [작업계획조회]에서 자재불출요청을 할 경우 선택한다. 공정별로 소요자재를 요청할 경우에 해당한다.
- **일자별 작업계획**: [일자별 WC별 작업계획]에서 자재불출요청을 할 경우 선택한다. 하루 작업에 필요한 소요자재를 요청할 경우에 해당한다.

■ 원가별 계정범위

원가모듈에서 제조원가 계산 시 전표 발행내역 중 원가에 해당하는 계정을 재료비, 노무비, 경비로 집계하기 위해 계정 범위를 설정하는 항목이다.

■ 자재환산수량 반올림 여부

자재등록의 자재환산단위에 등록된 환산수량의 소수점 자릿수를 반올림 할 것인지를 설정하는 항목이다. 체크 시 반올림된다.

■ 제품/상품환산수량 반올림 여부

품목등록의 품목환산단위에 등록된 환산수량의 소수점 자릿수를 반올림할 것인지를 설정하는 항목이다. 체크 시 반올림된다.

■ 반제품을 재공으로 처리

반제품은 제품의 성격과 자재(재공)의 성격을 가지고 있는 재고자산으로, K.System ERP에서 기본적으로 제품으로 취급된다. 즉, 생산계획을 작성하고, 창고수불이 가능하며 제조원가를 산출할 수 있다. 이런 성격 때문에 반제품으로 설정하나 회계상으로는 재공품 계정으로 처리하고자 할 경우 선택하는 항목이다.

■ 생산계획 시 Lot 통합

같은 품목의 생산의뢰가 여러 건이 있을 경우 생산계획을 합쳐서 생성할 것인지, 생산의뢰 건 각각에 대해 생성할 것인지 선택하는 항목이다.

- 체크 안함: 생산의뢰 각각에 대해 생산계획을 작성한다.
- 체크 시: 생산의뢰 여러 건에 대해 생산계획을 하나로 합쳐서 작성한다.
- 통합 기준: [품목등록]의 생산정보 탭에 기본 Lot Size를 기준으로 통합된다.

예) 기본 Lot Size 100EA, 생산의뢰 건 2건이 각각 60EA, 50EA일 경우
생산계획은 100EA, 20EA 2건으로 생성된다.

■ 단가계산방법

각 재고자산에 대해 재고자산평가법을 설정하는 항목이다. 상품, 자재, 제품 각각 설정하며 월총평균법, 선입선출법, 이동평균법, 개별법 중에서 선택한다. 단, 개별법을 선택하고자 하는 경우에는 Lot관리를 해야 한다.

참고 자동부여를 사용 안 할 경우는 생산계획가입력 화면에서 직접 LotNo를 입력해야 한다.

10.2.2 운영환경관리(생산원가)-진행

화면 위치 마스터 및 운영관리 ▶ 운영환경관리 ▶ 공통 ▶ [운영환경관리(생산원가)-진행]

K.System ERP 생산모듈을 사용함에 있어 필요한 파라미터를 설정하는 화면이다. ERP 시스템을 사용하는 회사마다 업무형태가 다를 수 있으므로 회사의 업무특성에 맞게 설정해야 한다. 환경설정 화면은 초기와 진행으로 나뉘어져 있고 시스템 사용 중에 변경 가능한 항목들을 진행 화면에서 설정한다.

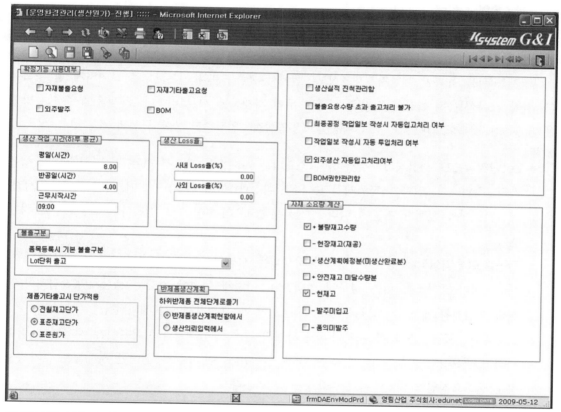

[운영환경관리(생산원가)-진행 설정화면]

진행 설정에 대한 주요 항목은 다음과 같다.

■ 확정기능 사용 여부

프로세스를 진행하는 과정에서 관리자나 책임자가 검수 후에 확정을 하여야만 다음 프로세스로 진행 가능 하도록 제어하는 기능이다. 체크한 항목의 경우 해당 현황 화면에서 확정 칼럼에 체크를 해야만 다음 프로세스로 진행을 할 수 있게 된다. 체크를 하지 않은 경우에는 저장 시 자동으로 확정되며 현황에 확정 칼럼이 비활성화 되어 변경할 수 없게 된다.

■ 생산작업시간(하루 평균)

평일과 반공일 작업시간, 근무시작시간을 설정하는 항목이다.

■ 생산 Loss율

BOM등록에 기본값으로 보여지게 될 Loss율이다. BOM 입력 시 매번 Loss율을 입력하는 번거로움을 줄이기 위해 설정하는 항목이다.

■ 불출구분

[자재등록]을 등록할 때 [자재재고정보] 탭에서 불출구분의 기본값으로 보여지게 될 항목이다. 가장 많이 사용될 불출구분 값을 설정해 두면 자재등록 시 편리하다. 자재를 불출하는 방법을 설정하는 것으로, Lot단위 출고, 자동출고(투입실적), 일괄출고 중에서 선택 가능하다.

- Lot단위 출고 : 생산계획과 관련하여 소요되는 자재를 출고요청 하는 경우 선택한다. 생산계획, 작업계획, 일자별 작업계획 중 [운영환경관리(생산/원가)-초기] 화면 불출요청시점/계산기준에서 선택한 기준에 따라 생산부문출고요청 화면으로 점프하여 불출요청을 하게 된다.
- 자동출고(투입실적) : 생산작업실적이 작성되는 시점에서 사용(투입)한 양만큼 자동으로 자재출고처리를 하도록 하는 경우에 선택한다. 이렇게 설정한 자재는 생산계획(작업계획/일자별 작업계획)에서 불출요청 화면으로 점프할 때 요청자재에서 제외된다.
- 일괄출고 : 포장단위가 큰 자재나 공용자재의 경우 생산계획과는 무관하게 사용자가 필요 시점에 필요량만큼 불출요청을 하는 경우 선택한다. 이 구분을 선택한 자재들은 추가생산부문 출고요청입력 화면에서 불출요청을 하게 된다.

■ 출고 시 단가적용

제품기타출고처리 시 제조원가로 처리되어야 하는 출고 건은 원가계산 전에 출고금액이 계산되어 회계전표가 발행되어야 한다. 제조원가 계산을 하기 전이므로 이에 대한 단가를 어떤 단가로 계산할 것인지 선택하는 항목이다. 전월재고단가/표준재고단가/표준원가 중에서 선택 가능하다.

■ 생산실적 진척 관리함

공정 진척 사항을 관리하고자 하는 경우에 체크하는 항목으로 공정순서에 따라 전 공정이 완료되어야만 다음 공정의 실적을 입력할 수 있도록 제어하는 기능이다.

■ 불출요청수량 초과 출고처리 불가

자재출고 시 생산부문출고요청에 등록한 요청수량을 초과하여 출고처리가 안 되도록 하고자 하는 경우 체크한다.

■ 최종공정 작업일보작성 시 자동입고처리 여부

제조 완료된 제품에 대해 입고하는 프로세스를 별도로 거치지 않고 생산실적을 입력하면 자동으로 창고에 입고가 되도록 하고자 하는 경우에 체크한다.

■ 작업일보작성 시 자동투입처리 여부

[생산작업실적입력]에서 생산실적을 저장 시 자동으로 자재투입이 되도록 하고자 할 때 체크한다.

■ 외주생산 자동입고처리 여부

최종공정이 외주인 경우에 납품 후 생산입고의 단계를 거치지 않고 자동으로 생산입고가 되도록 하고자 할 경우 체크한다.

■ BOM 권한 관리함

BOM관리하는 담당자가 품목별로 달라 화면 권한으로만 설정할 수 없을 경우가 있다. 품목별로 권한을 나누어서 관리하고자 할 경우 체크하고 품목별 부서별로 BOM 권한설정 화면에 권한을 부여하여 사용한다.

■ 자재소요량 계산

자재소요에서 구매발주요청량을 계산할 때 가감할 항목을 선택한다. 단, [운영환경관리(구매수입자재)−초기]에서 [품의 시 자재별 합산발주]로 선택한 경우에 적용되고 [요청별 개별발주]로 선택한 경우에는 적용되지 않는다.

10.2.3 소분류등록(생산원가관리)

화면 위치 | 생산(원가)관리 ▶ 기본정보 ▶ [소분류등록(생산원가관리)]

생산/원가시스템에서 사용할 항목 값을 입력하는 화면이다. 주로 Combo의 초기값과 값에 따른 처리 여부 등을 입력하는 화면으로 소분류 값은 시스템 설치 시 기본적으로 입력되어 있지만, 이에 대해 검토하고 회사마다 추가, 수정해야 한다.

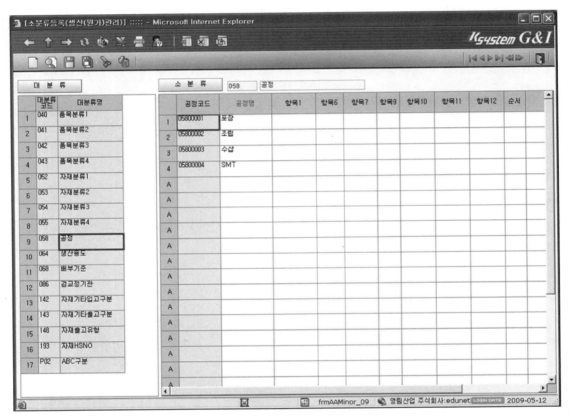

[공정등록 화면 예]

소분류등록에 대한 각 대분류별 주요 항목은 다음과 같다.

■ 품목분류1~4 / 자재분류1~4

[품목등록], [자재등록]에서 사용할 분류 값으로 품목을 그룹화하여 관리하고자 할 경우 사용

한다. 이 중, 품목분류1, 자재분류1은 필수항목으로 차후 재고나 실적에서 분류별로 조회가 가능하여 실적분석 시 용이하게 사용할 수 있다.

■ 공정

공정이란 한 제품이 완성되기까지 거쳐야 하는 하나하나의 작업 단계를 말한다. 회사에서 사용하는 공정을 등록하는 것으로 [제품별 공정등록]이나 [BOM등록]에서 공정명 코드도움에 나오게 된다.

■ 배부기준

제조원가프로세스에서 간접비 배부 시 사용되는 기준으로 시스템에서 제공하는 기준은 투입공수, 투입재료비, 노무비, 재료비+노무비, 인원수, 상대임률(임률 × 생산량), 생산량 7가지이며, 이 외 추가로 사용하는 배부기준이 있는 경우는 여기서 등록을 해야 한다.

- **제조원가 1차 배부기준**: 간접부서의 비용을 직접부서로 배부할 때 사용할 경우 체크한다. 이후 배부율 값은 부서별 배부율 등록화면에서 등록한다.
- **제조원가 2차 배부기준**: 직접부서의 비용과 1차 배부받은 비용을 제품에 배부할 때 체크하고 배부율은 제품별 배부율 등록화면에서 등록한다.
- **자동계산 여부**: K.System ERP에서 기본적으로 제공되어 자동으로 배부율이 계산될 경우 체크하며, 사용자가 추가하는 기준일 경우에는 체크하지 않는다.
- **기준종류**: 기본 제공되는 기준에 대해 내부적으로 사용되는 코드 값이고 사용자가 추가하는 기준의 경우에는 여기에 값을 입력할 필요가 없다.

> **◉)) 알아두세요** 배부기준(대분류) – 상대임률(소분류) 설정
>
> - 상대임률에 대한 자동계산 여부 설정에서 임률은 따로 자동으로 데이터를 가져오는 게 아니라 사용자가 임의로 등록하는 비율이라는 뜻이므로, 이 배부기준은 자동계산 여부 체크가 풀려 있어야 한다.

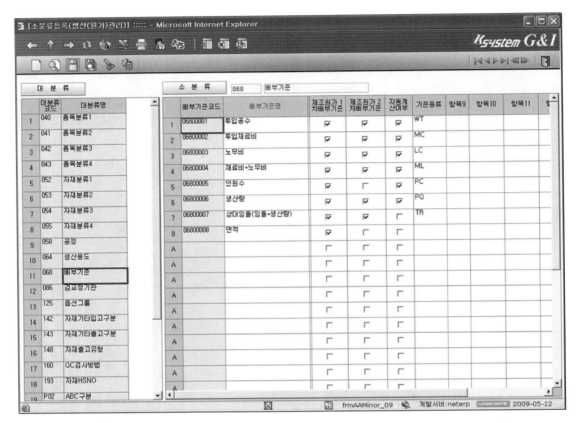

[배부기준 등록 예]

■ 자재기타입고구분

자재가 구매입고가 아닌 예외 입고사항은 [자재기타입고처리]에서 입력하는데, 이때 구분하여 관리하고자 하는 입고구분명을 입력하고, 입고금액에 대해 회계처리 될 상대계정도 계정코드 칼럼에 입력한다.

■ 자재기타출고구분

생산사용 출고가 아닌 예외적인 출고사항은 [자재기타출고처리]에서 입력한다. 이때 구분하여 관리하고자 하는 출고구분명을 입력한다. 금액에 대해 회계처리 될 상대계정도 계정코드 칼럼에 입력한다.

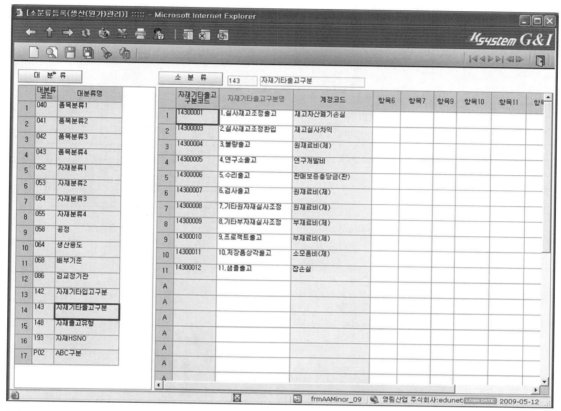

[자재기타출고구분 등록화면]

10.2.4 품목등록

화면 위치 마스터 및 운영관리 ▶ 마스터등록 ▶ 품목 ▶ [품목등록]

회사에서 판매하는 품목을 입력하는 화면이다. 이에 해당하는 품목은 상품, 제품, 서비스, 반제품 등이며, 이러한 자산의 구분은 [재고자산분류등록]에서 미리 입력한다.

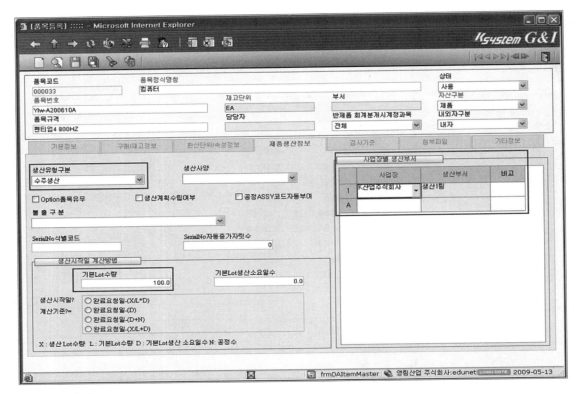

[품목등록 화면]

품목등록에 대한 주요 항목 설명은 아래와 같다.

■ 생산유형구분

생산방식에는 수주생산(MTO)[2], 재고생산(MTS)[3], 조립생산(ATO)[4]등 여러 가지 유형이 있다. 해당 제품의 유형을 수주생산(MTO)과 재고생산(MTS)중에서 선택한다. 수주생산으로 선택한 경우 수주확정 시 자동으로 생산의뢰가 작성된다.

■ 기본Lot 수량

생산 시 한 번에 작업하는 로트(Batch) 단위 수량으로 [운영환경관리(생산원가)-초기]에서 '생산계획 시 Lot통합'을 체크한 경우 생산의뢰 여러 건에 대해 생산계획이 이 단위수량으로 통합 및 분할된다.

---

2) Make To Order : 주문을 받으면 생산하여 판매하는 생산유형.
3) Make To Stock : 미리 생산하여 재고를 쌓아두고 주문을 받으면 바로 판매하는 생산유형.
4) Assemble To Order : 미리 반제품을 생산하여 두었다가 주문을 받으면 조립하여 판매하는 생산유형.

■ 사업장별 생산부서

해당 제품의 생산을 담당하는 부서를 사업장별로 입력한다. 영업에서 생산의뢰를 작성하거나 생산의뢰에서 생산계획으로 점프 시 생산부서에 기본적으로 나오게 된다.

10.2.5 자재등록

화면 위치 　마스터 및 운영관리 ▶ 마스터등록 ▶ 품목 ▶ [자재등록]

제품을 생산하는 데 사용되는 자재를 입력하는 화면이다. 이에 해당하는 품목은 원자재, 부자재, 공정품 등이며, 이러한 자산의 구분은 [재고자산분류등록]에서 미리 입력하며 회사에 맞게 사용자가 추가할 수 있다.

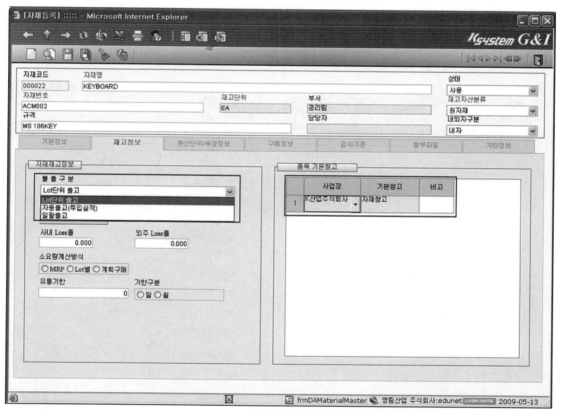

[자재등록 화면]

■ 자재명 / 자재번호 / 재고자산분류

빨간색은 필수로 입력해야 하는 항목 값이다.

관리하는 자재명, 자재번호를 정의하여 입력하고 해당 자재의 재고자산분류를 선택한다.

자재번호는 운영환경관리에서 필수(유일)로 할 것인지 여부를 선택할 수 있다.

■ 불출구분

[운영환경관리(생산원가)-진행]에서 설정한 불출구분 값이 기본적으로 나오며 수정 가능하다. 해당 자재의 불출 방법을 선택한다.

■ 품목기본창고

기본정보 탭에서 입력한 기본창고가 보여지며, 자재구매 시 납품기본창고, 불출구분이 자동 출고일 때 불출창고로 사용된다.

■ 자재환산단위

이 자재에 사용할 단위와 환산 관계를 입력한다.

[자재환산단위 입력화면]

- 재고단위: 수불발생 시 기준이 되는 재고관리 기준 단위이다.
- 포장단위: 재고단위와 자재기본정보의 단위들(기본구매단위, 기본판매단위, 기본BOM단위 등)을 입력하면 이 시트에 자동으로 입력되며, 기본단위 외에 추가할 단위가 있는 경우 직접 코드도움을 실행하여 입력한다.
- 환산량분자/환산량분모: 해당 단위와 재고단위와의 환산 관계를 분자/분모를 이용하여 입력한다. 위의 그림은 1Box=10EA인 경우를 입력한 예이다.
- 구매단위/판매단위: 해당 포장단위가 구매할 때 사용하는 단위인지, 판매할 때 사용하는 단위인지를 체크한다. 해당 업무 화면의 단위 코드도움 실행 시 체크된 단위만 나타나게 된다.

■ 공정검사 여부, 외주/구매/수입검사 여부

QC 대상인 경우 체크한다. 공정품은 사내공정인 경우 공정검사, 외주공정이면 외주/구매/수입검사 여부에 체크, 원/부자재 수입검사는 외주/구매/수입검사 여부에 체크한다.

■ 검사항목/세부항목

[2레벨소분류등록]에서 입력한 검사항목이 코드도움 실행 시 조회되며 검사항목을 선택하고 세부항목 코드도움을 실행하면 해당 검사항목에 하위레벨로 입력한 세부검사항목만 조회된다.

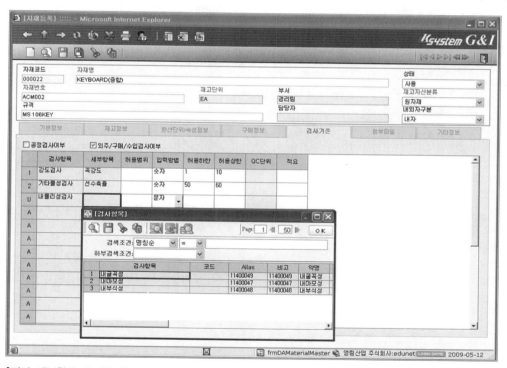

[검사 세부항목 설정화면]

■ **입력방법**

검사결과 입력방법을 숫자/문자 중 선택한다.

■ **허용하한/허용상한**

입력방법이 숫자인 경우에 합격범위를 입력한다. 추후 검사내역에 검사결과를 입력하면 허용상, 하한에 포함되면 검사결과가 합격으로 자동설정 된다.

10.2.6 설비등록

화면 위치 | 생산(원가)관리 ▶ 기본정보 ▶ [설비등록]

생산에 필요한 설비, 금형, 기계 등을 등록하는 화면이다. 기계번호, 기계명, 규격, Capa, 정기점검정보, 금형정보 등을 관리할 수 있다.

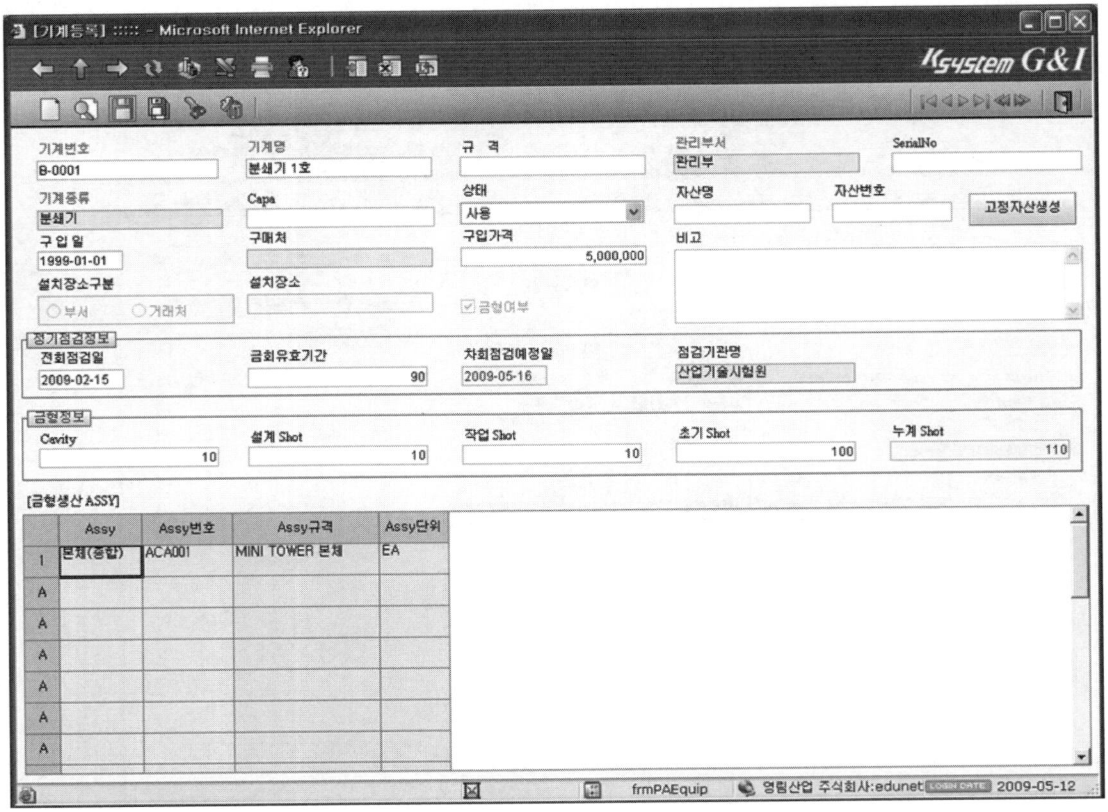

[설비등록 화면]

보유하고 있는 기계의 번호, 명칭, 규격 및 관리부서를 입력한다.

■ 기계종류

소분류에서 미리 입력한 기계종류를 코드도움을 실행해서 선택한다. 해당 설비가 금형인 경우에는 금형으로 설정한 기계종류를 선택하면 금형 여부가 체크되어 보여진다.

■ 정기점검정보

전회점검일과 금회유효기간(일자기준) 입력 시 차회점검예정일이 자동으로 계산되어 보여진다.

■ 금형정보

해당 설비가 금형인 경우 관련 정보를 입력한다.

- Cavity : 한 번에 찍을 수 있는 수량을 나타낸다.
- 설계 Shot : 설계 당시에 계획된 Shot수를 입력한다.
- 작업 Shot : 해당 금형을 사용하여 생산하는 제품의 생산실적 입력 시 자동으로 누적되어 보여진다. 생산작업실적의 생산수량/Cavity로 계산된다.
- 초기 Shot : 생산현장에 투입 전까지의 Shot누계
- 누계 Shot : 초기 shot + 작업 Shot

■ 금형생산 Assy

해당 금형으로 생산 가능한 Assy를 등록한다. 생산실적 입력 시에 금형 코드도움에는 해당 ASSY가 금형생산 ASSY로 등록되어 있는 설비만 조회된다.

10.2.7 WorkCenter 등록

| 화면 위치 | 생산(원가)관리 ▶ 기본정보 ▶ [WorkCenter 등록] |

생산작업을 하기 위한 작업장을 등록하는 화면이다. 한 개의 공정이 하나의 워크센터에서 수행할 수도 있고 한 워크센터에서 여러 개의 공정을 관리할 수도 있다.

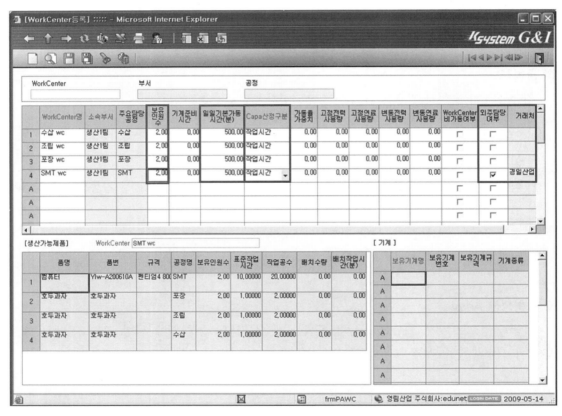

[워크센터등록 화면]

외주 여부, 생산가능제품, 보유설비 등을 입력한다.

■ WorkCenter명 / 소속부서 / 주요 담당공정

워크센터 명칭을 입력하고, 소속부서와 주로 담당하는 공정을 코드도움을 실행하여 입력한다. 주요 담당공정은 소분류에서 미리 입력해둔 공정명 중에서 선택할 수 있다.

■ 보유인원수

해당 워크센터가 보유하고 있는 작업자 수를 입력한다. 해당 워크센터에서 작업한 실적을입력할 때 생산작업실적입력 화면의 작업인원에 보유인원수가 자동으로 입력되게 된다.

■ 일일기본가동시간(분)

해당 워크센터의 하루 가동 시간을 분단위로 입력한다.

■ Capa산정구분

Capa를 계산하는 기준으로 작업시간, 작업시간 × 인원수 중에서 선택할 수 있다. 작업자를 추가 투입하면 Capa가 늘어나는 경우(동일 시간 동안 생산량을 증가되는 경우)에는 작업시간 × 인원수로 설정한다.

■ 외주담당 여부/거래처

외주란 제품이나 부품을 자사에서 만들지 않고 다른 회사에서 생산하는 작업을 말한다.

담당 공정이 외주인 워크센터 경우 외주담당 여부에 체크하며, 거래처를 입력하면 [외주계획현황]에서 외주발주로 점프할 때 해당 외주공정에 등록된 기본작업 워크센터의 거래처가 기본적으로 외주발주처로 나오게 된다.

■ 생산가능제품

위쪽 시트의 각 WorkCenter를 더블클릭 시 생산 가능한 제품의 정보가 보여진다.

[제품별 공정등록]에서 공정에 기본 WorkCenter를 등록하면 그 공정에 해당하는 제품, 반제품이 자동으로 생산가능제품으로 조회되게 된다.

■ 기계

보유하고 있는 기계/설비/금형을 등록한다. 필수항목으로 나오나 등록하지 않아도 된다.

10.2.8 BOM등록

화면 위치 생산(원가)관리 ▶ 기본정보 ▶ [BOM등록]

BOM(Bills Of Materials)이란 완제품과 그것을 구성하는 여러 부품들 간에 계층적 관계를 나타내는 조직적인 부품목록을 말한다. 즉, 상위품목(모품목)과 부품(자품목)의 관계와 사용량, 단위

등을 표시한 리스트나 그림을 말한다. 상위품목이란 하나 이상의 부품으로 제조되는 품목이고, 부품은 상위품목으로 전환되기 위해 적어도 하나 이상의 공정을 거쳐야 하는 품목이다. BOM은 Product Structure, Bill of Material, Part List 등으로 불리며, 정유나 화학 쪽의 생산업체에서는 Recipe, Formulation 등으로 불리기도 한다. BOM은 아래와 같이 3가지로 분류할 수 있다.

- Engineering BOM(E-BOM) : 설계부서에서 사용하는 BOM.
- Manufacturing BOM(Production BOM) : 생산관리 부서 및 생산현장에서 사용하는 BOM., MRP 시스템에서 사용되는 BOM으로 제조공정 및 공정의 순서를 반영하여 E-BOM 을 변형하여 만들어짐.
- Planning BOM : 생산계획, 기준일정계획에서 사용하는 BOM.

K.System ERP에서는 [BOM등록]과 [제품별 공정등록] 기능을 지원하며, [BOM등록]이 일종의 E-BOM이며, [제품별 공정등록]은 Manufacturing BOM 혹은 Planning BOM에 해당한다. K.System ERP에서는 [BOM등록]을 하지 않아도 [제품별 공정등록]만 되어 있어도 업무를 진행 할 수 있다.

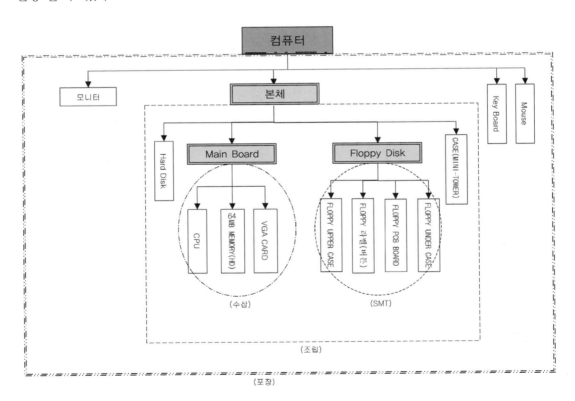

아래 화면은 BOM 종류 중 E-BOM(Engineering BOM)을 입력하는 화면이다.

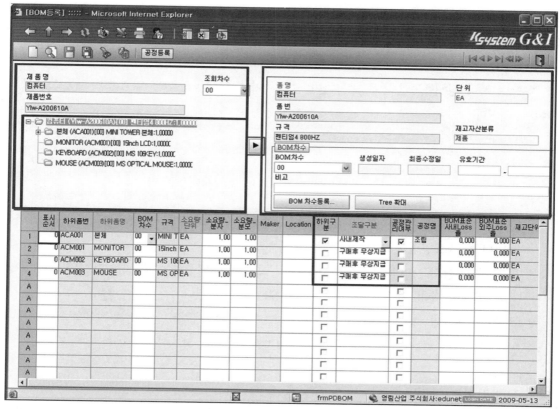

[BOM 입력화면]

■ Tree(왼쪽 프레임)

BOM을 작성하거나 조회할 품목을 입력하면 BOM 구조가 트리(Tree) 형태로 조회된다.

■ 오른쪽 프레임

왼쪽 트리에서 품목을 선택하고 가운데 방향키 버튼(▶)을 클릭하면 보여지며, 아래 시트에
입력한 부품(자품목)으로 제조되는 상위품목이다.

■ 하위품명/하위품번/규격/소요량단위

상위품목을 생산하기 위해 투입되어야 할 하위구성품의 품목정보로 품명이나 품번 중 하나를
입력하면 규격, 소요량단위는 자동으로 보여진다.

■ 소요량분자 / 소요량분모

상위품목을 제조하는 데 사용되는 하위품목의 소요량으로 이론소요량이다. 실제 생산 시에는 Loss율을 반영하여 필요량이 계산되게 된다.

■ 하위구분

해당 부품이 상위품목인 경우 체크하며, 반제품이나 Assy(공정품)을 입력하면 자동으로 체크되어 보여진다.

■ 조달구분

부품의 조달 방법을 정의하는 항목으로 다음 4가지 중에서 선택한다.

- **구매 후 무상지급** : 하위자재가 없는 단품구매품
- **사내제작** : 제조공정을 거쳐 생산되는 상위품목
- **구매 후 유상지급** : 외주공정에 소요되는 사급자재로, 외주처에 제공하지만 유상으로 공급하는 경우에 해당. 외주자재불출 때 이 자재는 빠지게 된다.
- **BOM 전개상세** : 설계단계에 임시로 구성되어 있는 자재이거나, 관리목적상으로만 존재하는 자재. 생산프로세스에 아무런 영향을 미치지 않는다.

■ 공정관리 여부 / 공정명

- **공정관리 여부** : 공정관리 대상이 되는 품목(반제품, Assy)에 해당하며 공정과 BOM을 연결하기 위한 check로서 공정관리 여부를 체크하면 BOM에서 공정등록으로 넘어 갈 때에 자동으로 공정을 구성하여 준다. 하위구성품이 존재하더라도 공정관리 여부에 체크를 풀면 공정은 관리하지 않고 상위 모품목의 소요자재로 투입된다.
- **공정명** : 공정관리 여부에 체크된 경우에 해당 공정명을 입력하는 항목이다. 필수항목(붉은색)으로 보이지는 않으나 공정관리 여부에 체크된 경우에는 필수항목으로 인식하여 미입력 시 저장이 되지 않는다.

10.2.9 제품별 공정등록

| 화면 위치 | 생산(원가)관리 ▶ 기본정보 ▶ [제품별 공정등록] |

BOM은 설계BOM(Engineering BOM)의 역할이고 공정은 생산BOM(Manufacturing BOM)에 해당한다. 생산되는 제품을 구성하는 하위구성품 및 반제품들을 만들기 위한 공정과 소요자재 그리고 각 공정들의 작업에 관련하여 외주 여부, 기본 WorkCenter, 표준작업시간 등 전반적인 실제 작업에 관련된 기본 사항들을 입력하는 화면이다. 생산계획(생산일정계획-일자별 생산계획), 자재소요(MRP) 계산 시 이용되는 기준정보이다.

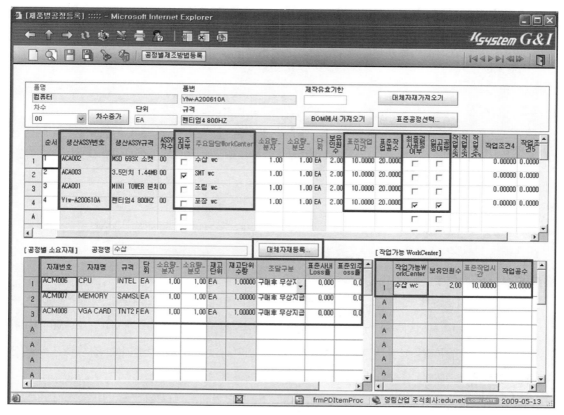

[제품별 공정등록 화면]

■ 공정명

BOM에서 점프해오는 경우에 최종공정을 제외하고는 전부 BOM의 공정명이 그대로 나온다. 최종공정은 코드도움을 이용하여 입력한다.

■ 생산Assy명

BOM에서 점프해오면 공정관리 여부에 체크된 품목들이 자동으로 나온다.

■ 외주 여부

해당 공정이 사내에서 제작하지 않고 외주에서 작업을 하는 경우 체크한다.

[생산계획가입력]에서 생산계획을 생성하고 [생산계획조회]에서 확정을 하면 [외주계획현황]에서 조회되어 외주프로세스로 진행하게 된다.

■ 주요 담당 WorkCenter

해당 공정을 어느 작업장(WorkCenter)에서 작업할 것인지를 지정하는 항목이다. 여러 작업장에서 작업을 하는 공정인 경우에는 주로 담당하는 대표 작업장을 입력하면 된다. [생산계획가입력]에서 생산계획 입력 시 일자별 작업계획(일정계획)을 생성할 때 사용되는 Capa 관련 기준정보가 된다.

■ 표준작업시간

주요 담당 WorkCenter에서 해당 공정 하나의 품목을 완성하는 데 소요되는 시간을 의미한다. 이 정보는 [생산계획가입력]에서 생산시작일을 구할 때, 그리고 부하분석 시 사용된다.

■ 표준작업공수

주요 담당 WorkCenter의 보유인원수 × 표준작업시간으로 계산된 결과를 자동으로 보여준다.

■ 최종검사공정 여부

해당공정이 최종검사 대상인지 여부를 체크하는 항목이다. 여기에서 체크된 공정의 생산실적이 작성되면 [최종검사의뢰현황]에 조회가 되어 최종검사처리를 할 수 있게 된다. BOM에서 점프해오면 최종완성품(제품이나 반제품) 공정에 자동으로 체크가 되어 보여지고 검사를 생략하고자 하는 경우에는 체크를 풀면 되나, 여러 공정에 체크하면 안 된다.

최종공정을 포장공정으로 설정하고 최종검사는 이전 공정에서 실시하고자 할 경우에는 전 공정에 최종검사 여부를 체크하고 포장공정은 최종검사 체크를 풀면 된다. 이 경우 전 공정의 생산실적이 입력되면 최종검사의뢰현황에 떠서 최종검사 결과를 입력할 수 있게 된다. 최종검사공정 여부는 한 제품의 공정들 중 하나만 체크해야 한다.

■ 입고공정 여부

BOM에서 점프 시 최종완성품공정에 대해 자동으로 체크가 된다. 최종검사는 이전 공정에서 처리하는 걸로 체크한 경우라도 입고공정은 최종완성품공정에 체크를 해야 하며 여러 공정에 체크해서는 안 된다. 즉, 창고에 생산입고 할 대상 품목인 제품이나 반제품에 대해서 체크하는 것이다.

■ 공정별 소요자재

* 조달구분/소요량분자/소요량분모/재고단위수량/조달구분/표준사내Loss율/표준외주Loss율 : BOM에서 점프 시 BOM의 하위투입자재의 내용과 동일하게 보여지며 수정이 가능하다. MRP, 자재불출, 투입 등 생산프로세스에서 사용되는 기준자료가 된다.

■ 대체자재등록

공정에 투입되는 자재 중 해당 자재가 부족하면 다른 유사한 자재를 사용할 수 있는 경우가 있다. 이런 자재를 대체자재라고 하며 대체자재명과 몇 단위로 대체할 수 있는지를 환산량에 입력한다. 자재와 대체되는 자재의 단위수량이 1:1의 관계이면 1, 그 외의 관계인 경우 해당 환산 관계에 맞게 입력한다.

> **⊗ 주의!** **대체자재**
>
> 자재출고 시 대체자재를 출고하려면 반드시 제품별 공장등록 화면에서 대체자재로 등록이 되어 있어야 한다.

■ 작업가능 WorkCenter

위 시트에서 주요 담당 WorkCenter를 입력하면 이 부분에 보여지게 된다. 한 공정을 여러 WorkCenter에서 작업하는 경우에 작업이 가능한 WorkCenter의 정보를 입력한다. 생산계획은 주요 담당 WorkCenter에 작업이 배정되며 부하 등을 고려하여 작업 WorkCenter를 변경하고자 할 경우에 작업가능 WorkCenter에 입력되어 있는 WorkCenter만 지정이 가능하다.

WorkCenter의 보유인원수, 일일기본가동시간, Capa 산정구분, 표준작업시간(표준작업공수)은 생산계획 생성 시 작업시작, 종료시간, 하루 작업지시량을 계산할 때 사용된다. 예를 들어 WorkCenter A의 보유인원수가 2이고, 일일기본가동시간이 480분이라면, WorkCenter A의 Capa는 960(480 × 2)분이다(Capa 산정구분은 작업시간 × 인원수이므로). 이때 만일 제품 '가'를 만드는 공정 'ㄱ'의 표준작업공수가 20분이라면 'ㄱ'공정 1일 작업가능량은 480단위(960/20)이다.

10.2.10 생산달력

화면 위치 생산(원가)관리 ▶ 기본정보 ▶ [생산달력]

생산계획 단계에서 일정계획 수립 시 생산달력을 이용하여 작업 가능한 날짜 정보를 이용하게 된다. 시스템 설치 시에 기본적으로 토요일은 반공일, 일요일은 휴일로 설정된다. 사업장별로 생산 휴무일 기준이 다르므로 이에 대해 휴일, 반공일, 평일을 설정할 수 있는 화면이다.

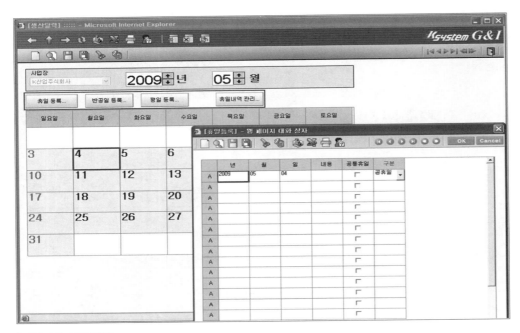

[생산달력 입력화면]

■ 휴일등록/반공일등록

평일을 휴일 혹은 반공일로 변경하고자 할 때 입력하는 항목이다. 버튼 클릭 시 그림의 다이얼로그 창이 뜨고 관련 정보를 내용에 입력하여 관리할 수 있다. 창사기념일을 입력하거나 하는 경우 사용할 수 있다.

■ 평일등록

휴일과는 반대로 휴일로 등록되어 있는 일자를 평일로 변경하고자 할 경우 사용한다. 일요일도 공장을 가동하여 작업을 하는 경우에 입력한다.

■ 휴일내역관리

휴일/반공일/평일로 입력한 내역을 조회할 수 있는 기능으로 휴일등록 하는 창과 동일한 형태로 입력된 내역이 일자별로 조회된다.

10.3 생산관리 메뉴 설명

10.3.1 기준생산 관련 메뉴

[기준생산계획 메뉴]

■ 생산의뢰입력

영업에서 수주받은 품목의 재고가 부족 시 생산의뢰를 하거나 생산담당자가 자체적으로 재고를 판단하여 생산의뢰를 하는 화면이다. 제품에 소요되는 반제품의 생산의뢰를 하는 데 사용하기도 한다.

■ 생산의뢰품목현황

생산의뢰 된 내역을 의뢰 품목별로 조회할 수 있고 다음 단계인 생산계획으로 진행하기 위한 화면이다.

■ 생산계획가입력

생산할 품목, 수량과 시기에 관한 것을 정하는 작업이다. 저장 시 공정별 일자별 일정계획이 생성된다. 생산의뢰품목현황에서 의뢰받은 품목을 선택해서 점프해 계획을 작성할 수도 있고 의뢰 없이 직접 생산계획을 세울 수 있는 화면이다.

■ 생산계획조회

생산계획 생성한 내역을 조회하는 화면으로 관리자나 상위 결재자가 확인하여 확정처리를 해야 다음 단계로 진행이 가능하다. 자재소요 화면으로 점프하여 자재소요량 계산을 해볼 수도 있고 [운영환경관리(생산원가)–초기]에서 자재불출요청 시점을 생산계획으로 설정한 경우에는 [생산부문출고요청]으로 점프해 소요자재 출고요청을 처리할 수 있다.

■ 작업계획조정입력

생산계획가입력에서 생성된 제품 생산계획에 따른 공정계획을 조회할 수 있고, 각 공정별로 작업해야 할 수량, 대략적인 일정, 담당 WorkCenter, 외주 여부 등에 대해서 조정할 수 있는 화면이다. 단, 생산계획이 확정되기 전에 가능하다.

■ 일자별 작업조정입력

일자별로 생성된 생산일정계획에 대해 일자, 수량, 작업 WorkCenter를 수정할 수 있는 화면이다.

■ WC별 작업계획조회

생산계획 생성 시 자동으로 생성된 일자별 생산일정계획을 확인하여 작업지시서를 출력하고 필요자재를 요청하거나([운영환경관리(생산원가)–초기]에서 불출요청시점을 일자별 생산계획으로 선택한 경우), 작업한 실적을 입력하기 위해 생산실적으로 점프할 수 있는 화면이다.

10.3.2 자재소요계획 메뉴

[자재소요계획 메뉴]

■ 자재소요2

MRP를 실행하는 화면으로, 제품별 공정등록의 소요자재, 재고정보, 생산계획정보를 이용하여 소요량, 소요시기를 계산하게 된다. 이곳에서 소요 계산된 자재는 구매요청으로 이동하여 구매 프로세스를 진행할 수 있고, 반제품은 생산의뢰로 진행하여 생산 프로세스를 진행할 수 있다.

10.3.3 자재관리 메뉴

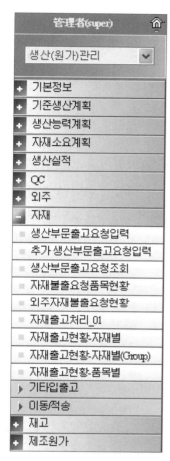

[자재 관련 메뉴]

■ **생산부문출고요청**

생산에 필요한 자재를 창고담당자에게 요청하는 화면이다. 운영환경관리의 불출요청시점 설정값에 따라 생산계획조회/작업계획조회/WC별 작업계획조회 화면 중 한 화면에서 점프해온다.

■ **생산부문출고요청조회**

생산부문출고요청 내역을 요청 건별로 조회할 수 있는 화면으로 창고담당자는 이 화면에서 내역을 확인하여 자재출고로 진행할 수 있다.

■ **자재출고처리**

제품생산에 필요한 자재에 대해 출고요청 된 건에 대해서 자재를 출고처리 하는 화면이다. 출고 시 자재창고에서 생산현장(부서)으로 자재재고가 이동된다.

10.3.4 생산실적 메뉴

[생산실적 관련 메뉴]

■ 생산작업실적입력

생산부서에서 매일매일 작업한 실적을 입력하는 화면이다. 생산 중에 발생한 불량, 유실, 작업시간, 자재투입 등의 내역을 기록한다.

■ 생산입고입력 / 제조지시완료

별도의 생산입고의뢰가 필요한 것은 아니고 최종공정이 검사 대상이면 최종검사 입력을 한 후에, 검사 대상이 아니면 생산실적입력 후에 자동으로 생산입고 대기상태가 되고 이 화면에 조회가 된다. 입고할 대상 건을 선택하여 입고처리를 하면 제품창고에 재고가 늘어나게 된다.

10.3.5 QC 메뉴

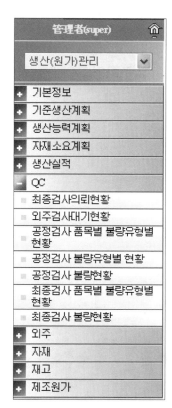

[QC 관련 메뉴]

■ **자재재생처리**

생산작업 중 발생한 불량품에 대해 자재를 재생하여 사용할 수 있을 경우 자재재생내역을 입력하는 화면이다. 재생처리 한 수량만큼 현장재고가 늘어나게 된다.

■ **공정검사불량현황**

공정 중 불량에 대한 내역을 조회할 수 있고 재작업으로 진행할 수 있는 화면이다.

■ **최종검사의뢰현황**

[제품별 공정등록]에 최종공정검사 여부에 체크된 공정에 대한 생산실적이 입력되면 조회되어 최종검사입력으로 진행할 수 있는 화면이다.

■ **최종검사입력**

최종검사결과를 입력하는 화면으로 최종검사의뢰현황에서 검사 대상 건을 선택하여 본 화면으로 점프해와서 입력한다.

K산업주식회사의 영업담당자 김업일 사원은 2009년 5월 14일 '소영컴퓨터'에서 제품 '컴퓨터' 50대를 수주했다. 납품기일은 5월 30일이고 이 제품은 수주생산품목으로 자동으로 생산의뢰가 되었다. 생산의뢰부터 납기 하루 전인 5월 29일까지 생산을 완료하기로 하였다.

다음은 이런 경우 K.System ERP에서 처리하는 프로세스이다.

10.4.1   생산의뢰입력

화면 위치	생산(원가)관리 ▶ 기준생산계획 ▶ [생산의뢰입력]

수주생산품목의 수주확정 시 자동으로 생성되거나 재고생산품목에 대해 영업담당자가 재고를 확인하여 부족분만큼 생산부서에 의뢰를 등록하는 화면이다. 생산부서 자체에서 재고유지의 목적으로 등록하거나 완제품에 소요되는 반제품에 대한 생산의뢰를 등록하기도 하는 화면이다. 이번 사례에서는 수주생산품목이므로 생성된 생산의뢰내역을 확인한다. 생산의뢰품목현황에서 조회해서 시트를 더블클릭 시 본 화면으로 이동되어 내역을 확인할 수 있다.

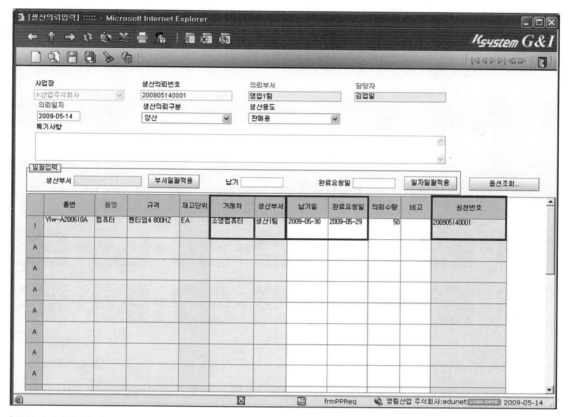

[생산의뢰입력 화면]

■ **거래처**

　수주입력의 수주처로 수주로부터 생성된 의뢰인 경우 자동으로 나오며 신규로 입력할 때는
담당자가 코드도움을 실행해서 입력할 수 있다.

■ **생산부서**

　품목등록에 입력되어 있는 사업장별 생산부서가 자동으로 보여지며 생산계획 작성 시에도 이
부서로 생산계획이 세워지게 된다.

■ **납기일/완료요청일**

　수주입력의 납기정보가 보여지며 완료요청일도 납기일과 같은 일자로 나타나게 된다. 위의
그림은 영업담당자가 완료요청일을 하루 전으로 수정한 경우이다. 생산에서는 완료요청일에 생
산을 완료하는 것으로 생산계획을 세우게 된다.

■ **원천번호**

수주에서 생성된 생산의뢰의 경우에는 수주번호, 반제품의 생산의뢰인 경우엔 모제품의 생산계획 LotNo가 보여진다. 원천정보를 가지고 있기 때문에 생산진행의 추적관리가 가능하다.

10.4.2 생산계획가입력

화면 위치　생산(원가)관리 ▶ 기준생산계획 ▶ [생산계획가입력]

생산계획은 생산할 품목, 수량과 시기에 관한 것을 정하는 것으로 생산의뢰품목현황에서 의뢰받은 품목을 선택해서 점프해오거나, 의뢰 없이 이 화면을 열어서 직접 생산계획을 세울 수 있다.

[Case 1] [생산의뢰품목현황]에서 점프해온 경우
- 생산의뢰품목현황에서 대상 건을 선택하고 생산계획으로 점프하면 사업장, 제조지시번호, 품목, BOM적용차수, 생산의뢰구분, 생산부서, 생산계획수량이 위의 그림처럼 보여진다.
- 붉은색 글씨로 표시되어 있는 항목은 필수항목으로 반드시 입력되어야 저장할 수 있는 항목들이다. 붉은색 항목이나 ①에 나온 항목 중 값이 채워지지 않은 항목이 있는 경우 직접 입력한다. 운영환경관리에 설정한 값이나 생산의뢰에 입력한 내용에 따라서 자동으로 나오지 않는 항목이 있을 수 있다.
- 생산계획수량 50을 확인하고, 생산완료일(계획)에 '2009-05-29'를 입력한 후 [저장] 아이콘을 눌러 저장한다.

[Case 2] [생산계획가입력] 화면에서 직접 입력하는 경우
- 사업장, 품명, 생산의뢰구분, 생산부서, 생산계획수량, 생산완료일(계획)을 입력한다.
- LotNo 가져오기 를 클릭하여 제조지시서번호가 채워지는 것을 확인한 후 저장한다.

■ 제조지시서번호

[운영환경관리(생산)-초기]에 생산 LotNo 자동부여 규칙 설정이 안 된 경우는 16자리 범위 내에서 사용자가 직접 입력한다.

[운영환경관리(생산)-초기]에 생산 LotNo 자동부여 규칙 설정이 된 경우는 생산의뢰품목현황에서 점프해오는 경우엔 자동으로 생성되고, 생산계획을 직접 입력하는 경우엔 생산완료일 입력후 LotNo 가져오기 를 클릭하면 생성된다.

■ BOM적용차수

생산계획 대상 제품의 제품별 공정등록이 되어 있는 경우 해당 차수가 보여진다. 여러 차수가 있는 경우에는 최종차수가 자동으로 보여지며 사용자가 이번 생산에 이용할 차수를 선택할수 있다.

■ 생산의뢰구분

생산의뢰를 받아 생산계획을 세우는 경우에는 생산의뢰에서 선택한 생산의뢰구분이 그대로 나오게 되며 생산의뢰 시 생산의뢰구분을 선택하지 않았거나 직접 생산계획을 작성하는 경우에는 구분을 선택해야 한다. 생산완료일로부터 역산하여 생산시작일이 계산되도록 되어 있으나 생산의뢰구분이 특급수주인 경우는 예외이다.

- 특급수주 : 생산시작일로부터 생산계획 일정이 세워진다. 생산시작일을 입력한 경우에는 입력한 시작일, 입력하지 않은 경우에는 현재일자가 시작일이 된다.

■ 생산시작일(계획)

생산의뢰구분이 특급수주인 경우에 의미 있는 값으로 생산시작일로부터 생산계획의 일정계획이 생성된다. 특급수주 외의 생산계획은 생산완료일로부터 작업 WorkCenter의 Capa, 표준작업시간, 근무시작시간, 생산달력의 정보를 종합하여 생산시작일이 계산되므로 생산시작일을 사용자가 입력하더라도 시스템에서 계산된 결과로 변경되게 된다.

■ 생산완료일(계획)

일정계획을 세울 때 특급수주 생산의뢰구분을 제외하고는 완료일로부터 생산시작일을 역산하여 계산하게 된다. 특급수주는 생산시작일로부터 생산완료일을 계산하게 되므로 생산완료일을 입력한다고 해도 시스템에서 계산된 결과로 변경되게 되나, 필수항목이기 때문에 반드시 입력해야 한다.

10.4.3 생산계획조회

| 화면 위치 | 생산(원가)관리 ▶ 기준생산계획 ▶ [생산계획조회] |

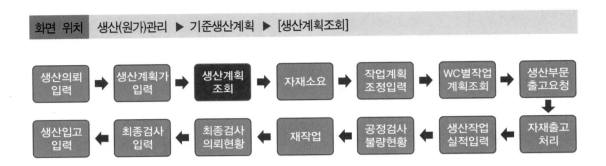

생산계획 생성한 내역을 조회하는 화면으로 관리자나 상위 결재자가 확인하여 확정처리를 해야 다음 단계로 진행이 가능하다. 자재소요 화면으로 점프하여 자재소요량 계산을 할 수 있고 [운영환경관리(생산원가)-초기]에서 자재불출요청시점을 생산계획으로 설정한 경우에는 생산부문 출고요청으로 점프해 소요자재출고요청을 처리할 수 있다.

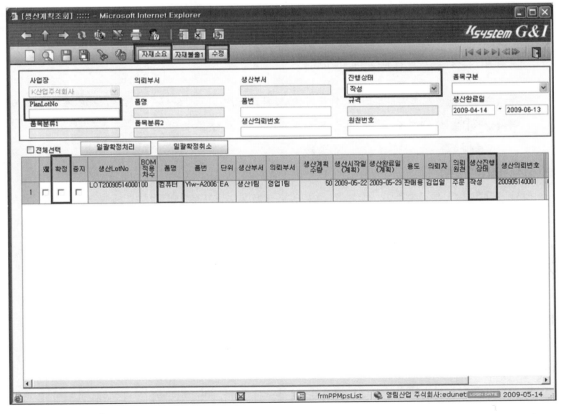

[생산계획조회 화면]

작업방법은 다음과 같다.

① 조회조건을 적절히 입력하여 <조회> 아이콘을 누른다. 확정 대상 건을 조회해야 하므로 진행상태를 작성으로 두고 조회한다.

② 부하분석 화면을 통해 부하를 확인하고 해당 화면에서 조정하거나, [작업계획조정입력], [일자별 작업조정입력] 화면에서 조정한다.

③ ②에서 부하분석이 끝난 후 [생산계획조회] 화면에서 '확정' 필드를 클릭하여 확정을 한다.

④ 소요량 계산을 하기 위해 '選' 필드를 클릭하고 자재소요 점프 버튼을 클릭하면 [자재소요] 화면으로 이동되어 소요량을 확인해 볼 수 있다.

■ 수정

생산계획을 수정하고자 할 경우엔 選 필드를 클릭하고 수정 점프 버튼을 누르면 [생산계획 가입력] 화면으로 이동하여 내용을 수정할 수 있다. 단, 확정이 되기 전에 가능하다.

■ 일괄확정처리

생산계획 여러 건에 대해서 한꺼번에 확정 작업을 하고자 할 경우 '選' 필드를 클릭하고 일괄확정처리 버튼을 누르면 선택된 생산계획이 한번에 확정처리가 된다.

10.4.4 자재소요

화면 위치 생산(원가)관리 ▶ 자재소요계획 ▶ [자재소요]

MRP를 실행하는 화면으로, [제품별 공정등록]의 소요자재, 재고정보, 생산계획정보를 이용하여 소요량, 소요시기를 계산하게 된다. 이곳에서 소요 계산된 자재는 구매요청으로 이동하여 구매프로세스를 진행할 수 있고, 반제품은 생산의뢰로 진행하여 생산프로세스를 진행할 수 있다.

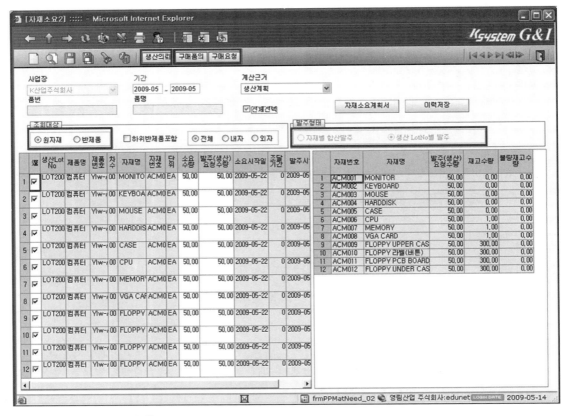

[자재소요계획이 수행된 화면]

작업방법은 아래와 같다.

[Case 1] [생산계획조회]에서 점프해오는 방법

① [생산계획조회]에서 자재소요를 실행하고자 하는 대상 건을 선택하여 점프해온다.

② 소요자재와 발주(생산)요청수량을 확인하고 오른쪽 시트의 재고 정보를 참고하여 구매할
대상 품목의 選 필드를 클릭하고 <구매요청>/<구매품>의 버튼을 누른다. 발주(생산)
요청수량은 수정이 가능하다.

[Case 2] [자재소요] 화면에서 직접 실행하는 방법

① 기간과 계산근거, 조회 대상−원자재로 지정하고 [조회] 아이콘을 누른다.

② Case 1의 ②방법과 동일한 방법으로 구매요청을 한다.

■ 계산근거

자재소요 화면을 직접 실행해서 자재소요를 계산할 때 선택할 수 있는 항목으로 자재소요의 원천정보를 어떤 것을 대상으로 할지 선택하는 항목이다.

- **생산계획**: 기간 내에 작성되어 있는 생산계획을 근거로 자재소요를 계산한다. 생산시작일이 기간 내에 포함되고 완료되지 않은 모든 생산계획을 대상으로 한다.
- **영업계획**: 기간 내에 작성되어 있는 연간의 영업목표계획을 근거로 자재소요를 계산한다. 매월 1일을 소요시작일로 한다.
- **판매계획**: 기간 내에 작성되어 있는 월별영업목표계획을 근거로 자재소요를 계산한다. 매월 1일을 소요시작일로 한다.
- **주문**: 납기일이 해당 기간 내에 포함되어 있는 주문을 근거로 자재소요를 계산한다. 완료되거나 중단된 것은 제외된다.

■ 조회 대상

- **원자재**: 소요자재 중 구매 대상이 되는 자재를 확인하고자 할 때 선택한다. 즉, [제품별 공정등록]의 소요자재 중 원/부자재가 조회된다.
- **반제품**: 소요자재 중 생산 대상이 되는 반제품을 확인하고자 할 때 선택한다. 즉, [제품별 공정등록]의 소요자재 중 반제품이 조회된다. 반제품으로 조회할 경우에는 제품 하위 1레벨 반제품만 조회되며 생산할 반제품을 선택하고 발주(생산)요청수량을 확인하여 <생산의뢰> 점프 버튼을 눌러 생산의뢰를 할 수 있다.
- **하위반제품포함**: 원자재를 조회하되 하위레벨의 반제품을 모두 전개하여 소요자재를 한번에 보고자 할 경우 체크한다.

■ 발주형태

[운영환경관리(구매)−초기]에서 설정한 값이 보여지는 것으로 발주형태에 따라 화면형태가 달라지며 소요량 산출되는 방식이 달라진다.

- **생산Lot별 발주**: 동일한 자재라 하더라도 생산계획 LotNo별로 소요량을 나누어서 계산하는 기준이다. 발주(생산)요청수량은 재고와 상관없이 소요수량 그대로 나오게 되므로 오른쪽 시트에 자재별 재고정보가 보여져 담당자가 이를 확인하여 발주(생산)요청수량을 조정해야 한다. 주로 전용자재가 많거나 수주생산을 하는 회사여서 생산계획별로 자재를 확보해야 하는 경우 설정할 수 있다.
- **자재별 합산발주**: 동일한 자재는 소요량이 합산되는 방식으로 발주(생산)요청수량이 [운영

환경관리(생산)-진행]에 자재소요량 계산에서 설정한 항목을 가감하여 계산된다.

왼쪽 시트에 자재재고 정보가 보여지며 오른쪽 시트에는 각 자재별로 소요의 원천내역
(생산계획번호, 품목, 계획수량)이 보여져 어떤 품목, 어떤 작업 건에 소요되는 자재인지
확인할 수 있다.

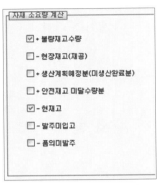

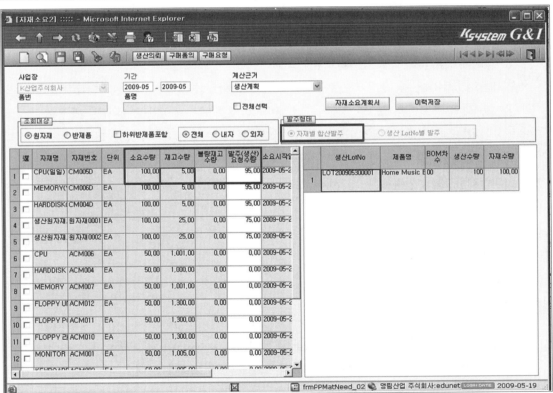

[자재소요량에 대한 구매발주]

자재 CPU(일일)의 소요수량 100, 현재고 5, 불량재고 0
발주(생산)요청수량 = 100 + 0 - 5 = 95

10.4.5 작업계획조정입력

화면 위치 생산(원가)관리 ▶ 기준생산계획 ▶ [작업계획조정입력]

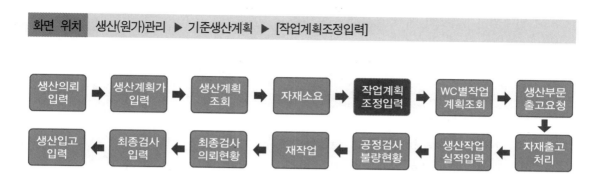

[생산계획가입력]에서 생성된 제품 생산계획에 따른 공정계획을 조회할 수 있고, 각 공정별로 작업해야 할 수량, 대략적인 일정, 담당 WorkCenter, 외주 여부 등에 대해서 조정할 수 있는 화면이다.

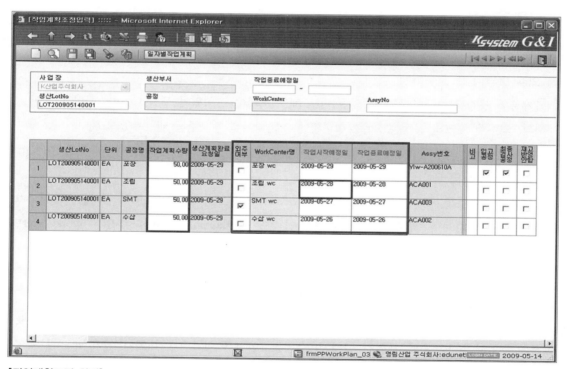

[작업계획조정 화면]

작업방법은 아래와 같다.

[Case 1] [생산계획조회]에서 점프해오는 방법

① [생산계획조회]에서 자재소요를 실행하고자 하는 대상 건을 선택하여 점프해온다.

② 소요자재와 발주(생산)요청수량을 확인하고 오른쪽 시트의 재고 정보를 참고하여 구매할 대상 품목의 '選' 필드를 클릭하고 구매요청/구매품의 버튼을 누른다. 발주(생산)요청수량은 수정이 가능하다.

[Case 2] [자재소요] 화면에서 직접 실행하는 방법

① 기간과 계산근거, 조회 대상—원자재로 지정하고 [조회] 아이콘을 누른다.

② Case 1의 ②방법과 동일한 방법으로 구매요청을 한다.

상단의 조회조건을 입력하고 [조회] 아이콘을 누르면 조회된다.

■ 작업계획수량

각 공정별 계획수량으로 해당 생산계획에 대해 작업할 수량을 수정할 수 있다.

■ 외주 여부

[제품별 공정등록]에서 설정한 외주 여부 체크 사항이 조회되며 생산 Capa에 따라 조정이 가능하다. 외주에 체크된 공정은 외주계획현황에 조회되어 외주발주를 낼 수 있게 된다.

■ WorkCenter명

[제품별 공정등록]에서 설정한 주요 담당 WorkCenter가 보여지며 Capa에 따라 다른 WorkCenter로 수정할 수 있다. 단, [제품별 공정등록]의 작업 가능 WorkCenter로 입력되어 있는 WorkCenter만 지정이 가능하다.

■ 작업시작예정일/작업종료예정일

생산계획 저장 시 WorkCenter의 Capa, 제품별 공정등록의 표준작업시간(표준작업공수), 생산달력을 고려하여 공정별로 세워진 일정계획일자로, 일정은 일자별로 세워져 있기 때문에 본 화면에서 수정되지 않고 [일자별 작업조정입력] 화면에서 수정해야 한다. 단, 외주공정은 일정 조정이 가능하다.

10.4.6 WC별 작업계획조회

| 화면 위치 | 생산(원가)관리 ▶ 기준생산계획 ▶ [WC별 작업계획조회] |

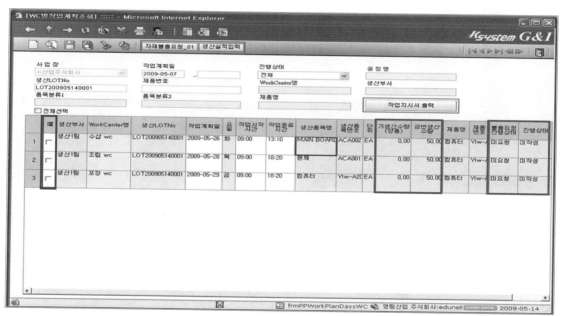

생산계획 생성 시 자동으로 생성된 일자별 생산일정계획을 확인하여 작업지시서를 출력하고
필요자재를 요청하거나 [운영환경관리(생산원가)–초기]에서 불출요청시점을 일자별 생산계획으로
선택한 경우), 작업한 실적을 입력하기 위해 생산실적으로 점프할 수 있는 화면이다.

[WC별 작업계획 조회 화면]

작업방법은 아래와 같다.

① 작업계획일, 진행상태, WorkCenter명, 생산부서 등 조회하고자 하는 조건을 입력하고 [조

회] 아이콘을 누른다.

② 일별작업계획 리스트 중 작업지시를 내릴 건을 '選' 필드 체크 후 [작업지시서 출력] 버튼을 누르면 작업지시서 인쇄 미리보기가 실행되고 출력할 수 있다.

③ 소요자재를 창고담당자에게 출고요청 하기 위해 '選' 필드를 클릭하고 [자재불출요청_01] 점프 버튼을 눌러 생산부문 출고요청 화면으로 이동한 후 출고요청을 한다.

■ WorkCenter명

생산계획 저장 시 일자별 생산계획이 만들어질 때 [제품별 공정등록]의 주요 담당 WorkCenter로 계획이 만들어지며, 다른 WorkCenter에서 작업을 하고자 하는 경우에는 수정이 가능하다.

■ 작업계획일 / 작업시작시간 / 작업종료시간

계획의 변경이 일어날 경우 일자, 시작, 종료 시간을 수정할 수 있다.

■ 기생산수량

일자별 생산계획(작업지시) 건에 대해 생산작업실적이 입력된 수량을 보여준다.

■ 금번생산수량

계획수량−기 생산수량으로 계산된 수량으로 작업을 해야 하는 대상 수량을 의미하며, 생산실적으로 진행 시 이 수량이 생산수량으로 보여지게 된다.

■ 불출요청진행상태

[운영환경관리(생산원가)−초기]에서 불출요청시점 기준을 일자별 생산계획으로 선택했을 경우 해당 일자별 생산계획에 대해 자재출고 진행상태를 보여준다. 미요청/요청/자재출고 3가지 상태로 보여준다.

■ 진행상태

생산실적의 진행 정도를 보여주는 항목이다.

- 미작성 : 아직 생산실적이 입력되지 않은 상태
- 작성 중 : 계획수량 중 일부 수량이 생산실적이 입력된 상태
- 완료 : 계획수량과 같거나 그 이상 생산실적이 입력된 상태
- 중단 : 생산계획이 중단된 상태

10.4.7 생산부문출고요청

| 화면 위치 | 생산(원가)관리 ▶ 자재 ▶ [생산부문출고요청] |

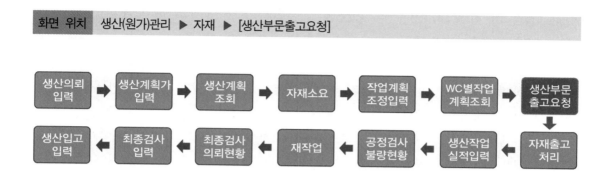

생산에 필요한 자재를 창고담당자에게 요청하는 화면이다. 운영환경관리의 '불출요청시점' 설정
값에 따라 [생산계획조회/작업계획조회/WC별 작업계획조회] 화면 중 한 화면에서 점프해온다.

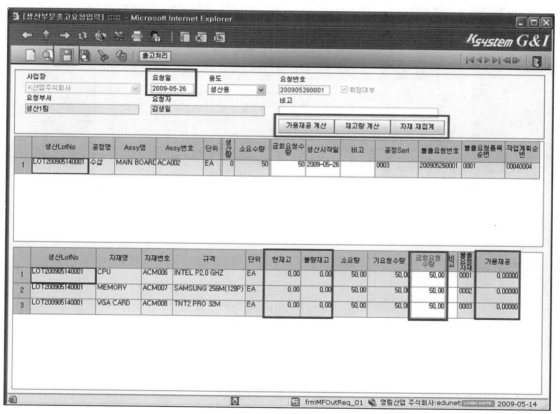

[생산부문출고요청 화면]

작업방법은 다음과 같다.

① 직접 이 화면에서 입력하는 것이 아니라 다른 계획조회 화면에서 점프해오게 된다. [운영환경관리(생산원가)-초기]에서 설정한 불출요청시점 기준에 따라 점프해오는 화면이 다르다. [생산계획조회/작업계획조회/WC별 작업계획조회]에서 요청할 작업 건을 선택하여 <자재불출요청> 점프 버튼을 누르면 위의 그림과 같은 [생산부문출고요청입력] 화면으로 이동된다.

② 요청일, 하단 시트의 요청 자재 리스트와 금회요청수량을 확인하고 [저장] 아이콘을 누른다.

③ [인쇄] 아이콘을 누르면 자재불출요청서 양식의 미리보기가 실행되며 아래와 같이 출력이 가능하다.

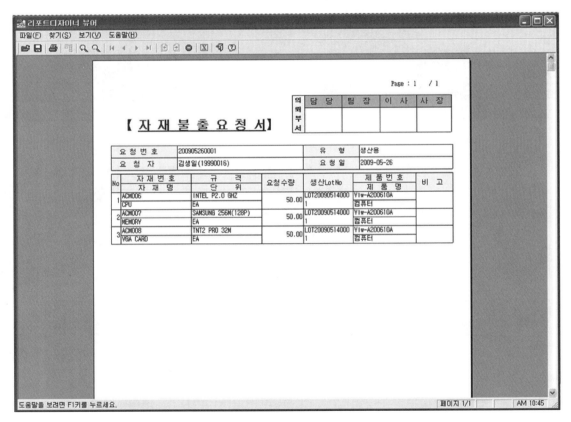

[자재불출요청서 출력물 화면]

■ 위쪽 시트는 생산품목, 아래쪽 시트는 해당 품목을 생산하는 데 필요한 소요자재로 [제품별 공정등록]에 등록된 소요자재 중 [자재등록/품목등록]의 불출구분이 Lot단위 출고로 설정되어

있는 자재/반제품이 보여진다.

■ **가용재공계산**

아래 시트 자재별로 가용재공 필드에 현장(요청부서)에 있는 재고수량이 보여진다.

■ **재고량계산**

아래 시트 자재별로 창고의 재고수량과 불량재고수량이 현재고, 불량재고 필드에 보여진다.

■ **자재재집계**

모품목별로 요청량을 계산하고자 할 때 위쪽 시트의 금회요청량 필드의 수량을 수정하고
<자재재집계> 버튼을 누르면 수정된 요청량 기준으로 소요자재의 수량이 재계산되어 하단 시
트에 보여진다.

10.4.8 자재출고처리

화면 위치	생산(원가)관리 ▶ 자재 ▶ [자재출고처리]

제품생산에 필요한 자재에 대해 출고요청 한 건에 대해 창고담당자가 자재를 출고처리 하는
화면이다. 출고유형이 생산출고인 경우엔 자재창고에서 생산현장(부서)으로, 외주출고인 경우엔
외주처로 재고가 이동된다.

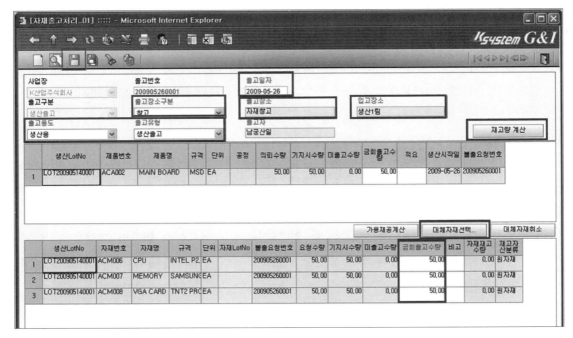

[자재출고처리 화면]

작업방법은 아래와 같다.

① 직접 이 화면에서 입력하는 것이 아니라 출고요청내역을 [생산부문출고요청조회] 화면에서 조회하여 출고 대상 건을 선택해서 점프해오면 요청내역 그대로 출고 화면에 보여진다.

② 출고일자와 출고장소구분, 출고장소, 입고장소, 출고용도, 출고유형을 입력한다. 출고일자는 현재일자가 기본적으로 나오고, 입고장소는 요청부서가 기본적으로 나오므로 다른 경우만 수정하면 된다. 출고장소구분은 창고/생산라인 중에서 선택 가능하며 창고를 지정하면 출고장소 코드도움이 생산라인을 선택하면 부서 코드도움이 실행된다. 출고할 자재가 있는 장소를 알맞게 선택하면 된다. 출고용도와 출고유형은 정보성 데이터로서 해당하는 내용을 선택하면 된다.

③ 하단 시트의 출고자재 리스트를 확인하고 출고할 만큼 금회출고수량을 수정하고 [저장] 아이콘을 누른다.

④ [인쇄] 버튼을 누르면 자재출고전표 양식의 미리보기가 실행되어 출력이 가능하다.

⑤ 이미 저장한 자재출고내역을 수정하거나 삭제하고자 하는 경우에는 [자재출고처리] 화면을 직접 열어서 할 수는 없고 [자재출고현황]에서 조회한 후 시트 더블클릭으로 자재출고처리 화면으로 이동한 후 수정 [저장]이나 [행삭제], [삭제] 아이콘을 이용하여 처리할 수 있다.

■ 입고장소

자재출고처리는 외주출고와 생산출고를 모두 할 수 있는 화면으로, 생산출고는 부서 코드도움이 실행되고 외주출고는 거래처 코드도움이 실행된다.

■ 재고량계산

￼ 재고량 계산 ￼ 버튼을 누르면 하단 시트에 자재별로 자재재고수량 필드에 출고장소의 현재 재고수량이 보여진다. 재고를 확인 후 출고할 수량을 조정할 수 있다.

■ 대체자재선택

해당 자재의 재고가 부족한 경우 다른 자재로 대체하여 사용할 수 있다. 이럴 경우 대체하고자 하는 자재에 커서를 두고 ￼ 대체자재선택... ￼ 버튼을 누르면 아래 그림처럼 대체자재를 선택할 수 있는 창이 뜬다. 대체자재가 여러 가지인 경우 커서를 두고 <선택> 버튼을 누르면 대체자재선택 창은 닫히고 자재가 대체자재로 바뀌게 된다.

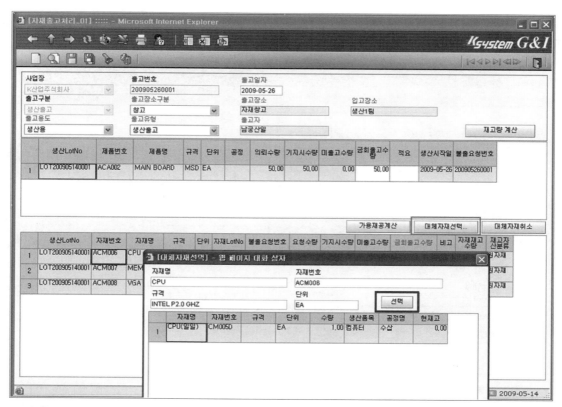

[자재출고처리 화면]

10.4.9 생산작업실적입력

| 화면 위치 | 생산(원가)관리 ▶ 생산실적 ▶ [생산작업실적입력] |

생산부서에서 매일매일 작업한 실적을 입력하는 화면이다. 생산 중에 발생한 불량, 유실, 작업시간, 자재투입 등의 내역을 기록한다. 생산실적이 입력되면 해당 부서(현장)의 생산품의 재공재고가 늘어나게 되고, 생산하는 데 사용한 자재를 사용했다고 처리하는 것이 자재투입으로 투입처리를 하면 현장재고가 감소되고 사업장 재고에서도 감소가 된다. 투입내역은 제조원가에서 재료비로 집계된다.

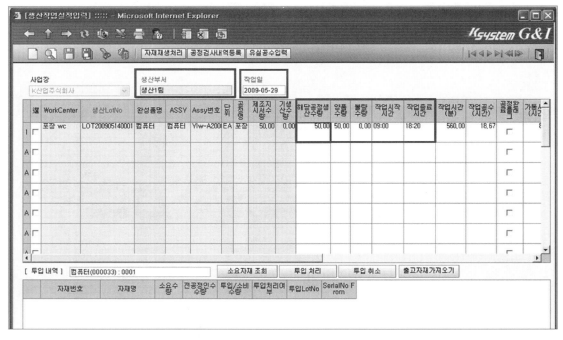

[생산실적입력 화면]

작업방법은 아래와 같다.

① [WC별 작업계획조회]에서 생산실적을 입력할 대상 건을 선택하여 실적입력 화면으로 점 프해온다.

② 생산부서는 생산계획 작성 시 지정된 생산부서로 재공 및 현장재고의 기준장소가 된다. 작업일은 기본적으로 현재일자가 나오며 작업한 일자가 다른 경우에는 수정한다.

③ 해당공정생산수량은 제조지시수량과 동일한 수량으로 나타나며 실제 작업한 수량으로 수 정한다. 불량수량을 포함하여 총 작업한 수량을 입력한다. 계획수량을 초과하여 작업을 한 경우에도 입력이 가능하다.

④ 양품수량과 불량수량을 입력한다. 이 양품수량이 다음 공정으로 넘어가는 수량(재공재고 로 인식되는 수량)이 되며, 최종공정인 경우에는 [최종검사의뢰현황]에 보여지는 '의뢰수 량'이 된다. 양품수량을 입력하면 불량수량이, 불량수량을 입력하면 양품수량이 자동으로 나온다.

불량수량 = 해당공정생산수량 – 양품수량

⑤ 작업시작시간과 작업종료시간을 입력한다. 일자별 작업계획에서 세워진 계획시간이 나오 게 되고 다를 경우에는 실제 작업을 한 시간으로 수정한다.

⑥ 작업시간(분)은 작업시작, 종료시간을 입력하면 자동으로 계산되어 나타난다.

⑦ 작업공수(시간)는 작업시간(분)에 작업 인원수를 곱한 후 시간으로 환산한 수치로 작업시 간과 작업인원만 입력하면 자동으로 계산되어 나온다. 제조원가 계산 시 배부기준이 투입 공수인 경우 이 작업공수 값을 이용하여 계산하게 된다.

⑧ 작업에 사용한 자재를 투입하기 위해 위쪽 시트에서 작업한 품목 행에 커서를 두고 소요자재 조회 버튼을 클릭하면 아래 그림처럼 [제품별 공정등록]에 등록한 해당 공정의 소요자재 리스트가 나온다.

⑨ 실제 투입된 자재와 수량이 맞는지 확인하고 수정한 후 투입 처리 버튼을 누른다. 투입 은 따로 [저장] 아이콘을 누르지 않고 <투입처리> 버튼만 누르면 투입이 된다.

⑩ 본 그림은 최종공정에 대해서 작업한 화면이며 다른 공정들도 동일한 방법으로 실적을 입력하면 된다.

⑪ 생산실적을 삭제하거나 수정하려고 할 때는 [생산실적조회] 화면에서 조회 후 시트 더블 클릭을 하여 [생산작업실적입력] 화면으로 이동 한 후 수정하고 [저장] 또는 [행삭제] 아이콘을 누르면 된다.

또는, [생산작업실적입력] 화면을 직접 열어서 생산부서와 작업일을 입력하고 [조회] 아 이콘을 눌러 실적을 조회한 후에 저장이나 삭제를 하면 된다.

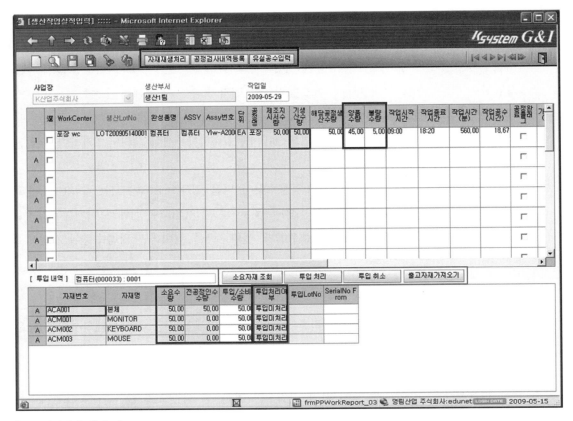

[생산실적입력 화면 2]

■ 완성품명 / ASSY

- 완성품명 : 해당 생산계획의 최종완성품이다. 제품이나 반제품으로 생산입고가 되는 대상품목이다.
- ASSY : 해당 공정에서 생산되는 품목으로 생산실적 입력 시 생산부서의 재공재고가 증가된다.

■ 제조지시서수량 / 기생산수량

- 제조지시서수량 : 해당 공정의 계획수량
- 기생산수량 : 해당 공정의 생산계획수량 중 생산실적이 입력된 총 수량으로 처음 입력 시에는 0이고 생산실적 저장 후 조회하면 해당공정생산수량만큼 늘어난다. 위의 그림에서 기생산수량 50은 해당공정생산수량 50이 포함된 수량이다.

■ 공정완료플래그

[운영환경관리(생산원가)-진행]에서 '생산실적 진척 관리함'에 체크한 경우 공정별로 전 공정이 완료되어야 후 공정을 진행할 수 있게 통제가 된다. 생산실적 입력 시 공정완료플래그에 체크를 하면 해당 공정이 완료된 걸로 인식하게 된다.

■ 소요자재조회

[운영환경관리(생산원가)-진행]에 '작업일보 작성시 자동 투입 여부'에 체크되어 있으면 이 버튼은 화면에 보이지 않고, 이 옵션을 선택하지 않은 경우에 화면에 보여지게 되며 투입처리의 대상이 되는 자재를 조회하거나, 이미 기 투입된 자재가 있는 경우에 기 투입된 자재 외의 소요자재를 조회하는 기능이다. 생산실적입력이 저장된 후에만 조회가 된다.

■ 투입처리 / 투입취소

투입은 [저장] 아이콘을 누르는 것이 아니라 <투입처리>는 버튼만 누르면 되고, 투입한 내역을 삭제하고자 하는 경우엔 [투입 취소] 버튼을 누르면 투입이 취소된다.

■ 출고자재가져오기

제품별 공정의 소요자재와 다른 대체자재를 사용했거나 할 경우 실제 출고된 자재기준으로 투입처리를 하고자 할 때 사용하는 기능이다.

버튼 클릭 시 해당 생산 LotNo, 해당 작업계획순번, 해당 일자별 작업계획순번이 매칭되는 출고된 자재 전체를 보여준다.

■ 소요수량

제품별 공정등록의 소요량 정보를 기준으로 생산품목의 해당공정생산수량에 소요되는 수량이 계산되어 보여진다. 양품수량이 아닌 전체 생산수량에 소요된 자재수량이다. 위의 그림의 예처럼 생산수량 50, 양품45, 불량품5일 때 소요량은 50개 기준으로 계산된다.

■ 전공정인수수량

투입자재가 원, 부자재가 아니라 공정 중 생산된 품목인 경우 해당 공정에서 작업한 수량이 보여진다.

■ 투입처리 여부

<투입처리> 버튼을 누르면 투입처리로 보여지고 <투입취소>를 하면 투입미처리로 보여진다.

■ 자재재생처리

생산 중 불량이 난 품목을 모두 폐기시키는 것이 아니라 불량의 내용이 일부 자재에 의해서 발생한 것이기 때문에 일부 자재만 교체하면 양품이 될 수 있는 경우, 또한 생산품목을 해체하여 일부 자재는 다시 생산에 사용할 수 있는 경우에 그 재생 자재의 투입을 취소시켜 재공재고를 늘려주는 작업을 하는 화면이다. '選' 필드에 체크하고 <자재재생처리>로 점프를 한다.

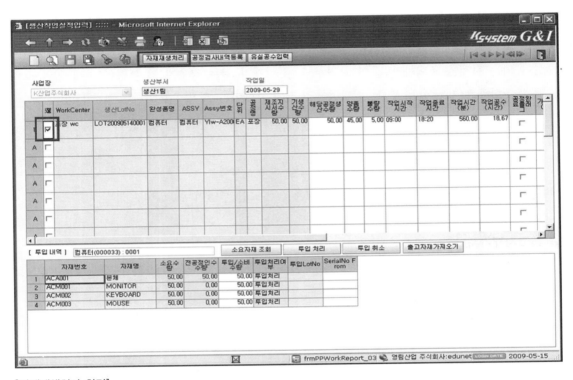

[자재재생처리 화면]

재생자재조회 버튼을 눌러 재생자재 리스트와 수량을 확인하고, **재생자재처리** 버튼을 누른다. 재생 자재의 현장재고수량이 늘어나고, 불량 난 품목의 불량수량이 줄어들게 된다. 불량수량은 재공재고수량에 포함되지 않기 때문에 실제 재공재고수량에 변화는 없다.

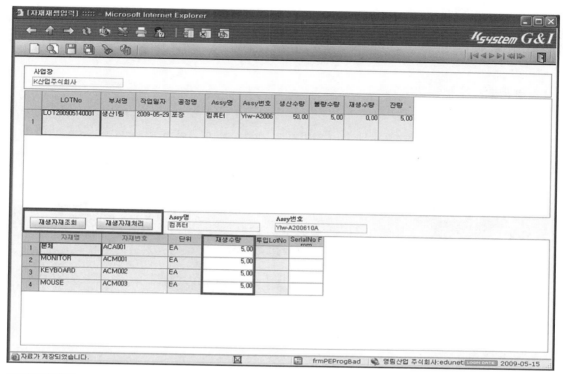

[자재재생입력]

■ 공정검사내역등록

시트에서 '選' 필드를 체크하여 [공정검사내역등록]으로 점프해서 검사항목별 검사결과를 입력할 수 있다.

10.4.10 공정검사불량현황

| 화면 위치 | 생산(원가)관리 ▶ QC ▶ [공정검사불량현황] |

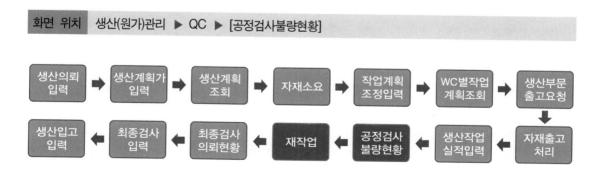

공정별 생산실적 및 불량현황을 조회할 수 있고 불량품에 대한 재작업으로 진행하기 위한 화

면이다. 조회되는 실적은 본작업 기준이고 본작업에서 불량이 난 경우 해당 불량 건에 대해서 재작업으로 점프 후 재작업 일보를 작성하면 재작업의 실적도 이 화면에서 반영되어 조회된다.

작업방법은 아래와 같다.

① 검사기간을 입력하고 조회한다. 검사기간은 생산실적 일자와 동일하다. 위 시트를 더블클릭하면 아래 그림처럼 관련 본작업, 재작업의 상세내역이 하단 시트에 조회된다.

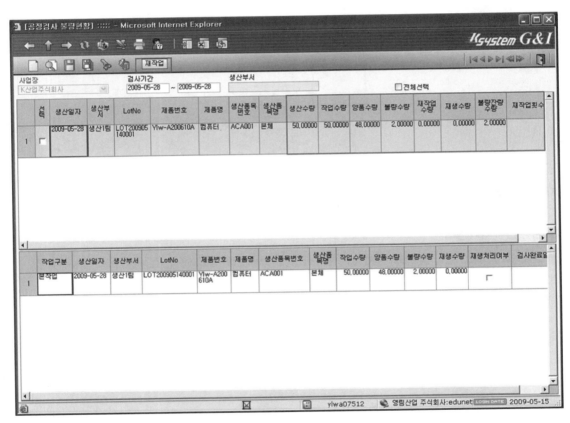

[공정검사 불량현황 조회화면]

② 재작업을 할 작업 건에 대해 선택 필드를 체크하고 <재작업> 점프 버튼을 누른다.
③ 본작업에 대해 생산실적 입력하는 것과 동일한 방법으로 재작업에 대한 실적을 입력한다.
④ 자재투입은 추가로 자재가 더 투입된 경우에는 투입처리를 하고 작업만 다시 한 경우에는 투입을 취소한다.

■ **생산수량**

　해당 작업지시(생산계획) 공정에 대해 본작업의 생산수량.

■ **작업수량**

　해당 작업지시(생산계획) 공정에 대해 본작업과 재작업을 합한 총 생산수량.

■ **양품수량**

　해당 작업지시(생산계획) 공정에 대해 본작업과 재작업을 합한 총 양품수량.

■ **불량수량**

　해당 작업지시(생산계획) 공정에 대해 본작업과 재작업을 합한 총 불량수량.

■ **재작업수량**

　해당 작업지시(생산계획) 공정에 대해 재작업한 수량.

■ **재생수량**

　해당 작업지시(생산계획) 공정에서 발생한 불량수량 중 자재 재생처리를 한 수량.

■ **불량잔량수량**

　해당 작업지시(생산계획) 공정에 대해 발생한 불량수량 중 재작업이나 재생한 수량을 차감한 수량.

■ **재작업횟수**

　해당 작업지시(생산계획) 공정에 대해 재작업한 횟수.

10.4.11 최종검사의뢰현황

| 화면 위치 | 생산(원가)관리 ▶ QC ▶ [최종검사의뢰현황] |

생산의뢰입력 → 생산계획가입력 → 생산계획조회 → 자재소요 → 작업계획조정입력 → WC별작업계획조회 → 생산부문출고요청

생산입고입력 ← 최종검사입력 ← **최종검사의뢰현황** ← 재작업 ← 공정검사불량현황 ← 생산작업실적입력 ← 자재출고처리

QC담당자가 최종검사 할 대상 목록을 조회할 수 있는 화면이다.

[제품별 공정등록]에 '최종공정검사 여부'에 체크된 공정에 대한 생산실적이 입력되면 조회되고, 최종공정이 외주인 경우엔 외주납품 되고 해당 품목이 품목마스터에 검사품으로 되어 있는 경우 본 화면에 조회되어 최종검사를 실시할 수 있다. 무검사품인 경우엔 [생산입고입력/제조지시서 완료] 화면에 조회되어 바로 생산입고를 하게 된다.

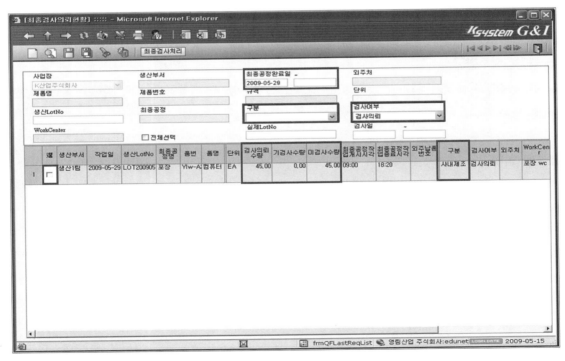

[최종검사의뢰현황 화면]

작업방법은 아래와 같다.

① 최종공정완료일과 구분, 검사 여부 등의 조회조건을 입력하고 [조회] 아이콘을 누른다. 구분은 사내제조인지 외주인지이고, 검사 여부는 검사가 처리되었는지 여부의 조회조건으로 검사의뢰와 검사완료, 공란 중에서 선택하여 조회한다.

② 검사처리를 할 대상 건의 '選' 필드를 체크하고 <최종검사처리> 점프 버튼을 누르면 최종검사입력 화면으로 이동되어 검사결과를 입력할 수 있다.

■ 최종공정완료일

사내제작인 경우엔 최종공정의 작업일, 외주인 경우엔 외주납품일자 기준이다.

■ 검사의뢰수량

사내제작인 경우엔 최종공정 생산실적의 양품수량, 외주인 경우엔 외주납품수량이 조회된다.

■ 기검사수량

해당 실적에 대해 검사처리를 한 경우 검사한 수량을 보여준다. 검사는 분할로 처리가 가능하다.

■ 미검사수량

'검사의뢰수량−기검사수량'이다. 실제로 검사처리를 해야 할 대상 수량이 된다.

10.4.12 최종검사입력

화면 위치	생산(원가)관리 ▶ 생산실적 ▶ [생산작업실적입력]

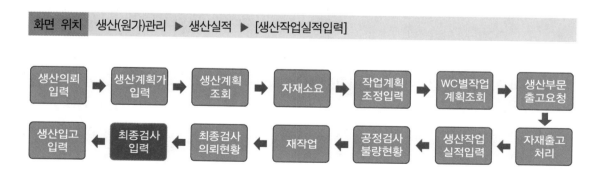

최종검사결과를 입력하는 화면으로 최종검사의뢰현황에서 검사 대상 건을 선택하여 본 화면으로 점프해 와서 입력한다. 합격수량에 한해 제품창고에 생산입고를 할 수 있다.

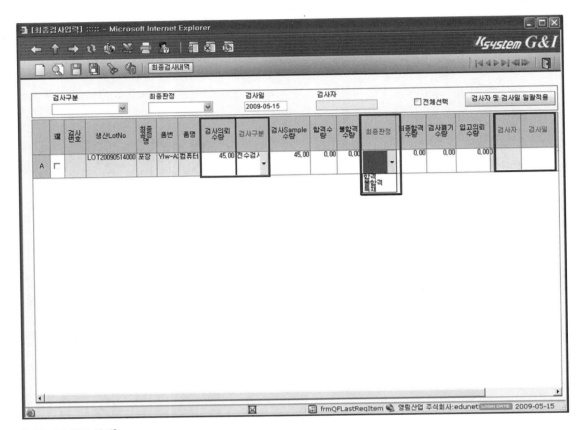

[최종검사입력 화면]

작업방법은 아래와 같다.

① 최종검사의뢰현황에서 검사 대상 건을 선택해서 점프해온다.
② 생산실적의 양품수량이나 외주납품의 납품수량이 검사의뢰수량으로 나온다. 이번에 검사를 할 수량을 입력한다.
③ 검사구분을 전수검사/Sampling 검사 중에서 선택한다.
④ 검사구분이 전수검사이면 최종판정을 선택하고 합격수량/불합격수량을 확인한다. 최종판정결과가 합격이면 합격수량이 자동으로 검사의뢰수량(검사Sample 수량)과 동일한 수량으로 바뀌고 불합격이면 합격수량 0, 불합격수량이 검사의뢰수량(검사Sample 수량)과 동일하게 바뀐다.
⑤ 검사구분이 Sampling검사이면 검사Sample 수량과 합격수량, 불합격수량을 입력하고 최종판정을 선택한다. 최종판정이 합격이면 합격수량이 검사Sample 수와 동일하게 되고 최종합격수량은 검사의뢰수량과 동일한 수량으로 바뀐다.

⑥ 입고의뢰수량은 최종합격수량과 동일한 수량이 보여지는데 파괴검사의 경우 검사폐기수량을 입력한다. 입력 후엔 입고의뢰수량이 최종합격수량−검사폐기수량 으로 바뀌며 창고에 생산입고 할 수 있는 수량은 입고의뢰수량이 된다.

⑦ 검사자와 검사일자를 입력하고 <저장> 버튼을 누른다.

⑧ 검사처리 한 내역을 삭제하고자 하는 경우에는 최종검사처리를 했던 것과 같은 방식으로 최종검사의뢰현황에서 삭제하고자 하는 건을 선택한 후 검사처리로 점프해서 저장된 내역에 대해 [행삭제] 아이콘을 누르면 된다.

최종판정

검사의 최종판정은 아래 3가지 구분 중에서 선택할 수 있다.

- 합격 : 검사의뢰수량 전량 합격으로 처리하고자 할 경우이다.
- 불합격 : 검사의뢰수량 전량이 불합격으로 처리된다.
- 특채 : 검사의뢰수량 중 일부 수량에 대해 합격을 처리하고자 하는 경우에 선택하는 구분이다.

검사폐기수량

검사에 의해 폐기되는 수량으로 생산입고 된 완제품의 원가에 포함되게 된다.

최종판정 결과에 의해 불량 수량이 발생한 경우 공정검사불량현황에 조회되어 최종공정의 실적에 대해 재작업을 진행할 수 있다.

10.4.13 생산입고입력/제조지시서 완료

화면 위치	생산(원가)관리 ▶ 생산실적 ▶ [생산작업실적입력]

생산의뢰입력 → 생산계획가입력 → 생산계획조회 → 자재소요 → 작업계획조정입력 → WC별작업계획조회 → 생산부문출고요청 ↓ 자재출고처리 ← 생산작업실적입력 ← 공정검사불량현황 ← 재작업 ← 최종검사의뢰현황 ← 최종검사입력 → 생산입고입력

별도의 생산입고의뢰가 필요한 것은 아니고 최종공정이 검사 대상이면 최종검사 입력을 한

후에, 검사 대상이 아니면 생산실적입력/외주납품 후에 자동으로 생산입고 대기상태가 되고 이 화면에 조회가 된다. 입고할 대상 건을 선택하여 입고처리를 하면 제품창고에 재고가 늘어나게 된다.

작업방법은 다음과 같다.

① 생산일, 입고처리 여부를 미입고로 선택하고 [조회] 아이콘을 누른다.
② 조회된 생산입고 대상 건에 대해 '選' 필드 체크를 하고 <점프> 버튼을 누른다.
③ 생산입고처리 다이얼로그 창에서 입고일자, 입고창고를 확인 후 [저장] 아이콘을 누른다. 입고수량은 수정이 불가능하다. 즉 입고는 분할입고가 되지 않는다. 검사를 완료 수량에 대해서는 전부 입고를 해야 한다.
④ 생산계획수량보다 적게 입고를 했지만 해당 생산계획에 대해 완료처리를 하고자 할 경우 '제조지시완료'에 체크하고 저장한다.
⑤ 생산입고 한 내역을 취소하고자 하는 경우에는 '입고처리 여부'에 입고로 선택하여 대상을 조회한 후 입고처리 할 때와 같은 방법으로 選 필드 체크를 하고 <점프> 버튼을 누르면 입고저장 되었던 창이 뜨고 [삭제] 아이콘을 누르면 된다.

■ 생산계획수량
생산계획가입력에서 입력했던 생산계획수량이 보여진다.

■ 생산수량
최종공정의 생산실적 수량 중 양품 수량이 보여진다.

■ 입고의뢰수량
최종검사의 최종합격수량−검사폐기수량으로 계산된 입고 대상 수량이다.

■ 입고일
입고처리가 된 건에 대해 입고가 된 일자가 보여진다. 해당 일자로 수불부에 생산입고 되어 재고가 증가하게 된다.

01 K.System 생산의 기본정보에 대한 설명이다. 다음 중 옳지 않은 것은? 〈15회 이론 기출문제〉

① 같은 품번을 여러 품목에서 함께 사용할 수 있다.

② BOM은 자재소요에서 직접 사용되지 않고 제품별 공정등록 작성을 위한 원천데이터 역할을 한다.

③ 제품별 공정등록에 등록되어 있지 않은 자재는 생산실적등록 시 투입할 수 없으므로 빠짐없이 등록해야 한다.

④ 워크센터등록의 생산가능 제품은 제품별 공정등록에서 등록된다.

★ 풀이 & 보충학습

- 품목번호는 품목에 부여하는 외부코드로서 시스템이 자동 생성하는 품목코드와는 다르다. 통제등록의 공통에서 '명중복체크 여부'에 체크를 하지 않으면 같은 품목 명을 중복 사용할 수 있다.

- 자재소요계획(MRP)을 위해 당연히 BOM정보가 필요하지만, 제품별 공정정보에 마찬가지로 BOM 정보가 포함되어 있으므로, 나중에 생성되는 제품별 공정정보를 사용하는 것이 일관성 측면에서 유리하다.

- 제품별 공정등록에 입력된 자재내역을 생산실적입력 시 <소요자재조회> 버튼을 통해 자동으로 가져올 수 있으나, 수동으로 투입자재 및 투입수량을 입력하여 투입처리 할 수 있다.

정답 ③

02 BOM등록이 첨부 그림과 같이 등록되어 있다. BOM Loss율이 0%일 경우 TEST_공정품001 1EA에 대한 소요자재의 소요량으로 옳은 것은? 〈15회 이론 기출문제〉

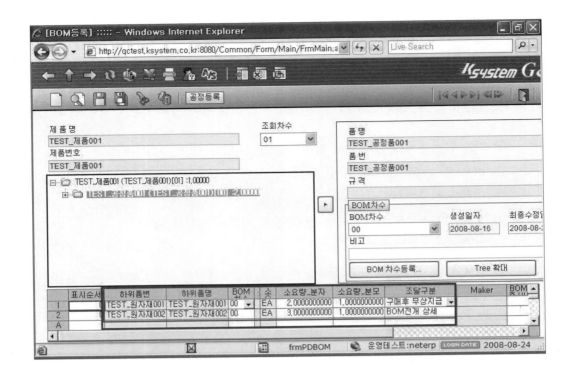

	품번	소유량
①	TEST_원자재001	2.00
	TEST_원자재002	3.00
②	TEST_원자재001	0.00
	TEST_원자재002	3.00
③	TEST_원자재001	2.00
	TEST_원자재002	0.00
④	TEST_원자재001	0.00
	TEST_원자재002	0.00

★ 풀이 & 보충학습

BOM 전개상세는 해당 자재를 생산 또는 구매하지 않는 자재로서 설계상의 내역을 관리하고자 하는 경우 등록하여 그 내역을 관리하는 품목임을 나타낸다. 따라서 BOM 전개상세로 설정된 품목은 자재소요량 산출 시 계산되지 않는다.

정답 ③

03 K.System ERP의 설비등록 화면에 대한 설명 중 옳지 않은 것은? 〈15회 이론 기출문제〉

① 설비등록을 하기 위해서는 반드시 회계처리 된 자산만 등록하여 사용해야 한다.
② 등록된 설비는 이동이력을 관리할 수 있는 별도의 관리화면을 제공한다.
③ 등록된 설비는 수리이력을 관리할 수 있는 별도의 관리화면을 제공한다.
④ 등록되지 않은 설비는 생산실적입력 시 선택하여 사용할 수 없다.

★ 풀이 & 보충학습

설비등록은 회사에서 보유하고 있는 모든 설비를 등록할 수 있으며, 고정자산으로의
등록 여부와 상관없이 별도로 관리할 수 있다.

정답 ①

04 K.System ERP BOM등록 시 실제로 생산 시 조립되지는 않지만 설계상에만 존재하는 품목을
설정하는 조달구분 옵션은? 〈15회 이론 기출문제〉

① 구매 후 무상지급
② 사내제작
③ 구매 후 유상지급
④ BOM 전개상세

★ 풀이 & 보충학습

BOM 전개상세는 해당 자재를 생산 또는 구매하지 않는 자재로서 설계상의 내역을
관리하고자 하는 경우 등록하여 그 내역을 관리하는 품목임을 나타낸다. 따라서
BOM 전개상세로 설정된 품목은 자재소요량산출 시 계산되지 않는다.

정답 ④

05 생산방식에 있어서 크게 수주생산방식(Make to Order), 재고생산방식(Make to Stock)으로 나눌 수 있다. K.System ERP는 이러한 2가지 생산방식을 모두 사용할 수 있으며, 이에 대한 기능으로 품목 마스터 화면에 수주생산방식으로 Setting을 할 수 있도록 되어 있는데 다음 중 품목 마스터 화면에서 '수주생산'으로 정의하였을 경우에 가장 옳은 것은? 〈15회 이론 기출문제〉

① 생산유형구분을 수주생산으로 정의하였기 때문에 수주등록을 하게 되면 모든 생산계획, 작업계획까지 자동으로 생성된다.
② 생산유형구분을 수주생산으로 정의하였지만, 프로세스상의 변화는 없으며 생산실적집계 시 수주생산에 대한 내용만을 확인할 수 있다.
③ 영업부서에서 수주등록을 하게 되면 생산의뢰가 자동으로 생성이 되어 생산관리부서에서는 의뢰된 내용을 확인하고 생산계획을 작성할 수 있다.
④ 영업의 수주등록 정보와 생산의 생산계획 정보가 따로 진행이 되지만, 월마감작업 이후에 시스템에서 자동으로 연결이 되어 데이터를 확인할 수 있다.

★ 풀이 & 보충학습

일반적인 재고생산방식인 경우, 수주내역을 기준으로 생산의뢰를 작성하게 된다. 하지만 수주생산방식인 경우, 수주량만큼의 생산을 반드시 진행해야 하므로 생산의뢰를 자동으로 생성한다. 생산유형구분은 품목등록 화면 왼쪽 아래(제품생산정보 탭)에서 볼 수 있다.

정답 ③

06 생산계획을 등록하면 작업계획이 자동으로 생성되게 된다. 이때 고려되는 사항과 거리가 먼 것은? 〈15회 이론 기출문제〉

① 제품별 공정등록의 기본 워크센터의 Capa
② 생산달력에 등록된 휴일 여부
③ 일자별 워크센터 가용인원
④ 각 공정별 자재조달 가능 여부

생산계획가입력과 일자별 작업조정 입력을 통해 계산된 작업시작일을 기준으로, 자재소요 계산 시, 자재조달 가능 여부 즉, 발주요청수량을 산출하고, 그에 따른 소요시작일(＝작업시작일)과 자재등록의 평균조달일수를 반영한 발주시한을 계산하여 자재조달계획을 수립하도록 지원한다. 이때 워크센터(작업장)의 가용인원에 대한 고려는 하지 않는다.

정답 ③

07 생산실적을 입력하였다. 다음 설명 중 옳지 않은 것은? 〈15회 이론 기출문제〉

① 합격수량만큼 부서의 재공재고가 증가되어 있다.
② 제품별 공정등록에 최종검사 여부에 체크되어 있어야만 최종검사의뢰현황에 조회된다.
③ 입고처리 시점에 부서의 재공재고가 감소한다.
④ 자동투입처리 여부 옵션을 사용하면 해당 제조지시서에 의해 불출된 수량만큼 자재가 자동 투입된다.

자재투입은 생산을 진행하면서 각 공정 중에 필요한 자재의 투입 여부에 대한 내역을 기록하는 것이다. 그런데 [운영환경관리(생산원가)-진행]에 보면(본문 5.2절 참조) '작업일보 작성 시 자동투입처리 여부'라는 체크박스가 있다. 이것이 의미하는 것은 생산실적을 저장하면 제품별 공정등록에 등록된 필요자재내역이 투입되었다는 것을 자동 기록하는 것이다.

정답 ④

08 생산된 수량 중 불량에 대한 처리에 대한 설명이다. 옳지 않은 것은? 〈15회 이론 기출문제〉

① 생산실적입력 화면에서 자재재생처리 화면으로 점프하여 실적을 입력할 수 있다.
② 최종검사등록 시 불량수량을 입력하면 해당 재공수량이 감소한다.
③ 최종검사에서 불량으로 처리된 수량은 자동으로 자재재생처리 된다.
④ 불량처리 된 수량만큼 재작업 등록할 수 있다.

★ 풀이 & 보충학습

자재재생처리는 생산실적 입력을 통해 생산된 품목의 투입자재를 다시 자재상태로 환원하는 기능을 수행한다. 이는 불량 판정된 품목의 재작업을 위해 일부 자재의 교체가 필요하여 재조립 등의 작업을 실시하는 경우, 자재를 해체하여 자재반품처리하고, 그에 따른 교체 자재를 추가자재불출요청을 통해 불출받아 재작업에 이용해야하는 경우 사용한다. 따라서 재작업 여부 및 재작업 성격(단순 재조립 등)에 따라 작업자가 판단하여 수동으로 자재재생처리를 진행한다.

정답 ③

---

09 K.System ERP의 [생산입고의뢰현황–생산입고입력/제조지시서 완료] 화면에 대한 설명으로 옳지 않은 것은? 〈15회 이론 기출문제〉

① 최종공정이 사내제작인 경우에만 이 화면에서 조회된다.
② [운영환경관리(생산원가)–진행]의 '작업일보작성 시 자동입고처리' 옵션을 사용하지 않을 경우에만 이 화면을 사용할 수 있다.
③ 조회된 내역 중 미입고상태인 생산 건을 선택하여 입고처리로 점프할 수 있다.
④ 제품별 공정등록에서 '최종검사 여부'에 체크되어 있는 품목이라면 최종검사처리 전에는 이 화면에서 조회되지 않는다.

생산입고의뢰현황에서 조회되는 경우는, 최종검사에서 합격 또는 특채 처리된 검사품과 제품별 공정등록의 '최종검사공정 여부'가 체크되지 않은 무검사품의 생산실적이 입력된 실적으로, 자동입고 옵션을 사용하는 경우는 생산입고의뢰현황에서 조회되지 않는다. 또한, 생산입고의뢰현황은 사내생산과 외주생산 모두 통합하여 조회 및 생산입고입력으로 점프하여 처리할 수 있다.

정답 ①

10 K.System ERP의 생산입고처리와 관련하여 옳은 것은? 〈15회 이론 기출문제〉

① 생산실적을 입력하지 않아도 입고처리가 가능하다.
② 생산입고처리 화면에서 바로 입고처리가 가능하다.
③ 생산입고의뢰현황에서 조회된 건에 대해서만 입고처리 할 수 있다.
④ 사내제작인 경우 입고처리를 하지 않아도 된다.

생산입고의뢰현황에서 조회되는 경우는, 최종검사에서 합격 또는 특채 처리된 검사품과 제품별 공정등록의 '최종검사공정 여부'가 체크되지 않은 무검사품의 생산실적이 입력된 내역이다.

정답 ③

11 다음은 생산계획가입력 후 진행될 수 있는 프로세스들이다. 옳지 않은 것은?

〈15회 이론 기출문제〉

① 생산계획가입력 → 생산계획조회 → 확정 → 자재소요계획 → 구매품의
② 생산계획가입력 → 생산계획조회 → 확정 → 자재불출요청 → 자재출고처리
③ 생산계획가입력 → 생산계획조회 → 확정 → 공정검사의뢰현황 → 공정검사내역등록
④ 생산계획가입력 → 생산계획조회 → 확정 → 일자별 WC별 작업계획 → 생산작업실적입력

공정검사의뢰현황 및 공정검사내역등록은 생산실적이 입력된 공정품(=재공품)에 대해 진행하는 프로세스이다.

정답 ③

12 다음 중 K.System ERP에서 검사내역관리를 할 수 없는 활동은? 〈15회 이론 기출문제〉

① 제품생산공정
② 외주납품
③ 최종제품완료
④ 외주처 생산공정

외주처별 생산공정의 생산작업실적과 그에 따른 검사내역관리는 관리되지 않는다. 외주 생산공정의 생산작업실적과 불량에 대한 관리는 외주 발주처와 외주처 간의 외주공급계약에 따르며, 요청한 외주납품일자에 정상적인 외주납품이 이루어진 경우 외주처 자체의 생산 스케줄과 불량은 문제 삼지 않는다는 전제를 가지고 있다. 단지, 품질관리를 위해 외주납품 시, 시험 성적서나 검사 성적서 등을 첨부받아 품질관리 결과를 확인받고, 그 내역은 외주납품처리 후 최종검사내역 등록을 통해 입력/관리 할 수 있다(외주발주처의 별도 품질검사가 없는 경우).

단, 외주공급계약에 명시한 로스율 초과로 인한 무상 사급자재의 부족분은 외주처에서 자체 조달하여야 한다(외주발주처로부터 추가 구매 포함).

정답 ④

13 생산계획조회에서 '진행상태'에 대한 설명 중 옳지 않은 것은? 〈15회 이론 기출문제〉

① '작성'–생산의뢰가 작성된 상태

② '중단'–생산계획이나 공정중단에서 중지 또는 중단처리를 한 상태

③ '확정'–생산계획이 확정처리 된 상태

④ '생산 중'– 작업실적이 일부 등록되거나 외주가 진행 중인 상태

★ 풀이 & 보충학습

작성은 생산계획가입력이 입력된 상태, 즉 생산계획 확정 전 상태를 말한다. 생산의뢰는 생산계획가입력 이전에 입력하는 활동이다.

정답 ①

14 통제값이 아래와 같을 때 TEST_제품001(01차수)의 포장공정에 대해 하루에 작업 가능한 양은?

〈15회 실무 기출문제〉

① 48EA   ② 72EA

③ 96EA   ④ 480EA)

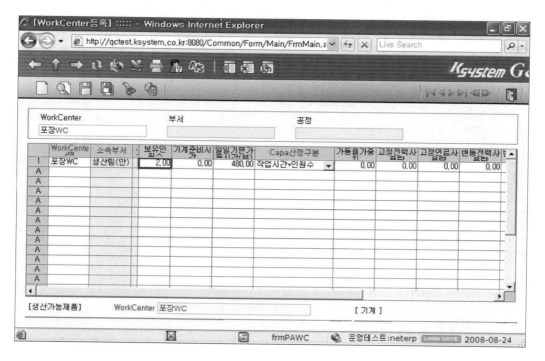

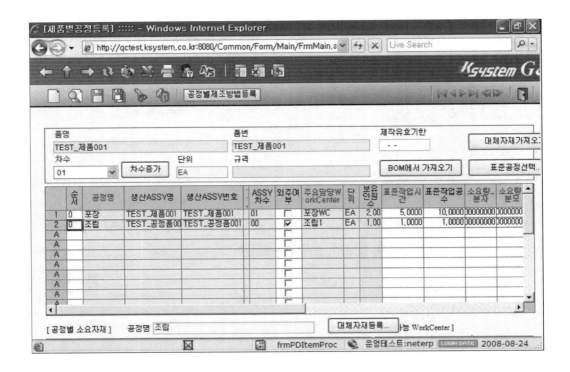

WorkCenter 등록에 입력된 [Capa 산정구분]을 보면 작업시간 × 인원수로, 해당 WorkCenter는 작업자를 투입할수록 생산 가능량이 증가하는 작업 형태를 가지고 있다. 따라서 포장 WC의 생산가능 Capa = 일일기본가동시간(480분) × 인원수(2명) = 960 공수를 보유하고 있으며, 제품별 공정등록에 등록된 TEST_제품001의 단위생산당 투입공수인 10공수를 적용하면(960공수/10공수=) 96EA가 생산가능 수량으로 계산되어진다.

정답 ③

15 [운영환경관리(생산원가)−초기]에서 '생산계획 시 Lot 통합' 옵션을 사용하고 있다. 첨부 그림들을 참고할 때 생산의뢰에서 생산계획으로 점프 시 조회되는 내용으로 옳은 것은?

〈15회 실무 기출문제〉

① 1건의 생산계획이 조회되며 생산계획수량은 100EA이다.

② 1건의 생산계획이 조회되며 생산계획수량은 1000EA이다.

③ 10건의 생산계획이 조회되면 생산계획수량은 건당100EA이다.

④ 10건의 생산계획이 조회되며 생산계획수량은 건당1000EA이다.

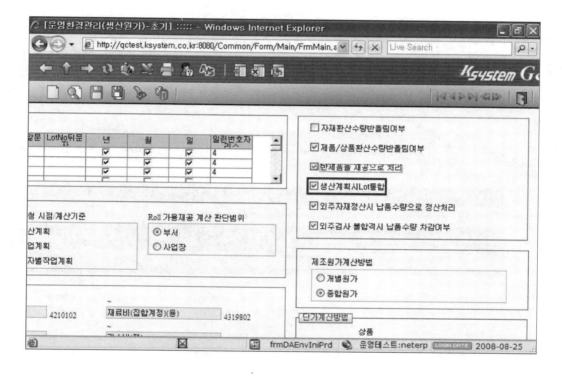

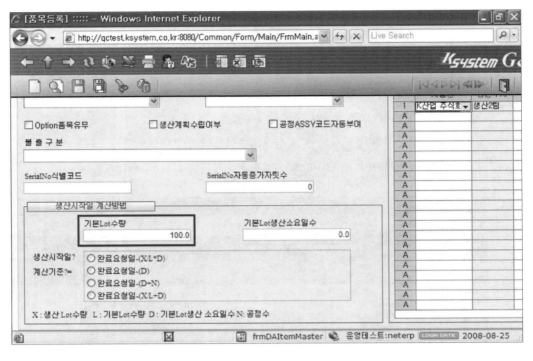

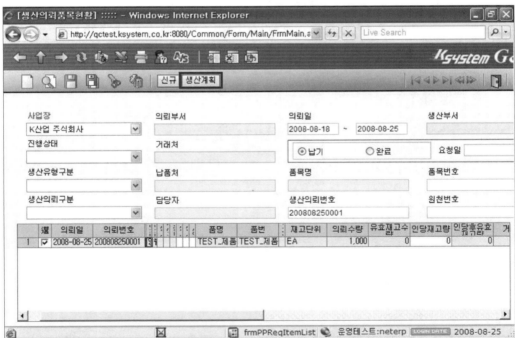

생산의뢰수량이 1,000EA지만, 해당 품목의 기본Lot 수량이 100이므로, 한 Lot당 최
대 생산계획수량은 100EA임. 따라서 1,000EA의 생산의뢰수량을 생산계획을 수립하
면, 생산계획수량이 100EA인 10건의 생산계획으로 나뉘게 된다. [운영환경관리(생산
원가)–초기]의 '생산계획 시 Lot통합' 옵션이 체크되지 않았다면 품목 당 기본Lot 수
량이 적용되지 않아, 생산계획수량이 1,000EA인 생산계획 1건이 수립된다.

정답   ③

16 최종공정에 대해 최종검사를 하였다. 생산수량 100EA에 대해 전수검사를 실시하였는데 이중
92EA만 합격하였다. 8EA는 불량처리 하고 92EA만 합격처리 후 입고처리 하려 할 때 입력할
내용으로 옳은 것은?   〈15회 실무 기출문제〉

① 최종판정을 미검사로, 최종합격수량 92EA, 검사폐기수량 8EA를 입력한다.
② 최종판정을 합격으로, 최종합격수량 92EA, 검사폐기수량 8EA를 입력한다.
③ 최종판정을 불합격으로, 최종합격수량 92EA, 검사폐기수량 8EA를 입력한다.
④ 최종판정을 특채로, 최종합격수량 92EA, 검사폐기수량 8EA를 입력한다.

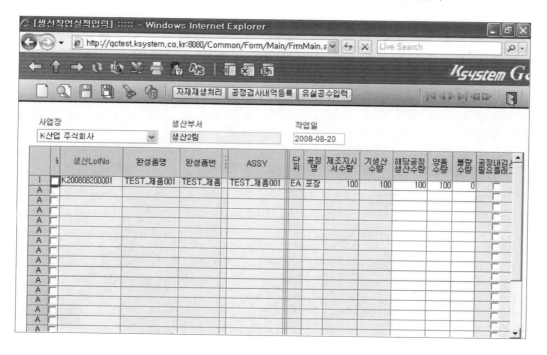

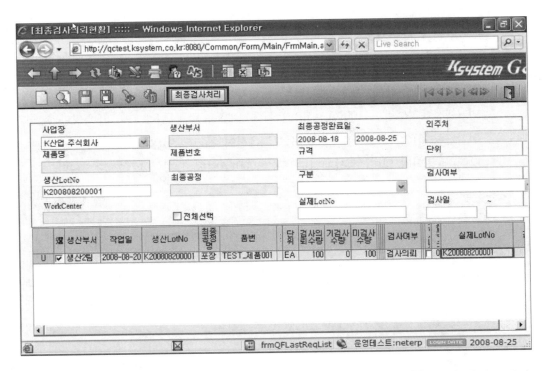

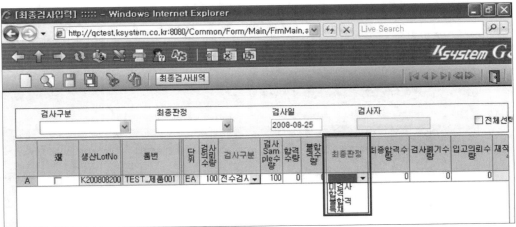

검사 대상 수량의 전량이 합격인 경우와 전량이 불합격인 경우가 아닌, 검사 대상 수량 중 일부 수량만 합격인 경우 특채를 통해 일부 합격 수량만을 입고 대상으로 처리할 수 있다.

정답 ④

17 생산실적입력 후의 작업 shot의 수량은? 〈15회 실무 기출문제〉

① 0 ② 4 ③ 6 ④ 24

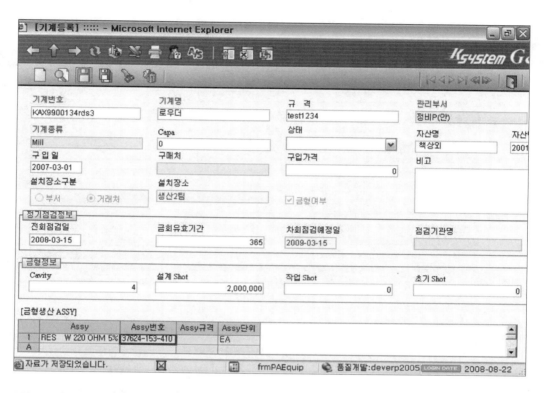

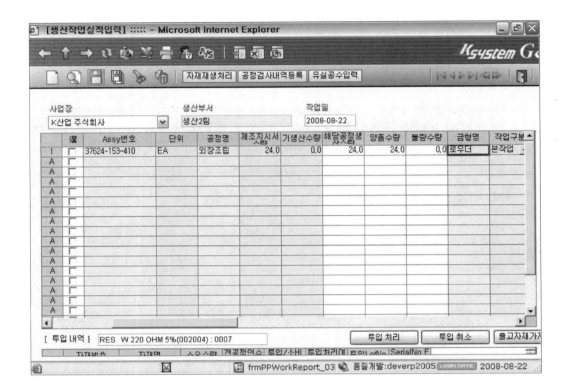

기계등록을 통해 '로우더'에서 'RES W220 OHM 5%'를 생산할 수 있다고 입력되어 있다. 기계등록의 Cavity는 금형의 경우, 한 번에 금형을 찍어서 생산할 수 있는 수량으로 4Cavity로 입력되어 있고, 이 설비의 초기 Shot와 작업 Shot는 모두 '0'이다. 여기서 Shot는 금형의 사용횟수를 나타내는 것으로 금형의 수명을 관리하기 위하여 저장된다. 작업 Shot는 소분류등록의 기계종류가 '금형'인 경우, 생산작업 실적입력의 생산수량과 연동되어 생산수량을 Cavity로 나눈 결과값이 작업 Shot에 누적된다. 위 문제에서 제시한 초기 Shot가 '0'이므로 신규 금형으로 판단되며, 누적 Shot는 초기 Shot+작업 Shot로 계산된다. 따라서 생산작업 실적입력의 생산수량이 24EA이므로, Cavity (4)를 반영하여 계산하면, 24/4=6이 작업 Shot로 계산된다.

정답 ③

18 생산과 관련하여 다음과 같이 '생산실적 진척 관리함'에 체크가 되어 있고, 외주공정의 납품 전에 최종공정인 포장공정을 생산실적처리를 하고자 할 때 발생하는 상황으로 옳은 것은?

〈15회 실무 기출문제〉

① 외주공정의 납품이 완료되지 않았기 때문에 일자별·WC별 작업계획에서 생산실적처리로 점프되지 않는다.

② 최종공정인 포장공정의 생산실적처리는 되지만 자재투입이 되지 않는다.

③ 최종공정인 포장공정의 생산실적처리는 되지만 외주공정인 조립공정의 납품처리가 되지 않는다.

④ 최종공정 전인 조립공정이 완료되지 않았기 때문에 포장공정의 생산실적은 저장되지 않는다.

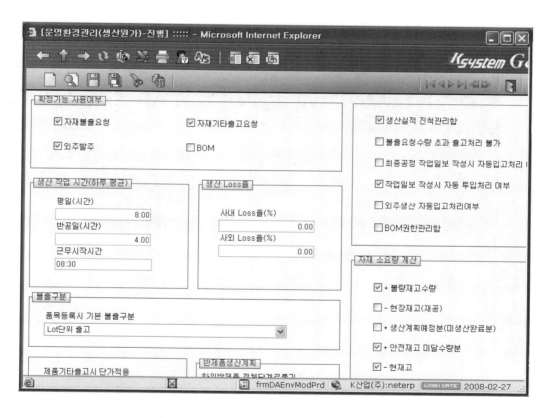

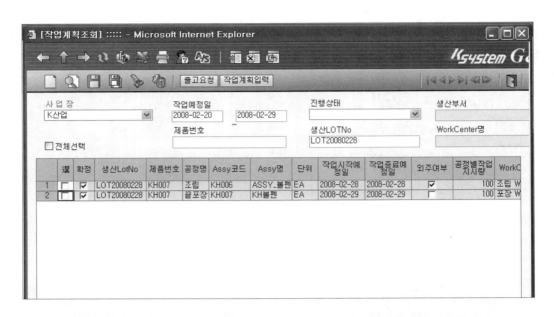

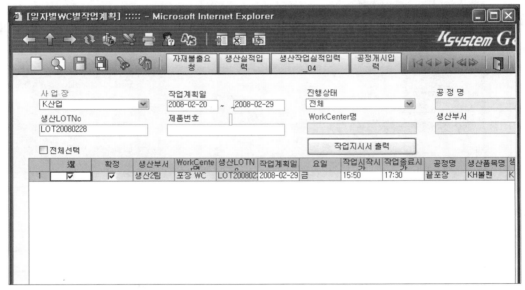

[운영환경관리(생산원가)-진행]의 '생산실적 진척 관리함' 설정은 공정 진척사항을 관리하는 경우에 사용하는 설정으로, 공정순서에 따라 직전 공정이 완료되어야만 다음 공정의 실적을 입력할 수 있도록 통제하는 기능을 제공한다.

정답   ④

19 K.System ERP의 [재고자산분류등록] 화면이 첨부 그림과 같이 설정되어 있을 때 [제품현황] 화면에서 조회되지 않는 재고자산으로 옳은 것은? 〈20회 이론 기출문제〉

① 제품
② 반제품
③ 재공품
④ 상품금형

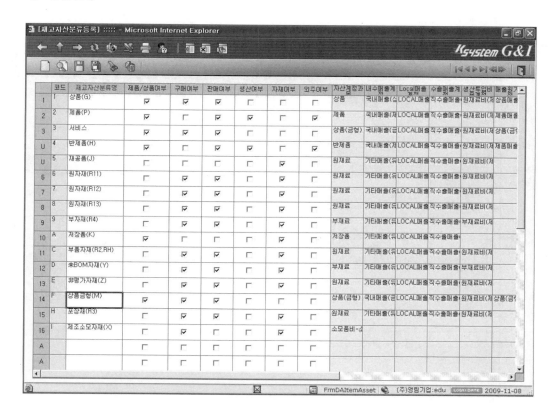

★ 풀이 & 보충학습

[제품현황] 화면은 판매 또는 구매되는 품목을 조회하는 화면이다. 그런데 위 설정에서 재공품은 구매 여부와 판매 여부에 아무것도 선택되어 있지 않으므로, 제품현황에서 조회되지 않는다.

정답 ③

20 K.System ERP에는 특정 자재가 부족한 경우 첨부 그림의 [자재출고처리] 화면에서 대체자재를 사용할 수 있는 기능이 있다. 이 기능을 사용하려면 미리 해당 자재의 대체자재를 등록해야 하는데, 대체자재를 등록하는 화면으로 옳은 것은? 〈20회 이론 기출문제〉

① 자재등록
② 품목등록
③ BOM등록
④ 제품별 공정등록

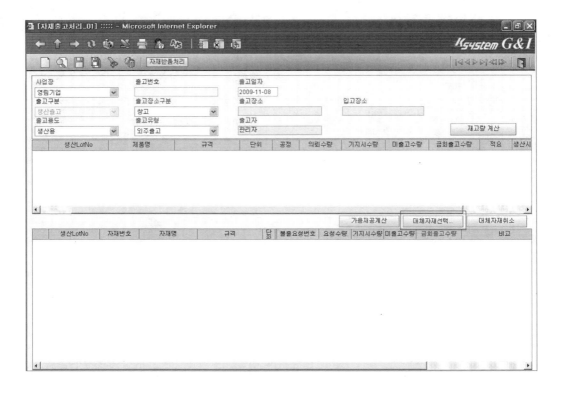

★ **풀이 & 보충학습**

공정에 투입되어야 하는 자재는 공정별 소요자재로서 등록되는데, 이때 대체자재를 등록할 수 있다. 자재등록에서 대체자재를 등록하지 않는 이유는 각 공정마다 대체 가능한 자재가 틀릴 수 있기 때문이다. 결국 제품별 공정등록에서 대체자재를 등록 하는 것이 다양한 대체자재를 사용할 수 있게 한다.

정답 ④

21 다음 중 K.System ERP의 자재소요량 계산 시 고려되는 항목으로 옳지 않은 것은?

〈20회 이론 기출문제〉

① 창고재고
② 현장재고
③ 불량재고
④ Vender재고

★ 풀이 & 보충학습

자재소요량 계산은 기준생산계획이 만들어지면 필요한 자재를 계산한 후 사내재고를 파악하여 자재확보계획을 세우도록 하는 것이다. 이때 외부업체(Vender)의 재고까지 참조하지는 않는다.

정답 ④

22 다음 중 K.System ERP의 생산관리 운영환경관리 내용 중 옳지 않은 것은?

〈20회 이론 기출문제〉

① BOM 확정 기능 사용 옵션을 설정할 수 있다.
② 최초 작업일보 작성 시 최종공정 검사유무 옵션을 설정할 수 있다.
③ 사외, 사내 Loss율 을 설정할 수 있다.
④ 품목등록 시 기본불출구분을 'Lot단위 출고'로 설정할 수 있다.

★ 풀이 & 보충학습

최종검사 여부는 제품별 공정등록에서 설정한다.

정답 ②

23 첨부 그림은 자재등록 화면의 재고정보 관련 사항 중 불출구분 관련 내용이다. 다음 중 옳은 것은?

〈20회 이론 기출문제〉

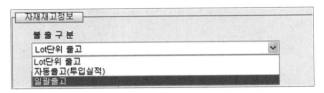

① Lot단위 출고 : 제조지시번호별로 작업지시내역 단위로 불출요청을 할 수 있다.
② 자동출고(투입실적) : 투입실적만큼 추가불출요청을 하면 자동출고가 된다.
③ 일괄출고 : 작업자가 불출요청을 하지 않아도 소요량내역이 자동으로 불출된다.
④ 자동출고(투입실적) : 작업자가 불출요청을 하지 않아도 소요량내역이 자동으로 불출된다.

☀ 풀이 & 보충학습

불출구분은 생산을 위한 자재출고처리 방식을 설정하는 화면이다. 각 설정의 의미는 다음과 같다.

● Lot 단위 출고

일반적인 자재들로 작업을 시작하기 전 생산계획, 작업계획, 일자별 작업계획에서 사용자가 수동으로 생산부분 출고요청입력 화면으로 점프하여 불출요청을 하겠다고 결정하는 것이다. 생산계획을 기준으로 자재출고를 하기 때문에 Lot 단위로 하게 된다.

● 자동출고(투입실적)

생산실적이 입력되는 시점에서 자동으로 자재출고처리를 하도록 하는 것으로 생산실적입력에서 자재투입처리 시 투입한 수량만큼 자동으로 출고가 일어나게 된다.

● 일괄출고

포장단위가 큰 자재나 공용자재의 경우에 수동으로 불출요청을 하겠다고 선택하는 것이다. 이런 자재는 불출요청으로 자동 점프할 때 요청내역에서 빠지게 되고, 별도로 추가생산부문 출고요청입력 화면을 띄워서 신규로 불출요청을 입력하여야 한다.

정답 ①

24 다음 중 K.System ERP 설비관리내역으로 옳지 않은 것은? 〈20회 이론 기출문제〉

① 설비등록 시 생산가능 Assy 품목내역을 등록할 수 있다.

② 설비이동내역을 관리할 수 있는 기능을 제공한다.

③ 설비수리 시 소요되는 수리자재내역을 관리할 수 있다.

④ 설비번호와 설비명칭은 품목정보의 품목번호와 품목명칭과 연동하여 사용할 수 있다.

☀ 풀이 & 보충학습

설비번호와 설비명칭은 설비(기계)를 구분하기 위하여 사용자가 입력하는 정보이며, 품목번호와 품목명칭은 품목을 구분하기 위하여 사용자가 입력하는 정보이다. 둘 간의 연관성은 없다.

정답 ④

---

25 첨부 그림은 BOM등록 화면이다. 다음 중 옳지 않은 것은? 〈20회 이론 기출문제〉

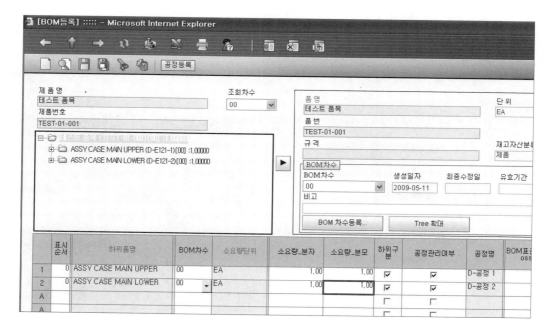

① BOM차수등록을 통해 변경, Revision 관리를 할 수 있다.

② 제품, 반제품, 재공품을 근거로 구조를 설정하고 원자재 소요량을 관리할 수 있다.

③ 설계BOM 관리에서 필요할 수 있는 Dummy 품목은 'BOM 전개상세'라는 조달구분 값으로 정의할 수 있으며 해당 품목은 자재소요계획에서 소요량이 계산된다.

④ 제품, 반제품, 공정품의 경우 공정관리 여부가 체크되며 공정명을 입력하도록 되어 있다.

26 K.System ERP에서의 생산프로세스 처리 화면과 설명이 옳지 않은 것은?

〈20회 이론 기출문제〉

① 수주생산방식을 적용하는 품목은 [품목등록] 화면에서 생산유형구분을 '수주생산'으로 설정하면 수주정보 확정 시에 생산의뢰 정보가 자동으로 생성된다.

② 생산유형이 '수주생산' 또는 '재고생산' 품목은 [생산의뢰입력] 화면을 필수적으로 등록해야만 생산프로세스를 진행할 수 있다.

③ [제품별 공정등록] 화면에 등록되어 있지 않은 제품 또는 반제품은 생산계획을 등록할 수 없다.

④ 동일한 품목이 사내생산과 외주생산이 병행하여 발생할 경우 [제품별 공정등록] 화면에서 'BOM차수'를 다르게 하여 관리할 수 있다.

27 K.System ERP에서의 생산프로세스 처리 화면의 순서대로 옳은 것은? 〈20회 이론 기출문제〉

[보기]

> ㄱ. WC별 작업계획조회 ㄴ. 최종검사처리 ㄷ. 생산의뢰입력
> ㄹ. 생산작업실적입력 ㅁ. 생산계획가입력 ㅂ. 생산입고입력/제조지시서 완료

① ㄷ-ㅁ-ㄱ-ㄹ-ㄴ-ㅂ

② ㄷ-ㄱ-ㅁ-ㄹ-ㅂ-ㄴ

③ ㅁ-ㄷ-ㄱ-ㄴ-ㄹ-ㅂ

④ ㅁ-ㄱ-ㄷ-ㄹ-ㄴ-ㅂ

풀이 & 보충학습

K.System ERP에서의 생산프로세스는 순차적으로 기준생산계획과 생산실적으로 요약되며, 각 업무는 아래와 같은 순서로 진행된다.

- 기준생산계획

  생산의뢰입력 → 생산계획가입력 → WC별 작업계획조회
- 생산실적

  생산작업실적입력 → 검사처리 → 생산입고입력

| 정답 | ① |

28 K.System ERP [생산계획조회] 화면에 관한 설명이다. 옳지 않은 것은? 〈20회 이론 기출문제〉

① 생산계획이 작성되면 자재소요 화면으로 점프하여 MRP를 수행할 수 있다.

② [운영환경관리(생산원가)-초기]의 불출요청시점/계산기준이 생산계획으로 설정되어 있을 경우에 생산부문 출고요청 화면으로 점프하여 해당 생산계획에 대한 필요자재들을 출고요청 할 수 있다.

③ 생산계획이 확정되었더라도 생산진행 중인 건에 대해서 중단처리를 할 수 있다.

④ 생산계획이 확정되었더라도 생산 중이라면 수정할 수 있다.

생산계획이 확정되면 계획을 수정할 수 없다. 수정하기 위해서는 확정을 취소하여야 한다.

정답 ④

29 첨부 그림의 K.System ERP [생산계획조회] 화면에서, '진행상태'의 구분명과 설명이 옳지 않은 것은? 〈20회 이론 기출문제〉

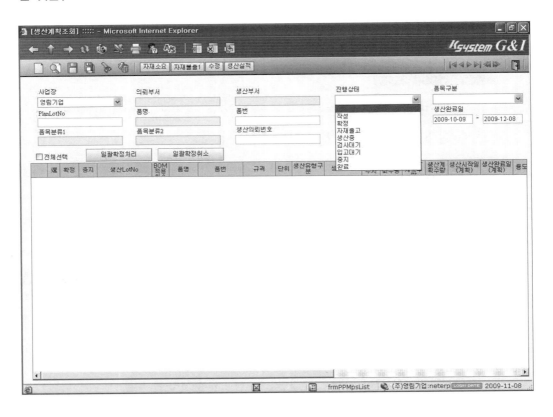

① '작성' - 생산의뢰가 작성된 상태
② '확정' - 생산계획이 확정처리 된 상태
③ '생산 중' - 작업실적이 일부 등록되거나 외주가 진행 중인 상태
④ '완료' - 작업실적이 모두 등록되고 입고처리까지 모두 완료된 상태

생산의뢰 후에 생산계획이 생성된다. 그러므로 작성 상태는 생산계획이 작성된 상태
를 말하는 것으로, 생산의뢰가 작성된 상태를 말하는 것이 아니다.

정답   ①

30 첨부 그림은 생산의뢰등록 화면이다. 다음 중 옳지 않은 것은? 〈20회 이론 기출문제〉

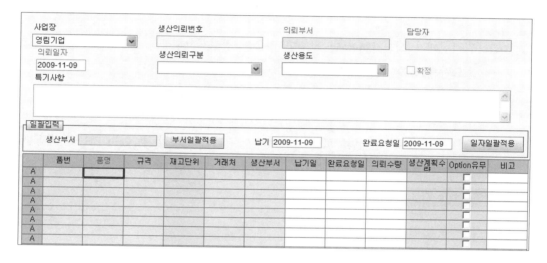

① 주문생산인 경우 수주입력 화면에서 해당 화면으로 점프하여 생산의뢰요청을 할 수
   있다.
② 계획생산인 경우는 해당 화면이 아닌 계획의뢰 화면을 통하여 생산의뢰요청을 해야만
   한다.
③ 생산의뢰 구분은 사용자의 업무에 맞추어서 정의할 수 있다.
④ 생산의뢰 품목은 제품과 반제품만 대상이 된다.

첨부 그림은 자재소요량산출 화면이다. 다음 중 옳은 것은? 〈20회 이론 기출문제〉

① 발주형태가 생산 LotNo별 발주인 경우는 창고재고수량과 안전재고수량만을 감안하여 소요량을 산출할 수 있다.
② 소요자재는 제품별 공정등록 화면에서 등록된 소요자재를 기준으로 한다.
③ 소요수량은 일자별 작업계획에서 입력된 계획수량을 기준으로 소요량을 산출한다.
④ 소요량 산출 후 구매입고로 점프하여 구매관리와 연계할 수 있는 기능을 제공한다.

★ 풀이 & 보충학습

설명 중 틀린 것은 다음과 같다.

- ①번에서 발주형태가 생산 LotNo별 발주인 경우는, 동일한 자재인 경우도 Lot별로 분리하여 자재소요량을 계산하는 것을 말한다. 창고재고수량과 안전재고수량 감안 과는 관계가 없다.
- ③번에서 자재소요수량은 생산계획가입력에서 입력된 계획수량을 기준으로 소요량 을 산출한다.
- ④번에서 소요량산출 후 구매입고로 점프할 수 없고, 구매의 첫 단계인 구매품의 혹은 구매요청 화면으로 점프할 수 있다. 구매입고는 구매프로세스의 마지막 단계 이다.

정답 ②

32 첨부 그림은 생산작업 실적입력 화면이다. 다음 중 옳은 것은? 〈20회 이론 기출문제〉

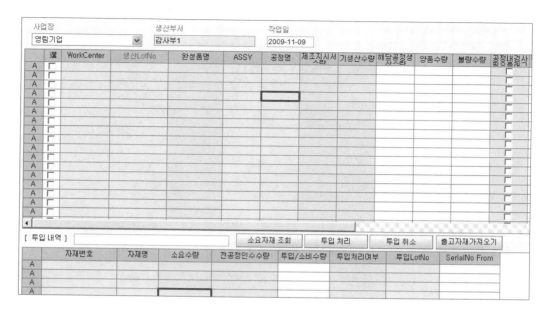

① 제조지시번호가 없는 생산품목도 제조지시번호를 신규로 작성하고 생산실적을 입력할 수 있다.

② 해당공정생산수량은 양품수량과 불량수량과 합산한 수량과 일치하지 않을 수도 있다.

③ 제품별 공정등록에 등록되지 않은 소요자재도 사용자가 추가 투입하거나 투입수량을 수정할 수 있다

④ 작업일은 반드시 [일자별 작업계획]에서 정의된 작업예정일로 등록해야 생산계획 대비 생산실적을 확인할 수 있다.

★ 풀이 & 보충학습

- 제조지시번호가 없으면 생산실적을 입력할 수 없다.
- 생산수량=양품수량+불량수량으로 계산되어야 한다.
- 생산작업실적에서 작업일은 계획일과 다를 수 있다.

정답 ③

33 첨부 그림은 생산입고처리 화면이다. 다음 중 옳은 것은? 〈20회 이론 기출문제〉

① 생산입고처리 후 물류담당자가 확정처리를 해야 가용재고수량으로 계산된다.

② Assy 품목도 생산입고 처리를 하고 나면 창고재고에 ＋로 표기된다..

③ 제품별 공정등록 화면에서 최종검사 유무에 따라서 최종검사와 별도로 생산입고 대상이 된다.

④ 입고일자는 반드시 최종검사일자와 동일해야 계획 대비 실적을 확인할 수 있다.

> ★ **풀이 & 보충학습**
>
> 생산실적 입력은 생산현장에만 작업이 끝난 상태로 있는 것이지 이것이 창고로 옮겨져 재고에 반영되지 않은 상태이다. 이렇게 창고재고에 반영시키는 작업이 생산입고처리이다. 생산입고 대상은 아래와 같다.
>
> - 제품별 공정등록에 최종검사 여부가 체크되어 있고, 합격처리가 된 완제품은 생산입고 화면에 조회된다.
> - 제품별 공정등록에 최종검사 여부가 체크되어 있지 않고, 최종생산실적이 입력되면 자동으로 생산입고 화면에 조회된다.
>
> 틀린 설명은 아래와 같다.
>
> - ① 생산입고처리 하면 자동으로 가용재고수량으로 고려된다.
> - ② Assy 품목은 완제품이 아니므로 창고재고에 반영되지 않는다.
> - ④ 입고일자가 최종검사일자와 동일하지 않아도 된다.
>
> 정답 ③

34 (주)영림기업은 자재재고의 단가계산 방법으로 월 총평균법을 사용한다. 2009년 8월의 A자재의 입·출고가 다음과 같을 때 A자재의 2009년 8월 출고금액과 기말재고 금액은?

〈20회 이론 기출문제〉

일자	입고			출고			재고		
	수량	단가	금액	수량	단가	금액	수량	단가	금액
8월기초							100		1,025
08/04	100	11	1,100						
08/10	50	12	600						
08/12				150		ⓐ			
08/20	100	13	1,300						
8월기말							200		ⓑ

① ⓐ : 1,775원 / ⓑ : 2,250원

② ⓐ : 1,725원 / ⓑ : 2,300원

③ ⓐ : 1,575원 / ⓑ : 2,450원

④ ⓐ : 1,325원 / ⓑ : 2,700원

★ 풀이 & 보충학습

- 총평균법에 의해서 해당 기간 동안의 재고단가는 아래 식으로 계산된다.

  (기초재고금액＋총입고액)/총수량

  그러므로 A자재의 단가는 아래 식으로 계산된다.

  (1,025＋1,100＋600＋1,300)/350＝11.5

- 8/12에 출고된 출고금액은 위에서 계산된 단가를 적용하여 $150 \times 11.5 = 1,725$가 되며, 8월 기말재고 평가액은 $200 \times 11.5 = 2,300$로 계산된다. 그러므로 ②번이 정답이다.

정답 ②

35 다음 중 K.System ERP의 QC관리 내용 중 옳은 것은? 〈20회 이론 기출문제〉

① 공정검사는 최초공정과 최종공정에서만 검사를 할 수 있다.

② 수입검사(인수검사)는 제품만 대상으로 실시하는 검사의 종류이다.

③ 최종검사는 Assy 품목도 검사 대상이 될 수 있다.

④ 외주품목도 검사 대상 유무를 설정하여 인수검사를 수행할 수 있다.

★ 풀이 & 보충학습

- 제품별 공정등록에서 각 공정별로 검사 여부를 설정한다. 그러므로 ①은 잘못된 설명이다.
- 수입품목에 대해서 수입검사를 하게 된다. 품목은 제품 이외의 자재도 포함된다. 그러므로 ②는 잘못된 설명이다.
- 최종검사는 품목을 검사하는 것이 아니라 공정이 완료되면 시행하는 것이다. 최종 검사공정 여부는 한 제품의 공정들 중 하나만 체크해야 한다. 그러므로 ③은 잘못된 설명이다.

정답 ④

36 첨부 그림과 같이 제품별 공정등록을 입력한 경우 Computer제품(K2) 2000대(EA)분을 생산하기 위한 소요자재 Computer자재_03(K2)의 필요 소요량으로 옳은 것은?

〈20회 실무 기출문제〉

① 4,000EA

② 4,040EA

③ 8,000EA

④ 8,080EA

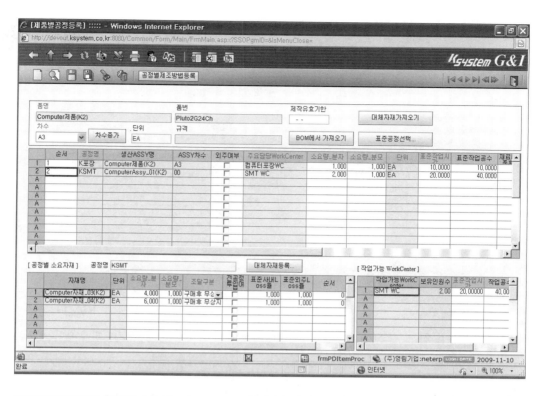

그림에서 보는 바와 같이 Computer제품(K2)를 생산하기 위하여 KSMT라는 공정을 거쳐야 하고, KSMT 공정에서는 Computer자재_03(K2) 4개가 필요하다. 그러므로 2000개 생산하기 위해서는 2000×4=8000개가 필요하다. 그런데 제품별 공정등록에서 KSMT 공정의 Loss율이 1%로 되어 있으므로, 공정 중 손실을 고려하여 8000+8000×0.01=8080개의 자재가 필요하다.

정답 ④

37 첨부 그림은 Computer제품(K2)의 제품별 공정등록 내역과 생산계획가입력 화면이다. 컴퓨터 포장 WC의 작업시작 예정일로 옳은 것은? (단 표준작업시간 단위는 '분' 이며 유실시간은 없다고 가정한다.) 〈20회 실무 기출문제〉

① 2009년 11월 30일
② 2009년 11월 27일
③ 2009년 11월 26일
④ 2009년 11월 25일

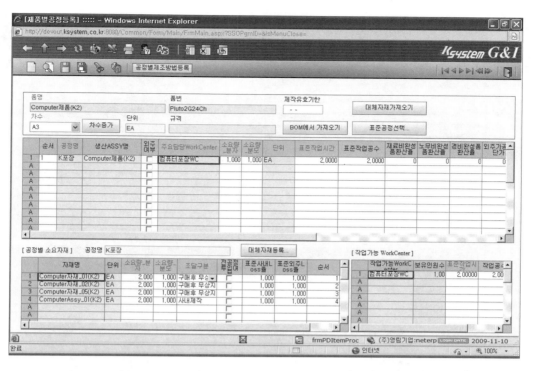

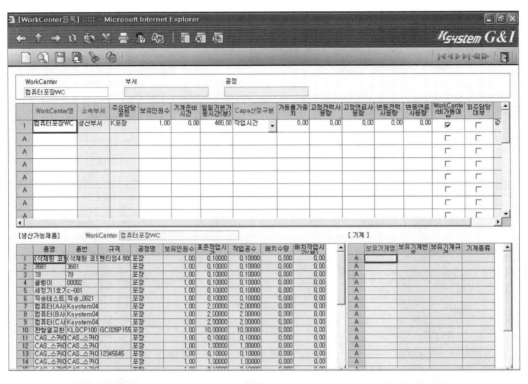

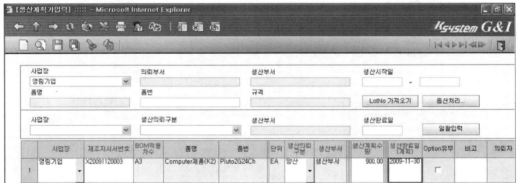

K 포장작업은 개당 2분이 필요하고, 생산계획수량이 900이므로 1800분이 필요하다. 컴퓨터 포장 WC의 보유인원수는 1명이고 하루에 240개를 작업할 수 있으므로 약 3.75일의 시간이 필요하다. 생산완료일이 11월 30일이므로 생산달력의 휴일을 고려하여 11월 25일에 작업이 시작되어야 함을 알 수 있다.

정답 ④

38 K.System ERP 생산부문의 [운영환경설정(생산원가)−초기] 및 [운영환경설정(생산원가)−진행]의
설정 상태와 [제품별 공정등록]이 첨부 그림과 같이 등록되어 있을 때, 다음 설명 중 옳은 것은?

〈20회 실무 기출문제〉

① 생산계획가입력에서 'LOTNo가져오기'를 하면 제조지시서번호가 LOT+연+월+일+일
련번호 4자리로 생성되며 수정할 수는 없다.

② [운영환경설정(생산원가)−초기] 화면에서 자재불출요청 시점이 '일자별 작업계획'이므
로 생산계획조회 화면에서는 자재불출요청을 할 수 없다.

③ [운영환경설정(생산원가)−진행] 화면에서 '최종공정 작업일보작성 시 자동입고처리 여
부'가 설정되어 있으므로, 제품 [PTS00087A0]는 작업실적 입력과 동시에 최종검사 공
정 여부와는 상관없이 제품창고로 자동입고처리 된다.

④ [운영환경설정(생산원가)−진행] 화면에서 '작업일보 작성 시 자동투입처리 여부'가 설
정되어 있으므로, 제품 [PTS00087A0]는 작업실적 입력과 동시에 하위구성자재는 자재
창고에서 자동투입처리 된다.

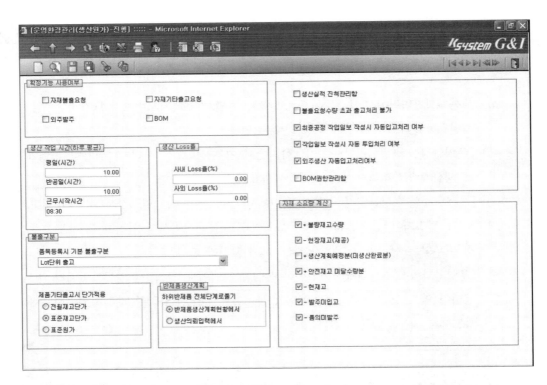

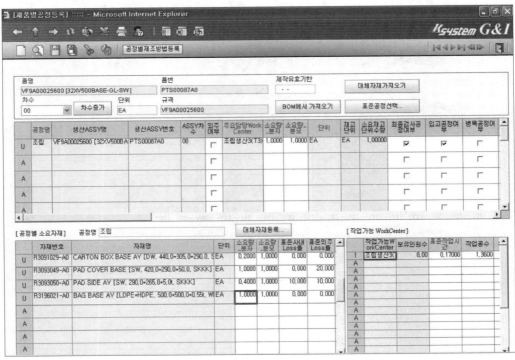

- 제조지시서번호는 자동생성 혹은 수동으로 입력 가능하다. ①은 잘못된 설명이다.
- 생산계획조회 화면에서 '일자별 작업계획'이 조회되므로 자재불출요청이 가능하다. ②는 잘못된 설명이다.
- '최종공정 작업일보작성 시 자동입고처리 여부'를 체크하면, 입고프로세스를 별도로 거치지 않고 생산실적을 입력하면 자동으로 창고에 입고가 된다.
- '작업일보 작성 시 자동투입처리 여부'는 생산작업 실적입력에서 생산실적을 저장 시 자동으로 자재투입이 되도록 하고자 할 때 사용한다. 이때 공정작업과 관련된 자재가 자동투입 되는 것이지 제품의 하위자재가 모두 자동투입 되는 것은 아니다. ④는 잘못된 설명이다.

| 정답 | ③ |

39 K.System ERP에서 제품 [PTS00105A0]에 대한 제조지시서번호 'LOT200909210001'건이 [창고별재고원장조회] 화면에 입고내역이 조회되지 않았다. 첨부 그림을 참고하여 그 원인으로서 옳은 것은?　　　　　　　　　　　　　　　〈20회 실무 기출문제〉

① [최종검사내역등록]에서 최종검사처리가 완료되지 않았다.
② [공정검사내역등록]에서 공정검사내역이 되지 않았다.
③ [생산작업실적입력]에서 해당 작업에 대한 자재투입처리가 완료되지 않았다.
④ [생산입고입력]에서 해당 작업에 대한 입고처리가 되지 않았다.

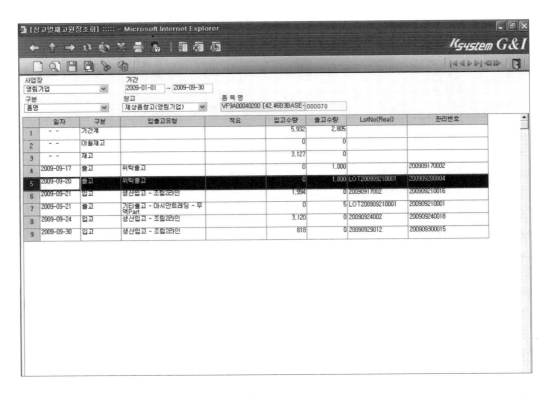

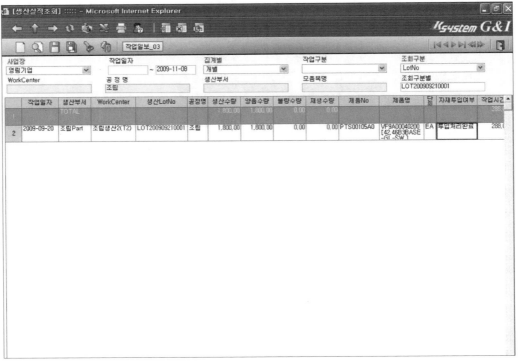

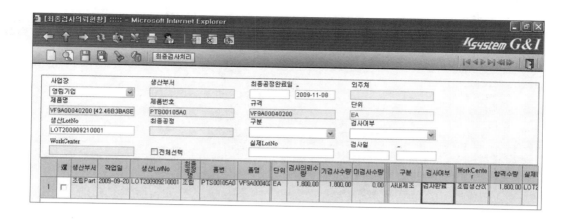

- 위 그림에서 생산입고 화면이 없다. 생산입고가 완료되어야 [창고별재고원장조회] 화면에서 해당 Lot가 입고된 것을 볼 수 있다.
- 위 마지막 그림에서 검사완료 되었으므로 ②번은 잘못된 설명이다.

정답   ④

40 제품 [PTS00087A0]의 BOM정보, 제품별 공정정보 및 생산계획이 첨부 그림과 같을 때, 해당 제품 구성자재의 소요량 계산 시 옳은 것은?   〈20회 실무 기출문제〉

① R3091029−A0 : 96EA
② R3093049−A0 : 480EA
③ R3093050−A0 : 176EA
④ R3196021−A0 : 440EA

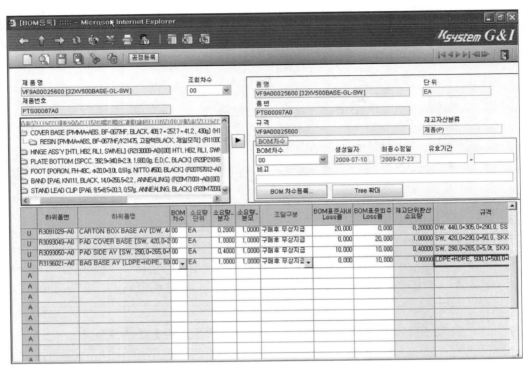

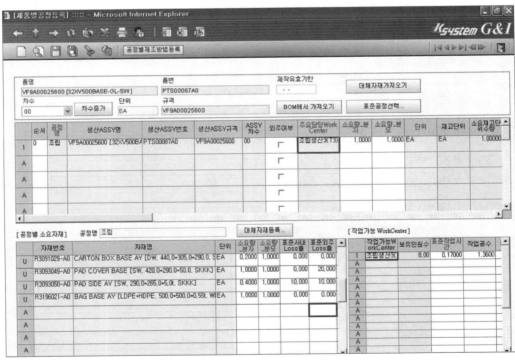

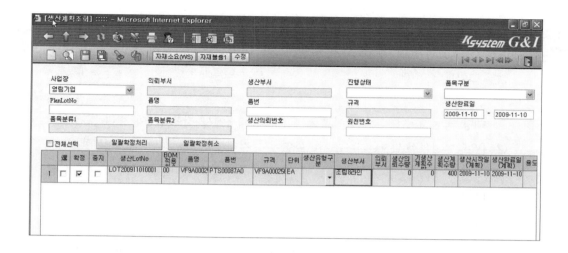

- BOM에 소요량 및 Loss율이 등록되어 있지만, 제품별 공정등록에 있는 정보를 사용한다. 제품 400개를 사내에서 생산하는 것이므로 표준사내 Loss율을 사용하게 된다.

- R3091029−A0는 소요량 분자가 0.2이고 표준사내 Loss율이 0%이므로 소요량은 80EA이다.

- R3093049−A0는 소요량 분자가 1이고 표준사내 Loss율이 0%이므로 소요량은 400EA이다.

- R3093050−A0는 소요량 분자가 0.4이고 표준사내 Loss율이 10%이므로 소요량은 $400 \times 0.4 + 400 \times 0.4 \times 0.1 = 176EA$이다.

- R3196021−A0는 소요량 분자가 1이고 표준사내 Loss율이 0%이므로 소요량은 400EA이다.

정답   ③

41 (주)영림기업 생산관리담당자는 작업계획을 기준으로 자재불출요청을 하려고 [WC별 작업계획 조회] 화면에서 해당 제조지시서 번호를 조회하여 [생산부문출고요청입력]으로 점프하였으나, 첨부 그림과 같이 메시지가 나타나고 처리가 되지 않는다. 그 원인으로 옳은 것은?

〈20회 실무 기출문제〉

① 해당 작업계획은 외주 건이므로, 외주프로세스에서 진행하여야 한다.

② [운영환경설정(생산원가)-초기] 화면에서 자재불출요청 시점 옵션이 '생산계획'으로 설정되어 있다.

③ [운영환경설정(생산원가)-진행] 화면에서 불출구분이 '자동출고(투입실적)'으로 되어 있다.

④ 해당 작업계획은 이미 실적입력이 완료되었다.

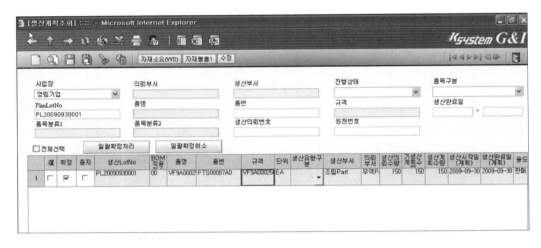

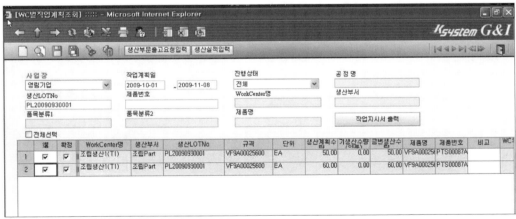

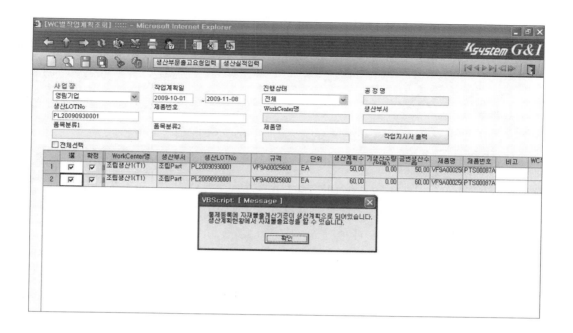

[운영환경관리(생산원가)-초기] 화면에서 '불출요청시점/계산기준'은 생산계획/작업계획/일자별 작업계획 중에 하나를 선택하도록 되어 있는데, 이는 필요한 자재를 불출하는 시점을 지정하는 것으로, 위 예는 생산계획에서 자재불출을 해야 하는데, WC별 작업계획에서 자재불출을 시도하였기 때문에 발생하는 에러 메시지이다.

정답   ②

42 K.System ERP 제품별 공정등록 화면에서 다음과 같이 품번 RP00-0404를 조회하였다. 아래 보기 중 해당 품목에 대한 제품별 공정정보에 대한 설명으로 옳지 않은 것들만 조합한 것은?

〈16회 실무 기출문제〉

> 가. 해당 품목은 총 3개의 공정을 거쳐 생산이 진행된다.
>
> 나. 후공정은 최종검사공정 여부가 체크되어 있지만 품목등록의 검사 여부에 반드시 체크를 해야만 생산실적 등록 후 최종검사의뢰현황에서 조회할 수 있다.
>
> 다. SMT 공정은 외주 여부에 체크되어 있으므로 생산계획을 확정하면 외주계획현황에서 조회할 수 있다.
>
> 라. 수삽공정은 외주 여부에 체크되어 있지만 공정별 소요자재의 조달구분이 사내제작이므로 생산계획을 확정하더라도 외주계획현황에서 조회할 수 없다.
>
> 마. 해당 품목에 대한 생산계획을 등록하면 WorkCenter별로 작업계획정보가 자동으로 생성된다.

① 가, 라   ② 나, 라
③ 나, 마   ④ 나, 다, 라

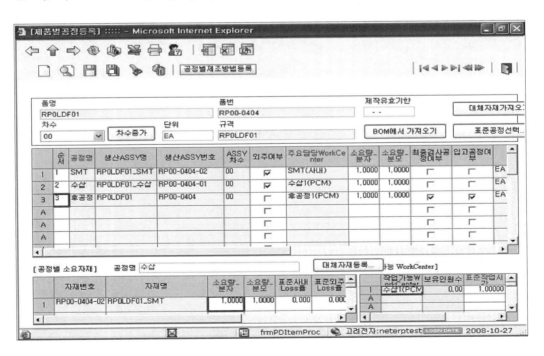

풀이 & 보충학습

최종검사의뢰현황을 통한 최종검사 여부는 제품별 공정등록의 최종검사 공정 여부를 통해서만 설정할 수 있고, 외주공정의 설정도 외주 여부를 통해 설정하며, 조달구분과는 관련이 없다.
조달구분은 소요자재의 조달 형태를 구분하는 것으로, 구매 후 무상지급, 사내제작, 구매 후 유상지급, BOM 전개상세가 있다.

정답 ②

43 K.System ERP에서 특정한 자재기준으로 BOM 구성정보를 조회할 수 있는 화면은?

〈16회 실무 기출문제〉

① BOM 역전개
② Summarized BOM
③ BOM 연속출력
④ 제품별 공정등록

풀이 & 보충학습

BOM 역전개는 특정 자재의 BOM 구성 여부 및 구성된 모품목을 검색하기 위한 화면이다. Summarized BOM은 특정 제품의 임의 수량을 생산하는 경우, 그 소요량과 재고금액 기준의 구매금액을 확인할 수 있는 화면이다.

정답 ①

44 운영환경관리의 옵션 항목에 대한 설명으로 옳지 않은 것은?　〈16회 실무 기출문제〉

① 생산실적 진척 관리함: 이전 공정의 실적수량이 반드시 입고처리 되어야 다음 공정을 진행할 수 있도록 하는 설정값이다.

② 불출요청수량 초과 출고처리 불가: 생산부문 출고요청등록에 등록한 요청수량을 초과할 경우 출고처리가 불가능하도록 설정하는 옵션이다.

③ 작업일보 작성 시 자동투입처리 여부: [생산작업실적입력]에서 생산실적을 저장하면 자동으로 자재투입처리가 되도록 설정하는 옵션이다.

④ 외주생산 자동 입고처리 여부: 무검사품의 최종공정이 외주공정인 경우 품목의 기본 창고로 자동입고 되도록 설정하는 옵션이다.

```
┌─────────────────────────────────────────┐
│ ☐ 생산실적 진척관리함                      │
│                                          │
│ ☐ 불출요청수량 초과 출고처리 불가          │
│                                          │
│ ☐ 최종공정 작업일보 작성시 자동입고처리 여부 │
│                                          │
│ ☑ 작업일보 작성시 자동 투입처리 여부        │
│                                          │
│ ☑ 외주생산 자동입고처리여부                 │
│                                          │
│ ☐ BOM권한관리함                           │
└─────────────────────────────────────────┘
```

★ 풀이 & 보충학습

[운영환경관리(생산원가)-진행]의 '생산실적 진척 관리함' 설정은, 공정 진척사항을 관리하는 경우에 사용하는 설정으로, 공정순서에 따라 직전 공정이 완료되어야만 다음 공정의 실적을 입력할 수 있도록 통제하는 기능을 제공한다.

정답　④

45 BOM등록이 첨부 그림과 같이 등록되어 있다. BOM Loss율이 0%일 경우 TEST_공정품001 1EA에 대한 소요자재의 소요량으로 옳은 것은?

〈16회 실무 기출문제〉

	품번	소유량
①	TEST_ 원자재 001	2.00
	TEST_ 원자재 002	3.00
②	TEST_ 원자재 001	0.00
	TEST_ 원자재 002	3.00
③	TEST_ 원자재 001	2.00
	TEST_ 원자재 002	0.00
④	TEST_ 원자재 001	0.00
	TEST_ 원자재 002	0.00

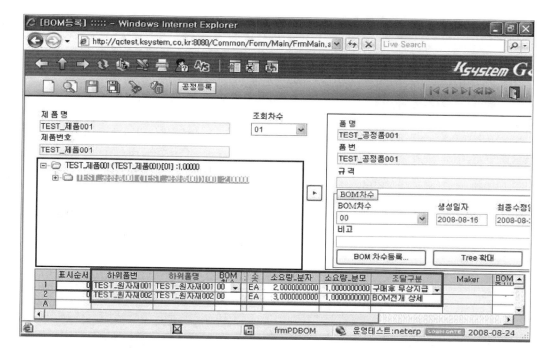

★ 풀이 & 보충학습

BOM 전개상세는 해당 자재를 생산 또는 구매하지 않는 자재로서 설계상의 내역을 관리하고자 하는 경우 등록하여 그 내역을 관리하는 품목임을 나타낸다.

따라서 BOM 전개상세로 설정된 품목은 자재소요량산출 시 계산되지 않는다.

정답 ③

46 생산방식에 있어서 크게 수주생산방식(Make to Order), 재고생산방식(Make to Stock)으로 나눌 수 있다. K.System ERP는 이러한 2가지 생산방식을 모두 사용할 수 있으며, 이에 대한 기능으로 품목 마스터 화면에 수주생산방식으로 Setting을 할 수 있도록 되어 있는데, 다음 중 품목 마스터 화면에서 '수주생산'으로 정의하였을 경우에 가장 옳은 것은?

〈16회 실무 기출문제〉

① 생산유형구분을 수주생산으로 정의하였기 때문에 수주등록을 하게 되면 모든 생산계획, 작업계획까지 자동으로 생성된다.

② 생산유형구분을 수주생산으로 정의하였지만, 프로세스상의 변화는 없으며 생산실적집계 시 수주생산에 대한 내용만을 확인할 수 있다.

③ 영업부서에서 수주등록을 하게 되면 생산의뢰가 자동으로 생성이 되어 생산관리부서에서는 의뢰된 내용을 확인하고 생산계획을 작성할 수 있다.

④ 영업의 수주등록 정보와 생산의 생산계획 정보가 따로 진행이 되지만, 월마감 작업 이후에 시스템에서 자동으로 연결이 되어 데이터를 확인할 수 있다.

> **★ 풀이 & 보충학습**
>
> 일반적인 재고생산방식인 경우, 수주내역을 기준으로 생산의뢰를 작성하게 된다. 하지만 수주생산방식인 경우, 수주량만큼의 생산을 반드시 진행해야 하므로, 생산의뢰를 자동으로 생성한다.
>
> 정답 ③

47 K.System ERP의 WorkCenter에 대한 설명 중 옳은 것은?　　　〈16회 실무 기출문제〉

① WorkCenter 등록 시 반드시 사내 생산 관련 WorkCenter만 등록해야 한다.

② Capa 산정구분을 '작업시간'으로 선택할 경우 보유인원수 값은 입력하지 않아도 된다.

③ 시스템에서 제공되는 WorkCenter Capa 산정구분 이외에 사용자가 추가하여 계산할 수 있도록 계산 공식을 별도로 제공한다.

④ Capa 산정구분을 '작업시간×인원'으로 선택 할 경우 반드시 기계준비시간 값이 입력되어야 한다.

★ 풀이 & 보충학습

WorkCenter 등록 시 WorkCenter와 거래처를 연결하여 특정 WorkCenter를 담당하는 외주처로 관리가 가능하며, Capa 산정구분은 '작업시간'과 '작업시간 × 인원수' 2가지를 지원한다.

정답 ②

48 K.System ERP의 생산계획가입력 화면에서 필수적으로 등록해야만 하는 정보가 아닌 것은?

〈16회 실무 기출문제〉

① 사업장정보
② 생산의뢰수량정보
③ BOM적용차수정보
④ 생산계획수량정보

★ 풀이 & 보충학습

생산의뢰를 통한 생산계획도 가능하지만, 적정재고 유지를 위한 임의 생산계획을 수립할 수도 있다.

정답 ②

49 K.System ERP 생산계획조회 화면에 관한 설명이다. 옳지 않은 것은? 〈16회 실무 기출문제〉

① 생산계획이 작성되면 자재소요 화면으로 점프하여 MRP를 수행할 수 있다.
② [운영환경관리(생산원가)-초기]의 불출요청시점/계산기준이 생산계획으로 설정되어 있을 경우에 생산부문출고요청 화면으로 점프하여 해당 생산계획에 대한 필요 자재들을 출고요청 할 수 있다.
③ 생산계획이 확정되었더라도 생산 중이라면 수정할 수 있다.
④ 생산계획이 확정되었더라도 생산진행 중인 건에 대해서 중단처리를 할 수 있다.

생산계획이 확정되고 나면 생산실적이 발생하지 않은 일자에 한해서 일자별 작업계획 수정을 할 수 있다.

정답 ③

50 다음은 K.System ERP 특정 화면에 대한 설명이다. 해당하는 화면으로 옳은 것은?

〈16회 실무 기출문제〉

상위품목 생산계획을 기준으로 소요되는 하위반제품 목록을 조사하고, 생산계획 작성 여부를 확인하며, 생산계획이나 생산의뢰가 이루어지지 않은 반제품을 생산의뢰하기 위한 화면이다.

① 생산의뢰 현황
② 반제품 의뢰 현황
③ 반제품 생산계획 현황
④ 작업계획 현황

반제품 생산계획의 경우, 반제품의 재고 확보를 위한 반제품 단독 생산계획인지, 상위 모제품을 생산하기 위한 반제품 생산계획인지를 구분해야 할 필요가 있다.
이때 반제품 생산계획현황을 통해 상위 모제품 기준의 반제품 생산내역을 조회하고, 이를 생산의뢰로 점프하면, 생산의뢰의 원천구분은 [모제품생산계획]이 되고, 원천번호는 [모제품의 LotNo]가 연결되어 해당 반제품이 특정 모제품의 생산계획으로 인한 건임을 알 수 있게 된다.

정답 ③

51 [일자별 작업계획 수정] 에 대한 설명 중 옳은 것은? 〈16회 실무 기출문제〉

① 기존에 등록된 작업계획일자의 수량에 대한 수정, 추가, 삭제 작업이 가능하다.

② 생산계획 작성이 선행되어야 사용 가능한 화면이다.

③ 수량에 대한 수정작업 후 저장 시 생산계획의 계획수량이 변경된다.

④ 작업 시작시간 및 종료시간을 변경하여 저장할 수 있다.

풀이 & 보충학습

생산계획가입력을 통해 자동 생성된 일자별 작업계획을 수정하는 화면으로, 생산가
능 Capa 등의 고려 없이 작업계획담당자가 일자별 생산계획수량을 임의로 조정 / 배
분하는 화면이다. 일자별 작업계획 조정을 통해 생산수량이 조정되면, 변경된 작업일
자 구간의 변경내역이 작업계획현황에 반영되어 작업시작예정일과 작업종료예정일이
변경되지만, 생산계획가입력의 생산계획수량은 변경되지 않는다.

정답 ②

---

52 [생산입고등록] 화면에 대한 설명 중 옳지 않은 것은? 〈16회 실무 기출문제〉

① 최종공정이 무검사품인 경우에는 최종제품에 대한 생산실적을 입력하면 생산입고처리
가 가능하다.

② 검사품인 경우 최종공정에 대한 QC 검사 후 합격품에 대해서만 입고처리가 가능하다.

③ 생산부서와 확인부서는 반드시 일치해야 입고처리가 가능하다.

④ 입고처리 시 사업장재고와 창고재고의 생산입고수량이 증가한다.

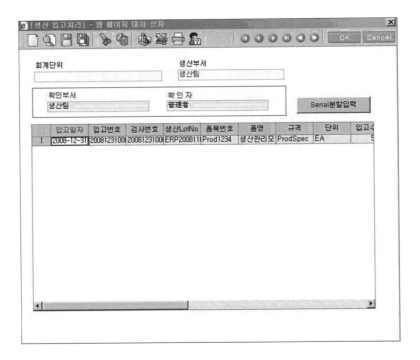

확인부서와 확인자는 생산된 품목의 입고 여부를 책임지는 담당부서 및 담당자 정보를 정보성으로 관리하며, 실제 중요한 것은 수불(입고)에 영향을 미치는 입고일자와 입고창고를 정확히 입력 및 확인해야 한다.

정답   ③

53 생산된 수량 중 불량에 대한 처리에 대한 설명이다. 옳지 않은 것은?   〈16회 실무 기출문제〉

① 생산실적입력 화면에서 자재재생처리 화면으로 점프하여 실적을 입력할 수 있다.

② 최종검사 등록 시 불량수량을 입력하면 해당 재공수량이 감소한다.

③ 최종검사에서 불량으로 처리된 수량은 자동으로 자재재생처리 된다.

④ 불량처리 된 수량만큼 재작업 등록을 할 수 있다.

자재재생처리는 생산실적입력을 통해 생산된 품목의 투입자재를 다시 자재 상태로 환원하는 기능을 수행한다.

이는 불량 판정된 품목의 재작업을 위해 일부 자재의 교체가 필요하여 재조립 등의 작업을 실시하는 경우, 자재를 해체하여 자재반품처리 하고, 그에 따른 교체 자재를 추가자재불출요청을 통해 불출받아 재작업에 이용해야 하는 경우 사용한다. 따라서 재작업 여부 및 재작업 성격(단순 재조립 등)에 따라 작업자가 판단하여 수동으로 자재재생처리를 진행한다.

정답 ③

54 생산작업진행과 맞물려 자재불출요청, 출고처리, 투입처리 등의 재고의 움직임이 같이 일어나도록 되어 있다. 다음 설명 중 옳지 않은 것은? 〈16회 실무 기출문제〉

① 자재불출요청 대비 출고처리를 소요량 대비 실제수량에 맞추어 수정하면서 출고처리 할 수 있다.

② 창고에서 출고처리를 하게 되면 해당 수량만큼 창고재고에서 제품을 생산하는 현장 (생산부서)으로 재고가 움직이게 된다.

③ 생산실적입력 시 투입처리를 하게 되면 해당 투입수량만큼 재공(현장) 재고에서 빠지게 된다.

④ 창고의 출고수량과 생산부서의 투입수량은 실적집계와 원가계산을 위해 항상 일치해야 한다.

창고의 출고수량은 자재출고, 기타출고, 이동출고 등을 포함하며, 이 중 자재출고수량은 자재불출요청에 의해 생산부서로의 재고이관 수량으로 실제 자재투입과는 관계가 없으며, 실제 투입수량이 발생하는 시점은 생산실적입력을 통해 자재투입을 처리하는 경우이다.

정답 ④

55 K.System 생산실적조회 화면에서 제품 RPOLDF01의 실적이 잘못 등록된 사실을 확인하였다. 생산수량 10개 중 2개가 불량이 발생하여 불량수량을 등록했어야 하는데 모두 양품으로 처리 하였다. 생산작업실적 화면에서 수정하고자 해당 건에 불량수량을 2개를 입력하고 저장을 하였 으나 첨부와 같은 오류가 발생하였다. 이 경우에 다음 보기 중 확인해야 할 사항으로 옳은 것 은? 〈16회 실무 기출문제〉

ㄱ. 생산계획 확정 여부   ㄴ. 자재투입 여부   ㄷ. 최종검사 여부

ㄹ. 소요자재불출 여부   ㅁ. 생산입고 여부

---

① ㄱ, ㄷ

② ㄴ, ㄹ

③ ㄷ, ㅁ

④ ㄹ, ㅁ

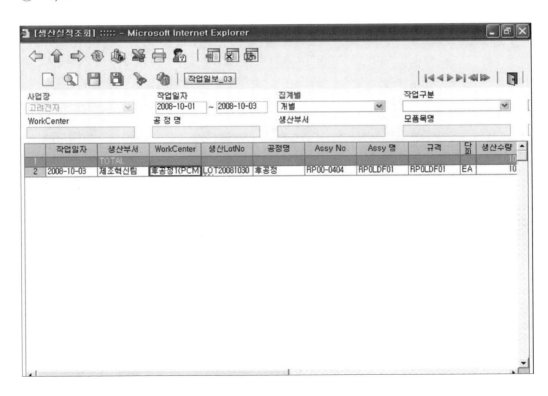

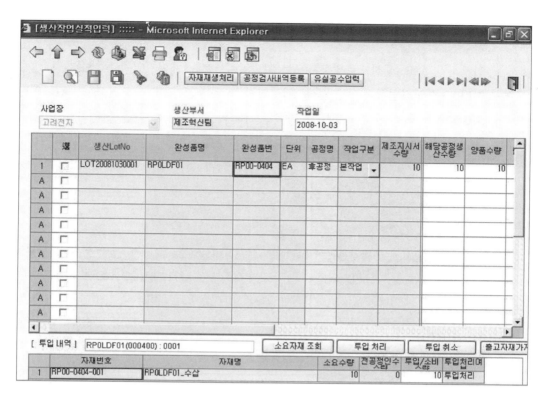

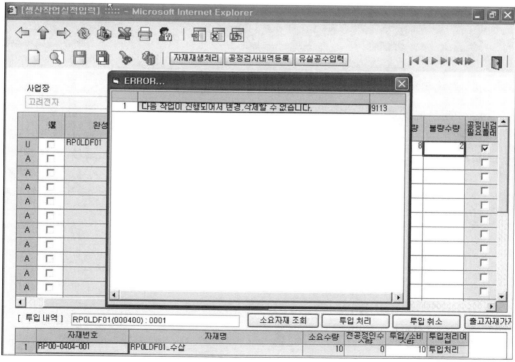

일반적인 주요 생산프로세스는 생산의뢰입력 → 생산계획가입력 → 생산계획조회(확정처리) → 생산작업실적입력 → 최종검사입력 → 생산입고입력/제조지시서 완료이다.(자재출고요청 및 자재출고 제외.) 위 프로세스의 각 단계는 다음 단계가 진행된 경우, 데이터 정합성 보호를 위해 이전 단계 데이터의 수정이나 삭제를 통제하고 있다.

정답 ③

56 아래 그림과 같이 운영환경관리의 LOTNO 설정이 자동으로 부여한 경우 생산가계획등록 화면에서 〈LOT 번호 가져오기〉 버튼을 클릭하면 자동으로 설정되는 LOTNO로서 옳은 것은? 단, 생산계획등록의 LotNO 생성 기준일자는 2008년 12월 31일이며, 해당 일자의 LOT 번호를 생성하는 경우를 기준으로 한다. 〈16회 실무 기출문제〉

① ERP200812000001　　② ERP200812310001

③ LOT200812000001　　④ LOT200812310001

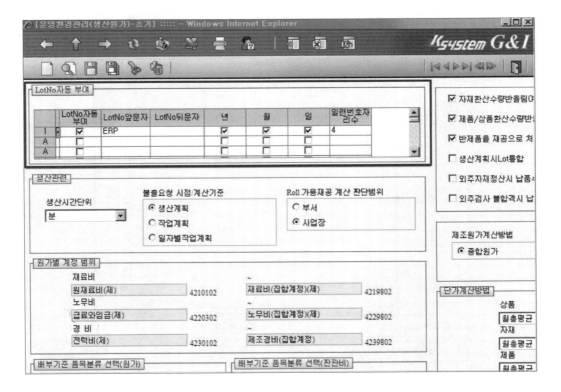

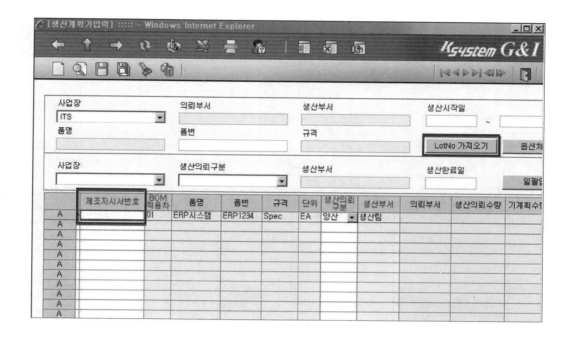

LotNo 자동 부여에 체크된 경우, 설정한 LotNo 부여 규칙에 의해 생산계획가입력 시 <LotNo 가져오기> 버튼을 통해 자동으로 생성된다. 이때 연/월/일은 [생산완료 예정일(계획)] 일자를 기준으로 생성된다.

정답 ④

57 반제품 'Prod1234'를 생산하기 위해 아래 그림과 같이 생산계획가입력을 등록하고, W별 작업계획조회 화면을 확인한 결과 12월 1일~3일까지 작업계획이 생성되었다. 생산계획가입력 화면에서 생산시작일자를 12월 1일로 설정하고 생산종료일자를 12월 31일로 설정한 경우 아래 WC별 작업계획조회 화면과 같이 12월 1일 ~ 3일까지 작업계획을 생성해주는 옵션으로 옳은 것은? 〈16회 실무 기출문제〉

① 생산계획가입력 등록 시 생산의뢰구분을 '양산'으로 설정한 경우
② 생산계획가입력 등록 시 생산의뢰구분을 '특급수주'로 설정한 경우
③ 생산계획가입력 등록 시 생산의뢰구분을 '시험생산'으로 설정한 경우
④ 생산계획가입력 등록 시 생산의뢰구분을 '영업계획'으로 설정한 경우

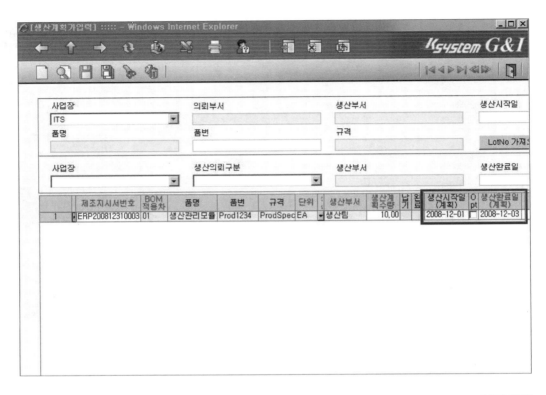

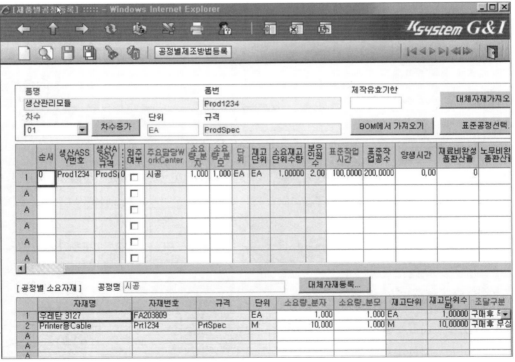

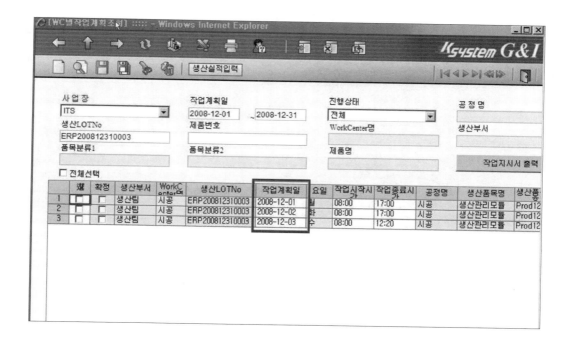

생산의뢰구분이 '특급수주' 인 경우는 생산시작일 기준으로 Forward 방식으로 생산 완료일자를 계산하고, '양산' 등 그 외 생산의뢰구분은 생산완료일 기준으로 backward 방식으로 생산시작일을 계산한다.

정답 ②

---

58 통제값이 아래와 같을 때 TEST_제품001(01차수)의 포장공정에 대해 하루에 작업 가능한 양은?

〈16회 실무 기출문제〉

[생산작업시간 : 8시간 / 생산시간단위 : 분]

① 48EA

② 72EA

③ 96EA

④ 480EA

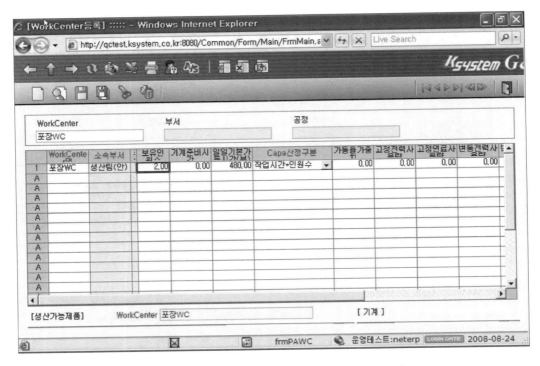

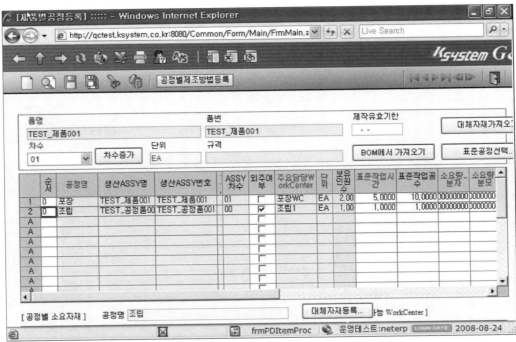

WorkCenter 등록에 입력된 'Capa 산정구분'을 보면 작업시간×인원수로, 해당 WorkCenter 는 작업자를 투입할수록 생산 가능량이 증가하는 작업 형태를 가지고 있다.

따라서 포장 WC WorkCenter의 생산 가능 Capa = 일일기본가동시간(480분) × 인원수 (2명)= 960공수를 보유하고 있으며, 제품별 공정등록에 등록된 TEST_ 제품 001의 단위생산당 투입공수인 10공수를 적용하면(960공수/10공수 =) 96EA가 생산 가능 수 량으로 계산되어진다.

정답 ③

---

59 생산입고처리 후 예상되는 재공재고수량은?

〈16회 실무 기출문제〉

① 100
② 50
③ 47
④ 53

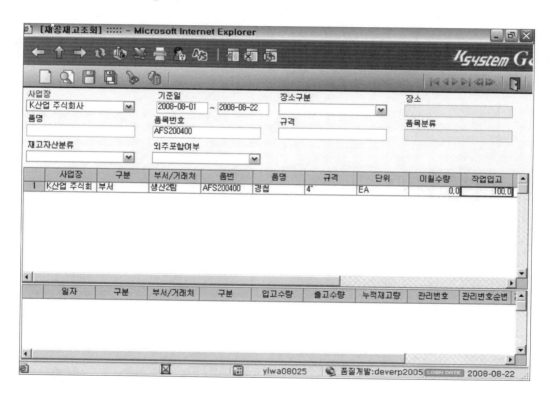

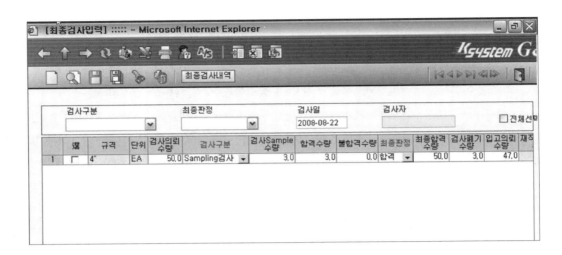

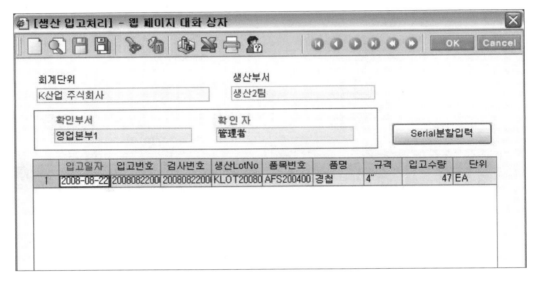

★ 풀이 & 보충학습

재공재고조회를 통해 현재 작업입고로 인한 경첩 : 100EA의 재고가 있고, 이 100EA
중 50EA를 검사의뢰 하였다.

검사방법은 Sampling 검사로 인해 3EA의 검사폐기수량이 발생하여 최종 47EA가 창
고로의 입고처리 완료된 상황이다.

따라서 재공재고현황은 작업입고수량(100EA), 생산입고에 의한 출고(47EA), 폐기출고
(3EA) = 재공기말수량(50EA)이다.

| 정답 | ② |

60 다음 그림과 같이 불량 수량이 40EA 발생하였다. 본체의 원자재인 CPU, Memory는 모두 재 사용이 가능하여, 자재재생처리를 사용하였다. 다음 중 자재재생처리 후 생산1팀의 현장재고현 황에서 출고수량으로 옳은 것은?(단 5월 1일~5월 5일까지의 생산1팀에서 CPU를 사용한 생산 계획은 위의 생산계획 이외에는 없음.)　　　　　　　　　　　　　　　　〈16회 실무 기출문제〉

① 200

② 240

③ 280

④ 320

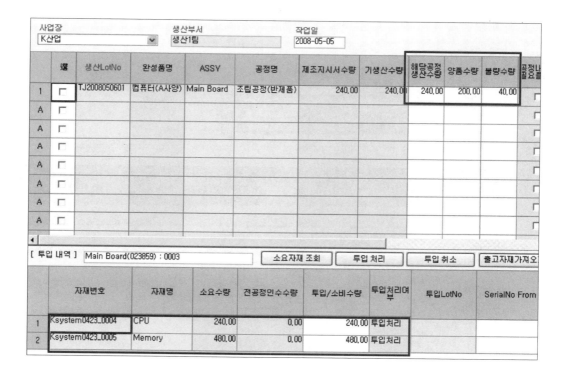

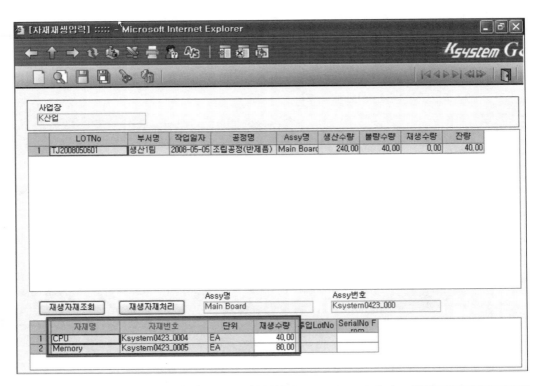

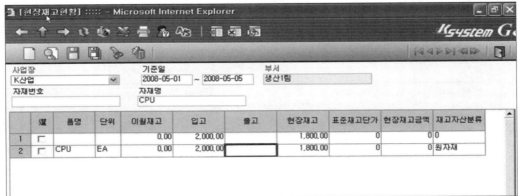

자재재생처리를 사용하는 경우, 기 투입출고 된 수량의 취소로 인해 '-' 출고수량이 발생한다. 따라서 CPU의 경우 정상적인 생산실적입력을 통해 240EA의 투입출고가 발생하고, 자재재생처리를 통한 -40EA의 투입출고가 발생하여, 실제 투입출고수량은 200EA가 된다.

정답   ①

61 제품별 공정등록 화면에 대한 설명으로 맞는 것은? 〈18회 실무 기출문제〉

① 표준사내 Loss율과 표준외주 Loss율은 사용자가 정보성으로 사용하는 데이터로 이후 프로세스에 영향을 주지 않는다.

② 차수증가를 할 경우, 이전 차수 데이터는 자동으로 삭제된다.

③ 외주 여부에 체크를 할 경우, 해당 공정은 생산계획입력 후 외주프로세스를 타게 된다.

④ 표준작업시간은 WorkCenter 등록 시 입력하는 값으로 제품별 공정등록 화면에서 입력하는 값이 아니다.

★ 풀이 & 보충학습

제품별 공정등록은 차수(Revision)별로 관리되어지며, 이로 인해 제품/반제품의 투입자재의 변화를 관리한다.

표준사내 Loss율과 표준외주 Loss율은 단순한 정보성이 아닌, 실제 자재출고요청 시, 기 등록된 Loss율을 반영하여 자재불출요청수량을 계산한다.

표준작업시간은 해당 공정에서 공정품 1개를 생산하는 단위시간을 의미하므로, 각제품별로 제품별 공정등록에서 입력한다.

정답 ③

62 K.System ERP는 [운영환경관리(생산원가)−초기]에서 자재불출요청 시점을 설정할 수 있다. 설정할 수 있는 시점이 아닌 것은? 〈18회 실무 기출문제〉

① 생산계획

② 일자별 작업계획

③ 작업계획

④ 생산의뢰

★ 풀이 & 보충학습

자재불출요청 시점은 생산계획, 작업계획, 일자별 작업계획 시점으로 3가지를 지원한다.

정답 ②

63 K.System ERP에서 제공하는 화면 중 다음에 설명하는 화면으로 옳은 것은?

〈18회 실무 기출문제〉

> 1. 특정 제품의 BOM 하위구성자재와 그 소요량을 조회한다.
> 2. 조회된 하위구성자재의 재고단가를 기준으로 소요자재별 소요금액을 산출한다.
> 3. 2항의 기능을 이용하여 MC(Material Cost)를 대체하여, 제품생산에 투입되는 예상 구매금액(재고자산 평가법에 따른 재고단가 기준)을 산출할 수 있다.

① BOM 역전개
② Summarized BOM
③ BOM 연속출력
④ 제품별 공정등록

★ 풀이 & 보충학습

> Summarized BOM은 특정 제품/반제품의 생산예상수량별 소요자재내역과 재고단가 기준의 구매예상금액을 산출할 수 있다.
>
> 정답   ②

64 생산에 소요되는 자재를 출고하기 위한 방법을 자재등록의 불출구분을 통해 정의할 수 있다. 다음 각 불출구분별 설명 중 옳지 않은 것은?　〈18회 실무 기출문제〉

① Lot 단위 출고는 생산계획, 작업계획, 일자별 작업계획을 통해 작업 시작 전 사용자가 수동으로 생산부문 출고요청입력을 통해 자재출고를 하는 것이다.
② 자동출고(투입실적)은 생산실적이 입력되는 시점에 투입된 소요자재와 그 소요량만큼 자동으로 자재출고처리 되는 것이다.
③ 일괄출고는 사용량이 적어 Lot 단위별 소요량을 관리하기 어려운 공용자재를 생산계획에 따른 자재출고요청 시, 매번 생산부문 출고요청입력을 하지 않고, 추가생산부문 출고요청을 통해 수동으로 합산 /일괄 자재출고처리 하는 것이다.
④ 일괄출고는 추가자재불출요청을 통해 수동으로 처리하는 것이므로, 자재투입 기준정보인 제품별 공정등록의 소요자재에는 등록하지 않는다.

자재등록의 불출구분이 일괄출고인 경우에도, 생산 기준정보인 **BOM**과 제품별 공정
등록에는 정상적으로 등록하고 생산계획, 작업계획, 일자별 작업계획에서의 자재불출
요청 시 불출요청 대상에서 자동으로 제외된다.

정답   ④

65 자재등록이 아래 그림과 같이 등록되어 있다, BOM등록 시 소요량 분자 = 10, 소요량 분모 = 10이
라고 입력한 경우, 재고단위 환산 소요량으로 옳은 것은?(재고단위 = ST, 기본 BOM 단위 = EA)

〈18회 실무 기출문제〉

① 50　　　　　　② 2

③ 5　　　　　　　④ 20

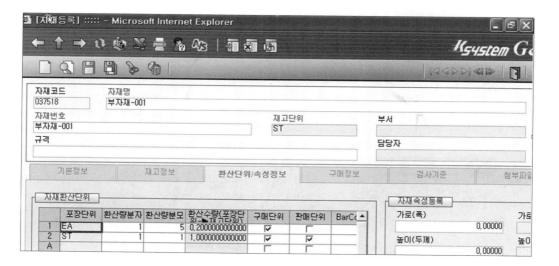

BOM등록 정보를 통해 소요량은 BOM 단위 기준 10EA이다.

이때, 실제 재고에서 차감되는 재고단위(ST)와의 환산수량이 0.2이므로, 10EA × 0.2
= 2ST이다. 즉 (재고단위)1ST = (BOM 단위) 5EA와 같다.

정답   ②

66 운영환경관리의 옵션 항목에 대한 설명으로 옳지 않은 것은?   〈18회 실무 기출문제〉

① 생산실적 진척 관리함: 이전 공정의 실적수량이 반드시 입고처리 되어야 다음 공정을 진행할 수 있도록 하는 설정값이다.

② 불출요청수량 초과 출고처리 불가: 생산부문 출고요청등록에 등록한 요청수량을 초과할 경우 출고처리가 불가능하도록 설정하는 옵션이다.

③ 작업일보 작성 시 자동투입처리 여부: [생산작업실적입력]에서 생산실적을 저장하면 자동으로 자재투입처리가 되도록 설정하는 옵션이다.

④ 외주생산 자동입고처리 여부: 무검사품의 최종공정이 외주공정인 경우 품목의 기본창고로 자동입고 되도록 설정하는 옵션이다.

```
☐ 생산실적 진척관리함

☐ 불출요청수량 초과 출고처리 불가

☐ 최종공정 작업일보 작성시 자동입고처리 여부

☑ 작업일보 작성시 자동 투입처리 여부

☑ 외주생산 자동입고처리여부

☐ BOM권한관리함
```

★ 풀이 & 보충학습

[운영환경관리(생산원가)-진행]의 '생산실적 진척 관리함' 설정은, 공정 진척사항을 관리하는 경우에 사용하는 설정으로, 공정순서에 따라 직전 공정이 완료되어야만 다음 공정의 실적을 입력할 수 있도록 통제하는 기능을 제공한다.

정답   ②

67 [운영환경관리(공통)−초기]의 '입출고시(−)재고체크' 옵션을 사용할 경우 영향을 받는 화면으로 옳지 않은 것은? 〈18회 실무 기출문제〉

① 자재출고처리

② 생산입고처리

③ 자재기타출고처리

④ 자재불출요청

★ 풀이 & 보충학습

'(−)재고체크'옵션을 사용한다는 것은 실제 재고의 수불(입출고)이 발생하여 (−)재고가 발생하는 것을 통제하겠다는 설정이다. 따라서 위 예문 중 실제 재고의 수불(입출고)이 발생하는 자재출고처리, 생산입고처리, 자재기타입고처리에서는 (−)재고 발생 여부를 체크하게 된다.

정답 ④

68 제조지시번호(LotNo)를 부여하는 화면으로 옳은 것은? 〈18회 실무 기출문제〉

① 생산의뢰입력

② 생산계획가입력

③ 생산실적입력

④ 생산입고처리

★ 풀이 & 보충학습

제조지시번호(LotNo)는 [운영환경관리(생산원가)−초기]의 'LotNo 자동 부여' 설정 여부에 따라 자동 또는 수동으로 부여된다.

정답 ①

69 K.System ERP에서 생산품의 불량처리에 대한 설명이다. 옳지 않은 것은?

〈18회 실무 기출문제〉

① 최종검사입력에서 불합격 처리를 하면, 해당 생산실적의 자재투입내역은 자동으로 취소된다.

② 최종검사입력에서 불합격된 수량을 입력하면 불합격된 수량만큼 재공수량이 감소한다.

③ 불량 처리된 수량만큼 재작업 등록을 할 수 있다.

④ 불합격 또는 특채를 통해 불량 처리된 제품/반제품 수량에 대해 자재재생처리를 통해 투입 자재를 복구할 수 있다.

★ **풀이 & 보충학습**

최종검사입력에서 불합격 처리된 제품 또는 반제품은 해당 품목의 생산을 담당한 부서 또는 외주처의 재고로 남아 있으며, 자동으로 자재투입내역의 취소 또는 자재 단위로의 재고 복구는 이루어지지 않는다.

불합격된 제품/반제품은 자재재생처리를 통해 자재해체를 진행하거나, 재작업을 통해 다시 최종검사를 진행할 수 있다.

정답   ①

---

70 K.System ERP의 생산입고입력에 대한 설명 중 옳은 것은?   〈18회 실무 기출문제〉

① 생산실적등록을 통해 입력된 사내생산품만 입고처리 한다.

② 최종검사 대상 품목이라도 [운영환경관리(생산원가)-진행]의 설정에 따라 생산실적입력 시 바로 생산입고처리를 자동으로 처리할 수 있다.

③ 외주납품을 통해 입력된 생산품은 외주입고입력을 통해 입고처리 한다.

④ 생산입고입력 시 생산된 제품의 재공재고가 입고수량만큼 감소한다.

생산입고입력은 사내생산 또는 외주생산품에 대한 창고(일반적으로 제품창고)로의 입고처리를 하는 화면으로, 최종검사 대상 품목이 아닌 경우, [운영환경관리(생산원가)-진행]의 '최종공정 작업일보작성 시, 자동입고처리 여부' 설정에 따라 자동입고처리가 가능하다.

정답 ④

---

71 K.System ERP에서 최종검사내역등록에 대한 설명 중 옳지 않은 것은? 〈18회 실무 기출문제〉

① 품목별 검사항목을 품목등록에서 사전에 정의할 수 있다.
② 품목등록에서 정의한 검사결과의 하한치와 상한치 내의 결과를 입력하면 자동으로 합격구분이 합격 또는 불합격으로 판정된다.
③ 검사항목은 항목별 상하위 관계없이 1레벨로 구성된다.
④ 품목등록에 검사항목을 사전에 설정하지 않은 경우, 최종검사내역 등록에서 직접 검사항목을 선택하여 검사결과를 입력할 수 있다.

최종검사내역 등록 시, 등록항목은 '검사항목'과 '세부항목' 2가지이며, 이 2가지는 2레벨로 상하위 관계를 구성하고 있다.(검사항목 및 세부항목 등록은 2레벨 소분류 등록을 통해 입력한다.)

정답 ③

72 다음은 K.System ERP의 생산실적입력 프로세스에 관한 설명이다. 옳지 않은 것은?

〈18회 실무 기출문제〉

① 제품별 공정등록의 '최종검사 여부'에 체크가 된 경우, 생산된 제품은 생산실적부서의 재공재고로 생성된다.

② [운영환경관리(생산원가)-진행]의 '작업일보 작성 시, 자동투입 여부'가 설정된 경우, 생산실적 입력 저장 시 투입내역이 자동으로 생성된다.

③ [운영환경관리(생산원가)-진행]의 '최종공정 작업일보 작성 시, 자동입고처리 여부' 외에 제품등록에서 자동입고처리 여부를 제품별로 각각 설정할 수 있다.

④ [운영환경관리(생산원가)-진행]의 '최종공정 작업일보 작성 시, 자동입고처리 여부'를 설정하지 않은 경우, 생산입고입력/제조지시서 완료 화면에서 창고로의 입고처리를 해야 한다.

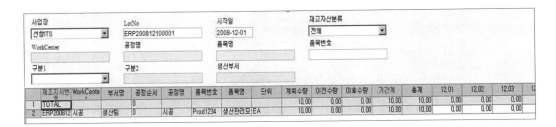

★ 풀이 & 보충학습

제품 또는 반제품의 자동입고 여부는 제품별 설정이 아닌 전체 입고 대상 재고자산에 대해 일괄적으로 적용된다.

| 정답 | ③ |

73 K.System ERP의 생산입고처리와 관련하여 옳은 것은?

〈18회 실무 기출문제〉

① 생산실적을 입력하지 않아도 입고처리가 가능하다.

② 생산입고처리 화면에서 바로 입고처리가 가능하다.

③ 생산입고의뢰현황에서 조회된 건에 대해서만 입고처리 할 수 있다.

④ 사내제작인 경우 입고처리를 하지 않아도 된다.

생산입고의뢰현황에서 조회되는 경우는, 최종검사에서 합격 또는 특채 처리된 검사품과 제품별 공정등록의 '최종검사공정 여부' 가 체크되지 않은 무검사품의 생산실적이 입력된 내역이다.

정답 ③

74 다음은 생산계획가입력 후 진행될 수 있는 프로세스들이다. 옳지 않은 것은?

〈18회 실무 기출문제〉

① 생산계획가입력 → 생산계획조회 → 확정 → 자재소요계획 → 구매품의
② 생산계획가입력 → 생산계획조회 → 확정 → 자재불출요청 → 자재출고처리
③ 생산계획가입력 → 생산계획조회 → 확정 → 공정검사의뢰현황 → 공정검사내역등록
④ 생산계획가입력 → 생산계획조회 → 확정 → 일자별 WC별 작업계획 → 생산작업실적입력

공정검사의뢰현황 및 공정검사내역등록은 생산실적이 입력된 공정품(＝재공품)에 대해 진행하는 프로세스이다.

정답 ④

75 [일자별 작업계획 수정]에 대한 설명 중 옳은 것은?　　　　　〈18회 실무 기출문제〉

① 기존에 등록된 작업계획일자의 수량에 대한 수정, 추가, 삭제 작업이 가능하다.
② 생산계획 작성이 선행되어야 사용 가능한 화면이다.
③ 수량에 대한 수정작업 후 저장 시 생산계획의 계획수량이 변경된다.
④ 작업시작시간 및 종료시간을 변경하여 저장할 수 있다.

	제조지시번호	WorkCenter	부서명	공정순서	공정명	품목번호	품목명	단위	계획수량	이전수량	이후수량	기간계	총계	12.01	12.02	12.03	12
1	TOTAL			0					10.00	0.00	0.00	10.00	10.00	0.00	0.00	0.00	
2	ERP200812	시공	생산팀	0	시공	Prod1234	생산관리모	EA	10.00	0.00	0.00	10.00	10.00	0.00	0.00	0.00	

★ 풀이 & 보충학습

생산계획가입력을 통해 자동 생성된 일자별 작업계획을 수정하는 화면으로, 생산가능 Capa 등의 고려 없이 작업계획담당자가 일자별 생산계획수량을 임의로 조정/배분하는 화면이다.

일자별 작업계획 조정을 통해 생산수량이 조정되면, 변경된 작업일자 구간의 변경내역이 작업계획현황에 반영되어 작업시작 예정일과 작업종료 예정일이 변경되지만, 생산계획가입력의 생산계획수량은 변경되지 않는다.

정답 ④

---

76 아래와 같이 생산계획가입력을 할 경우, 작업계획이 수립되는 작업시작예정일과 작업종료예정일로 옳은 것은? 〈18회 실무 기출문제〉

> [참고] 모든 WorkCenter의 일일기본가동시간(분)은 500분이고, 표준작업시간의 단위는 '분'이며, Capa 산정구분은 작업 인원수와 관계없이 작업시간만으로 판단한다.

① 2009. 03. 06 ~ 2009. 03. 10
② 2009. 03. 07 ~ 2009. 03. 10
③ 2009. 03. 10 ~ 2009. 03. 16
④ 2008. 03. 05 ~ 2008. 03. 10

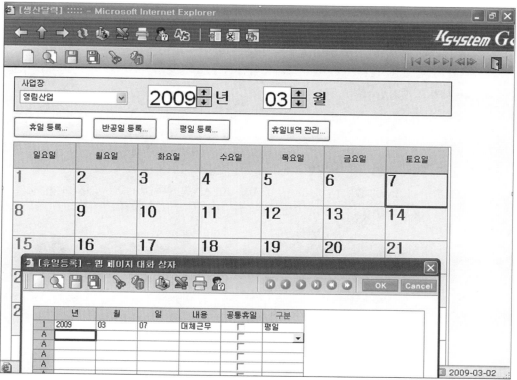

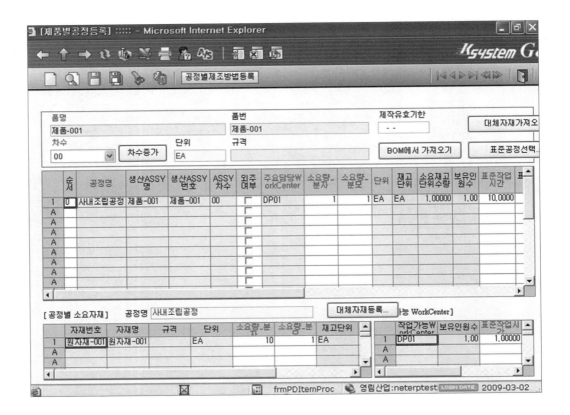

1일 기본가동시간이 500분이고, 품목단위당 표준작업시간이 10분이므로, 1일 최대 생산량은 50EA이다.

생산계획가입력에 입력된 생산의뢰구분이 '양산'이므로, 생산완료일(계획)로부터 역산 하여 생산시작일을 산출한다.

이때 2009.03.07. (토)요일이 대체근무로 인해 평일로 전환되었으므로, 03/10-50EA 03/09-50EA, 03/08(휴일)-0EA, 03/07-50EA, 03/06-10EA로 계산되어 생산시작일 은 03/06일로 산출된다.

정답   ④

77 다음 화면과 같이 [제품-003]에 대한 생산실적, 최종검사, 입고처리를 입력하였다. 입력의 결과로 나타나는 각 재고수량에 대한 설명 중 옳지 않은 것은?(최종검사에서 합격된 생산수량은 전량 입고처리 완료하였다.)

〈18회 실무 기출문제〉

① 사업장재고 = 150

② 제품창고재고 = 150

③ 재공재고(제품-003) = 150

④ Lot 재고 : TEST-10001 = 100

　　　　　　TEST-2002 = 50

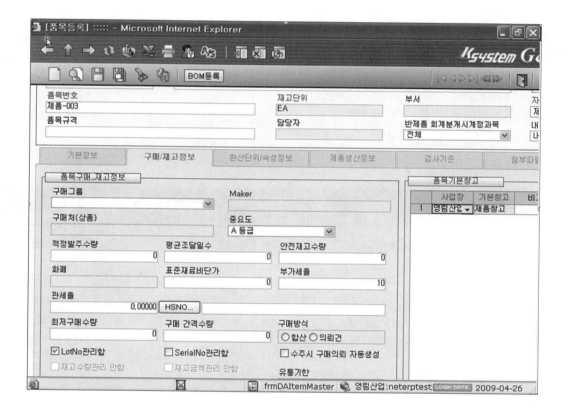

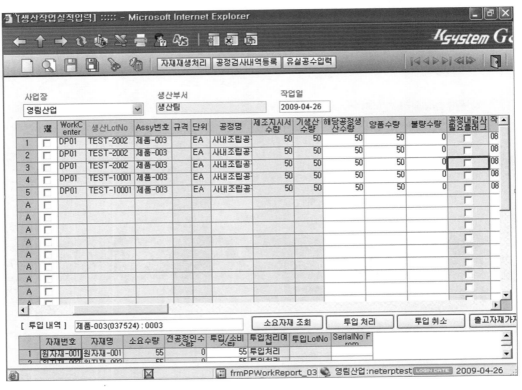

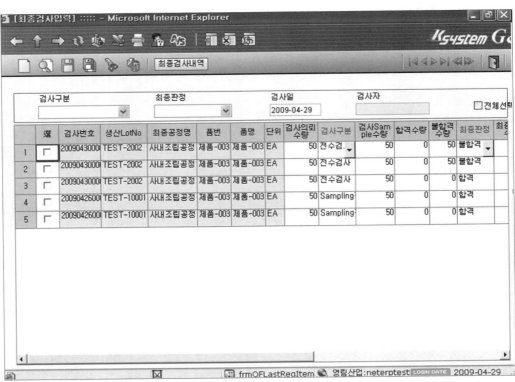

생산실적입력을 통한 전체 생산수량은 250EA이고, 이중 150EA만이 최종검사를 통과했으므로, 제품창고의 재고가 150EA가 증가하고 이로 인해 사업장재고도 동일 수량이 증가한다. 하지만 나머지 100EA의 불량 판정된 수량은 생산라인, 즉 부서재고로 남아 있어 재공재고 = 100EA가 된다.

정답   ③

78 YLW 품목의 하루 생산 가능 수량은?   〈18회 실무 기출문제〉

① 100EA   ② 12EA
③ 48EA   ④ 24EA

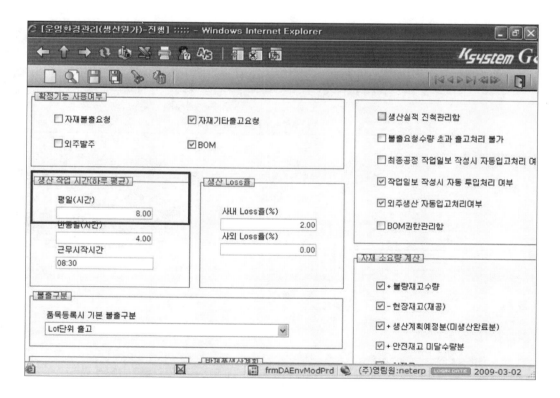

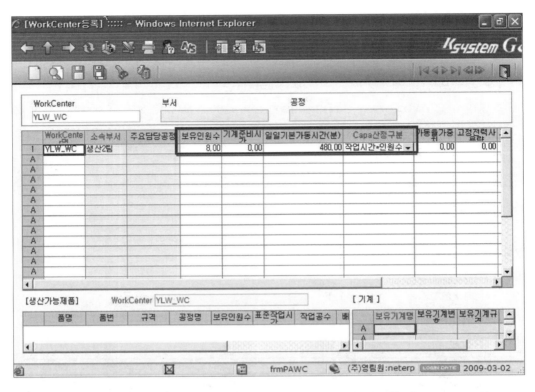

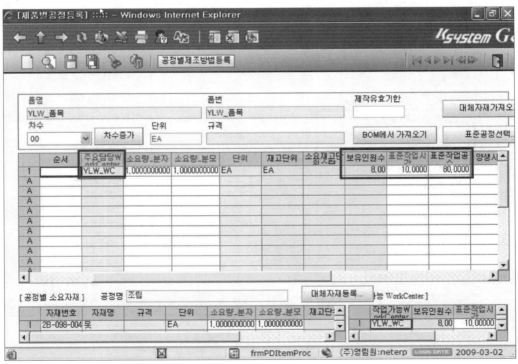

WorkCenter 등록에 입력된 'Capa 산정구분'을 보면 작업시간 × 인원수로, 해당 WorkCenter 는 작업자를 투입할수록 생산 가능량이 증가하는 작업 형태를 가지고 있다.

따라서 YLW_WC WorkCenter의 생산 가능 Capa = 일일기본가동시간(480분) × 인원수 (8명) = 3,840 공수를 보유하고 있으며, 제품별 공정등록에 등록된 해당 품목의 단위 생산당 투입공수인 80공수를 적용하면 (3,840공수/80공수 =) 48EA가 생산 가능 수 량으로 계산되어진다.

정답 ②

79 YLW_ 금형이라는 설비를 등록하고, 소분류등록에 금형 여부에도 체크를 하였다. 그런데 YLW_ 품목의 작업실적 입력 시 금형명을 코드헬프 하였는데 아무것도 뜨지 않는다. 어떻게 하여야 하는가? 〈18회 실무 기출문제〉

① 기계등록에서 금형생산 Assy에 YLW_품목을 등록한다.
② 품목등록에서 금형 Assy 품목에 체크한다.
③ 작업계획에서 금형공정에 체크한다.
④ 금형과 생산실적은 연결되지 않는다.

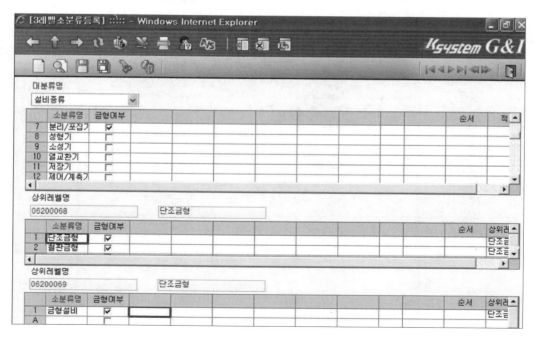

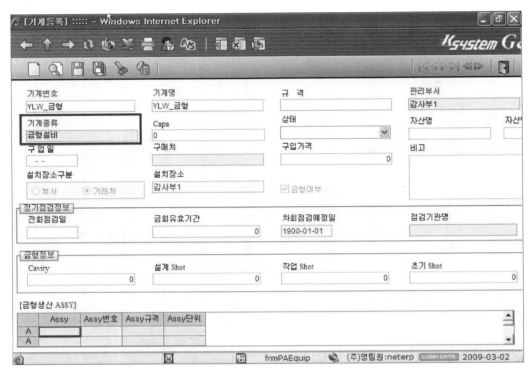

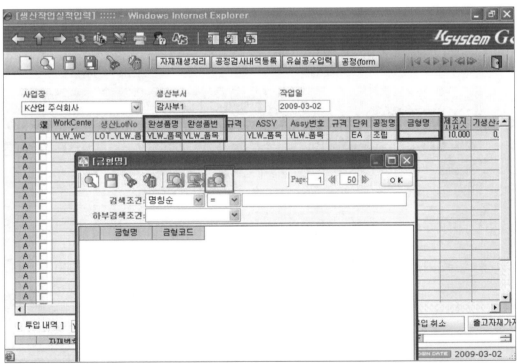

금형은 기본적으로 특정 품목의 생산을 위해 사용되어진다.

따라서 금형정보를 입력하는 기계등록 입력 시, 해당 금형이 사용되어지는 품목을 사전에 정의 및 입력해야 한다.

정답 ①

80 운영환경관리(생산원가)-초기에서 생산계획 시 Lot통합 옵션을 사용하고 있다. 첨부 그림들을 참고할 때 생산의뢰에서 생산계획으로 점프 시 조회되는 내용으로 옳은 것은?

〈18회 실무 기출문제〉

① 1건의 생산계획이 조회되며 생산계획수량은 100EA이다.
② 1건의 생산계획이 조회되며 생산계획수량은 1000EA이다.
③ 10건의 생산계획이 조회되며 생산계획수량은 건당 100EA이다.
④ 10건의 생산계획이 조회되며 생산계획수량은 건당 1000EA이다.

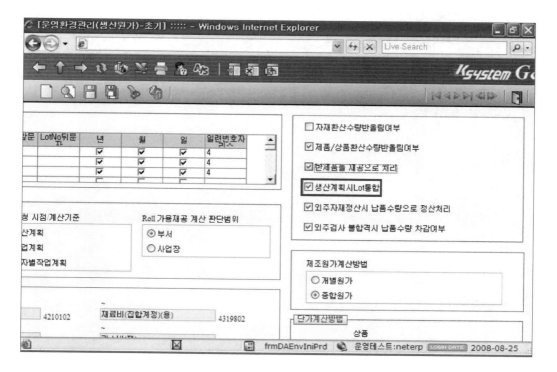

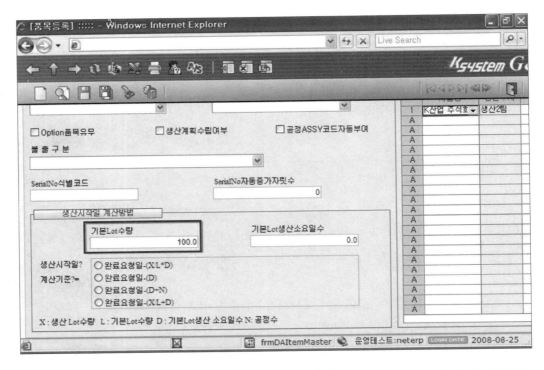

생산의뢰수량이 1,000EA지만 해당 품목의 기본 Lot 수량이 100이므로, 한 Lot당 최대 생산계획수량은 100EA임. 따라서 1,000EA의 생산의뢰수량을 생산계획을 수립하면, 생산계획수량이 100EA인 10건의 생산계획으로 나뉘게 된다.

[운영환경관리(생산원가)-초기]의 '생산계획 시 Lot 통합' 옵션이 체크되지 않았다면, 품목당 기본 Lot 수량이 적용되지 않아, 생산계획수량이 1,000EA인 생산계획 1건이 수립된다.

정답   ①

물류/생산

Enterprise Resource Planning

11장 K.System 외주관리

11.1 외주관리 개요
11.2 외주관리 메뉴 설명
11.3 외주관리 실습
11.4 기출문제 분석

영림원소프트랩 K.System

ERP정보관리사

외주란 제품이나 부품을 자사에서 만들지 않고 다른 회사에서 생산하는 작업을 말한다. 생산계획에서 공정별계획 생성 시에 [제품별 공정등록]의 외주 여부 설정에 따라 결정되며 공정계획 즉 작업계획에서 capa에 따라 수정을 할 수 있다. 작업계획에서 외주로 결정된 공정은 외주프로세스로 진행된다. 외주프로세스는 외주계획으로부터 외주발주서를 작성하고 외주작업에 필요한 사급자재를 출고하고, 외주품이 완성되면 외주납품을 받고 외주품이 최종공정인 경우엔 최종검사, 아닌 경우엔 외주검사를 실시하며, 검사결과에 따라 합격수량에 대한 생산입고/외주입고 및 사급자재 사용에 대한 정산을 하고, 마감하여 외주비 전표를 발행하는 작업으로 이루어진다.

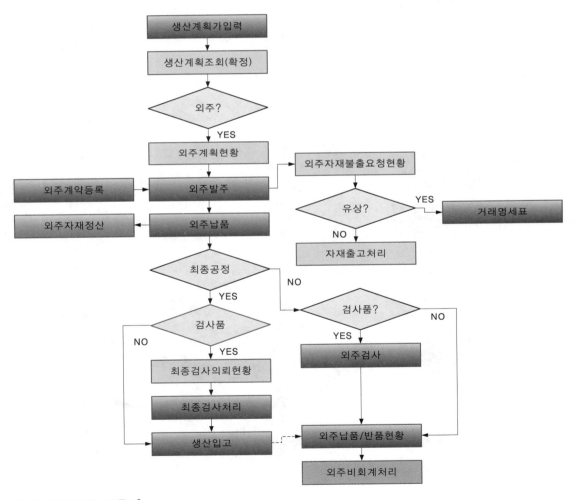

[외주관리프로세스 흐름도]

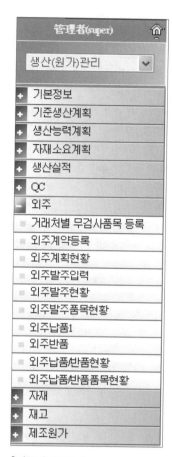

[외주관리 메뉴]

외주계약등록

외주 품목별로 외주 거래처별로 외주비 단가를 등록하는 화면이다. 외주발주 시 여기에서 등록한 단가가 기본적으로 나오게 되어 있다. 외주처에 사급으로 보내야 하는 자재에 대한 내역도 입력하게 되어 있고, 여기에 입력된 자재만 외주발주 시에 소요 자재로 나오게 된다.

생산계획가입력

생산할 품목, 수량과 시기에 관한 것을 정하는 작업이다. 저장 시 공정별, 일자별 일정계획이 생성된다. 생산의뢰품목현황에서 의뢰받은 품목을 선택해서 점프해 계획을 작성할 수도 있고 의뢰 없이 직접 생산계획을 세울 수 있는 화면이다.

생산계획조회

생산계획 생성한 내역을 조회하는 화면으로, 관리자나 상위 결재자가 확인하여 확정처리를 해야 다음 단계로 진행이 가능하다. 외주계획에 대해 외주발주서를 작성할 때에도 생산계획이 확정되어 있어야 한다.

외주계획현황

생산계획을 작성한 품목의 공정 중 외주에서 작업하는 품목이 있는 경우 외주계획현황에 나타나며 외주발주로 진행할 수 있다.

외주발주등록

외주를 계획한 품목에 대한 외주발주서를 작성하는 화면이다. 외주계획 건을 선택하여 외주발주로 넘어오면 외주처와의 계약 내용에 따라 외주비가 계산되고 외주처에 보내주어야 하는 사급자재에 대한 자재출고요청 내용이 생성된다.

■ 외주자재불출요청현황

외주발주서에서 작성된 사급자재 요청내역을 조회하는 화면으로 창고담당자가 조회하여 자재출고로 진행할 수 있다.

■ 자재출고처리

창고담당자가 불출요청 된 건에 대해서 자재를 출고처리 하는 화면으로 일반창고에서 현장이나 외주처로 출고를 할 수 있다.

■ 외주발주현황

외주발주서 리스트를 조회할 수 있는 화면으로 자재출고나 외주납품으로 진행할 수 있다.

■ 외주추가자재불출요청

외주작업 중 불량이 발생하여 자재를 추가로 출고해주어야 하거나 특정 외주발주서와 상관없이 bulk로 한번에 출고해주는 자재가 있는 경우에 출고요청을 입력하는 화면이다.

■ 외주납품

외주발주서에 대해 외주품이 완성되어 도착하면 납품내역을 등록하는 화면이다. 외주처별로 납품일자, 외주품목, 수량, 납품창고를 확인하고 저장한다. 실물은 우리창고에 와 있으나 아직 우리 자산이 아닌 상태이다.

■ 외주검사대기현황

외주납품 등록된 품목이 최종공정이 아니면서 검사 대상 품목일 경우 검사결과를 입력하기 위한 화면이다.

■ 외주반품

외주입고 된 건에 대해 반품을 처리하는 화면이다. QC 결과 불합격된 것에 대한 반품이 아니라 입고까지 진행되었던 건에 대한 반품을 등록하는 화면이다.

■ 외주납품/반품현황

외주비에 대한 정산을 하기 위한 화면이다. 외주세금계산서에 대해 외주비 회계전표를 발행하게 된다.

11.3   외주관리 실습

K산업주식회사는 수주받은 제품 '컴퓨터' 50대의 완료일 5월 29일로 하여 생산계획을 세웠다. 컴퓨터를 생산하는 공정 중 SMT 공정에 대해 외주처 (주)대덕전자부품에 외주발주를 하고 납품을 받았다. 다음은 이런 경우 K.System ERP에서 처리하는 프로세스이다.

11.3.1   외주계약등록

화면 위치	생산(원가)관리 ▶ 외주 ▶ [외주계약등록]

외주 품목별로 외주 거래처별로 외주비 단가를 등록하는 화면이다. 외주발주 시 여기에서 등록한 단가가 기본적으로 나오게 되어 있다. 외주처에 사급으로 보내야 하는 자재에 대한 내역도 입력하게 되어 있고, 여기에 입력된 자재만 외주발주 시에 소요자재로 나오게 된다.

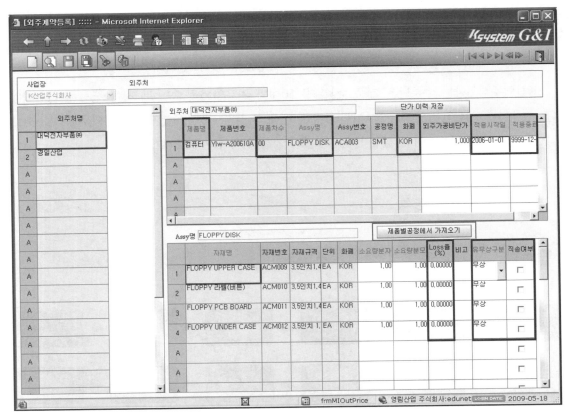

[외주계약등록 화면]

작업방법은 아래와 같다.

① [조회] 아이콘을 누르면 왼쪽 시트에 외주계약이 등록되어 있는 외주처명이 보여진다.
② 외주처명 행 헤더를 더블클릭하면 오른쪽 상단 시트에 외주품목별 외주단가 입력 내용이
   조회된다.
③ 추가할 외주품에 대해 제품명 또는 제품번호, 제품차수, Assy명 또는 Assy번호, 화폐를 코
   드도움을 실행하여 입력한다.
④ 외주가공비단가와 적용시작일, 적용종료일을 입력하고 [저장] 아이콘을 누른다.
⑤ 외주품목에 소요되는 사급자재를 등록하기 위해 오른쪽 상단 시트에 외주품목 행 헤더를
   더블클릭하면 오른쪽 하단 시트에 사급자재 입력내역이 조회된다. 사급자재내역이 없는
   경우 제품별공정에서 가져오기 버튼을 누르면 [제품별 공정등록]에 등록되어 있는 소요자
   재가 보여진다.
⑥ 제품별공정에서 가져온 소요자재내역을 확인하고 소요량, Loss율, 유무상구분, 직송 여부

를 확인하여 수정하고 저장한다. 시트내역 중 삭제를 하고자 하는 경우엔 해당 행 헤더를 클릭하고 <행삭제> 버튼을 누른다.

■ 제품명／제품번호

제품명이나 제품번호를 둘 중 하나만 입력하면 나머지 항목이 자동으로 보여진다.

■ 제품차수

제품별 공정등록의 공정차수를 의미하며, 코드도움 실행 시 해당 제품에 입력되어 있는 공정차수가 조회되며 그 중 해당하는 차수를 선택하면 된다.

■ Assy명／Assy번호／공정명

Assy명이나 Assy번호 코드도움 실행 시 제품 및 제품 차수를 먼저 입력하고 실행해야 하며 입력하지 않고 실행 시엔 다음 그림과 같은 메시지가 뜬다.

제품별 공정등록의 해당 공정차수의 공정품만 조회되어 선택이 가능하게 되며 Assy명이나 Assy번호 중 하나를 실행하여 입력하면 나머지 항목(Assy명, Assy번호, 공정명)이 보여진다.

■ Loss율

제품별공정에서 가져오기 버튼을 누른 경우 [제품별 공정등록]의 표준외주 Loss율을 보여주며 수정이 가능하다. 외주발주서 작성 시 소요량에 로스율을 더하여 불출요청수량이 계산된다.

■ 유무상구분

사급자재를 무상으로 외주처에 제공하는 경우도 있고 유상으로 제공하는 경우도 있다. 이에 대한 구분 값으로 유상으로 선택한 경우에는 '외주발주서 → 외주자재불출요청현황 → 거래명세표' 프로세스를 거치게 되며 자재출고처리 및 외주사용자재 정산 시 대상 자재에서 제외된다.

■ 직송 여부

한 제품을 만드는 공정이 여러 외주공정을 거치고 각 공정의 외주처가 다른 경우 전 공정의 외주품목이 완성되면 자사로 납품되지 않고 바로 다음 공정의 외주처로 이동하는 경우가 있다. 이 경우라 하더라도 외주비 정산 및 수불의 문제로 인하여 자사납품처리 후 출고처리를 해야 한다. 일일이 입력하는 번거로움을 방지하기 위해 전 공정의 외주납품 시 자동으로 다음 공정의 외주처로 ASSY가 이동되도록 하는 기능이 있고, 전 공정 외주완성품은 다음 공정의 외주자재출고 시에는 제외되어야 한다.

위와 같은 경우에 다음 외주공정의 사급자재 입력 시 직송 여부에 체크를 하면 된다.

11.3.2 생산계획가입력

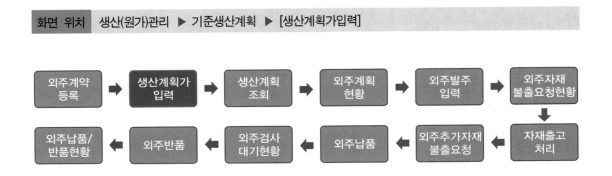

| 화면 위치 | 생산(원가)관리 ▶ 기준생산계획 ▶ [생산계획가입력] |

생산계획은 생산 할 품목, 수량과 시기에 관한 것을 정하는 것으로 [생산의뢰품목현황]에서 의뢰받은 품목을 선택해서 점프해오거나, 의뢰 없이 이 화면을 열어서 직접 생산계획을 세울 수 있다.

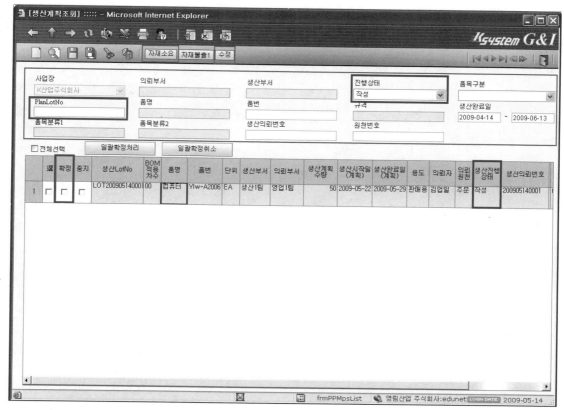

[외주생산계획 입력화면]

작업방법은 아래와 같다.

[Case 1] [생산의뢰품목현황]에서 점프해온 경우

① 생산의뢰품목현황에서 대상 건을 선택하고 생산계획으로 점프하면 사업장, 제조지시번호, 품목, BOM적용차수, 생산의뢰구분, 생산부서, 생산계획수량이 위의 그림처럼 보여진다.

② 붉은색 글씨로 표시되어 있는 항목은 필수항목으로 반드시 입력되어야 저장할 수 있는 항목들이다. 붉은색 항목이나 ①에 나온 항목 중 값이 채워지지 않은 항목이 있는 경우 직접 입력한다.

③ 생산계획수량 50을 확인하고, 생산완료일(계획)에 '2009-05-29'를 입력한 후 [저장] 아이콘을 눌러 저장한다.

[Case 2] 생산계획가입력 화면에서 직접 입력하는 경우

① 사업장, 품명, 생산의뢰구분, 생산부서, 생산계획수량, 생산완료일(계획)을 입력한다.

② LotNo 가져오기 를 클릭하여 제조지시서번호가 채워지는 것을 확인한 후 저장한다.

■ 제조지시서번호

[운영환경관리(생산)-초기]에 '생산 LotNo 자동부여' 규칙 설정이 안 된 경우는 16자리 범위 내에서 사용자가 직접 입력한다.

[운영환경관리(생산)-초기]에 '생산 LotNo 자동부여' 규칙 설정이 된 경우는 생산의뢰품목현황에서 점프해오는 경우엔 자동으로 생성되고, 생산계획을 직접 입력하는 경우엔 생산완료일 입력 후 LotNo 가져오기 를 클릭하면 생성된다.

■ BOM적용차수

생산계획 대상 제품의 제품별 공정등록이 되어 있는 경우 해당 차수가 보여진다. 여러 차수가 있는 경우에는 최종차수가 자동으로 보여지며 사용자가 이번 생산에 이용할 차수를 선택할 수 있다.

■ 생산의뢰구분

생산의뢰를 받아 생산계획을 세우는 경우에는 생산의뢰에서 선택한 생산의뢰구분이 그대로 나오게 되며 생산의뢰 시 생산의뢰구분을 선택하지 않았거나 직접 생산계획을 작성하는 경우에는 구분을 선택해야 한다. 생산완료일로부터 역산하여 생산시작일이 계산되도록 되어 있으나 생산의뢰구분이 특급수주인 경우는 예외이다.

- **특급수주** : 생산시작일로부터 생산계획 일정이 세워진다. 생산시작일을 입력한 경우에는 입력한 시작일, 입력하지 않은 경우에는 현재일자가 시작일이 된다.

■ 생산시작일(계획)

생산의뢰구분이 특급수주인 경우에 의미 있는 값으로 생산시작일로부터 생산계획의 일정계획이 생성된다. 특급수주 외의 생산계획은 생산완료일로부터 작업 WorkCenter의 Capa, 표준작업시간, 근무시작시간, 생산달력의 정보를 종합하여 생산시작일이 계산되므로 생산시작일을 사용자가 입력하더라도 시스템에서 계산된 결과로 변경되게 된다.

■ 생산완료일(계획)

일정계획을 세울 때 특급수주 생산의뢰구분을 제외하고는 완료일로부터 생산시작일을 역산하여 계산하게 된다. 특급수주는 생산시작일로부터 생산완료일을 계산하게 되므로 생산완료일을 입력한다고 해도 시스템에서 계산된 결과로 변경되게 되나, 필수항목이기 때문에 반드시 입력해야 한다.

11.3.3 생산계획조회

화면 위치 생산(원가)관리 ▶ 기준생산계획 ▶ [생산계획조회]

생산계획 생성한 내역을 조회하는 화면으로, 관리자나 상위 결재자가 확인하여 확정처리를 해야 다음 단계로 진행이 가능하다. 자재소요 화면으로 점프하여 자재소요량 계산을 할 수 있고 [운영환경관리(생산원가)−초기]에서 자재불출요청시점을 생산계획으로 설정한 경우에는 [생산부 문출고요청]으로 점프해 소요자재 출고요청을 처리할 수 있다.

또한 외주공정이 포함된 제품인 경우엔 외주계획에서 외주발주서 작성으로 진행이 가능하다.

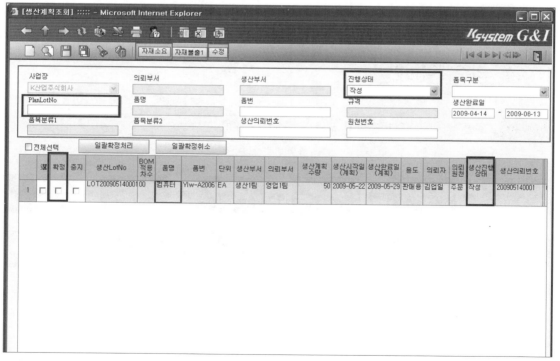

[외주공정이 포함된 생산계획조회 화면]

작업방법은 아래와 같다.

① 조회조건을 적절히 입력하여 [조회] 아이콘을 누른다. 확정 대상 건을 조회해야 하므로 진행상태를 작성으로 두고 조회한다.
② 부하분석 화면을 통해 부하를 확인하고 해당 화면에서 조정하거나, [작업계획조정입력], [일자별 작업조정입력] 화면 등을 일정, 작업 WorkCenter를 조정한다.
③ ②에서 부하분석이 끝난 후 [생산계획조회] 화면에서 '확정'필드를 클릭하여 확정을 한다.
④ 소요량 계산을 하기 위해 '選' 필드를 클릭하고 자재소요 점프 버튼을 클릭하면 [자재소요] 화면으로 이동되어 소요량을 확인해 볼 수 있다.

■ 수정

생산계획을 수정하고자 할 경우엔 選 필드를 클릭하고 수정 점프 버튼을 누르면 [생산계획 가입력] 화면으로 이동하여 내용을 수정할 수 있다. 단, 확정이 되기 전에 가능하다.

■ 일괄확정처리

생산계획 여러 건에 대해서 한꺼번에 확정작업을 하고자 할 경우 '選' 필드를 클릭하고 일괄확정처리 버튼을 누르면 선택된 생산계획이 한번에 확정처리가 된다.

11.3.4 외주계약현황

| 화면 위치 | 화면위치 : 생산(원가)관리 ▶ 외주 ▶ [외주계획현황] |

생산계획을 작성한 품목의 공정 중 외주에서 작업하는 품목이 있는 경우 [외주계획현황]에 나타나며 외주발주로 진행할 수 있다.

[생산계획가입력]에서 자동으로 생성된 작업계획 중 외주 여부에 체크가 되어 있는 작업들이 외주계획현황에서 보여지게 된다. 발주 등 외주 진행상태를 파악할 수 있다.

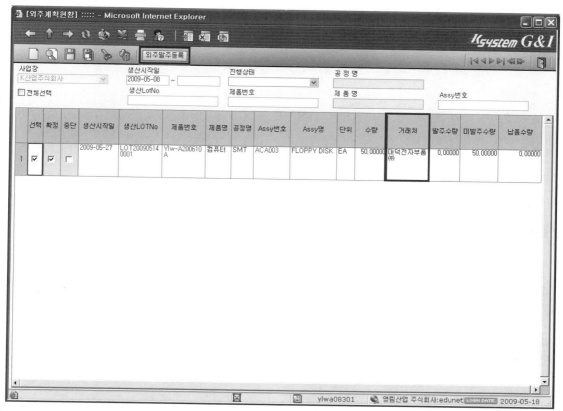

[외주계획현황 조회 화면]

작업방법은 아래와 같다.

① 생산시작일, 공정명, 생산 LotNo 등 조회조건을 입력하고 <조회> 버튼을 누른다.
② 선택 필드를 체크하고 외주발주등록 점프 버튼을 눌러 [외주발주입력] 화면으로 이동하여 외주발주서를 작성한다.

■ 확정

생산계획조회에서 확정 체크를 한 경우 체크되어 보여지며, 확정된 외주 건만 외주발주서로 점프가 가능하다.

■ 거래처

해당 작업계획의 작업 WorkCenter에 입력되어 있는 거래처명이 보여지고 외주발주로 점프 시에 이 거래처가 외주처로 보여지게 된다.

■ 발주수량 / 미발주수량 / 납품수량
- 발주수량: 외주계획 건에 대해 발주서가 작성된 수량
- 미발주수량: 수량 – 발주수량
- 납품수량: 외주계획 건으로 납품까지 진행된 수량

11.3.5 외주발주입력

화면 위치 생산(원가)관리 ▶ 외주 ▶ [외주발주입력]

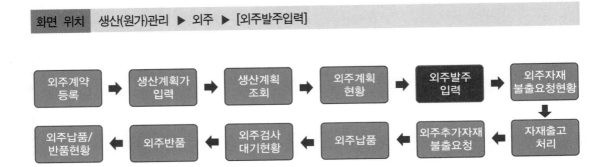

외주를 계획한 품목에 대한 외주발주서를 작성하는 화면이다. 외주계획 건을 선택하여 외주 발주로 넘어오면 외주처와의 계약 내용에 따라 외주비가 계산되고 외주처에 보내주어야 하는 사 급자재에 대한 자재출고요청 내용이 생성된다.

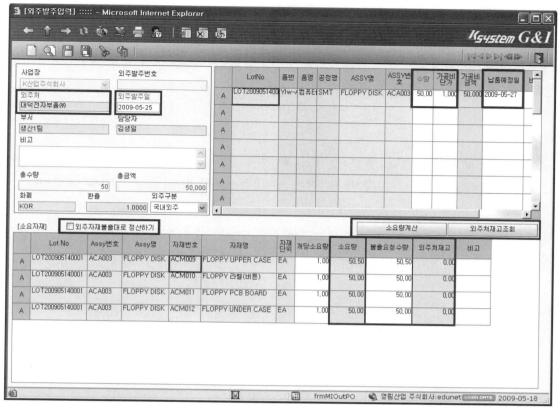

[외주발주입력 화면]

작업방법은 아래와 같다.

① 외주계획현황에서 점프해오면 해당 외주계획의 작업 WorkcCenter에 입력되어 있는 외주
  처가 보여지며 다른 외주처에 발주 낼 경우에는 수정이 가능하다.
② 외주발주일, 발주품목, 발주수량과 단가, 납품예정일을 확인한다.
③ 발주수량이나 외주처를 수정한 경우에는 <소요량 계산> 버튼을 누른다.

■ LotNo, 품번, 품명, 공정명

외주계획현황에서 점프해온 경우 자동으로 보여지는 항목이다. 이 화면에서 외주발주서를 직
접 작성도 가능한데, 그 경우에는 LotNo 코드도움을 실행해서 선택하면 품번, 품명이 자동으로
보여지고, Assy명 코드도움을 실행하면 해당 제품의 공정품들만 조회되고 선택 시 공정명이 자
동으로 보여진다.

■ **외주처**

　해당 작업계획의 작업 WorkCenter에 입력되어 있는 거래처명이 보여지는데 작업 WorkCenter에 거래처를 입력하지 않았거나 기본으로 보여지는 외주처를 변경하고자 하는 경우에는 코드도움을 실행해서 다른 외주처를 입력한다.

■ **수량**

　외주계획현황에서 점프해온 경우에는 해당 생산계획수량이 조회되며 수정이 가능하게 된다. 부분적으로 발주서를 작성한 외주계획의 경우에는 외주발주가 작성 안 된 수량만큼 나타나게 된다.

■ <소요량 계산> 버튼은 발주수량이나 외주처를 수정한 경우에는 하단 시트의 소요자재는 자동으로 변경되지 않는다. 이때 외주계약의 사급자재내역을 다시 불러오는 기능이다.

■ **소요량**

　외주계약등록의 사급자재의 소요량인 '개당 소요량 × 발주수량'으로 로스율을 감안한 수량이다.

■ **불출요청수량**

　창고에 출고요청 할 수량으로, 소요량과 같은 수량으로 보여지며 재고 등을 감안해서 수정이 가능하다.

■ <외주처재고조회> 버튼은 해당 외주처의 현재고를 보여준다. 외주처 재고를 참고하여 불출요청수량을 확인할 수 있다.

■ **외주자재불출대로 정산하기**

　외주납품 시 사용자재에 대한 정산을 할 때 외주계약의 소요량대로 정산이 자동으로 이루어진다. 그런데 BOM 소요량대로가 아닌 실제 출고된 대로 자재정산을 하고자 하는 경우에 체크를 한다.

11.3.6 외주자재불출요청현황

화면 위치   생산(원가)관리 ▶ 자재 ▶ [외주자재불출요청현황]

[외주발주입력]에서 작성된 사급자재 요청내역이나 [외주추가자재불출요청]에서 추가로 자재를 요청한 내역을 조회하는 화면으로 창고담당자가 조회하여 자재출고로 진행할 수 있다.

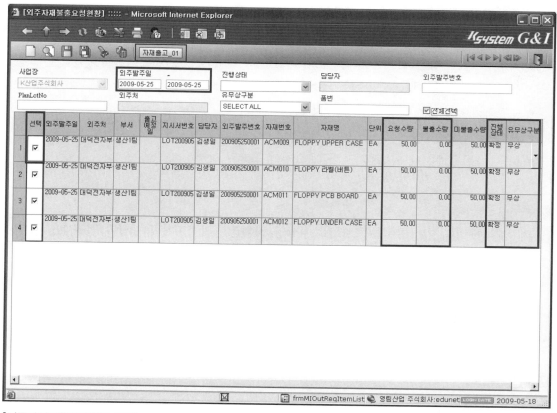

[외주자재불출요청현황 화면]

작업방법은 아래와 같다.

① 외주발주일, 진행상태, 외주처, 품번 등의 조회조건을 입력하고 <조회> 버튼을 누른다.
② 출고할 자재 행의 선택필드를 체크한 후 <자재출고_01> 점프 버튼을 누른다.

■ **외주발주일**

외주발주서의 요청자재인 경우엔 외주발주일, 외주추가자재불출요청 건인 경우엔 요청일
이다.

■ **불출수량**

요청 대비 출고처리가 처리된 수량이 조회된다.

■ **진행상태**
- **작성** : [운영환경관리(생산원가)-진행]에서 확정 기능을 사용에 체크가 되지 않은 경우 외
  주발주서, 외주 추가자재 불출요청이 저장된 상태
- **확정** : 확정 기능을 사용하는 경우엔 외주발주서, 외주추가자재불출요청이 확정된 상태, 사
  용하지 않는 경우엔 외주발주서, 외주추가자재불출요청이 저장된 상태
- **출고중** : 요청수량 중 일부 수량만 자재출고처리가 된 상태
- **출고완료** : 요청수량 이상 자재출고처리가 된 상태
- **중단** : 외주발주서나 외주추가자재불출요청이 중단된 상태

■ **유무상구분**

외주계약에서 저장된 유무상구분으로, 무상인 경우만 자재출고처리 대상이고 유상은 거래명
세표로 진행해야 한다.

11.3.7 자재출고처리

| 화면 위치 | 생산(원가)관리 ▶ 자재 ▶ [자재출고처리] |

제품생산에 필요한 자재에 대해 출고요청 한 건에 대해 창고담당자가 자재를 출고처리 하는 화면이다. 출고유형이 생산출고인 경우엔 자재창고에서 생산현장(부서)으로, 외주출고인 경우엔 외주처로 재고가 이동된다.

작업방법은 아래와 같다.

① 직접 이 화면에서 입력하는 것이 아니라 출고요청내역을 [외주자재불출요청현황] 화면에서 조회하여 출고 대상 건을 선택해서 점프해오면 요청내역 그대로 출고 화면에 보여진다.

② 출고일자와 출고장소구분, 출고장소, 입고장소, 출고용도, 출고유형을 입력한다. 출고일자 는 현재일자가 기본적으로 나오고, 입고장소는 외주발주처가 기본적으로 나온다. 출고장 소구분은 창고/생산라인 중에서 선택 가능하며 창고를 지정하면 출고장소 코드도움이 창고, 생산라인을 선택하면 부서 코드도움이 실행된다. 출고할 자재가 있는 장소를 알맞 게 선택하면 된다. 출고용도와 출고유형은 정보성 데이터로서 해당하는 내용을 선택하면 된다.

③ 하단 시트의 자재 리스트와 금회출고수량을 확인하고 [저장] 아이콘을 누른다.

입고장소

자재출고처리는 외주출고와 생산출고를 모두 할 수 있는 화면으로 생산출고는 부서 코드도움 이 실행되고 외주출고는 거래처 코드도움이 실행된다.

재고량계산

<재고량 계산> 버튼을 누르면 하단 시트에 자재별로 자재재고수량 필드에 출고장소의 현재 재고수량이 보여진다. 재고를 확인 후 출고할 수량을 조정할 수 있다.

대체자재선택

해당 자재의 재고가 부족한 경우 다른 자재로 대체하여 사용할 수 있다. 이럴 경우 대체하고자 하는 자재에 커서를 두고 <대체자재선택> 버튼을 누르면 아래 그림처럼 대체자재를 선택할 수 있는 창이 뜬다. 대체자재가 여러 가지인 경우 커서를 두고 <선택> 버튼을 누르면 대체자 재선택 창은 닫히고 자재가 대체자재로 바뀌게 된다.

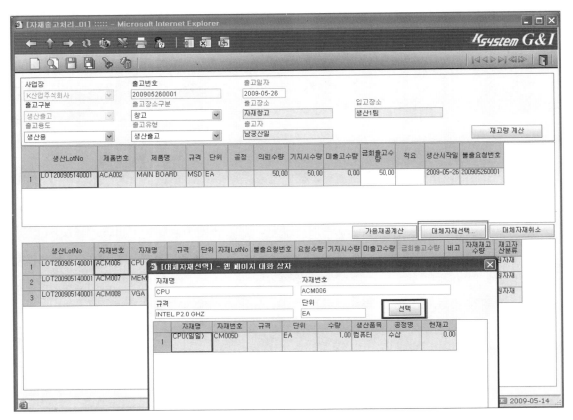

[대체자재선택 화면]

11.3.8 외주추가자재불출요청

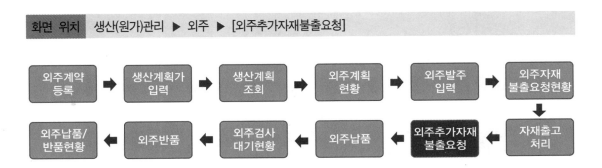

| 화면 위치 | 생산(원가)관리 ▶ 외주 ▶ [외주추가자재불출요청] |

외주작업 중 불량이 발생하여 자재를 추가로 출고해주어야 하거나 특정 외주발주서와 상관없이 bulk로 한번에 출고해주는 자재가 있는 경우에 출고요청을 입력하는 화면이다.

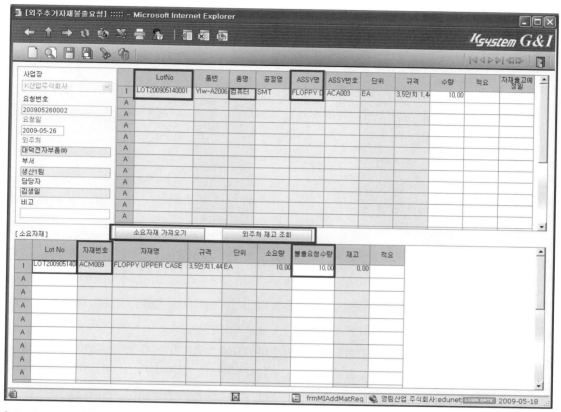

[외주추가자재불출요청 화면]

작업방법은 아래와 같다.

① 요청일과 외주처를 입력하고 특정 생산 LotNo의 품목 생산에 소요되는 자재인 경우엔 윗 시트에서 코드도움을 실행하여 LotNo를 입력하고 Assy명을 입력하고 수량을 입력한다. Assy명 입력 시 공정명이 자동으로 보여진다. 특정 LotNo와 관련이 없다면 하단 시트만 입력해도 된다.

② 상단 시트에 외주품목정보를 입력한 경우에는 <소요자재 가져오기> 버튼을 누르면 외주 계약에 입력되어 있는 소요자재가 보여진다. 요청할 자재만 남기고 지우고자 하는 행의 헤더를 클릭하여 블록 지정을 한 후 [행삭제] 아이콘을 눌러 지우고, 요청수량을 수정하여 저장한다.

③ 특정 LotNo와 관련이 없는 자재를 요청하는 경우에는 하단 시트에 바로 자재번호나 자재명을 입력하고 불출요청수량을 입력하고 [저장] 아이콘을 누르면 된다.

■ **LotNo**

코드도움 실행 시 완료되지 않은 생산 LotNo 리스트가 조회된다.

■ **품번, 품명**

LotNo 입력 시 해당 생산 LotNo의 생산품목의 품번, 품명이 조회된다.

■ **Assy명, Assy번호, 공정명**

Assy명이나 Assy번호 코드도움을 실행하면 해당 제품의 공정 리스트가 조회되고 이중 외주품을 선택하면 공정명이 자동으로 조회된다.

■ <외주처 재고 조회> 버튼 클릭 시 외주처의 현재고가 보여진다.

🔊 **알아두세요**   외주추가자재불출요청

- [외주추가자재불출요청]을 통해 출고된 자재가 외주계약에 입력되어 있지 않은 자재이거나 외주계약의 소요량과 다르게 출고가 된 경우에는 [외주자재추가정산] 화면에서 추가로 자재정산을 처리해야 한다.
- 외주자재정산은 기본적으로 외주계약의 소요자재 및 소요량대로 정산이 되도록 되어 있기 때문에 추가로 자재출고를 한 경우에는 계약이 아닌 출고된 자재로부터 자재정산을 해야 하는데 그런 기능을 하는 화면이 [외주자재추가정산] 화면이다. 단, LotNo를 지정한 경우에 한해서 <추가자재가져오기> 버튼을 이용한 자동 가져오기가 가능하며, 공용자재처럼 자재만 출고한 경우에는 자동으로 자재정산을 처리할 수 없고 사용자가 사용한 만큼 자재를 추가 입력하여 정산을 해야 한다.

11.3.9 외주납품

화면 위치	생산(원가)관리 ▶ 자재 ▶ [자재출고처리]

외주발주서에 대해 외주품이 완성되어 도착하면 납품내역을 등록하는 화면이다. 외주처별로 납품일자, 외주품목, 수량, 납품창고를 확인하고 저장한다. 실물은 우리 창고에 와 있으나 아직 우리 자산이 아닌 상태이다. 외주발주 된 외주 건에 대하여 납품을 입력하는 화면이다. 외주공정이 최종공정이 아닌 경우에는 납품을 등록하게 되면 무검사품인 경우엔 바로 입고가 되며, 검사품인 경우에는 외주검사를 거치면 자동 입고처리가 되게 된다. 외주공정이 최종공정 인 경우에는 자체 생산과 마찬가지로 최종검사프로세스를 거치게 되는데, 무검사품인 경우에는 자동으로 최종검사내역을 생성해주게 되어 바로 생산입고처리를 할 수 있게 되며 검사품인 경우에는 [최종검사입력] 후 최종생산입고의뢰수량에 대해 [생산입고처리]를 할 수 있게 된다.

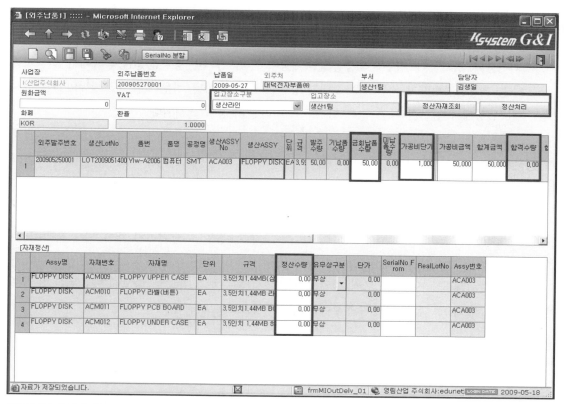

[외주납품 등록화면]

작업방법은 아래와 같다.

① [외주발주현황]이나 [외주발주품목현황]에서 발주서 건을 선택하여 <외주납품> 점프 버튼을 누른다.
② 납품일과 금회납품수량을 확인한다. 기본적으로 발주서의 미납수량이 금회납품수량으로 보이고, 해당 발주서에 대한 첫 번째 납품인 경우엔 발주수량과 동일한 수량이 나타난다. 납품된 수량대로 조정한다.
③ 외주발주서에 저장된 가공비단가가 그대로 보이며 수정이 가능하다.
④ 입고장소구분을 생산라인으로 하고 입고장소를 생산1팀으로 입력한다. 입고장소구분은 창고와 생산라인이 있는데 최종공정, 즉 외주품이 제품이나 반제품인 경우엔 창고로, Assy인 경우엔 생산라인으로 선택해야 한다. 선택한 입고장소구분에 따라 입고장소 코드도움의 형태가 달라진다. 생산라인−부서 코드도움, 창고−창고 코드도움

■ **합격수량**
● 외주품이 무검사품인 경우 : 납품수량이 바로 합격수량으로 보여진다. 검사품일 경우엔 외주검사대기현황에서 검사결과 입력 시 합격으로 처리된 수량이다.
● 외주품이 검사품인 경우 : 최종공정인(제품이나 반제품인) 경우엔 최종검사에서 합격처리 하면 최종합격수량이 자동으로 보여지며, 최종공정이 아닌 경우에는 QC 메뉴의 외주검사대기현황에서 검사결과 입력 시 합격으로 처리된 수량이 표시된다.

■ **정산수량**
외주납품을 저장하면 자동으로 납품된 Assy의 외주계약상의 소요자재 리스트가 보여진다. 무검사품인 경우에는 납품저장과 동시에 정산수량이 보여지고, 검사품인 경우에는 일단 수량이 0으로 보여진다. 그 후에 외주검사결과가 입력되면 합격수량만큼 환산되어 자동으로 정산수량이 업데이트된다.

정산처리는 자재를 사용함으로써 사업장 재고에서 외주처의 재고로 출고해주기 위한 처리로, 원가계산 시 재료비로 집계되고, 수불부에는 투입수량으로 보여진다.

알아두세요 외주에서 자재정산이란?

- 외주를 통해 재공품 혹은 제품이 납품되는 경우, 납품량을 생산하기 위한 재고투입량을 정확하게 산정하는 절차이다. 재료비의 정확한 산정을 위해 필요하고, 외주처의 자재불출현황을 관리하기 위해 사용된다.

※ 정산수량 수정방법

정산시트에 수량을 입력하고 <정산처리> 버튼을 눌러야만 수정이 된다. 자재정산은 외주납품합격 시점에 합격수량에 대해서 계산되기 때문에 검사품인 경우에는 반드시 검사결과를 입력한 이후에 자재정산을 수정해야 한다. 그렇지 않으면 검사결과를 입력할 경우 수정한 내역이 지워지게 된다.

■ 외주납품서 저장 시 자동으로 정산자재가 [자재정산] 시트에 보여지므로 별도로 <자재정산조회> 버튼을 누를 필요는 없으나 정산내역을 삭제하였다거나 수정하고자 할 경우에 다시 외주계약의 소요자재 리스트를 불러오는 기능을 한다.

■ <정산처리> 버튼은 정산된 내용을 수정하고자 할 경우에 사용한다. 무검사품인 경우에는 납품이 저장된 후에 수량을 수정하여 <정산처리> 버튼을 누르면 되고, 검사품인 경우에는 외주검사가 이루어진 후에 정산수량을 수정해야 한다. 자재정산은 상단의 저장 아이콘이 아니라 <정산처리> 버튼을 누를 시 저장된다.

11.3.10   외주검사대기현황

화면 위치   생산(원가)관리 ▶ QC ▶ [외주검사대기현황]

```
외주계약        생산계획가      생산계획        외주계획        외주발주        외주자재
등록      →     입력       →    조회       →    현황       →    입력       →    불출요청현황
                                                                                    ↓
외주납품/        외주반품       외주검사        외주납품        외주추가자재      자재출고
반품현황    ←              ←   대기현황    ←              ←   불출요청    ←    처리
```

외주납품 등록된 품목 중 검사 대상 품목을 조회하여 검사결과를 입력하기 위한 화면이다. 단, 최종공정인 경우엔 최종검사의뢰현황에 조회되어 최종검사를 처리하게 된다.

검사결과는 합격, 불합격, 특채 중 선택한다. 합격된 수량에 한해 외주입고가 처리된다.

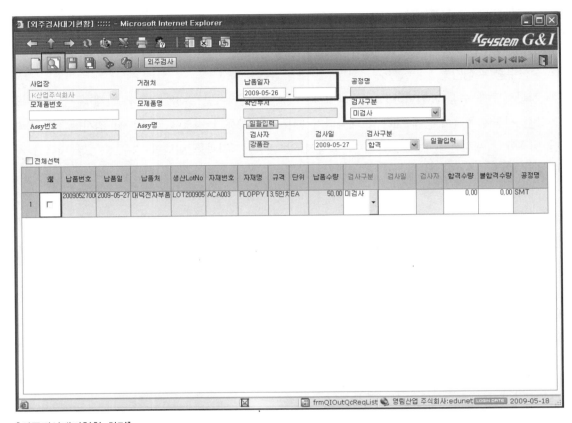

[외주검사대기현황 화면]

작업방법은 아래와 같다.

① 납품일자, 검사구분 등의 조회조건을 입력하고 [조회] 아이콘을 누른다. 검사구분은 미검 사로 해야 검사결과를 아직 입력하지 않은 대상 건들을 조회할 수 있다.
② 조회된 검사 대상 건에 대해 검사구분, 검사일, 검사자, 합격수량을 입력하고 [저장] 아이 콘을 누른다. 합격 수량만큼 자동으로 입고가 된다.
③ 검사결과를 삭제하고자 할 경우엔 시트 행 헤더를 클릭한 후 [행삭제] 아이콘을 누르면 검사구분이 미검사로 보이면서 검사결과가 지워진다.

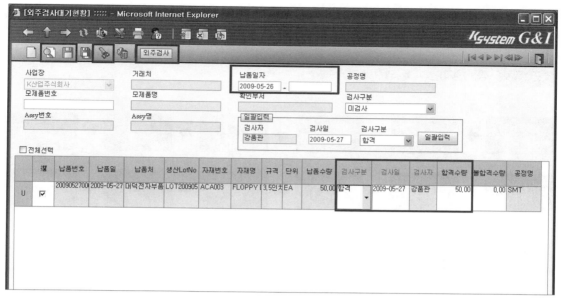

[외주검사결과 입력화면]

■ 검사자, 검사일, 검사구분을 한꺼번에 입력할 수 있는 기능으로 시트에 조회되는 검사 대상 여러 건을 한꺼번에 '選' 필드를 체크하고 <일괄입력> 버튼을 누르면 시트에 일괄입력의 내용이 동일하게 들어가게 되어 편리하다.

■ 검사구분

검사의 합불 판정결과로 아래 3가지 구분 중에서 선택할 수 있다.

- 합격: 검사의뢰수량 전량 합격으로 처리하고자 할 경우이다.
- 불합격: 검사의뢰수량 전량이 불합격으로 처리된다.
- 특채: 검사의뢰수량 중 일부 수량에 대해 합격을 처리하고자 하는 경우에 선택하는 구분이다.

■ 검사일

외주품이 입고되고 외주자재정산이 이루어지는 일자가 된다. 또한 원가에 외주비가 집계되는 기준일자로 중요한 정보이므로 주의해서 입력한다.

■ 합격수량

합격 수량만큼 입고가 되며, 자재정산수량 계산 시에도 기준이 되는 수량이 된다.

11.3.11 외주반품

화면 위치 | 생산(원가)관리 ▶ 외주 ▶ [외주반품]

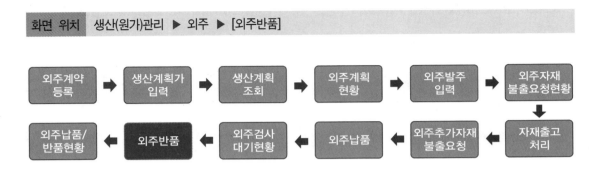

외주입고 된 건에 대해 반품을 처리하는 화면이다. QC 결과 불합격된 것에 대한 반품이 아니라 입고까지 진행되었던 건에 대한 반품을 등록하는 화면이다. QC 불합격은 재고로 잡히지 않기 때문에 반품 대상이 아니다. 실물은 반품하더라도 시스템에 반품으로 등록하지는 않는다.

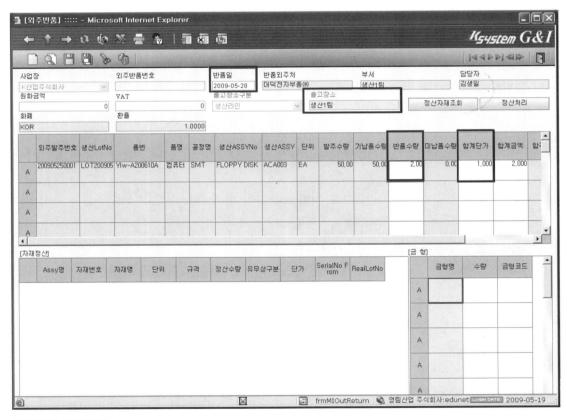

[외주반품 등록화면]

작업방법은 아래와 같다.

① [외주납품/반품현황] 혹은 [외주납품반품품목현황]에서 반품할 납품 건을 선택하여 [외
   주반품] 점프 버튼을 누른다.
② 반품일, 출고장소, 반품수량, 단가를 확인한다. 반품수량은 기본적으로 0으로 나오고, 단
   가는 납품 받았던 단가가 나온다. 금번에 반품할 수량과 단가로 수정하면 된다.
③ 반품은 출고 작업이 따로 없이 저장과 동시에 외주품의 수불에 반영이 되고 자재정산내
   역이 자동으로 보여진다.
④ 자재정산 수량은 반품 외주처에 재고로 증가된다. 자동으로 생성된 정산수량을 수정하고
   자 하는 경우에는 정산수량을 수정하고 <정산처리> 버튼을 누르면 된다.

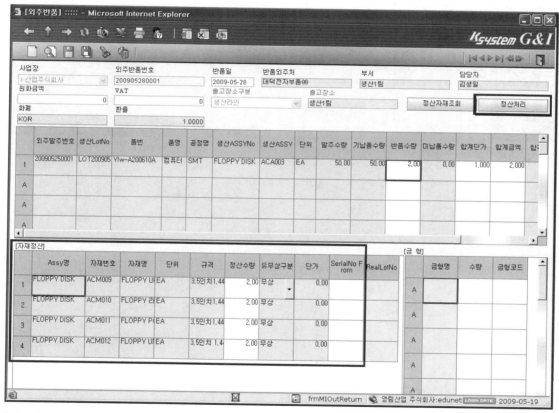

[외주반품 정산처리]

■ 출고장소

외주납품 건을 선택하여 반품을 하기 때문에 납품받았던 입고장소가 기본적으로 보여진다.
외주반품의 처리는 외주납품의 반대되는 처리이고 따라서 출고장소의 재공이나 재고수량은 외주

반품품목의 수량만큼 감하여진다.

■ 외주반품처리 시 반품품목을 생산하는 데 소요된 자재수량에 대해 외주처의 자재재고에 다시 증가시키는 작업을 하게 된다. 즉, 자재정산에 반대처리로 반품을 저장할 때 자동으로 되는데, 정산수량을 수정하고자 할 경우에는 수량을 수정하고 <정산처리> 버튼을 누른다. 단, 월마감 처리가 된 후에는 납품 건에 대한 정산처리 수정이 되지 않는다.

11.3.12 외주납품/반품현황

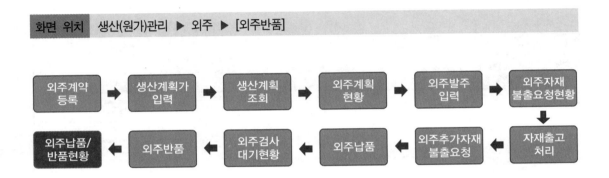

외주비에 대한 정산을 하기 위한 화면이다. 외주세금계산서에 대해 외주비 회계전표를 발행하게 된다.

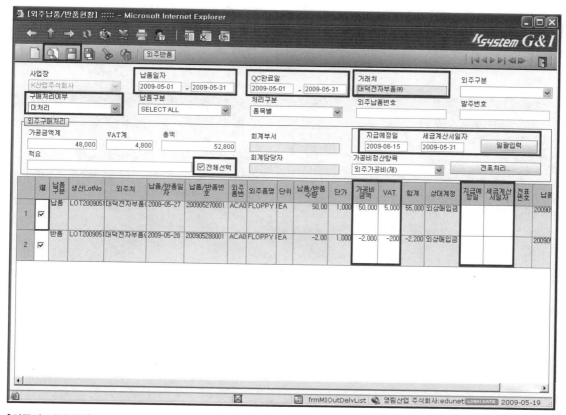

[외주비 정산처리]

작업방법은 아래와 같다.

① 납품일자, QC 완료일, 거래처, 구매처리 여부 등의 조회조건을 입력하고 [조회] 아이콘을
   누른다. 보통 월정산 하는 경우가 많으므로 검색기간을 해당월로 하고 외주비전표는 거
   래처별로 작성하도록 되어 있기 때문에 거래처 검색조건을 입력하여 조회하는 것이 편리
   하다. 구매처리 여부를 미처리로 하여 조회하면 아직 회계전표가 발행되지 않은 대상 건
   만 조회된다.

② 가공비금액, VAT를 확인하고 다를 경우 수정하고, 지급예정일, 세금계산서일자를 입력한
   후 [저장] 아이콘을 누른다. 지급예정일, 세금계산서일자는 시트에 직접 입력해도 되고
   건이 많을 경우 전체선택 클릭 후 <일괄입력> 버튼을 누르면 시트에 동일하게 값이 들
   어간다.

③ '選' 필드를 클릭하고 <전표처리> 버튼을 누르면 [타 시스템 전표처리] 창이 뜬다. 기표
   일, 관리항목이나 적요를 확인하여 입력하고 외주비전표를 저장한다.

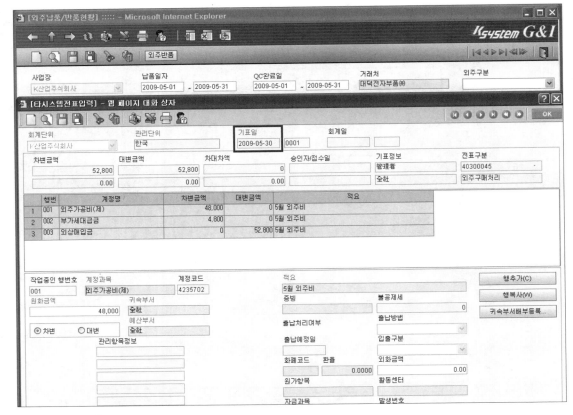

[외주비전표 화면]

■ QC 완료일

수불 및 외주비가 원가에 반영될 기준일자이다.

■ 납품/반품수량

납품은 납품 저장된 수량이 아니라 QC 합격수량이 보여지고, 반품은 QC와 상관없이 반품 저장된 수량이 보여진다. 즉, 실제 우리 재고로 반영된 수량이 보여진다.

■ 가공비금액

제조원가계산 시 외주비는 직접비로서 회계전표가 아닌 외주실적으로부터 집계하게 된다. 따라서 외주실적과 외주비전표 발행내역이 같아야 한다.

■ 외주비에 대한 지급예정일과 세금계산서일자를 시트에 입력할 때 여러 건을 한번에 쉽게 입력할 수 있는 기능이다. 대상 건 여러 행에 대해 '選' 필드를 클릭하고 <일괄> 버튼을 누르면 지급예정일과 세금계산서일자가 시트에 동일하게 입력된다.

01 외주발주를 하고자 한다. 선행작업으로 볼 수 없는 것은?

〈15회 이론 기출문제〉

① 외주가 있는 제품에 대해 생산계획을 입력하고 확정해야 한다.
② 외주작업에 필요한 자재를 미리 불출해야 한다.
③ 외주계약입력에서 외주품에 대한 단가와 사급자재에 대한 정보를 입력한다.
④ 워크센터등록에서 외주처를 거래처필드에 입력해야 한다.

★ 풀이 & 보충학습

[운영환경관리(공통)-초기]나 재고자산분류등록의 '(−)재고 허용 여부'가 설정되지 않은 경우, 외주납품 시 외주자재정산처리 단계에서 외주처 재고부족으로 인해 처리가 진행되지 않는다. 하지만 외주발주입력 시에는 외주발주로 인한 자재의 입출고가 발생하지 않으므로, 자재출고 여부와 상관없다.

정답 ②

02 외주납품을 하였으나 최종검사에서 불합격 판정을 받았다. 다음 설명 중 옳은 것은?

〈15회 이론 기출문제〉

① 불합격되었으니 입고를 취소해야 한다.
② 불합격이므로 납품을 삭제해야 한다.
③ 불합격이므로 반품등록으로 점프하여 반품처리 해야 한다.
④ 불합격이므로 사업장재고에 반영되지 않는다.

불합격 처리된 외주품은 정상적인 품목으로 볼 수 없고, 불량품을 정상적인 품목과 같이 재고자산금액으로 인식할 수 없으므로 사업장재고에 반영되지 않는다. 불합격 처리된 외주품목은 [운영환경관리(생산원가)-초기]의 '외주검사 불합격시 납품수량 차감 여부' 설정에 따라 불합격된 납품수량이 외주발주 대비 미납 상태로 관리할 수 있다.

정답 ④

03 K.System ERP 재고원장(계산서) 화면에서 확인할 수 있는 것으로 옳은 것은?

〈15회 이론 기출문제〉

① [자재출고처리]에서 부서로 출고처리 된 수량
② [자재출고처리]에서 외주처로 출고처리 된 수량
③ [자재기타출고처리]에서 기타출고처리 된 수량
④ [자재반품처리]에서 반품처리된 수량

★ 풀이 & 보충학습

재고현황은 사업장별로 사용자가 입력한 기간 내의 자재 또는 제품/상품에 관한 수불내역을 세금계산서를 기준으로 조회할 수 있는 정보성 화면이다. 부서와 외주처로 자재출고(자재반품)처리된 수량은 출고장소인 창고와 입고장소인 부서 또는 외주처 간의 입고와 출고가 발생하지만, 사업장 기준의 재고자산 소유권 측면으로 보면 단순한 장소의 이동으로 재고현황의 입/출고 항목에는 변화가 없다. 즉 재고이관 성격의 이동이나 부서, 외주처 간의 재고이동은 조회되지 않는다.
반면 재고원장에 나타나는 수량은 생산활동으로 인한 생산입고수량과 판매활동으로 인한 판매수량, 생산을 위해 자재가 투입된 경우 발생하는 투입수량, 구매활동을 통한 구매수량 등, 재고자산이 발생 또는 소멸한 경우이다. 기타출고처리는 sample 제작용이나, 테스트 목적용, 연구개발용과 같은 목적으로 필요한 자재요청을 하는 것으로, 일종의 생산을 위한 자재투입으로 볼 수 있기 때문에 재고원장 화면에서 확인할 수 있다.

정답 ③

04 K.System ERP의 외주납품입력에 대한 설명 중 옳은 것은?　　　〈15회 이론 기출문제〉

① 외주발주 되지 않은 외주품목도 외주납품처리 할 수 있다.

② 외주납품등록을 하게 되면 외주정산처리의 대상이 되어 외주비 회계처리를 할 수 있다

③ 외주납품등록 시 투입수량을 사용자가 변경 할 수 없다.

④ 외주납품등록을 하게 되면 공정검사 대상이 되어 공정검사를 해야 한다.

★ 풀이 & 보충학습

- ① 외주납품은 외주발주 된 외주 건에 대하여 납품을 입력하는 화면이다. 그러므로 외주발주 되지 않은 외주품목은 처리할 수 없다.
- ② 외주비에 대한 회계전표처리는 외주납품 및 외주반품내역에 입력된 외주가공금액을 기준으로 처리한다.
- ③ 외주납품입력 시 투입수량(금회납품수량)을 사용자가 입력할 수 있다.
- ④ 외주납품이면서 공정검사 대상인 경우만 공정검사 진행한다.

정답　②

---

05 K.System ERP의 외주계획현황 화면에 대한 설명으로 옳은 것은?　　　〈15회 이론 기출문제〉

① 외주계획현황상의 거래처는 외주단가등록에 등록된 거래처를 가져온다.

② 외주발주등록이 된 계획은 더 이상 진행할 수 없도록 보여지지 않는다.

③ 외주계획현황에서 확정처리를 해야 발주로 진행할 수 있다.

④ 제품별 공정등록에 외주공정으로 체크된 공정이 생산계획 수립 시 생성되어 외주계획현황에 보여진다.

- 외주계획현황 화면이란 생산계획가입력에서 자동으로 생성된 작업계획 중 외주 여부에 체크가 되어 있는 작업들이 외주계획현황에서 보여지게 된다. 조회하고자 하는 기간 동안 외주할 품목의 발주계획과 진행상태를 파악할 수 있는 화면이다.
- ① WorkCenter 등록 시 선택해준 거래처를 가져온다.
- ② 외주발주등록이 되고 진행상황을 볼 수 있다.
- ③ 외주계획현항에서는 진행상태를 조회만 하게 되고 확정처리는 할 수 없다. 생산계획조회에서 외주에 해당되는 작업계획을 확정하면 진행상태에 '확정'이라고 조회된다.

정답	④

06 외주납품 건 200808220001에 의해 예상되는 자재정산수량은 얼마인가? 〈15회 실무 기출문제〉

① 25　　　　② 50　　　　③ 75　　　　④ 100

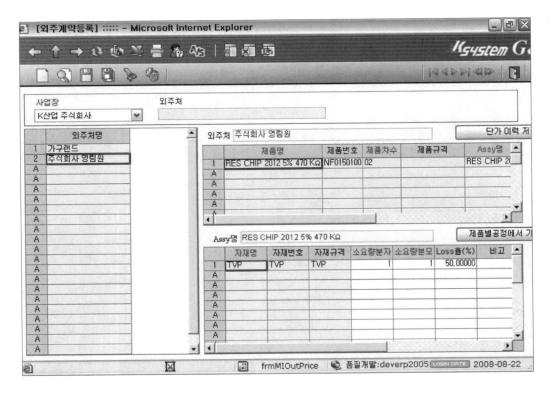

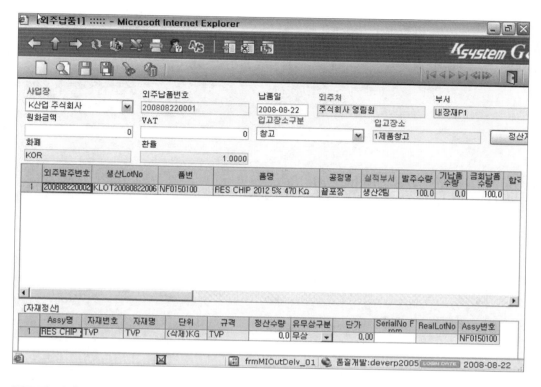

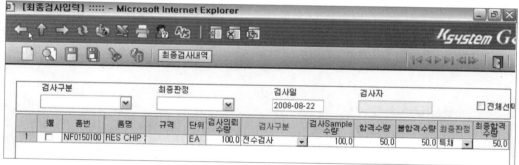

주납품 받은 외주품목이 최종검사 대상인 경우, 외주납품 시에는 외주자재정산품목만 조회되고, 최종검사에서 합격한 외주품수량을 기준으로 외주자재가 정산(투입)처리된다. 따라서 외주품 100EA의 납품수량 중 합격품이 50EA이므로 50EA에 투입된 양이 자재정산처리 된다. Loss율이 50%, 즉 50개 생산하는 데 75개의 자재가 필요하므로 75EA의 외주자재가 정산처리 된다.

정답　③

첨부 그림은 K.System ERP에서 [외주발주입력] 화면이다. 해당 화면에 대한 설명 중 옳은 것은?

〈20회 이론 기출문제〉

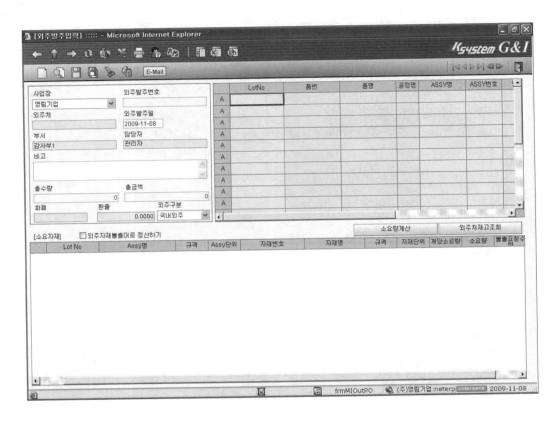

① 생산 LotNo 기준으로 외주발주를 작성하는 것이 원칙이지만, 별도로 생산 LotNo 없이 외주발주를 작성할 수도 있다.

② 외주처는 품목기준정보의 거래처를 자동적으로 보여준다.

③ 해당 외주품에 대한 제품별 공정등록의 자재구성 내용과 외주계약등록의 자재구성 내용이 다를 경우, 소요량 계산을 하면 외주계약등록에 등록된 자재구성 내용대로 계산된다.

④ '외주자재불출대로 정산하기' 선택 버튼이 선택되어 있지 않으면 자재정산 시 제품별 공정등록에 등록된 내역대로 처리된다.

- 외주계획현황에서 외주발주입력으로 점프한 경우 LotNo는 조회만 가능하고, 신규로 발주를 할 경우에는 생산계획이 잡힌 LotNo를 조회하여 선택하여야 한다. LotNo 없는 외주발주는 불가능하다. ①은 잘못된 설명이다.
- 외주발주입력 화면의 외주처는 외주계약등록 되어 있는 거래처를 자동적으로 보여주고 사용자가 선택하도록 되어 있다. ②는 잘못된 설명이다.
- 외주 건에 대한 자재정산처리는 아래와 같은 2가지로 처리 가능하다.
    - 외주계약입력에 사전에 등록된 소요자재로 정산
    - 외주발주입력에서 등록한 불출요청수량으로 정산. 즉 위 화면 아래 시트 셀에 등록한 경우
- ④는 잘못된 설명이다.

정답 ③

---

08 K.System ERP [외주납품] 화면에 대한 설명 중 옳지 않은 것은? 〈20회 이론 기출문제〉

① 외주발주서가 없더라도 긴급납품인 경우는 신규로 납품등록 할 수 있다.
② 외주품이 재공품인 경우는 입고장소구분이 반드시 생산라인이어야 한다.
③ 외주품이 제품 또는 반제품인 경우 입고장소구분이 반드시 창고여야 한다.
④ 해당 외주품이 무검사품인 경우는 별도의 입고처리 없이 자동입고 할 수 있다

외주발주된 외주 건에 대하여 납품을 입력할 수 있다. ①은 잘못된 설명이다.

정답 ①

09 (주)영림기업의 외주담당자는 K.System ERP 외주프로세스에서 납품처리 후 외주처 태원화학에서 납품한 제품 'H200011AA0'의 수량이 잘못 등록된 사실을 알았다. 이때 외주담당자가 외주납품수량을 수정하기 위해 해야 할 작업으로 옳은 것은? 단, 해당 외주품목은 무검사품이고, [운영환경설정(생산원가)-진행] 화면에서 '외주생산 자동입고처리 여부' 옵션이 설정되어 있다.

〈20회 실무 기출문제〉

① [외주납품] 화면에서 해당 품목의 납품수량을 수정한다.

② [생산입고입력] 화면에서 해당 품목의 입고내역을 삭제 후, [외주납품] 화면에서 납품수량을 수정한다.

③ [생산입고입력] 화면에서 해당 품목의 입고내역을 삭제하고 [최종검사처리] 화면에서 해당 제품의 검사내역을 삭제한 후, [외주납품] 화면에서 납품수량을 수정한다.

④ [외주자재추가정산] 화면에서 외주자재수량을 먼저 수정한 후, [외주납품] 화면에서 납품수량을 수정한다.

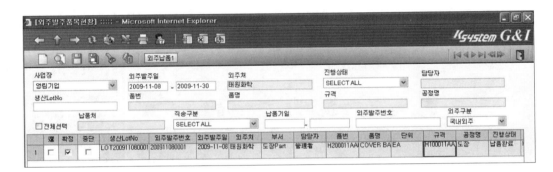

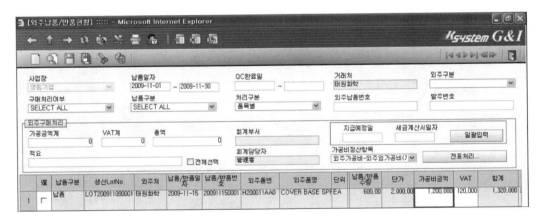

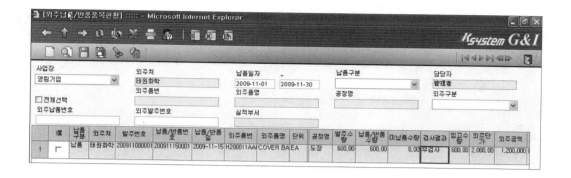

외주납품을 하게 되면 입고가 자동으로 처리되므로, 생산입고를 삭제할 필요 없이 납품 화면에서 수량을 수정하면 된다.

정답 ①

10 (주)영림기업의 생산관리담당자는 첨부 그림과 같이 제품 'PSP00004A0'의 제품별 공정정보를 확인하고 생산계획을 등록하였으나, 계획 당일 생산라인이 문제가 생겨 한시적으로 해당 제품을 외주로 처리하려고 한다. K.Sytem ERP에서 해야 할 프로세스 중 옳은 것은?

〈20회 실무 기출문제〉

① [구매단가등록] 화면에서 해당 제품의 외주계약정보를 등록한다.

② [제품별 공정등록] 화면에서 해당 제품의 '최종검사공정 여부'를 체크한다.

③ [생산계획조회] 화면에서 해당 제품의 생산계획 건의 '확정'을 취소처리 하고, [작업계획조정입력] 화면에서 '외주 여부'를 선택한다.

④ 생산계획 삭제 후 [외주발주등록] 화면에서 신규 등록한다.

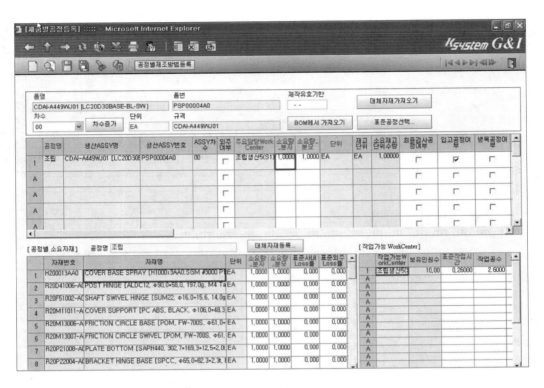

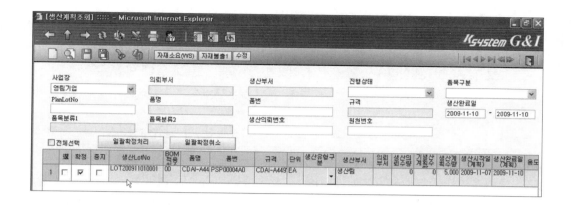

★ 풀이 & 보충학습

확정된 생산계획은 수정할 수 없으므로 일단 확정을 취소하고 해당 작업을 외주로 처리해야 한다. [제품별 공정등록]에 외주 여부가 체크되어 있지 않을 경우, 작업계획에서 외주 여부를 체크하여 외주로 처리할 수 있다.

정답   ③

11 K.System ERP에서 반제품 'H200011AA0'의 외주발주등록을 하기 위해 제품별 공정정보와 외주계획현황을 확인하고, 해당 반제품에 대해서 [외주계획현황] 화면에서 [외주발주입력] 화면으로 점프하여 〈소요량계산〉 버튼을 클릭하였으나 첨부 그림과 같이 외주발주입력 화면 하단에 소요자재가 계산되지 않았다. 그 원인으로 가장 옳은 것은? 〈20회 실무 기출문제〉

① [운영환경관리(생산원가)-초기]에서 '외주자재정산 시 납품수량으로 정산처리'로 설정되어 있다.
② [운영환경관리(생산원가)-초기]에서 '반제품을 재공으로 처리'로 설정되어 있다.
③ [자재등록]에서 해당 반제품의 구성자재들의 '기본구매처'가 등록되어 있지 않다.
④ [외주계약등록]에 해당 반제품의 외주계약 내용이 등록되어 있지 않다.

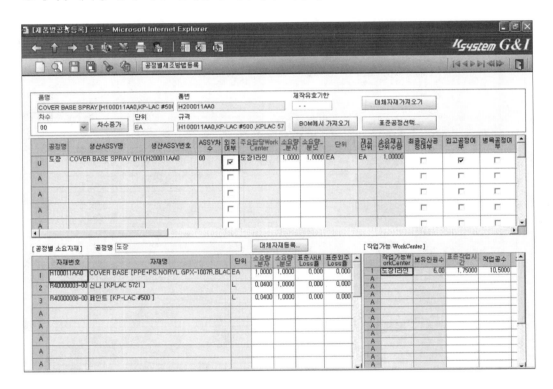

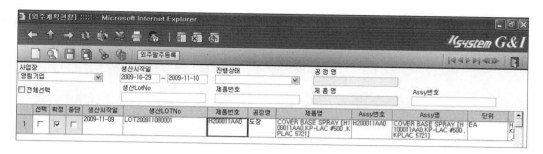

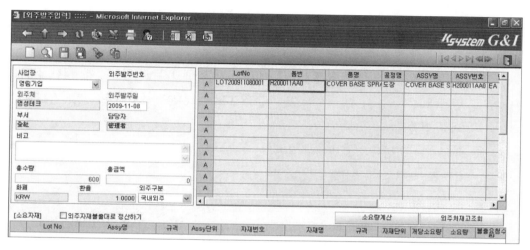

![풀이 & 보충학습]

사내생산인 경우는 제품별 공정등록에서 소요량을 등록하는 것처럼, 외주품목에 대해서는 외주계약등록에서 소요량을 등록해주어야 한다.

정답 ④

12 우리산업의 생산 Scheduling 담당자는 컴퓨터(A사양)에 생산계획을 확정한 후 작업계획에서 공정별 작업내용을 확인 하던 중 내부 조립라인의 설비고장으로 인하여 본체 조립공정을 외주처로 이관해야 된다고 판단하였다. 다음 중 K.System ERP에서 처리하는 방법으로 옳은 것은?

〈16회 실무 기출문제〉

① 생산계획 확정 취소, 생산계획 삭제, 제품별 공정등록에서 조립공정에 외주 여부 체크 후에 다시 생산계획 을 세운다.

② 생산계획조회에서 '수정'으로 점프한 후 생산계획을 수정하게 되면 해당 조립공정을 외주생산으로 전환할 수 있다.

③ 제품별 공정등록에서 조립공정에 외주 여부를 체크하게 되면 현재 생산계획이 '확정' 단계에 있는 경우, 모두 자동으로 수정이 되기 때문에 해당 조립공정은 모두 외주생산 으로 전환될 수 있다.

④ 작업계획 조정입력 화면에서 외주 여부에 대해서 다시 한 번 정의할 수 있고 이를 기 준으로 해서 외주생산으로 전환될 수 있다.

★ **풀이 & 보충학습**

사내생산과 외주생산을 병행하는 제품의 경우, 주로 처리하는 생산방식 기준으로 제 품별 공정등록의 외주 여부를 설정하고, 제품별 공정등록의 외주 여부와 다르게 생 산하는 경우, 작업계획 조정 입력에서 외주 여부를 수정할 수 있다.

이때 외주 여부 수정을 하면, 해당 일자별 작업계획의 생성 또는 삭제와 외주계획의 생성 또는 삭제가 동시에 이루어진다.

따라서 사내생산계획이나 외주계획에 의해 일부 생산 또는 외주납품이 진행된 경우, 외주와 사내생산 간의 전환을 할 수 없으며, 반드시 외주납품이나 사내생산이 진행 되지 않은 건에 한해 상호간 전환이 가능하다.

정답　④

13 K.System ERP 외주발주입력 화면에 관한 설명이다. 옳은 것은? 〈16회 실무 기출문제〉

① 생산 LotNo 기준으로 외주발주를 작성하는 것이 원칙이지만, 별도로 생산 LotNo 와는 무관하게 외주발주를 작성할 수도 있다.
② 외주처는 품목기준정보의 거래처를 자동적으로 보여준다.
③ 해당 외주품에 대한 제품별 공정등록의 자재구성 내용과 외주계약등록의 자재구성 내용이 다를 경우, 소요량 계산을 하면 외주계약등록에 등록된 자재구성 내용대로 계산된다.
④ 외주자재불출대로 정산하기 선택 버튼이 선택되어 있지 않으면 자재정산 시 제품별 공정등록에 등록된 내역대로 처리된다.

★ 풀이 & 보충학습

생산 LotNo는 생산계획가입력을 통해 생성되며, 이 LotNo는 외주발주, 작업계획, 생산실적입력 등 모든 생산부분의 주요 대푯값으로 관리된다.
또한 외주발주입력 시, 외주처를 자동으로 적용하려면 해당 WorkCenter의 세부정보 중 거래처 항목이 사전에 등록돼 있어야 하고, 외주자재정산은 외주계약등록에 입력된 자재내역을 반영한다.

정답 ③

14 [외주납품 등록] 화면의 자재정산에 대한 설명 중 옳은 것은? 〈16회 실무 기출문제〉

① 외주납품을 저장하면 납품 등록한 품목에 대한 소요자재의 수량을 제품별 공정등록의 소요량을 기준으로 자동 계산해준다.
② 무검사 품목인 경우에는 자재정산처리를 하지 않는다.
③ 정산수량을 수정할 때는 정산 Sheet에 수량을 입력하고 <정산처리> 버튼 클릭을 통해서 수정작업이 가능하다.
④ 검사품목인 경우 외주검사처리 전 납품수량을 기준으로 정산처리 된다.

외주자재의 정산은 외주계약등록에 입력된 소요자재내역을 반영하며, 검사품 여부와 상관 없이(투입시점상의 차이를 제외하고) 납품된 모든 품목에 대해 자재정산처리를 한다.

정답   ③

15 K.System ERP의 외주계획현황 화면에 대한 설명으로 옳은 것은?　　〈16회 실무 기출문제〉

① 외주계획현황상의 거래처는 외주단가등록에 등록된 거래처를 가져온다.
② 외주발주등록이 된 계획은 더 이상 진행할 수 없도록 보여지지 않는다.
③ 외주계획현황에서 확정처리를 해야 발주로 진행할 수 있다.
④ 제품별 공정등록에 외주공정으로 체크된 공정이 생산계획수립 시 생성되어 외주계획현황에 보여진다.

외주계획현황상의 거래처는 해당 외주계획을 담당하는 WorkCenter에 등록된 거래처를 보여주고, 외주발주 등 다음 작업이 진행된 외주계획은 진행상태(발주, 납품 등)를 통해 진척사항을 확인할 수 있다.
또한, 외주계획의 확정과 중단은 생산계획가입력의 확정과 중단 여부와 연동되어 일관성 있게 관리되어진다.

정답   ④

16 제품번호 'RP00-0404'는 두 군데의 외주 공정과정을 거친 후 입고된 후 사내 생산과정을 통해 완성되는 제품이다. 외주처 A의 첫 번째 외주공정을 통해 Assy번호 'RP00-0404-002'가 입고되고, 다시 외주처 B에 재공품인 상태로 출고처리 된다. 현재 외주처 B에 보기와 같이 재공품 Assy번호 'RP00-0404-002'가 출고된 상태이다. K.System ERP에서 외주처 B로 출고 된 Assy번호 'RP00-0404-002'의 외주처재고를 볼 수 있는 화면은?

〈16회 실무 기출문제〉

① 위탁재고현황　　　　　② 현장재고현황
③ 장소구분별재고현황　　④ 재공재고현황

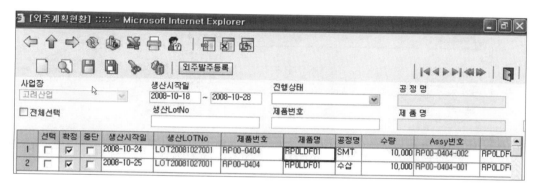

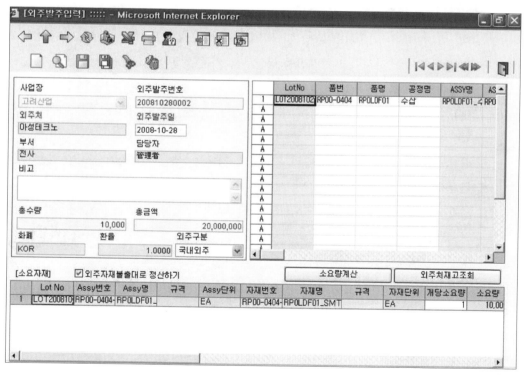

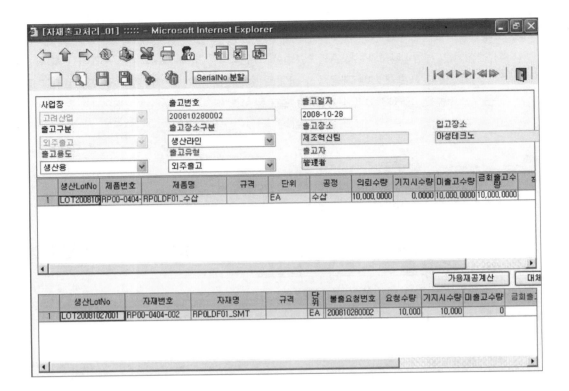

위탁재고현황은 외주처별 무상 사급한 자재의 재고를 관리하는 것이고, 현장재고현황
은 생산부서로 자재출고/자재반품(생산부서 기준 입고), 자재투입(생산부서 기준 출고)
에 의한 재고를 관리한다.

재공재고현황은 생산부서 또는 외주를 통해 생산된 입고수량과 창고입고를 통한 출
고수량을 조회할 수 있다.

현장재고현황과 재공재고현황의 가장 큰 차이는 생산을 위한 자재의 입출고내역은
현장재고현황에서, 생산에 의한 재공품, 제품, 반제품의 생산부서 입고와 창고입고에
의한 생산부서 출고는 재공재고현황에서 조회된다.

정답 ④

17 고려전자는 외주공정에 대해 넥스콘플렌텍과 외주계약을 체결하였다. 외주발주서를 작성하기 위해 외주계약현황에서 외주발주 화면으로 넘겼으나 외주처에 넥스콘플렌텍이 나오지 않았다. 다른 외주처와는 계약을 하지 않았기 때문에 외주발주서에 항상 넥스콘플렌텍이 나오게 하고자 한다. 이럴 경우 설정해야 하는 사항으로 옳은 것은?　　〈16회 실무 기출문제〉

① 제품별 공정등록에 외주처를 입력한다.

② WorkCenter 등록에 외주처를 입력한다.

③ 품목등록에 외주처를 입력한다.

④ 소분류에서 공정등록 시 외주처를 입력한다.

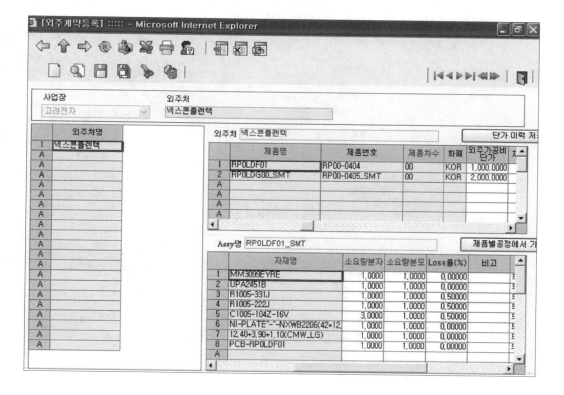

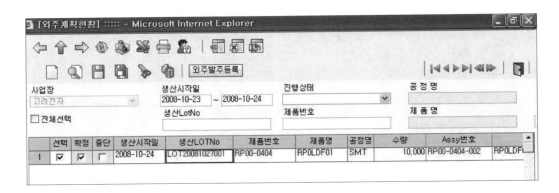

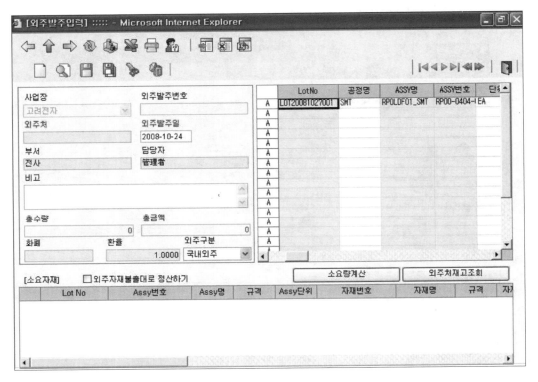

WorkCenter 등록에서 WorkCenter별 거래처 설정을 통해, 해당 WorkCenter의 전용 외주처를 설정할 수 있다.

이 설정을 통해 외주계획을 선택하여 외주발주처리 시, 자동으로 등록된 거래처를 외주처로 반영한다.

정답 ②

18 외주처 넥스콘플렌텍에 대해 10월 납품내역을 확인한 결과 외주발주번호 200810290001에 납품수량이 잘못된 것을 발견하였다. 납품수량을 수정하기 위해 해야 하는 작업으로 옳지 않은 것은? 단, 해당 외주품목은 반제품이고 검사품이다.

〈16회 실무 기출문제〉

① 생산입고입력을 삭제한다.

② 최종검사처리를 삭제한다.

③ 외주검사처리를 삭제한다.

④ 자재정산처리를 취소한다.

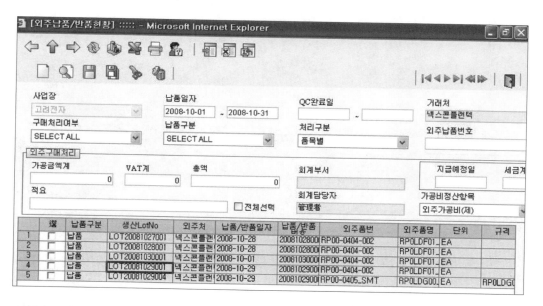

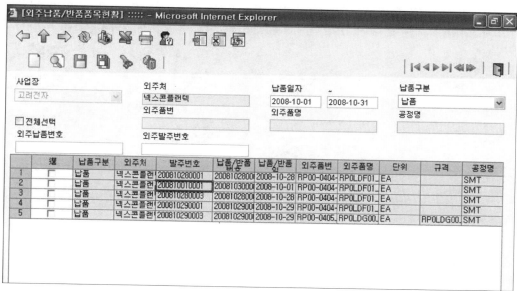

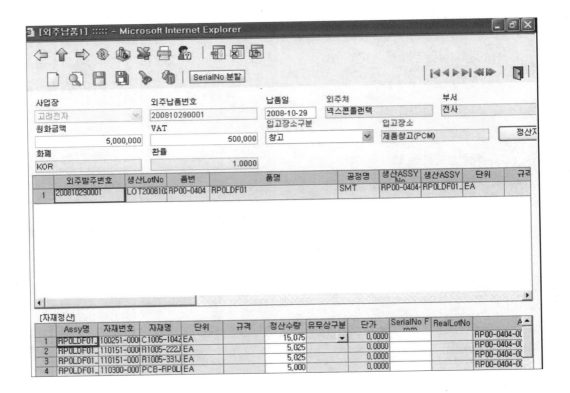

★ 풀이 & 보충학습

일반적인 주요 외주프로세스는 생산의뢰입력 → 생산계획가입력 → 생산계획조회(확정처리) → 외주발주입력 → 외주납품 / 자재정산처리 → 최종검사입력 → 생산입고입력 / 제조지시서 완료이다. 위 프로세스의 각 단계는 다음 단계가 진행된 경우, 데이터 정합성 보호를 위해 이전 단계 데이터의 수정이나 삭제를 통제하고 있다.

정답 ③

19 K.System ERP의 외주계약등록에 대한 설명 중 옳지 않은 것은? 〈18회 실무 기출문제〉

① 외주처별 각각의 외주품목에 대한 외주단가를 적용 기간별로 다르게 관리할 수 있다.

② 동일한 외주품목을 여러 외주처에서 제조가 가능한 경우, 외주단가를 외주처별로 다르게 관리할 수 있다.

③ 무상 사급으로 공급하는 자재에 대하여 관리할 수 있으나, 등록하지 않은 경우 제품별 공정등록에 있는 소요자재내역대로 외주자재 불출처리가 된다.

④ 외주처의 자재조달능력에 따라 무상사급으로 공급하는 자재내역이 다를 수 가 있는데, 이를 외주처별로 각각 관리할 수 있다.

★ 풀이 & 보충학습

외주계약등록은 동일한 품목이라도 외주처에 따라 공급하는 유상 또는 무상 사급의 종류가 다를 수 있고, 그로 인한 외주단가의 차이를 반영한다.

즉, 하나의 외주품에 대해 외주처별 단가, 투입자재 등을 각각 관리하는 화면으로 제품별 공정등록의 투입자재내역에 기초하고 있지만, 외주자재 불출 대상 기준은 외주계약등록에 입력된 투입자재내역 기준이다.(제품별 공정등록의 자재투입내역과 외주계약등록의 투입 자재내역은 다를 수 있다.)

정답 ③

20 외주납품에 대한 설명으로 옳지 않은 것은? 〈18회 실무 기출문제〉

① 공정품일 경우에는 생산라인으로만 입고되어야 한다.

② 하나의 발주 건에는 한 번의 납품만 가능하다.

③ 검사품일 경우 외주납품 후, 합격수량으로 자재정산이 일어난다.

④ '외주생산 자동입고 처리 여부' 옵션을 사용하지 않고, 외주공정이 최종공정인 경우에는 외주납품 후, 생산입고프로세스를 거쳐야 한다.

21 '제품-002'의 외주생산이 다음과 같이 진행되었을 때, 투입되는 자재별 수량으로 옳은 것은?

〈18회 실무 기출문제〉

① 부자재-001 = 90 / 원자재-003 = 165
② 부자재-001 = 100 / 원자재-003 = 170
③ 부자재-001 = 100 / 원자재-003 = 160
④ 부자재-001 = 100 / 원자재-003 = 165

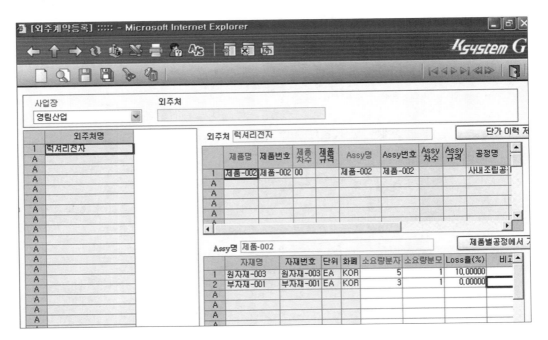

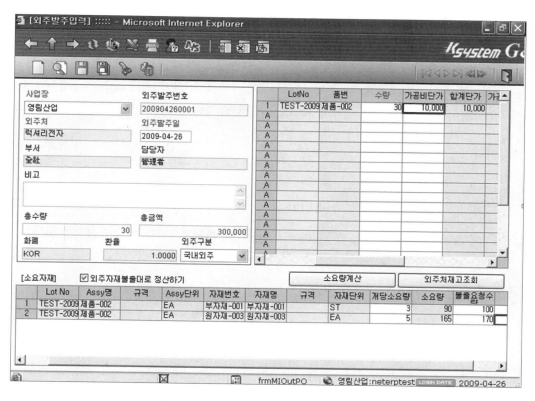

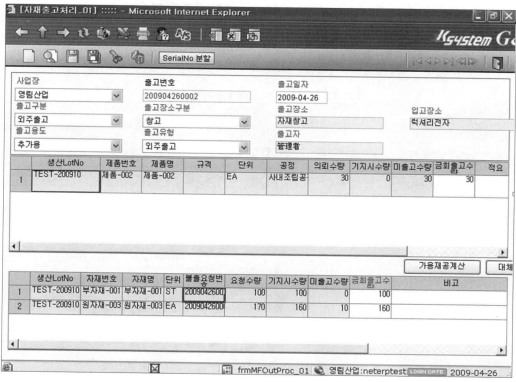

22 외주계약등록을 하고 외주계획현황에서 해당 생산품목을 선택하여 외주발주로 넘어갔다. 하지
만 소요량 계산을 하여도 소요자재가 나오지 않는다. 이유는? 〈18회 실무 기출문제〉

① 외주계약등록 시 유무상 구분을 무상으로 했기 때문이다.
② 외주계약등록의 적용시작일보다 외주발주일이 빠르기 때문이다.
③ 제품별 공정등록 데이터가 없기 때문이다.
④ Loss율(%)이 0이기 때문이다.

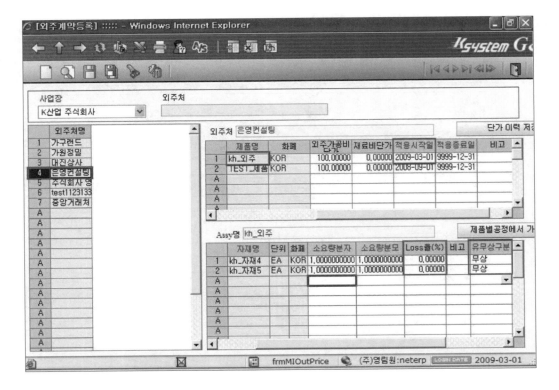

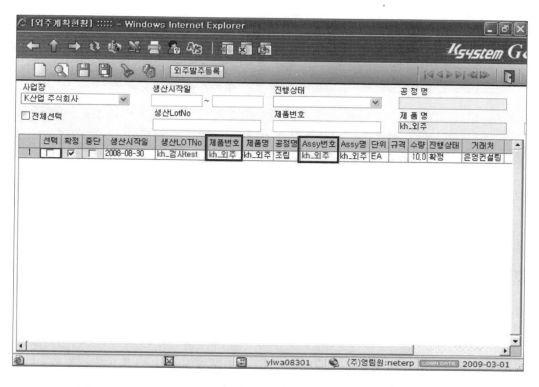

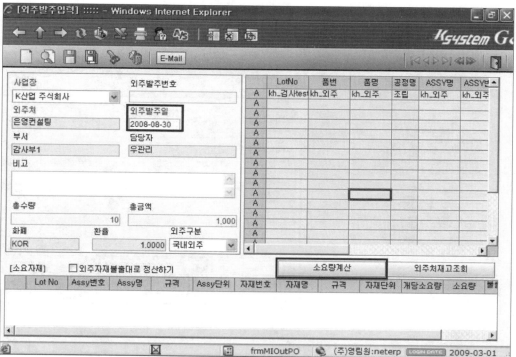

외주계약등록은 외주처별로 각 품목별 단가와 그 투입자재내역을 관리하는데, 적용 기간에 따라 외주단가와 투입자재 수량의 변화가 발생한다.

이를 반영하기 위해 외주계약입력 시, 적용일자 구간을 지정하는데, 외주발주일자가 이 외주계약 적용일자 구간에 속하지 않는 경우, 관련 외주단가와 투입자재 및 그 수량을 반영하지 못한다.

정답 ②

---

23 외주납품 화면에서 정산되는 소요자재와 소요량은? 〈18회 실무 기출문제〉

① kh_ 자재 3 − 100 kh_ 자재 4 −100 kh_ 자재 5 − 500

② kh_ 자재 3 − 100 kh_ 자재 4 −105 kh_ 자재 5 − 500

③ kh_ 자재 3 − 100 kh_ 자재 4 −105 kh_ 자재 5−0

④ kh_ 자재 3−0 kh_ 자재 4 −105 kh_ 자재 5 − 500

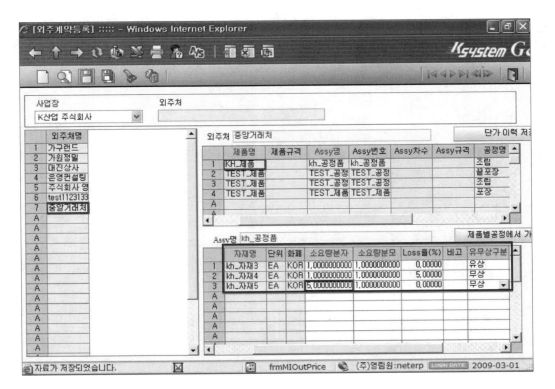

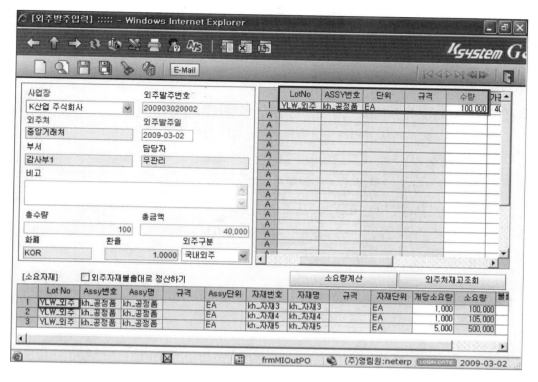

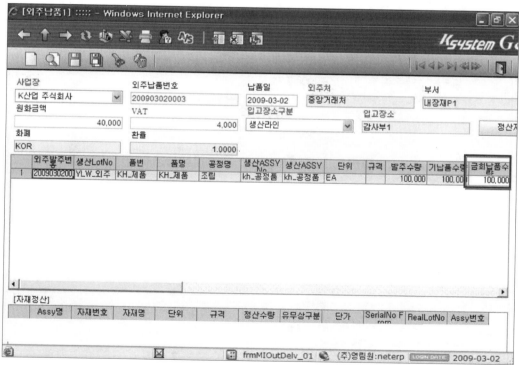

외주계약등록의 소요자재내역을 보면 'kh_자재 3'의 유무상구분이 '유상'으로 설정되어 있다.

유상 건은 당사에서 자재를 외주처로 판매하거나 외주처에서 자체 조달하는 경우로 사급 대상 자재가 아니다.

'kh_자재 4'는 품목당 소요량이 1EA이지만 Loss율이 5%로 설정되어 있고, 'kh_자재 5'는 품목당 소요량이 5EA로 설정되어 있다.

이를 정리하면 KH_제품 100EA를 외주납품처리 시 소요되는 자재 'kh_자재 3'은 유상 사급품으로 무상 사급 대상이 아님(0EA). 'kh_자재 4'는 100EA의 소요자재에 로스율 5%를 추가한 105EA. 'kh_자재 5'는 500EA로 소요량이 계산된다.

정답 ④

12장 K.System 자재관리(생산)

12.1 자재관리 개요
12.2 자재관리 메뉴 설명
12.3 자재관리 실습
12.4 기출문제 분석

영림원소프트랩 K.System

자재관리는 생산에 필요한 자재를 요청 받아 현장이나 외주처로 출고하는 생산출고, 그리고 한 창고에서 다른 창고로 자재를 이동하거나 한 사업장에서 다른 사업장으로 자재를 적송하는 프로세스, 또한 생산출고 외에 다른 목적으로 출고하는 기타출고, 마지막으로 구매 외에 예외적인 입고를 처리하는 기타입고프로세스로 구성되어 있다. 이중 생산출고는 생산관리프로세스에서 설명된 부분이므로 제외하고 본 장에서는 이동/적송과 자재기타입출고 프로세스에 대해서 설명한다.

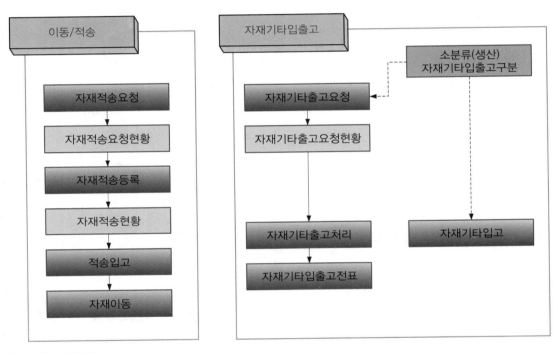

[프로세스 흐름도]

TIP! 본 장은 생산측면에서 자재관리를 다루고 있다. 물류측면에서 다룬 8장의 자재관리와 근본적으로 같지만 업무측면에서 물류/생산으로 나누어져 있다.

12.2.1 이동/적송 관련 메뉴

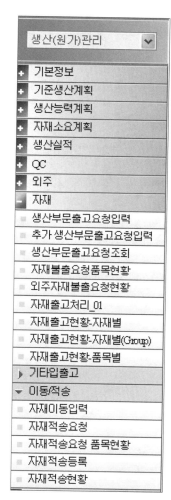

[이동/적송 메뉴]

자재적송요청

다른 창고/다른 사업장의 창고담당자에게 자재를 이동 요청하는 화면이다.

자재적송요청현황

자재적송요청이 등록된 내역을 조회하고, 요청받은 창고/사업장의 담당자가 이에 대해 적송출고로 진행할 수 있는 화면이다.

자재적송등록

적송요청 된 내역에 대해 요청받은 창고담당자가 자재를 출고한 내역을 입력하는 화면이다. 아직 재고의 변화는 없다.

자재적송현황

자재적송을 등록한 내역을 조회하고 요청한 창고에 도착했을 때 적송입고처리로 진행할 수 있는 화면이다.

자재적송입고

요청한 담당자가 요청한 창고에 자재가 도착했을 때 적송입고를 입력하는 화면이다.

자재이동

한 사업장 내의 창고 간의 자재 이동을 입력하는 화면으로 같은 사업장이라도 두 창고의 담당자가 다른 경우에는 적송을 사용하고 같은 경우에는 이동을 사용한다.

12.2.2 기타입출고 관련 메뉴

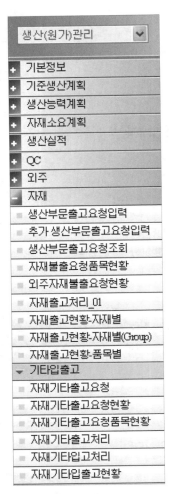

[기타입출고 메뉴]

■ 자재기타출고요청

Sample 제작용이나 테스트 목적용, 연구개발용과 같이 생산 사용이 아닌 기타 목적으로 자재가 필요한 경우 자재요청을 입력하는 화면이다.

■ 자재기타출고요청현황

자재기타출고요청 된 내역을 조회할 수 있고 창고담당자가 기타출고처리로 진행할 수 있는 화면이다.

■ 자재기타출고처리

기타출고요청 된 내역에 대해 자재를 출고해주면서 기타출고를 입력하는 화면으로 요청 없이 바로 처리도 가능하다.

■ 자재기타입고

기타출고와 반대되는 개념으로 정상적인 입고(구매입고)가 아닌 예외적인 입고가 발생할 때 입력하는 화면이다.

12.3.1 자재적송요청

화면 위치	생산(원가)관리 ▶ 자재 ▶ 이동/적송 ▶ [자재적송요청]

적송이란 다른 사업장 간의 이동 또는 동일 사업장이라도 창고담당자가 다를 경우 사용 하는 기능이다. 창고담당자가 다르므로 직접 이동시킬 수 없고, 이동을 원하는 담당자가 미리 이동시킬 창고의 담당자에게 요청을 하는 화면이다.

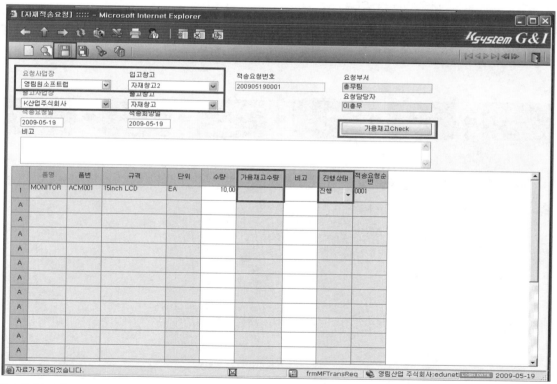

[자재적송요청 화면]

작업방법은 아래와 같다.

① 요청사업장과 출고사업장 선택, 적송요청일을 확인한 후 요청할 자재와 수량을 입력한다.
② 입고창고와 출고창고는 참고자료로서 미리 알 수 있는 경우엔 지정한다. 실제 출고하거나
   입고할 때 기본값을 띄워주는 역할을 하므로 향후 프로세스에서 수정이 가능하다.
③ 출고창고를 입력하고 <가용재고 Check> 버튼을 누르면 가용재고수량이 보여진다.

■ 진행상태
요청 후 적송 진행상태를 파악할 수 있으며 각각에 대한 해석은 다음과 같다.

- 진행 : 적송요청이 저장만 되고 이후 진행된 내역이 없는 상태
- 적송중 : 적송출고담당자가 적송등록을 하였으나 아직 적송입고가 되지 않은 상태
- 적송완료 : 적송요청담당자가 요청자재가 입고되어 적송입고까지 입력한 상태

12.3.2 자재적송요청현황

| 화면 위치 | 생산(원가)관리 ▶ 자재 ▶ 이동/적송 ▶ [자재적송요청현황] |

자재적송요청이 등록된 내역을 조회하고, 요청받은 창고/사업장의 담당자가 이에 대해 적송
출고로 진행할 수 있는 화면이다.

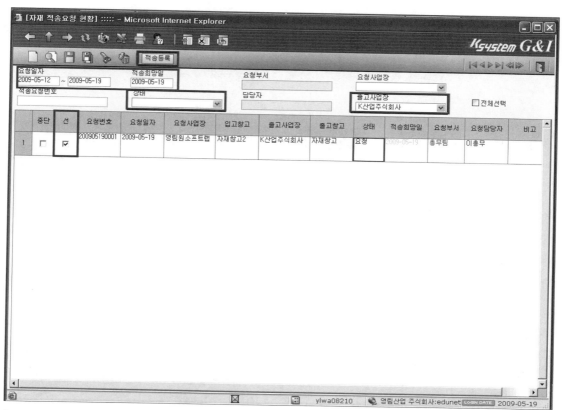

[자재적송요청현황 화면]

작업방법은 아래와 같다.

① 적송출고담당자가 적송 대상 건을 조회하고자 할 경우 출고사업장, 요청일자, 상태 등의
조회조건을 입력하고 [조회] 아이콘을 누른다.

② 상태가 진행인 건에 대해서 '선' 필드를 클릭 한 후 <적송등록> 점프 버튼을 누른다.

③ 적송요청 건에 대해 조회하는 화면으로 품목에 대한 정보는 확인할 수 없다. 이 경우 시
트를 더블클릭하여 적송요청 화면으로 이동하여 자세한 내역을 확인하거나 [적송요청품
목현황] 화면을 이용하여 품목에 대한 정보를 확인할 수 있다.

12.3.3 자재적송등록

화면 위치 생산(원가)관리 ▶ 자재 ▶ 이동/적송 ▶ [자재적송등록]

적송요청 된 내역에 대해 요청받은 창고담당자가 자재를 출고한 내역을 입력하는 화면이다. 아직 재고의 변화는 없다. [운영환경관리(물류)-진행]에서 '적송등록 시 자동입고 여부(자재)'에 체크가 되어 있는 경우엔 적송등록 저장 시 자동으로 출고창고에서 출고 및 입고창고에 입고가 된다. 자동입고 여부에 체크가 안 되어 있는 경우엔 적송등록 이후 적송입고를 처리해야 적송 출고 및 입고가 이루어지게 된다.

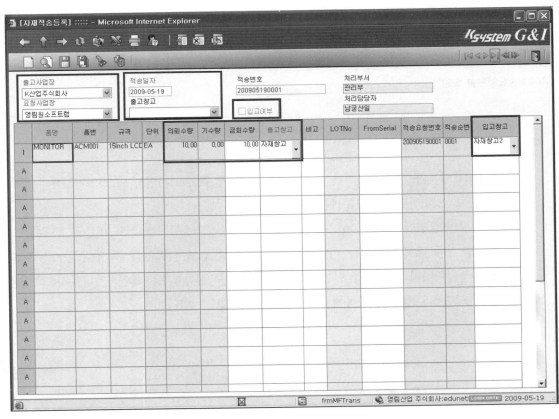

[자재적송등록 화면]

작업방법은 아래와 같다.

① [자재적송요청현황]이나 [자재적송요청품목현황]에서 점프해오면 출고사업장, 요청사업장, 출고창고, 입고창고, 품목, 수량, 입고창고, 출고창고 등의 값이 요청내역대로 보여진다.
② 적송일자는 기본으로 현재일자가 나타나게 되므로 실제 적송을 처리할 일자로 수정하고, 처리할 수량과 출고창고를 확인하여 저장한다.
③ 금회수량은 의뢰수량-기수량으로 보여지며, 적송을 일부 수량으로 분할하여 등록한 경우 이전까지 적송이 등록된 수량이 기수량으로 보여지게 된다.
④ 요청이 없이 자재적송등록 화면을 열어서 적송등록이 가능하다.

■ 마스터 부분의 출고창고는 시트에 품목이 여러 개인 경우 출고창고를 한 번에 변경할 때 사용하는 편의 기능으로, 실제 저장되는 항목은 아니고 시트에 출고창고가 실제 저장되는 값이 된다.

■ **입고창고** : [운영환경관리(물류)-진행]에서 '적송등록 시 자동입고 여부(자재)'에 체크가 되어 있는 경우엔 입고창고로 적송입고가 생성된다.

■ **입고 여부** : 적송등록 건이 입고가 되었는지 여부를 보여주는 항목으로 적송등록 저장 후 적송입고처리가 된 후에 조회하면 체크되어 보여진다. [운영환경관리(물류)-진행]에서 '적송등록 시 자동입고 여부(자재)'에 체크가 되어 있는 경우엔 적송 저장 시 동시에 입고 여부 체크박스에 체크되어 보여지게 된다.

12.3.4 자재적송현황

화면 위치 생산(원가)관리 ▶ 자재 ▶ 이동/적송 ▶ [자재적송현황]

자재적송
요청 ➡ 자재적송
요청현황 ➡ 자재적송
등록 ➡ 자재적송
현황 ➡ 자재적송
입고 ➡ 자재이동

자재적송을 등록한 내역을 조회하고, 요청한 창고에 도착했을 때 적송입고처리로 진행할 수 있는 화면이다.

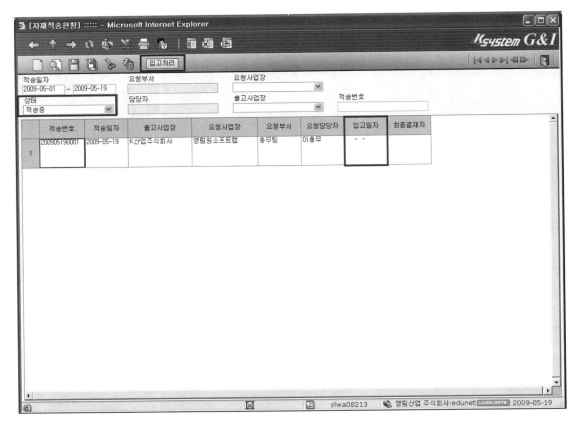

[자재적송현황 화면]

작업방법은 아래와 같다.

① 적송입고 할 대상을 조회할 경우에는 상태를 '적송 중'으로 선택하고 <조회> 버튼을 누른다. 적송입고가 안 된 건은 입고일자가 나타나지 않고 입고된 후에 입고가 된 일자가 보여진다.

② 적송등록 된 건이 조회되며, 시트를 더블클릭하면 적송등록 화면으로 이동되어 상세내역 확인이 가능하다.

③ 시트에서 적송입고처리를 할 대상 건의 커서를 두고 점프 버튼을 누르면 아래와 같이 입고처리 다이얼로그 창이 뜬다.

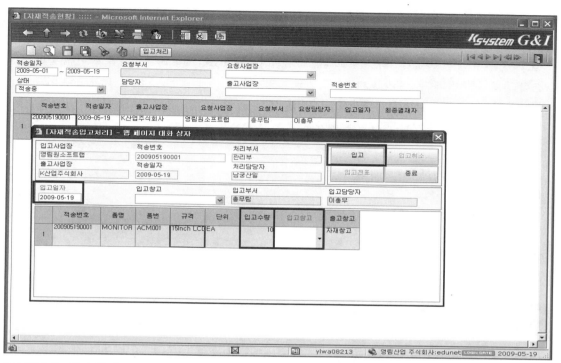

[자재적송입고처리 화면]

④ 입고일자는 기본적으로 현재일자가 뜨며, 실제로 입고한 일자를 입력하고 입고창고를 선택 후 <입고> 버튼을 누른다.

⑤ 입고가 된 후에는 다음 그림처럼 입고일자, 입고창고 항목이 회색으로 변경되면서 수정할수 없게 바뀌게 된다. 작업을 완료하려면 <종료> 버튼을 누르고, 입고내용이 잘못되어수정하거나 삭제하고자 하는 경우에는 <입고취소> 버튼을 누른다.

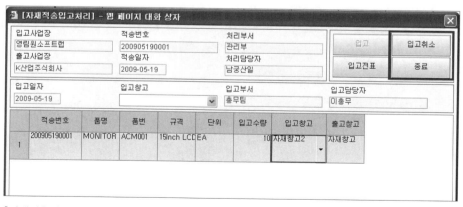

[자재적송입고처리 화면– 입고 버튼 누른 화면]

입고수량은 수정할 수 없다. 즉, 운송과정에서 유실이 발생하였다거나 하여 적송출고 된 수량과 적송입고 할 수량이 다른 경우라고 하더라도 일단 적송등록 된 수량 그대로 입고를 해야 한다.이럴 경우에 양쪽 담당자가 협의하여 적송등록의 수량을 먼저 수정하고 출고사업장에서 처리를 하거나, 적송입고 후 입고사업장에서 기타출고를 해야 한다.

12.3.5 자재이동

화면 위치 생산(원가)관리〉자재 ▶ 이동/적송 ▶ [자재이동]

한 사업장 내의 창고 간의 자재이동을 입력하는 화면으로 같은 사업장이라도 두 창고의 담당자가 다른 경우에는 적송을 사용하고, 같은 경우에는 이동을 사용한다. 이동은 입, 출고 창고의 담당자가 같기 때문에 요청 단계가 없으며 이동 저장 시 입출고가 동시에 발생하게 된다.

[자재이동입력 화면]

작업방법은 아래와 같다.

① 처리일자와 출고창고, 입고창고, 자재, 수량을 입력하고 [저장] 아이콘을 누른다.
② 출고창고에서는 출고가, 입고창고에는 입고가 발생하며 사업장 전체재고의 변동은 없이 자재의 위치만 이동된 상태가 된다.

12.3.6 자재기타출고요청

| 화면 위치 | 생산(원가)관리 ▶ 자재 ▶ 기타입출고 ▶ [자재기타출고요청] |

Sample 제작용이나 테스트 목적용, 연구개발용과 같이 생산 사용이 아닌 기타 목적으로 자재가 필요한 경우 자재요청을 입력하는 화면이다.

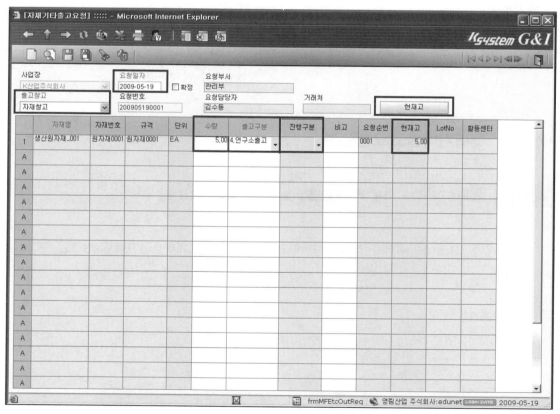

[자재기타출고요청 화면]

작업방법은 아래와 같다.

① 요청일자, 출고창고, 자재명, 수량, 출고구분을 입력하고 [저장] 아이콘을 누른다.
② 출고창고의 재고를 확인하고자 할 경우<현재고> 버튼을 누른다.

■ 진행구분

기타출고요청에 대한 출고과정에 대한 상태를 보여주는 항목으로 각 상태별 해석 내용은 다음과 같다.

- **진행** : 기타출고요청을 저장하고 아직 출고가 완료되지 않은 상태로, 일부 수량이 출고가 되었다고 하더라도 진행상태로 보여진다.
- **완료** : 기타출고요청 수량이 전부 기타출고가 된 상태
- **중단** : 기타출고요청 건이 중단처리 된 상태

■ 출고구분

회사에서 사용되는 기타출고구분을 미리 소분류등록(생산원가관리)에서 입력한다. 예외출고 유형별로 출고구분명을 등록하고 금액에 대해 처리할 회계계정도 연결한다. 월마감 시 자재기타 입출고전표처리 할 때 출고구분에 연결된 계정으로 회계전표가 발행된다.

12.3.7 자재기타출고요청현황

화면 위치	생산(원가)관리 ▶ 자재 ▶ 기타입출고 ▶ [자재기타출고요청현황]

자재기타출고요청 된 내역을 조회할 수 있고 창고담당자가 기타출고처리로 진행할 수 있는 화면이다.

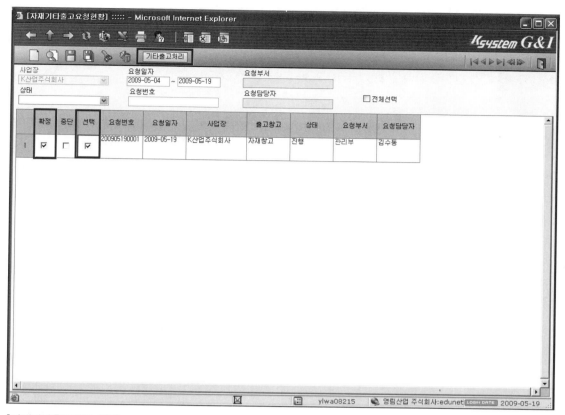

[자재기타출고요청 화면]

작업방법은 아래와 같다.

① 요청일자, 상태 등의 조회조건을 입력하고 <조회> 버튼을 누른다. 상세내역을 확인하고
자 하는 경우엔 시트를 더블클릭하면 [자재기타출고요청] 화면으로 이동하여 확인할 수
있다.

② [운영환경관리(생산원가)–진행]에서 '자재기타출고요청'에 대해 확정 기능을 사용하는 걸
로 체크한 경우엔 '확정' 필드를 클릭한다. 확정 기능을 사용하지 않는 경우엔 자동으로
확정에 체크가 된 상태로 보여지게 된다.

③ 기타출고처리 할 행의 '선택' 필드를 클릭한 후 <기타출고처리> 점프 버튼을 누른다.

12.3.8 자재기타출고처리

화면 위치   생산(원가)관리〉자재 ▶ 기타입출고 ▶ [자재기타출고처리]

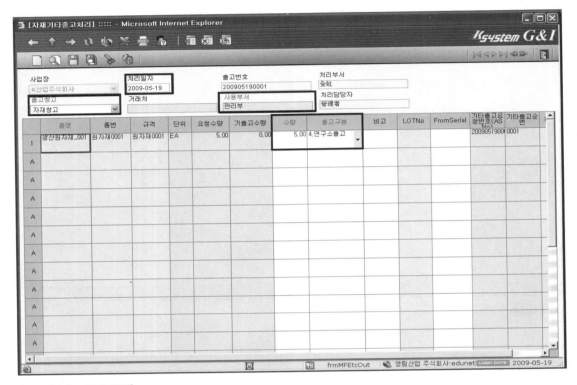

[자재기타출고처리 화면]

기타출고요청 된 내역에 대해 자재를 출고해주면서 기타출고를 입력하는 화면으로 요청 없이 바로 처리도 가능하다.

작업방법은 아래와 같다.

① 자재기타출고요청에 대해 출고하는 경우엔 [자재기타출고요청현황]이나 [자재기타출고요 청품목현황]에서 선택하여 [자재기타출고처리]로 점프하면 출고창고, 품목, 수량, 출고구 분, 사용부서가 요청의 내용이 그대로 보여지게 된다. 처리일자와 출고창고, 수량, 출고구 분을 다시 한 번 확인하고 저장한다. 요청의 내용과 다르게 수정이 가능하다. 요청에서 입력한 출고창고에 재고가 없다거나 한 이유로 출고창고를 변경할 수 있다.

■ 사용부서

요청에 대해 출고를 한 경우엔 요청에 입력된 요청부서가 사용부서로 보여지게 되며 수정은 가능하다. 자재기타입출고전표 발행 시 출고구분별 사용부서별로 전표가 발행되게 되는데 해당 출고구분이 제조원가 계정으로 연결되어 있을 경우 사용부서에 따라 제조원가에 반영되는 내용이 달라지게 된다.

사용부서가 생산직접부서인 경우엔 해당 금액은 직접비성으로 해당 직접부서에서 생산한 제품에만 배부가 되며, 직접부서 외의 부서인 경우엔 다른 간접비와 마찬가지로 배부기준에 따라 배부가 된다.

12.3.9 자재기타입고처리

화면 위치 생산(원가)관리 ▶ 자재 ▶ 기타입출고 ▶ [자재기타입고처리]

기타출고와 반대되는 개념으로 정상적인 입고(구매입고)가 아닌 예외적인 입고가 발생할 때 입력하는 화면이다.

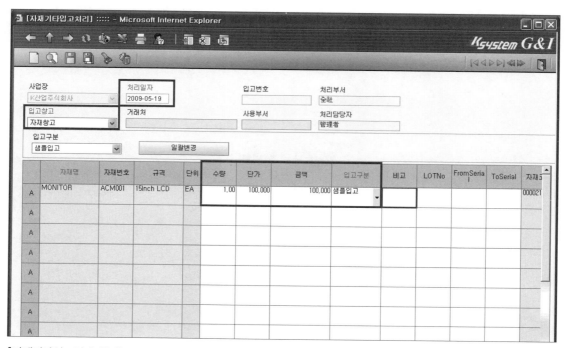

[자재기타입고처리 화면]

작업방법은 아래와 같다.

① 처리일자, 입고창고, 품목, 수량, 단가, 입고구분을 입력하고 [저장] 아이콘을 누른다.
② 무상으로 제공받은 경우라 하더라도 재고자산의 증가이므로 금액을 입력해야 한다. 단가
를 입력하면 자동으로 금액이 계산된다.

■ **입고구분**

회사에서 사용되는 기타입고구분을 미리 소분류등록(생산원가관리)에서 입력한다. 예외입고
유형별로 입고구분명을 등록하고 금액에 대해 처리할 회계계정도 연결한다. 월마감 시 자재기타
입출고 전표처리 할 때 출고구분에 연결된 계정으로 회계전표가 발행된다.

01 [운영환경관리(공통)–초기] 화면의 '입출고시 (–)재고체크' 옵션을 사용할 경우 영향을 받는 화면으로 옳지 않은 것은?

〈15회 이론 기출문제〉

① 자재출고처리
② 생산입고처리
③ 자재기타출고처리
④ 자재불출요청

★ 풀이 & 보충학습

입출고시 (–)재고 체크 옵션을 사용한다는 것은, 실제 재고의 수불(입출고)이 발생하여 (–)재고가 발생하는 것을 통제(체크)하겠다는 설정이다. 따라서 위 예문 중 실제 재고의 수불(입출고)이 발생하는 자재출고처리, 생산입고처리, 자재기타입고처리에서는 (–)재고 발생 여부를 체크하게 된다. 자재불출요청은 수불이 발생하는 업무가 아니다.

정답 ④

02 K.System ERP에서 [운영환경관리(생산원가)–진행] 화면의 '불출구분' 설정에 대한 설명으로 옳지 않은 것은?

〈15회 이론 기출문제〉

① [운영환경관리(생산–초기]의 불출요청시점과 가장 연관이 깊은 불출구분은 Lot단위 출고이다.
② 불출구분이 '자동출고(투입실적)'인 자재는 생산실적입력에서 자재투입처리 시 투입수량만큼 자동으로 자재출고처리를 한다.
③ 일괄출고는 포장 단위가 크거나 공용자재의 경우에 사용자가 수동으로 불출요청을 하겠다는 의미이다.

(자재)불출구분이란 생산을 위한 자재출고 방법을 설정하는 항목이다. 방법은 아래와 같이 3가지로 설정 가능하다.

- Lot 단위 출고는 생산계획에서 생산부문출고요청입력으로 점프할 경우 출고해야할 자재가 조회되는 방법이다.
- 자동출고(생산실적)는 생산실적 입력 시, 자재등록의 기본창고에서 생산부서로 자동으로 출고처리 된다.
- 일괄출고는 사용량이 적어 Lot 단위별 소요량을 관리하기 어려운 공용자재를 생산계획에 따른 자재출고요청 시, 매번 생산부문 출고요청입력을 하지 않고, 추가생산부문 출고요청을 통해 수동으로 합산/일괄 자재출고처리 하는 것이다.

정답 ③

03 첨부 그림은 자재 재생처리에 관한 내용이다. K.System ERP의 자재 재생에 대한 내용으로 옳지 않은 것은? 〈15회 이론 기출문제〉

① 생산 중 불량이 난 품목을 모두 폐기시키는 것이 아니라 일부 자재를 재생처리 하려 할 때 사용할 수 있다.
② 재생처리 된 자재수량만큼 부서재고가 늘어난다.
③ 재생자재조회 후 조회된 재생수량을 수정할 수 없다.
④ <재생자재조회> 버튼을 누르면 불량수량에 해당하는 자재수량만큼만 조회된다.

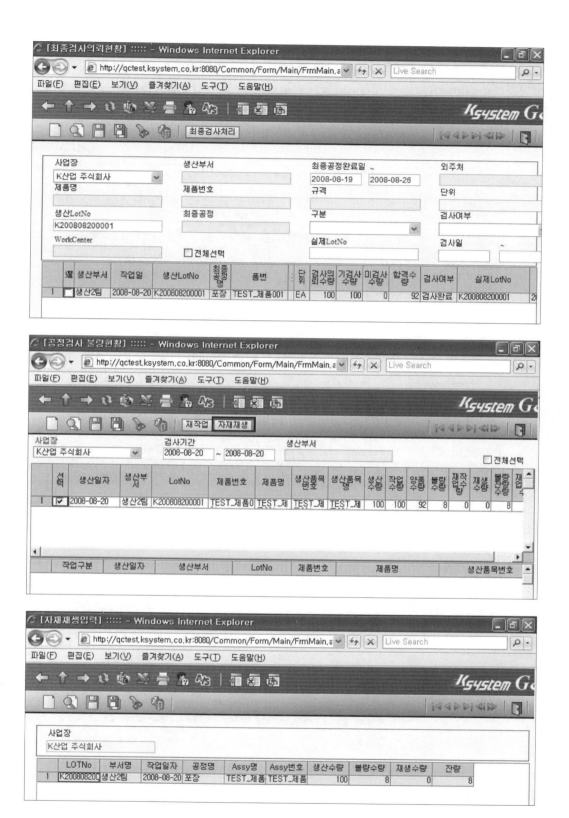

자재재생입력 시 <재생자재조회> 버튼을 통해 불량품목에 기 투입된 실제 자재 및 투입수량을 조회할 수 있으며, 조회된 품목의 재생수량을 수정할 수 있다.

정답 ③

---

04 자재출고처리 화면이 아래와 같다. 대체자재로 출고처리를 하고자 하는데 2번째 그림의 대체자재선택 창에 원하는 자재가 조회되지 않을 경우 처리해야 할 작업은 무엇인가?

〈15회 실무 기출문제〉

① 생산부문 출고요청입력에서 대체 가능한 자재를 등록한다.

② 생산부문 출고요청입력에서 자재를 미리 대체해서 저장한다.

③ 제품별 공정등록에서 <대체자재등록> 버튼으로 다이얼로그 창을 띄워서 대체 가능한 자재를 등록한다.

④ 자재소요 화면에서 소요수량 조회 시 대체자재 옵션을 선택해서 조회한다.

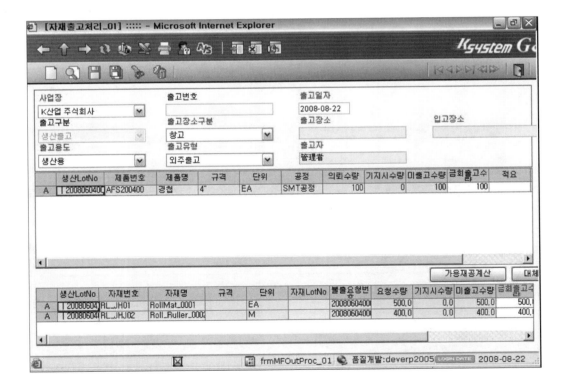

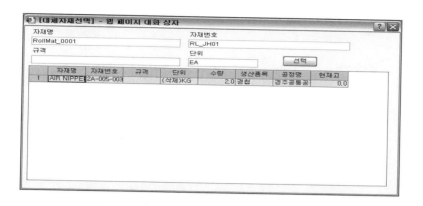

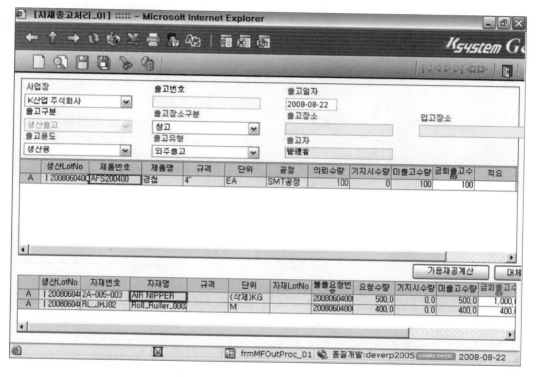

대체자재는 제품별 공정등록에서 각 소요자재별 대체자재와 대체수량(환산수량)을
사전에 등록해야 하며, 자재출고처리 시 재고보유 상황에 따라 자재출고담당자가 대
체자재로의 출고를 처리할 수 있다. 그리고 자재소요 화면에서는 제품별 공정등록에
입력된 소요자재별로만 소요수량을 계산할 수 있다.

정답　③

05 생산입고처리 후 예상되는 재공재고수량은? 〈15회 실무 기출문제〉

① 100

② 50

③ 47

④ 53

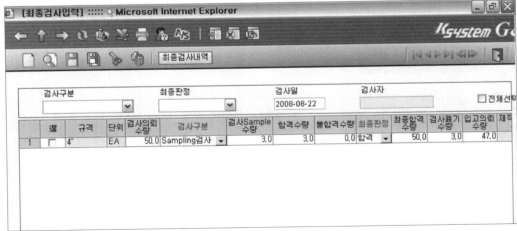

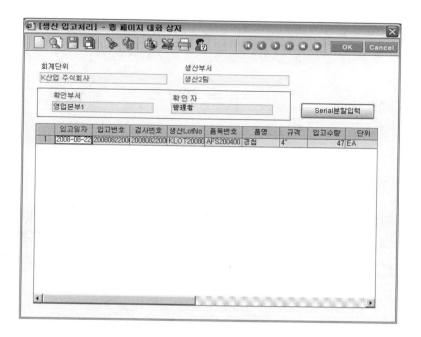

재공재고조회를 통해 현재 작업입고로 인한 경첩 100EA의 재고가 있고, 이 100EA 중 50EA를 검사의뢰 하였다. 검사방법은 샘플링 검사로 인해 3EA의 검사폐기수량이 발생하여 최종 47EA가 창고로의 입고처리 완료된 상황이다. 따라서 재공재고현황은 작업입고수량(100EA)−생산입고에 의한 출고(47EA)−폐기출고(3EA) = 재공기말수량 (50EA)이다.

정답   ②

06 우리산업은 K 산업, K 산업 부산사무소 2개의 사업장을 운영하고 있다. 자재이동, 자재적송처리 전 재고현황이 그림과 같을 때, 자재이동과 자재적송처리 후 해당 재고의 변화로 옳은 것은?

〈15회 실무 기출문제〉

① 입고계 – 1,750, 출고계 – 300, 재고수량 – 1,450
② 입고계 – 1,750, 출고계 – 400, 재고수량 – 1,350
③ 입고계 – 1,850, 출고계 – 200, 재고수량 – 1,650
④ 입고계 – 1,850, 출고계 – 300, 재고수량 – 1,550

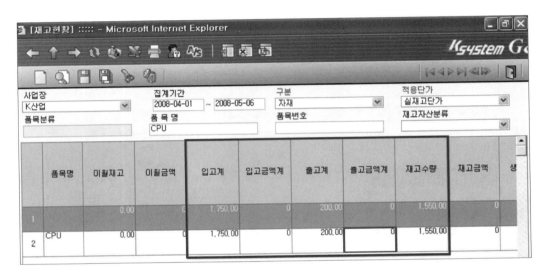

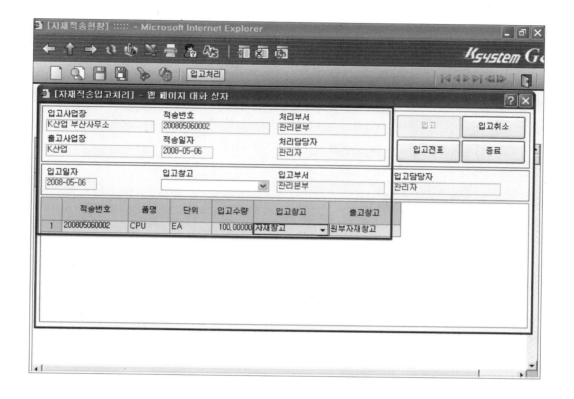

자재이동은 사업장 내의 창고 간의 이동이므로, 사업장 기준재고인 재고현황의 입고/
출고/재고에 영향을 미치지 않는다. 하지만 자재적송처리는 다른 사업장 내의 창고
간의 이동이므로, 사업장 기준의 재고현황에 입고/출고/재고에 영향을 미친다. 따라
서 K 산업(원부자재창고)에서 K 산업 부산사무소(자재창고)로 자재적송이 발생하면,
K 산업의 재고현황에서는 적송에 따른 이동출고가 발생하고, K 산업 부산사무소는
적송에 따른 이동입고가 발생하여, 각 사업장의 재고수량에 변동이 발생한다.

정답   ①

07 다음 중 K.System ERP의 자재관리 내용 중 옳지 않은 것은? 〈20회 이론 기출문제〉

① 자재기타입고 시에는 입고금액을 입력하지 않아도 된다.
② 자재기타출고 시에는 출고유형에 따라 회계비용계정을 설정할 수 있다.
③ 자재이동 시에는 사업장이 틀린 이동도 처리할 수 있다.
④ 자재기타출고 시에는 금액은 입력 대상이 아니다.

★ 풀이 & 보충학습

사업장이 틀릴 경우 적송으로 처리하여야 한다. ③은 잘못된 설명이다.

 정답　③

---

08 (주)영림기업의 생산관리 책임자는 첨부 그림과 같이 자재기타출고처리를 하고 [자재기타입출고전표처리] 화면에서 전표처리를 하려고 했지만 금액이 0으로 되어 있어 전표처리가 되지 않는다. 그 원인으로 옳은 것은? 〈20회 실무 기출문제〉

① [자재기타출고처리] 화면에서 금액을 입력하지 않았다.
② [자재정보] 화면에서 해당 자재에 대한 기본단가를 등록하지 않았다.
③ [자재단가계산] 화면에서 해당 월의 '자재단가계산'이 처리되지 않았다.
④ [제품단가계산] 화면에서 해당 월의 '제품단가계산'이 처리되지 않았다.

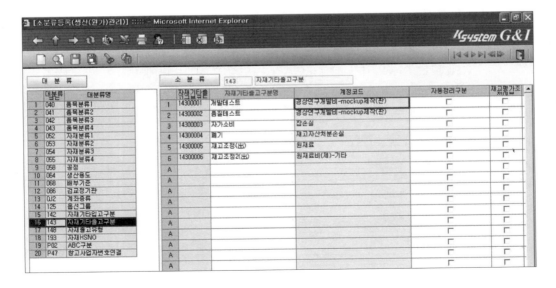

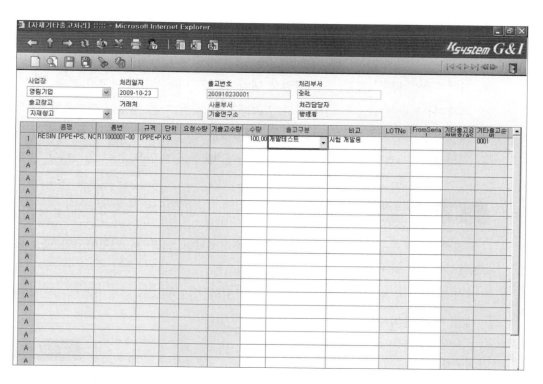

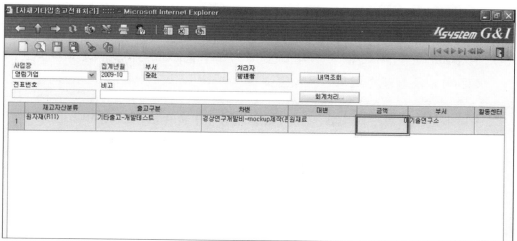

자재에 대한 단가는 매월에 다시 계산된다.(총평균법, 선입선출법, 이동평균법 등을
사용.) 단가가 계산되지 않으면 전표에 금액이 0으로 나온다.

정답   ③

09 K.System ERP 자재이동입력 화면과 자재적송등록 화면에 대한 설명 중 옳지 않은 것은?

〈16회 실무 기출문제〉

① 자재이동입력은 자재를 동일 사업장 내에서 창고 이동처리를 하고자 할때 사용한다.
② 자재이동입력은 출고창고담당자와 입고창고담당자가 다른 경우에도 사용할 수 있다.
③ 자재이동처리 하면 재고반영은 사업장재고에는 반영되지 않고, 창고재고에만 반영된다.
④ 서로 다른 사업장 간의 자재의 이동은 자재적송등록 화면을 통해 처리해야 한다.

★ 풀이 & 보충학습

자재이동입력은 자재적송등록과 달리 자재이동처리 입력 시 입고창고와 출고창고에 동시에 입/출고가 발생한다.
따라서 창고별 담당자등록을 통해 출고창고와 입고창고의 담당자가 다른 경우에는 해당 창고 간의 자재이동처리를 사용할 수 없다.

정답 ②

10 원자재에 대한 물류흐름은 생산작업 진행과 맞물려 출고처리, 투입처리에 따른 재고수불이 발생된다. 다음 설명 중 옳지 않은 것은?

〈16회 실무 기출문제〉

① 자재불출요청과 관계없이 출고수량을 변경하여 출고처리가 가능하다.
② 자재출고처리 시 창고재고는 출고가 발생되고 생산현장(생산부서)에서는 입고처리 된다.
③ 생산실적입력 시 소요자재 투입처리를 진행하면 생산현장(생산부서)의 재고는 출고수불이 발생된다.
④ 외주자재에 대한 출고처리 시 외주처 재고는 출고수불이 발생된다.

★ 풀이 & 보충학습

외주자재에 대한 자재출고처리를 하면 , 외주처 창고로의 위탁재고가 발생한다.
즉, 출고창고에서 위탁창고(외주처명)로의 재고이관이 발생하며, 사업장 기준의 재고현황에는 재고의 변화가 없다.

정답 ④

11 제품생산에 필요한 원자재를 구매하기 위해 원자재 'Prt1234'를 구매입고처리 하였다. 아래 그림과 같이 원자재 'Prt1234'의 재고단위는 'M'이며 구매단위는 'MM'이고 환산단위수량은 아래 그림과 같으며, 만약 1,000MM를 구매입고처리 하였을 경우, 재고현황의 구매입고 수량은 다음과 같을 경우 옳은 것은? 〈16회 실무 기출문제〉

① 1,000M

② 10,000M

③ 100,000M

④ 1,000,000M

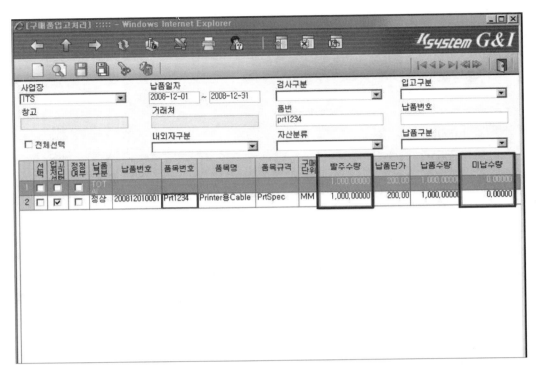

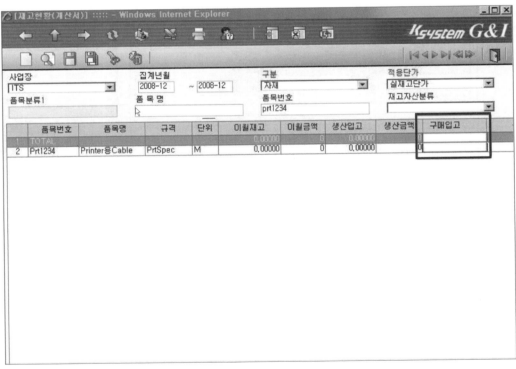

자재등록의 자재환산단위는 환산량 분자와 환산량 분모로 구성되며, 환산수량(포장단위-재고단위)를 통해 각각의 포장단위를 재고단위로 환산할 수 있다.

구매수량/단위(1,000/MM)=1,000MM×환산수량(1,000)=(재고수량/단위)1,000,000/M

정답 ④

12 K.System ERP의 자재출고처리에 대한 설명으로 옳은 것은? 〈18회 실무 기출문제〉

① 사내생산을 위한 자재출고처리와 외주 사급자재를 출고하기 위한 외주자재출고처리가 별도의 프로그램으로 구성되어 있어, 출고내역관리가 용이하다.
② 자재출고처리를 저장하면 사업장재고가 차감되어 재고자산금액이 감소한다.
③ 자재출고처리 시 재고부족이 발생하면 , 해당 자재에 대한 대체자재로 교체하여 출고처리할 수 있으나, 대체자재는 제품별 공정등록에서 각 품목별 대체자재와 환산수량이 사전에 설정되어 있어야 한다.
④ 자재출고처리 시 <재고량 계산> 버튼을 통해, 출고창고의 현재 시점의 가용재고를 자재별로 조회할 수 있다.

자재출고처리는 외주 무상 사급자재와 사내생산을 위한 자재를 각각 처리할 수 있는 통합 화면으로, 외주처재고와 부서재고로의 재고이관 기능을 담당한다.
실제 사업장재고에서 생산출고로 반영되는 것은 외주납품과 생산실적입력을 통해 자재가 투입되는 시점이다.
<재고량 계산> 버튼을 통해 조회되는 재고는 '출고장소'로 지정된 장소의 현 시점 재고에서 자재불량처리에 등록된 불량재고를 뺀 재고를 조회할 수 있다.

정답 ③

13 K.System ERP의 자재기타출고처리와 자재기타입고처리에 대한 설명으로 옳은 것은?

〈18회 실무 기출문제〉

① 자재기타출고는 예외출고 발생 유형에 따라 발생수량과 발생금액을 입력해야 한다.

② 자재기타출고처리 시 사용부서를 필수 입력해야 하는데, 이 사용부서는 자재기타입출고전표처리 시 해당 비용이 발생된 귀속부서로 인식된다.

③ 자재기타입고 및 자재기타출고로 인해 발생된 금액은 발생 시점마다, 자동으로 회계전표로 반영된다.

④ 창고와 생산부서, 외주처에서 발생한 예외입출고내역을 처리할 수 있는 화면이다.

★ 풀이 & 보충학습

> 자재기타출고처리를 통해 발생한 재고차감 비용을 원가에 반영해야 하는 경우, 발생부서에 따라 집계 또는 배부금액이 달라질 수 있어, 기타출고금액에 대한 발생부서 관리가 중요하다.
>
> 정답   ②

---

14 K.System ERP의 자재이동입력과 자재적송등록에 대한 설명 중 가장 옳은 것은?

〈18회 실무 기출문제〉

① 자재적송입력은 사업장 간의 재고이동으로 이동입고와 이동출고가 각 사업장재고(재고현황)에서 발생한다.

② 자재이동입력은 창고 간의 재고이동으로 인해 사업장재고(재고현황)의 변화가 발생한다.

③ 적송처리 유형을 소분류등록에 사전에 입력하여, 자재적송입력 시 적송유형에 대한 구분을 선택해야 한다.

④ 자재이동은 자재이동전표처리를 통해 발생시점마다 이동금액을 회계전표처리를 통해 재무제표에 반영하도록 해야 한다.

자재이동과 자재적송에 대한 개념을 정리하면, 자재이동은 동일 사업장 내의 창고 간 이동이고, 자재적송은 다른 사업장 내의 각 창고 간의 이동을 말한다.

따라서 동일 사업장 내의 창고 간의 이동은 사업장 재고현황인 재고현황에서 입/출고가 발생하지 않지만, 사업장 간의 이동인 적송이동에서는 재고현황에서 이동출고와 이동입고가 발생한다.

정답 ①

15 '부자재-002'의 자재이동 처리를 다음과 같이 처리하였다. 이때 재고현황(계산서)에서 조회되는 재고수량으로 옳은 것은?('부자재-002'의 초기재고는 자재창고에만 존재한다.)

〈18회 실무 기출문제〉

① 40   ② 100

③ 0   ④ 60

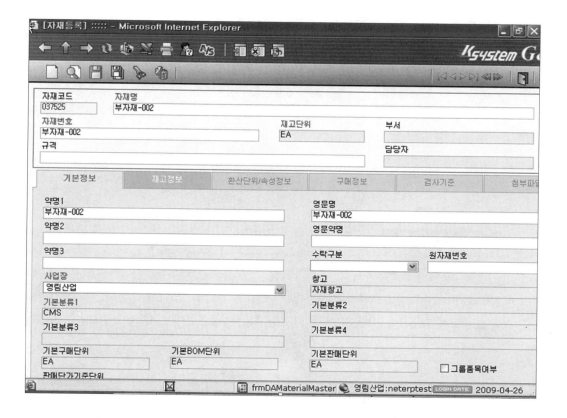

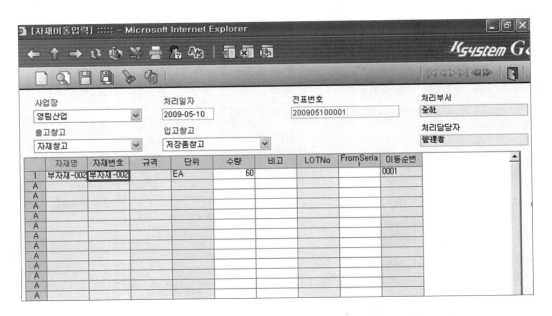

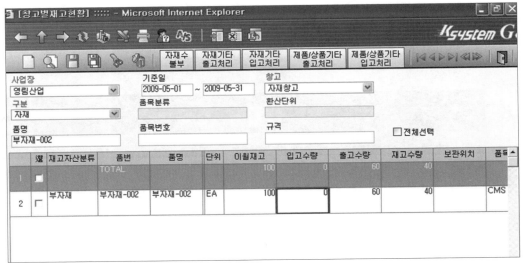

자재이동입력은 창고 간의 재고이동을 처리하는 화면으로, 각 창고별로는 이동출고
수량과 이동입고수량이 발생하지만, 해당 창고들을 포함하고 있는 재고현황에서는
입/출고의 변화는 없다. 따라서 자재창고의 이월재고인 100EA가 그대로 재고수량으
로 확인된다.

정답   ②

16 현재 sil20의 영림원 사업장의 재고수량은 200LOT, 21세기정보통신(신)의 재고수량은 100LOT이다. 10LOT를 자재출고처리 할 때 영림원 사업장의 재고수량과 21세기정보통신(신)의 재고수량의 변화는 ?

〈18회 실무 기출문제〉

① 영림원 재고 : 190LOT,　21세기정보통신(신) 재고 : 110LOT

② 영림원 재고 : 210LOT,　21세기정보통신(신) 재고 : 90LOT

③ 영림원 재고 : 200LOT,　21세기정보통신(신) 재고 : 110LOT

④ 영림원 재고 : 200LOT,　21세기정보통신(신) 재고 : 110LOT

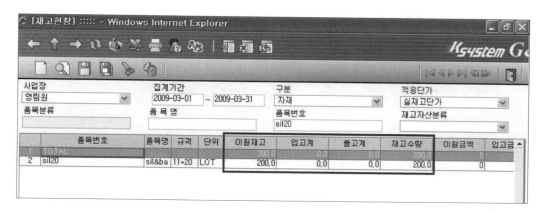

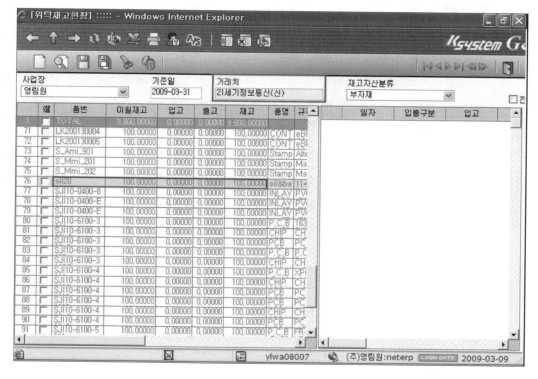

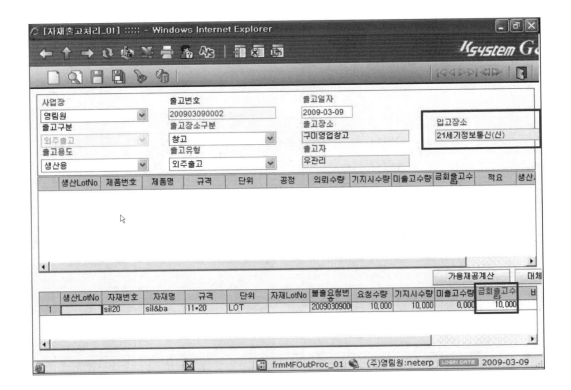

재고현황(계산서)에서 보여주는 사업장 전체 기준의 재고수량과 외주처에 무상 사급을 통해 위탁처리 한 재고와의 관계를 이해해야 한다.

외주처에 위탁된 재고자산의 소유권은 무상 사급 주체인 영림원의 소유이므로, 재고현황(계산서)의 재고수량 = 영림원 전체 창고별재고 + 영림원 전체 부서(재공) 재고 + 위탁재고이다.

따라서 영림원 사업장의 구미 영업창고에서 21세기정보통신(신)으로 무상 사급된 자재는 사업장재고, 즉 재고현황(계산서)의 재고는 차이가 없지만, 구미 영업창고에서는 재고가 줄게 되고, 그 수량만큼 위탁처의 재고가 증가하게 된다.

정답 ③

ERP 정보관리사 찾아보기 INDEX

(가)

개략능력계획	41
거래명세서 작성	163
거래명세표	130, 140
거래처 단가할인율	112
거래처등록	114
거래처관리	81
거래처별 할인단가	108
거래처의 여신관리	85
검사항목	124
견적서	130
견적서 작성	135
계획BOM	388
공정	423
공정별 생산계획	385
구매	224
구매관리	86, 224
구매납품	236
구매발주서	235
구매수입모듈	88
구매요청	224, 235
구매입고정산처리	236
구매품의	235
그룹웨어	26
그룹품목	125
그룹품목 여부	119
그룹품목등록	124
금번생산수량	458
기준생산계획	41
기타입고프로세스	628
기타입출고	358
기타입출고관리	352
기타출고	628

(나)

납기약속	96
능력소요량계획	41

(다)

단가계산방법	418
대체자재	439
데이터 웨어하우스	30

(라)

로컬거래(Local)	131, 224

(마)

모듈화BOM	388
무역관리	284
물류모듈	92
물류관리	52
물류영역의 ERP	80
미착대체	323

(바)

배부기준	423
부하분석	386, 399
불출구분	420
불출요청시점	417

(사)

상품입고	250
생산계획	40, 398
생산계획가입력	409, 441
생산관리	54
생산달력	440
생산작업실적입력	444, 464
생산출고	628
선LC	130, 224
선수금	149
선수금처리	148
선하증권	89
설계BOM	388
설비BOM	389

설비등록 430
세금계산서 131, 142
수량범주별 할인율 111
수불관리 165
수입BL 입력 306
수입LC/TT 입력 305
수입Order 305
수입비용처리 306, 319
수입원가계산(미착대체) 322
수주생산 426
수주입력 130, 136
수출BL 285, 288
수출Invoice 287
수출LC 287
수출NEGO 285, 288
수출Offer 287
수출Order 287
수출면장 288
신용장 89, 284, 287
실적관리 399

(아)

어음회계처리 155
여신 96
영업관리 81, 96
영업수출모듈 83
예상이익 127
외주 566
외주관리 400, 566
외주프로세스 566
운영관리 48, 49
워크센터별 작업계획 395
원가관리 401
유통별 할인단가 110
유통수급계획(Distribution) 42
이동 352, 360
입금처리 144

(자)

자료통합 55
자원통합 57

자재관리 628
자재불출요청서 460
자재소요계획 41
자재소요량계획 381
자재이동 628, 638
자재적송 628, 633
자재출고처리 443, 461, 582
작업공정표 389
작업장 385
재고생산 426
적송 92, 352, 360, 631
전표처리 143
정보시스템통합 60
제조BOM 388
제조지시서번호 449
제품별 공정등록 409, 434, 436
조립생산 426

(차)

최종검사의뢰현황 472
출하의뢰 130, 138

(카)

코드도움 72
클라이언트 서버 28

(파)

판매계획 40, 81
판매단가 106
표준원가등록 126
품목단가 적용순서 113
품목등록 118, 120, 425
품목별 종합원가계산 401
품질관리 400

(하)

환어음 284
환차계정 154
회계관리 51
후LC 224

(A)

APS   42

(B)

B/L   89, 284
BOM   387, 433
BOM등록   407
BOM적용차수   449
BPR   27

(C)

CRM   21

(E)

EDI   29
Engineering BOM   434

(L)

L/C(신용장)   89, 287, 305
Local 수출   86

(M)

Manufacturing BOM   434
MRP   18, 381, 442
MRP II   19

(N)

NEGO   84, 285

(P)

Percentage BOM   388
Planning BOM   434

(S)

SCM   21

(T)

T/T   285

(W)

WC별 작업계획   442
WorkCenter   385, 432
WorkCenter 등록   431

(X)

XRP   20

K.System
화면
찾아보기   INDEX

[BOM등록]   435
[QC 관련 메뉴]   445
[WC별 작업계획조회]   457
[거래명세표]   140
[거래처 단가할인율]   112
[거래처등록]   114
[거래처별 무검사품 등록]   230
[거래처별 할인단가 등록]   108
[견적서 작성]   135
[구매그룹등록]   229
[구매납품등록]   246
[구매발주서]   245
[구매수입품검사대기현황]   248
[구매요청]   240
[구매입고정산처리]   250
[구매입고처리]   249
[구매품의]   242
[구매품의현황]   243
[그룹품목등록]   125
[기준생산계획 메뉴]   441
[기타입출고]   359
[기타입출고 메뉴]   630
[대체자재선택]   584
[메인메뉴]   46
[배부기준]   424
[생산계획조회]   450
[생산달력 입력]   440
[생산부문출고요청]   459
[생산실적 관련 메뉴]   444
[생산실적입력]   464
[생산의뢰입력]   447
[선수금현황]   151
[선수대체입력]   152
[세금계산서]   142

[수량범주별 할인율 등록]   111
[수입 관련 메뉴]   305
[수입BL 입력]   318
[수입LC비용 입력]   316
[수입Order 입력]   313
[수입비용입력]   319
[수입입고입력]   321
[수주입력]   136
[수출order 입력]   291
[수출Invoice]   294
[수출LC]   292
[수출NEGO 입력]   299
[수출Offer 입력]   290
[수출메뉴]   287
[수출면장 입력]   296
[어음회계처리]   161
[업무월마감 설정]   106
[업무화면 기본구성]   65
[외주검사대기현황]   590
[외주계약등록]   570
[외주계획현황 조회]   577
[외주관리 메뉴]   567
[외주납품 등록]   587
[외주반품 등록]   592
[외주반품 정산처리]   593
[외주발주입력]   579
[외주비 정산처리]   595
[외주비전표]   596
[외주생산계획]   573
[외주자재불출요청현황]   581
[외주추가자재불출요청]   585
[운영환경관리(구매수입자재)-진행]   228
[운영환경관리(구매수입자재)-초기]   226
[운영환경관리(생산원가)-진행 설정]   419
[운영환경관리(생산원가)-초기 설정]   416
[운영환경관리(영업/수출)-진행]   103
[운영환경관리(영업수출물류)-초기]   100
[워크센터등록]   432
[유통별 할인단가 등록]   110
[이동/적송 메뉴]   629
[이동/적송]   361

[입금처리]   145
[자재 관련 메뉴]   443
[자재기타입고처리]   643
[자재기타출고요청]   639
[자재기타출고처리]   642
[자재소요계획 메뉴]   442
[자재이동입력]   638
[자재재생처리]   468
[자재적송입고처리]   637
[자재적송등록]   634
[자재적송요청현황]   633
[자재적송요청]   631
[자재적송현황]   636
[작업계획조정]   455
[최종검사입력]   474
[출하의뢰]   138
[품목단가등록]   107
[품목별 과입하 조건]   231
[품목별 구매정보]   232